景洪市嘎洒镇傣族语言文字使用现状及其演变

The *Status Quo* and Evolution of language Use of Dai People in Gasa, Jinghong

赵凤珠　主编

Edited by
Zhao Fengzhu

作者　赵凤珠　赵海艳　张景嵋
　　　岩　贯　玉康龙

Authors　Zhao Fengzhu　Zhao Haiyan　Zhang Jingmei
Yan Guan　Yu Kanglong

商务印书馆
The Commercial Press
2010年·北京

图书在版编目(CIP)数据

景洪市嘎洒镇傣族语言文字使用现状及其演变 / 赵凤珠主编. —北京:商务印书馆,2010
(新时期中国少数民族语言使用情况研究丛书)
ISBN 978 - 7 - 100 - 07391 - 2

Ⅰ. ①景… Ⅱ. ①赵… Ⅲ. ①傣语-语言调查-调查研究-景洪市 Ⅳ. ①H253

中国版本图书馆 CIP 数据核字(2010)第 187597 号

所有权利保留。
未经许可,不得以任何方式使用。

JĬNGHÓNGSHÌ GÁSĂZHÈN DĂIZÚ YŬYÁN WÉNZÌ SHĬYÒNG XIÀNZHUÀNG JÍQÍ YĂNBIÀN
景洪市嘎洒镇傣族语言文字使用现状及其演变
赵凤珠　主编

商 务 印 书 馆 出 版
(北京王府井大街36号　邮政编码 100710)
商 务 印 书 馆 发 行
北京瑞古冠中印刷厂印刷
ISBN 978 - 7 - 100 - 07391 - 2

2010年6月第1版　　　开本 787×1092　1/16
2010年6月北京第1次印刷　印张 21¾
定价:48.00 元

调查组成员在西双版纳州景洪市合影
（从左到右：赵海艳、张景嵋、赵凤珠、玉康龙、岩贯）

前 言

傣族现有人口 1158989 人(2000 年全国第五次人口普查)。主要聚居在云南南部的西双版纳傣族自治州、西部的德宏傣族景颇族自治州、西南部的孟连傣族拉祜族佤族自治县和耿马傣族佤族自治县,其余散居云南省的新平、元江、金平等 30 多个县。其主要聚居地是肥美、富饶的坝子(山间平原地区),属热带、亚热带气候。

傣族有自己本民族的语言——傣语。傣语属汉藏语系壮侗语族壮傣语支,主要分为西双版纳方言和德宏方言。

傣族有自己本民族的文字,属于拼音文字。但由于各地区的使用不同,傣文又可分为傣仂文(西双版纳)、傣那文(德宏)、傣绷文(瑞丽、耿马、澜沧等地)和金平傣文(也称傣雅文)。以上四种傣文都来源于古印度字母。现通行的西双版纳和德宏两种傣文,由印度南部巴利文演化而来。20 世纪 50 年代进行了文字改革。

傣族创造了灿烂的文化,有千余年的老傣文文献,有古老的贝叶经,尤以傣历、傣医药和叙事长诗最为著名。

傣族多信仰南传上座部小乘佛教。过去,傣族男孩子到了七八岁时都要被送到佛寺里去过一段和尚生活,入寺后由佛爷举行入寺仪式,剃去头发,身披黄袈裟,在寺里生活 3 至 5 年,其间不能回家,自食其力。还俗后可以娶妻生子、参军、上学等。现在这一情况有所变化。

傣族有悠久的历史,早在公元 1 世纪,汉文史籍就已有关于傣族先民的记载,称其为"滇越""掸或擅""僚或鸠僚";唐宋时期,称其为"金齿""黑齿""花蛮""白衣"等;元明时期,称其为"白夷""百夷""伯夷"等。在历史上傣族自称"傣仂""傣雅""傣那""傣绷"等。1949 年后,根据本民族人民的意愿,统一称傣族。

自古以来傣族先民就生息在滇、桂、黔地区。在当地,傣族比其他少数民族生产技术先进,产品的种类和数量也较多,因此,在坝区逐渐形成各民族交换产品的集镇。在长期的生产、生活中,傣族对居住在山区、半山区的景颇、阿昌、德昂、布朗、哈尼、拉祜、佤、瑶、基诺等族在政治经济、文化艺术、宗教信仰等方面都有很深的影响。傣族与汉族的交往更是历史悠久,关系密切。早在秦汉以前,中、缅、印之间就有贸易往来,傣族德宏地区是当时中外联系的通道之一。元代以后,大量汉族劳动人民和士兵移居傣族地区垦荒戍边,和那里的傣族共同劳动生活,互相通婚,各民族和睦相处。

生活在西南边陲的傣族,以其善良、淳朴、热情、平和的鲜明个性,创造了悠久的历史、灿烂的文化,为中华民族的繁荣作出了贡献。在现代化的进程中,在民族及社会的发展中,傣族仍然起着不可忽视的作用。因此,如何保护和传承人口较少的民族语言文字是一个必须研究、解决的问题。然而,目前,对一些人口较少的民族的语言文字的研究不够系统、深入,出现了相对薄弱的环节。尤其是双语现象的出现,促使我们思考如何把握傣语、汉语结合的"度",这是语言关系研究的一个重要的理论问题。

作为一个信仰小乘佛教的民族,傣族语言深深地打上了小乘佛教的烙印,小乘佛教在傣族语言文字传承、发展中的影响是不容忽视的。如何挖掘其积极因素,避免其不利因素,这也需要一个合适的"度"。

面对这些现实问题,中央民族大学"985工程"中国少数民族语言文化教育与边疆史地研究创新基地的"景洪市嘎洒镇傣族语言文字使用情况课题组"对景洪市嘎洒镇傣族语言文字的使用现状及其演变过程进行了实地考察。选择景洪市嘎洒镇作为调查地的缘由是,景洪市嘎洒镇居住着63.9%的傣族人口,且处于城乡过渡区域,语言文字使用有自己的特点。课题组于2009年1月6日至2009年2月5日、2009年4月3日至2009年4月8日,先后两次对景洪市嘎洒镇傣族语言文字使用情况进行了田野调查。此调查及研究,不仅具有理论意义,而且具有现实意义。

对嘎洒镇傣族语言文字使用情况的调查,涉及嘎洒镇傣族语言文字使用情况及其影响因素。在调查中,我们关注小乘佛教、家庭与社区教育、社会环境在傣族语言文字传承、发展中的作用;嘎洒镇傣族双语双文使用情况及其影响因素,考察双语形成的社会因素,学校教育在双语化进程中的作用;嘎洒镇傣族儿童、青少年语言文字使用情况及其影响因素,侧重分析母语呈弱化趋势、汉语呈强化趋势及其影响因素。选择儿童、青少年这个群体,主要是从前瞻性的角度考虑的,因为儿童、青少年的语言变化比较大,与时俱进的特征非常明显,对预测嘎洒镇未来的语言文字发展变化趋势起主导作用。

在调查研究中,我们始终坚持"实事求是"的原则,坚持以历史的眼光看问题,充分考虑傣语傣文的时代性。既重视傣族语言文字在社会发展中的积极作用,也注意到傣族语言文字的保守性、对社会发展的制约。具体方法是,查阅历史文献与田野调查相结合,对调查获得的第一手材料作具体的分析,科学地描写、展示傣语傣文传统面貌,以期研究的结论更加科学。

目 录

第一章 绪论 ··· 1
　第一节 景洪市嘎洒镇概况 ·· 1
　第二节 调查方案设计 ·· 7

第二章 景洪市嘎洒镇傣族语言文字使用情况及其成因 ············· 13
　第一节 景洪市嘎洒镇傣族语言文字使用现状 ···················· 13
　第二节 小乘佛教在傣族语言文字传承中的作用 ··················· 49
　第三节 家庭与社区语言教育对傣族语言的影响 ··················· 57
　第四节 社会环境对傣族语言的影响 ·································· 61

第三章 景洪市嘎洒镇傣族双语双文使用情况及其成因 ············· 64
　第一节 景洪市嘎洒镇傣族双语双文使用现状 ······················· 64
　第二节 景洪市嘎洒镇傣族双语现象形成的社会因素 ············· 77
　第三节 学校教育加快了双语化进程 ·································· 81
　第四节 汉语词汇对景洪市嘎洒镇傣族语言的影响 ················ 88

第四章 景洪市嘎洒镇傣族儿童、青少年语言文字使用情况及其成因 ··· 97
　第一节 景洪市嘎洒镇傣族儿童、青少年语言文字使用现状 ····· 97
　第二节 教育对傣族儿童、青少年语言文字使用的影响 ········· 112

第五章 小结与预测 ··· 122
　第一节 傣族语言文字使用情况小结 ································ 122
　第二节 对未来傣族语言文字使用演变的预测 ··················· 124

附录 ·· 126
　一 傣语六百词测试表 ·· 126
　二 调查表及调查问卷 ··· 152
　三 访谈录 ··· 162

四	个案调查材料……………………………………………	173
五	调查日志…………………………………………………	323
六	照片………………………………………………………	329

参考文献 …………………………………………………………… 334

后记 ………………………………………………………………… 335

Contents

Chapter 1 Introduction 1
1.1 An Introduction to Gasa Town in Jinghong 1
1.2 The design of the Investigation Plan 7

Chapter 2 The Status Quo of Dai Language and Writing System in Gasa, Jinghong and it's Influential Factors 13
2.1 The Status Quo of Dai Language and Writing System in Gasa, Jinghong 13
2.2 The Function of Hinayana Buddhism in the Inheritance of Dai Language and Writing System 49
2.3 The Influence of Family and Community Language Education on Dai Language 57
2.4 The Influence of Social Environment on the Use of Dai Language and Writing System 61

Chapter 3 Dai People's Bilingual Status Quo and Influential Factors in Gasa, Jinghong 64
3.1 Dai People's Bilingual Status Quo in Gasa, Jinghong 64
3.2 Social Factors to form Dai People's Bilingual Status Quo in Gasa, Jinghong 77
3.3 School Education Speeds up the Bilingual Process 81
3.4 The Influence of Chinese Vocabulary to Dai Language 88

Chapter 4 The Status Quo of Dai Young Children's Using of Dai Language and Writing System and it's Influential Factors in Gasa, Jinghong 97
4.1 The Status Quo of Dai Young Children's Using of Languages and Writing Systems 97
4.2 The Influence of Education on the Use of Languages and Writing Systems

　　　　of Dai Young People ·· 112

Chapter 5　Summery and Prospect ·· 122
5.1　Summery of the Status Quo of the Use of Dai Language ············ 122
5.2　Prospect of the Future of Dai Language ································ 124

Appendices ·· 126
1　600 Dai Words' Testing Vocabulary ··· 126
2　Selection of Questionnaires and Forms ······································· 152
3　Interviews ·· 162
4　Case Study Material from Fieldwork ·· 173
5　Daily Records of Fieldwork ·· 323
6　Photographs ··· 329

References ··· 334

Postscript ·· 336

第一章 绪论

第一节 景洪市嘎洒镇概况

嘎洒镇地处景洪市西南端,距景洪市政府驻地7公里,位于东经100°45′43″,北纬21°57′22″。傣语"嘎",街子;"洒",沙子。嘎洒镇东接勐罕镇和景哈哈尼族乡,南连勐龙镇,西与勐海县格朗和哈尼族乡相邻,北与允景洪街道办毗邻。嘎洒镇是通向240口岸和打洛边境的咽喉要道,从北向南的允大公路、从东向西的214国道穿镇而过,中国灵长类动物中心、西双版纳机场、全市蓄水量最大的曼飞龙水库和版纳皇城——宣慰街,都建在嘎洒境内。

嘎洒镇1927年称景洪区,属车里县。1953年为版纳景洪,1958年为景洪区,1969年改公社,1984年更名为嘎洒区,1988年设乡,1998年撤乡设镇。2004年,撤销景洪镇,原景洪镇的纳板、曼典、曼沙、曼迈、曼戈播5个村委会划归嘎洒镇管辖。

嘎洒镇最高海拔路南山2143.3米,最低海拔澜沧江边525米,平均海拔1334米,最高海拔与最低海拔之差为1618.3米。自然条件优厚,气候属亚热带、热带。气候温和,年平均气温21.7℃;雨量充沛,年降雨量为1209.3毫米。其温和的气候、充沛的雨量、肥沃的土地,特别适宜发展稻谷、橡胶、冬季作物及水果、蔬菜等亚热带经济作物,是橡胶、蔬菜、花卉的生产基地之一。据2007年统计,有橡胶144657亩,其中开割84439亩,干胶产量10953吨;蔬菜8308亩,产量10471吨;花卉989亩,鲜切花1920700支,盆栽5010盆,人工草坪48347平方米;同时拥有耕地41897亩,其中水田30194亩,旱地11703亩;粮食播种面积51614亩,总产量18983吨,农民人均占有粮465千克;茶叶5539亩,茶叶产量27吨;水果7834亩,水果产量2089吨。

全镇辖14个村民委员会,141个村寨,1个种植场,12个种植队,8个镇属单位,33个中央、省、州、市属单位,16个农垦单位。镇政府驻嘎洒街。全镇总面积为754平方公里,19758户人家,总人口为71208人(含农场人口,不含农场的户数为10859户,46506人)。农业人口42986人,占92.4%,居住着傣、哈尼、拉祜、汉、布朗、彝等民族。嘎洒镇的主体民族为傣族,占全镇总人口的63.9%,哈尼族占20.9%,拉祜族占6.3%,汉族占5.8%,其他民族占3.1%。[①]

---

① 参见"景洪嘎洒镇人民政府网《2007年度嘎洒镇基本情况》"。

全镇各村民委员会、村寨的人口统计及民族分布(2007年)如表1-1。

表1-1 嘎洒镇人口统计及民族分布(2007年)　　　　　　（单位：户，人）

村委会	村寨	总户数	总人口	男	女	傣	哈尼	拉祜	汉	布朗	彝	其他
曼掌宰	曼醒村	99	413	210	203	405			8			
	曼景保村	120	535	263	272	526		1	7		1	
	曼勐村	98	457	221	236	439			18			
	曼真村	73	330	157	173	326	1		3			
	曼凹村	83	373	184	189	369	1		1			2
	曼暖龙村	122	494	255	239	436			58			
	曼喃村	97	423	208	215	398			25			
	曼坝过村	72	326	148	178	309			17			
	曼丢村	86	402	202	200	398			4			
	曼掌宰村	115	480	236	244	477			3			
	曼洒村	136	599	294	305	512	3		83	1		
合计	11个	1101	4832	2378	2454	4959	5	1	227	1	1	2
曼达	曼达一村	66	297	147	150	296			1			
	曼达二村	74	349	172	177	348			1			
	曼达三村	88	407	206	201	406			1			
	曼广凹村	101	480	245	235	479			1			
	曼校村	65	351	172	179	346						5
	曼宰村	85	420	198	222	419			1			
	曼别村	48	241	121	120	240			1			
	曼贯村	58	247	134	113	247						
	曼景康村	96	506	244	262	504			2			
	曼么协村	75	368	194	174	366			2			
	曼养利村	81	436	207	229	435						1
	曼播一村	20	82	41	41		81		1			
	曼播二村	74	328	162	152				2	326		
合计	13个	931	4512	2243	2255	4086	81		13	326		6
曼勉	曼贺松村	45	244	116	128	233			11			
	曼海达目村	84	412	200	212	412						
	曼贺回村	53	224	107	117	221			3			
	曼飞龙村	104	476	236	234	470						
	曼勉村	51	251	120	131	246	5					
	曼倒村	97	462	243	219	462						
	曼迈广掌村	30	140	66	74	136	4					

合计	7个	464	2209	1088	1115	2180	9		14		
曼播	曼龙迈村	110	595	286	309	594					1
	曼慌村	34	175	91	84	171					4
	曼播村	78	398	196	202	394			1	3	
	曼湾村	145	725	344	381	718			7		
	曼贺村	93	424	206	218	417			7		
	曼达纠村	111	538	275	263	531			7		
	曼格村	111	560	282	278	554			6		
	曼响村	84	345	172	173	342			3		
合计	8个	766	3760	1852	1908	3721			31	3	5
沙药（山区）	沙药村	91	390	212	178	390					
	南西村	73	350	184	166	350					
	曼迈一村	64	292	161	131		292				
	曼迈二村	28	132	62	70		132				
合计	4个	256	1164	619	545	740	424				
南帕	老寨村	92	436	229	207		435		1		
	新寨村	61	295	142	153		295				
	小寨村	54	239	123	116		239				
	曼回东村	99	460	215	245	458			2		
	曼贺纳一村	63	328	161	167		326		2		
	曼贺纳二村	53	273	142	131		273				
合计	6个	422	2031	1012	1019	458	969	599	5		
曼景罕	曼养村	53	248	125	123	248					
	曼景罕村	91	424	206	218	420		1	2	1	
	曼洪村	80	345	166	179	345					
	曼广村	71	325	166	159	317			8		
	曼嘎村	125	561	271	290	556			5		
	曼开村	65	304	152	152	303			1		
	曼岗村	24	125	64	61	125					
	南中村	68	320	166	154		320				
合计	8个	577	2652	1316	1336	2314	320	1	16	1	
曼迈	曼景傣村	148	729	358	371	717	3				9
	曼乱典村	150	707	346	361	680	6				11
	曼迈村	214	1106	538	568	1063	18				25
	曼广龙村	162	837	416	421	812	10				15
	曼景栋村	29	160	78	82	158			2		

片区	村寨	C1	C2	C3	C4	C5	C6	C7	C8	C9	C10	C11
	曼广迈村	67	329	160	169	311	10		8			
	曼罗金村	19	89	42	47				3	86		
	曼香班村	24	107	47	60				2	105		
	曼回龙村	27	113	48	65				4	109		
	曼咪村	49	205	97	108				9	196		
	曼边村	10	35	14	21		29					3
合计	11 个	899	4417	2144	2273	3741	76		28	496		63
	曼典村	64	283	147	136			272	11			
	回老新寨村	38	154	86	68		154					
	回老小寨村	22	110	60	50			110				
	纳矿老新寨村	16	70	48	28			70				
	纳矿小寨村	21	116	62	54			116				
	纳矿新寨村	20	76	45	31			76				
曼典	坝勐村	69	323	160	163		323					
	回火村	91	356	181	175			351				5
	大安村	15	65	33	32				65			
	阿麻囡村	15	53	30	23			53				
	墨江寨村	42	151	79	72		151					
	景谷寨村	53	204	99	105						204	
	曼吕村	20	91	46	45							91
合计	13 个	486	2052	1076	982		628	1048	76		204	96
	纳板村	42	182	91	91	173	1	7	1			
	曼费村	78	326	163	163			323	3			
	回麻河村	31	155	82	73		155					
	安麻新寨村	72	296	155	141			295	1			
纳板	安麻老寨村	53	218	107	111			212	6			
	六家寨村	12	33	20	13			33				
	茶厂村	22	82	38	44			82				
	蚌龙村	9	43	23	20		41		2			
	帕丙村	38	149	79	70		149					
合计	9 个	357	1484	758	726	173	346	952	13			
	曼么克村	78	404	196	208			404				
曼戈播	曼戈播村	57	279	142	137			279				
	平寨村	71	329	167	162			329				
	新寨村	54	276	137	139			276				
合计	4 个	260	1288	642	646			1288				

	曼坝落一村	66	299	141	158	299			
	曼坝落二村	18	90	46	44	90			
	曼金龙一村	43	190	101	89	190			
	曼金龙二村	34	144	71	73	144			
	石花村	18	96	43	53	96			
	优迁村	14	61	29	32	61			
	甲结村	31	141	73	68	141			
	龙塘村	17	71	37	34	71			
	南其村	21	101	55	46	101			
	新寨村	63	304	152	152	304			
	贺兰村	13	63	34	29	63			
	坝其一村	32	167	83	84	167			
南联山	坝其二村	17	83	42	41	83			
	坝其三村	26	123	52	71	123			
	桥头村	15	71	21	44	71			
	古独一村	30	154	67	87	154			
	古独二村	32	168	77	91	168			
	古独三村	15	79	40	39	79			
	古独四村	21	125	61	64	125			
	坝沙一村	31	142	78	64	142			
	坝沙二村	15	72	39	33	72			
	坝沙三村	15	73	40	33	73			
	坝沙四村	22	90	46	44	90			
	坝沙五村	8	39	18	21	39			
	坝沙六村	12	58	33	25	58			
合计	25个	629	3004	1479	1519	3004			
	曼庄些村	49	204	108	96	193		10	
	曼英村	36	149	72	77	140		9	
	曼贡村	106	509	256	253	503		6	
	曼景勐村	74	341	168	173	338		3	
曼弄枫	曼弄枫村	105	455	216	239	451		4	
	曼井法村	40	193	94	99	191		2	
	曼养广村	66	290	143	147	286		4	
	曼贺蚌村	76	358	181	177	358			
	曼贺纳村	89	402	208	194	398		4	
合计	9个	641	2901	1446	1455	2858		42	

	曼东老村	87	379	176	203	374			4			1
	曼回索村	69	311	149	162	305			6			
	曼龙罕村	27	130	69	61	126			4			
	曼沙村	117	582	283	299	577			5			
	曼列村	101	457	228	229	455	1		1			
	曼贺勐村	102	482	228	254	476			6			
曼沙	曼柳村	103	481	242	239	476			5			
	曼令村	65	291	137	154	288		1	2			
	曼栋龙村	103	482	227	255	479			3			
	曼景栋村	28	144	65	79	131			11			2
	干借村	128	580	240	340		550					30
	阿麻囡村	27	116	63	53			115	1			
	回板村	48	183	95	88			162				21
合计	13个	1005	4618	2202	2416	3687	551	278	48			54
	种植一队	17	79	35	44	79						
	种植二队	36	153	76	77	121						32
	种植三队	70	300	154	146	146						154
	种植四队	38	153	70	83	94			52	7		
	种植五队	50	192	86	106	85			107			
橡胶种植场	种植六队	32	132	73	59	4	40		40	3		45
	种植七队	50	190	88	102	169			13	8		
	种植八队	26	102	53	49	41			54		7	
	种植九队	58	217	107	110	80			112	25		
	种植十队	40	140	74	66	111			27		2	
	种植十一队	39	164	76	88	126			88			
	种植十二队	35	105	67	48	80			25			
合计	12个	491	1927	959	978	4	1172		518	43	9	231

  至2007年年底,嘎洒镇14个村委会的141个村寨、12个种植队全部通水(包括自来水和井饮用水)、通电、通路、通电视、通固定电话。嘎洒镇城镇及14个村委会共有27所小学,接受义务教育的在校小学生共3157人,小学在职教师共271人;嘎洒镇有2所中学,即嘎洒中学(职业中学)和嘎栋中学,接受义务教育的在校初中生共1866人,初中在职教师共111人。嘎洒镇接受九年制义务教育的在校生共有5023人。橡胶种植场接受义务教育的在校小学生86人,初中生50人。橡胶种植场接受九年制义务教育的在校生共有136人。嘎洒镇镇级卫生院2个,医生45人;14个村委会共有4个卫生所,乡村医生6人;橡胶种植场没有卫生院。14个村委会2067户人家住上了砖混结构的房子,6700户人家住上了砖木结构的房子;安装了2700部电话;拥有8571台电视机;拥有11792辆摩托车;拥有578辆汽车;拥有3820辆拖拉机;拥

有 324 辆农用车;5085 户人家安装了太阳能。橡胶种植场 149 户人家住上了砖混结构的房子,342 户人家住上了砖木结构的房子;安装了 32 部电话;拥有 470 台电视机;拥有 584 辆摩托车;拥有 64 辆汽车;拥有 5 辆拖拉机;拥有 29 辆农用车;241 户人家安装了太阳能。[①]

这次调查,我们走访了嘎洒镇以傣族为主,或傣、汉族混居,或傣、哈尼、拉祜族混居,或傣、布朗族混居的 10 个村寨,同时走访了从 41 个机关单位中抽样的 10 个机关单位,共计 20 个调查点。10 个村寨的人口数字及民族成分如表 1-2。

表 1-2 （单位:户,人）

调查点	户数	总人口	傣	哈尼	拉祜	汉	布朗	彝	其他
曼景保村	120	535	526		1	7		1	
曼真村	73	330	326	1		3			
曼凹村	83	373	369			1			2
曼景罕村	91	424	420	1		2		1	
曼贺回村	53	224	221			3			
曼达一村	66	297	296			1			
曼播村	78	398	394			1		3	
曼湾村	145	725	718			7			
曼回东村	99	460	458			2			
纳板村	42	182	173	1	7	1			
合计	850	3948	3901	3	9	28		5	2

第二节 调查方案设计

一、确定调查方法

在田野调查中,使用了语言学的调查方法,即摩尔根的词汇密度考察法(选出 600 个常用傣语词汇)、罗常培的借词观照法(从傣语报、广播、电视、日常生活中收集汉语借词)、社会语言学的社会网络调查法(例如某人的说话对象通常是家庭成员、朋友、邻居、同事、某个民间组织成员等,他与这些人就构成一个社会网络)。同时借鉴了民族学的田野调查法、直接观察法、比较研究法、历史叙述法等方法,社会学中的"抽样调查法",并借用统计学的方法,对获得的调查材料进行定量分析,用概率统计说明语言文字使用的情况。我们重视点面结合,突出个案穷尽

---

① 14 个村委会的经济情况参见"景洪市嘎洒镇新农村建设信息网《2007 年嘎洒镇村委会情况》"。

法的运用,要求通过记录、整理、归纳,获取丰富的调查材料。为了很好地完成任务,我们编写了详细的调查提纲并设计了调查表。

二、选择调查点

确定了调查方法后,我们选择了有特色(小乘佛教文化与汉文化并存且互相影响)、有代表性(傣族是该镇的主体民族,傣族人口占全镇总人口的63.9%,具有典型性)的景洪市嘎洒镇。语言文字使用往往因地理分布和生活环境的不同而表现出差异性。根据抽样调查的原则,从景洪市嘎洒镇14个村委会中选择10个有代表性的村寨,加上嘎洒镇城镇10个机关单位,一共是20个点作为主要调查对象。我们采用个案穷尽法,对这些调查对象逐户进行语言文字使用情况的调查,并走访村寨中的长老、村民、和尚,调查了村寨佛寺的情况。同时还对机关、中小学、医院、集市等单位进行调查,走访基层干部、教师、学生、医务人员、市民等各方面有代表性的人物。调查对象涉及3000多人,另有200多人接受访谈,100多人接受语言能力测试。

20个调查点分为两种不同的类型:

1. 以傣族为主的村寨:曼景保村、曼真村、曼凹村、曼景罕村、曼贺回村、曼达一村、曼播村、曼湾村、曼回东村、纳板村。

2. 机关单位:土地所、水管站、财政所、十三道班、嘎洒税务所、嘎洒工商所、嘎洒供销社、嘎洒信用社、嘎洒卫生院、嘎洒中心小学。

三、划分语言能力等级

所谓语言能力是指用语言进行交际的能力,一般包括听、说、读、写四项技能。傣族有自己的语言文字,许多人还兼用汉语;景洪市嘎洒镇的汉族和其他少数民族,由于民族接触、语言接触,也出现了兼用傣语的情况。因此,我们的调查,不仅关注嘎洒镇傣族及其他民族傣语及傣文的使用情况,而且还涉及其汉语及汉文的使用情况。

不同地理分布、不同生活环境、不同年龄段、不同民族的人,傣语、汉语语言能力表现出一定的差异性。为了更准确地描述傣族以及其他民族的傣语、汉语语言和文字使用的现状和特点,我们又进一步把语言能力分为听、说和读、写两部分分别加以考察,以听、说程度划分"傣语""汉语"的等级,以读、写程度划分"傣文""汉文"的等级。共分为四个等级:熟练、一般、略懂和不会。语言能力的等级与听说读写能力的强弱有直接的关系,见表1-3、1-4("+"表示能力强,"-"表示能力弱,"○"表示不会)。

表 1-3

语言等级	听的能力	说的能力	能否交际
熟练	+	+	能

一般	+	-	能
略懂	-	○	部分
不会	○	○	不能

表 1-4

文字等级	读的能力	写的能力	能否交际
熟练	+	+	能
一般	+	-	能
略懂	-	○	部分
不会	○	○	不能

具体而言,傣语的四个等级在交际中的表现是:(1)"熟练":指能在日常生活中自如地运用傣语进行交际,听、说能力都很强。嘎洒镇土生土长的傣族,尤其现在还生活在村寨中的人,都属于这个等级。(2)"一般":指能听懂傣语,也会说,但在日常生活中多说当地汉语方言。一些外地迁入的其他民族,如汉、哈尼、拉祜、彝等民族,他们中的许多人是嫁来的媳妇或上门的女婿,在该地区生活了较长时间(大多是10年、20年以上),多属于这个等级。(3)"略懂":指只能听懂简单的会话,一般不说。到嘎洒镇生活时间不长(约3至5年左右)的人、机关单位中长大的青少年多属于这个等级。(4)"不会":指既听不懂傣语,也不会说傣语。刚到嘎洒镇定居的外地人和机关单位中少数儿童属于这个等级。

汉语的四个等级在交际中的表现是:(1)"熟练":指能在日常生活中自如地运用汉语进行交际,听、说能力都很强。长期生活在嘎洒镇里的人,村寨中的年轻人,都属于这个等级。(2)"一般":指能听懂汉语,也会说,但在日常生活中多说本民族语言,如傣族说傣语、哈尼族说哈尼语等。生活在村寨中的中年人多属于这个等级。(3)"略懂":指能听懂简单的会话,一般不说。生活在村寨中的老年人多属于这个等级。(4)"不会":指既听不懂汉语,也不会说汉语。生活在村寨中的部分老人属于这个等级。

总之,"熟练"等级和"一般"等级的人具有傣语、汉语的交际能力。而"略懂"等级的人具有傣语、汉语的部分交际能力,即仅限于一般的日常交际。"不会"等级的人则完全不具有傣语、汉语的交际能力。

傣文的四个等级在交际中的表现是:(1)"熟练":指能在日常生活中熟练地运用傣文,读、写能力都很强。在学校学过傣文,尤其是当过和尚的傣族男子,属于这个等级。(2)"一般":指文字阅读能力很强,但运用傣文书写的能力较弱。曾经学过傣文,但在工作、生活中不常用傣文的人,多属于这个等级。(3)"略懂":指只能阅读简单的文字内容,阅读能力较差,只学过一点儿傣文的人,多属于这个等级。(4)"不会":既没有阅读能力,也没有写作能力。没有学习过傣文的人属于这个等级。

汉文的四个等级在交际中的表现是:(1)"熟练":指能在日常生活中熟练地运用汉文,读、写能力都很强。小学高年级的学生,受过初中以上教育的,属于这个等级。(2)"一般":指文字阅读能力很强,但运用汉文书写的能力较弱。小学低年级的学生,曾受过小学教育的中、老年人,不常使用汉文的人,多属于这个等级。(3)"略懂":指只能阅读简单的文字内容,阅读能力较差,只学过一点儿汉文或刚刚开始学习汉文的人,多属于这个等级。(4)"不会":指既没有阅读能力,又没有书写能力。文盲都属于这个等级。

总之,"熟练"等级和"一般"等级的人具有傣文、汉文方面的交际能力,即能通过书面的阅读或书写进行交际。而"略懂"等级的人只具有傣文、汉文方面的部分交际能力,即只能阅读简单的文字内容。"不会"等级的人则完全不具有运用傣文、汉文的交际能力。

四、划分年龄段

不同年龄段的人群语言能力不一样。语言能力的差异跟人的成长阶段、生活环境有一定的关系。傣族使用语言文字也遵循这一规律。

从整体来看,傣族使用母语和汉语的差异可依据不同的成长阶段、所处的社会环境划分为七个年龄段:(1)学龄前段:6岁以下(不包括6岁);(2)小学段或儿童段:6—12岁;(3)中学段或少年段:13—18岁;(4)青年段:19—30岁;(5)中年段1:31—39岁;(6)中年段2:40—55岁;(7)老年段:56岁以上。6岁以下儿童的语言能力还不稳定,所以学龄前段不列为调查对象,实际考察的只有六个年龄段。6—12岁和13—18岁这两个年龄段的人群,分属于儿童段和少年段,语言使用表现出不同的特点。19—30岁这一人群是"文革"结束后出生的人,又受到改革开放大环境的影响,语言能力呈现出不同于其他年龄段的特点。中年段之所以分成两个人群考察,是因为31—39岁这一人群赶上了"文革"结束后的入学、入寺潮,傣语、汉语能力都得到发展;而40—55岁这一人群入学、入寺年龄处于"文革"期间,学校被荒废,寺院被拆除("破四旧"),男孩儿基本上都没有进过寺院,但这一人群大多都参加过村寨办的傣文学习班(民办的),傣文都比较熟练,汉语水平较低。56岁以上的男性基本上都接受过寺院教育,傣文熟练,但因为没有接受过正规的学校教育,汉语水平都很低。

五、制订机关单位抽样调查方案

生活在村寨中的人们使用傣语傣文有相似的特点,差异不大,但在机关单位工作的人,使用傣语傣文的情况与村寨的人不同,存在着较大的差异。嘎洒镇共有41个机关单位,包括8个镇属单位:土地所、城建所、企业办、农业服务中心、水管站、财政所、计生服务所、文化站;33个中央、省、州、市属单位:州民政局、中央粮库、消防大队、嘎栋中心小学、嘎栋中学、嘎栋林业站、嘎栋卫生院、工业园区、嘎栋粮管所、嘎栋派出所、嘎栋税务所、中国农行嘎栋营业所、嘎栋信用社、十三道班、嘎洒税务所、嘎洒派出所、嘎洒工商所、嘎洒粮管所、嘎洒供销社、嘎洒广播站、嘎洒电信所、嘎洒邮政所、中国农行嘎洒营业所、嘎洒信用社、曼飞龙水库管理所、嘎洒卫生院、嘎洒林业站、嘎洒中心小学、嘎洒飞机场、嘎洒职业中学、嘎洒中学、嘎洒社会保障所、嘎洒司法所。根据抽样调查的原则,我们从41个机关单位中抽出10个机关单位进行调查:土地所、水管站、财政所、十三道班、嘎洒税务所、嘎洒工商所、嘎洒供销社、嘎洒信用社、嘎洒卫生院、嘎洒中心小学。10个机关单位的户数、人口及民族分布情况见表1-5。

表1-5 (单位:户,人)

调查点	户数	总人口	傣	哈尼	拉祜	汉	彝	其他
土地所	7	16	8	3		4	1	
水管站	5	16	8	4		4		
财政所	5	13	4			4	5	
十三道班	25	73	7	10	1	37	12	6(基诺族5,布朗1)
嘎洒税务所	8	19	9	5		4		1(壮族)
嘎洒工商所	5	8	2	2		1		3(基诺族1,白族2)
嘎洒供销社	37	98	41	8		31	5	13(回族1,瑶族6,基诺族4,白族2)
嘎洒信用社	4	10	7	1		2		
嘎洒卫生院	26	56	10	13		24	8	1(基诺族)
嘎洒中心小学	94	147	60	24	2	47	9	5(回族2,瑶族2,白族1)
合计	216	456	156	70	3	158	40	29

从表1-5可以看出,机关单位职工的民族成分较村寨复杂。10个机关单位共有216个家庭,456人,其中傣族156人,哈尼族70人,拉祜族3人,汉族158人,彝族40人,其他民族29人。

机关单位的工作语言主要是汉语和傣语。在日常工作和生活中,不同民族之间说汉语,傣族之间使用傣语。公务人员的傣族家庭,语言使用情况具有差异性:大部分家庭父母之间使用傣语,与子女交流则使用当地汉语方言;少数家庭在家庭成员内部用傣语交流。

我们调查了10个机关单位傣族家庭的傣族语言文字使用情况。凡家庭成员中有傣族的,我们都把它归入"傣族家庭"类型。还有一种情况是,户主在嘎洒镇工作,但家庭成员只有1人,我们就不把它作为调查对象。符合"傣族家庭"条件的有47户。表1-6是47户傣族家庭的人数和民族成分表。

表1-6 (单位:户,人)

傣族家庭	户数	总人口	民族成分				
			傣	哈尼	拉祜	汉	回族
土地所	3	9	7			2	
水管站	3	11	8			3	
财政所	1	2	2				
十三道班	2	6	6				
嘎洒税务所	3	9	8	1			

嘎洒工商所	0	0					
嘎洒供销社	12	42	38	1		2	1
嘎洒信用社	2	7	7				
嘎洒卫生院	5	12	9			3	
嘎洒中心小学	16	39	32	3	1	3	
合计	47	137	117	5	1	13	1

六、划分调查阶段并部署各阶段的任务

我们的调查由五个阶段组成。第一个阶段是准备阶段。调查组成员先熟悉与课题有关的情况,收集相关资料,选择调查点,制订调查计划和调查大纲,设计调查问卷和调查表。第二个阶段是调查阶段,先与当地政府取得联系,得到政府的支持和帮助;再与嘎洒镇有关部门取得联系,查嘎洒镇的档案、户口和相关统计资料,进一步掌握调查点的基本情况,然后再到村寨进行实地调查。在村寨调查期间要了解当地的风俗习惯、禁忌礼仪,观察仔细,访谈深入。收集资料时,第一要注意收集新材料,第二要收集有特色的材料,第三要保证资料的准确性。第三阶段是整理调查材料,讨论写作提纲。第四阶段是写作阶段,充分运用调查材料,并参考相关的文献资料,依据写作提纲认真写作。第五阶段是补充调查阶段,在写作过程中会发现一些问题,要进行补充调查。①

---

① 参见何星亮《关于如何进行田野调查的若干问题》,田野调查与21世纪的人类学和民族学学术研讨会,2002年。

第二章 景洪市嘎洒镇傣族语言文字使用情况及其成因

本章通过对景洪市嘎洒镇傣族语言文字使用情况的实地调查,描述傣族语言文字使用的现状,分析傣族语言文字在傣族现实生活中的作用及其形成这种使用现状的各种因素。

第一节 景洪市嘎洒镇傣族语言文字使用现状

生活在不同环境中的傣族,使用傣族语言文字的情况表现出不同的特点。村寨是傣族人口聚居的地区,其傣族语言文字使用有一定的稳定性,但在不同时期、不同年龄段、不同场合,傣族使用语言文字的情况还存在着一定程度的差异。生活在机关单位的傣族家庭,使用傣族语言文字的情况有一定的共性,但不同的家庭结构,不同的工作、生活环境,其使用傣族语言文字的情况也存在差异。

嘎洒镇傣族语言文字使用的基本特点是:1.村寨傣族使用本民族语言具有一定的稳定性,但是不同时期、不同年龄段、不同场合则存在一定的差异;2.村寨傣族傣文水平总体呈弱化趋势;3.机关单位的傣族家庭使用傣族语言出现了逐渐淡化的迹象;4.机关单位傣族家庭傣文出现危机。

本节分村寨和城镇机关单位两种类型进行描述:一是以傣族为主的村寨类型,包括曼景保村、曼真村、曼凹村、曼景罕村、曼贺回村、曼达一村、曼播村、曼湾村、曼回东村、纳板村10个村寨。在村寨,无论交通发达与否,与外界的交往多少,傣族语言都是主要的交际工具,傣文都呈弱化趋势。二是城镇机关单位类型,机关单位的傣族家庭,傣族语言的使用既有共性,又有个性,总体出现衰退趋势,傣文面临危机。

下面先介绍以傣族为主的10个村寨的傣族语言使用的情况。

一、村寨傣族使用本民族语言具有一定的稳定性

我们从嘎洒镇14个村委会中选择10个有代表性的村寨,加上嘎洒镇城镇10个机关单位,一共是20个点作为主要调查对象,用个案穷尽法调查了每个家庭的语言文字使用情况。我们登记了每位家庭成员的姓名、性别、年龄、民族、文化程度,调查其傣语和汉语(有的还有第

三语言)的使用情况。

(一) 以傣族为主的 10 个村寨傣族语言使用情况考察

我们对以傣族为主的 10 个村寨(曼景保村、曼真村、曼凹村、曼景罕村、曼贺回村、曼达一村、曼播村、曼湾村、曼回东村、纳板村)进行了穷尽式的调查、统计。调查对象是 6 岁以上(含 6 岁)、有正常语言功能的人。调查结果如表 2-1。

表 2-1　　　　　　　　　　　　　　　　　　　　　　(单位:人)

调查点	总人口	熟练		一般		略懂		不会	
		人口	百分比	人口	百分比	人口	百分比	人口	百分比
曼景保村	521	510	97.9	4	0.8	1	0.2	6	1.1
曼真村	316	312	98.7	0	0	4	1.3	0	0
曼凹村	362	359	99.2	0	0	3	0.8	0	0
曼景罕村	410	407	99.3	0	0	3	0.7	0	0
曼贺回村	219	216	98.6	2	0.9	1	0.5	0	0
曼达一村	282	281	99.6	0	0	1	0.4	0	0
曼播村	373	368	98.7	0	0	0	0	5	1.3
曼湾村	687	680	99	4	0.6	3	0.4	0	0
曼回东村	443	441	99.5	0	0	0	0	2	0.5
纳板村	174	166	95.4	2	1.2	6	3.4	0	0
合计	3787	3740	98.8	12	0.3	22	0.6	13	0.3

从表 2-1 可以看出,以傣族为主的 10 个村寨熟练使用傣语的比例都很高,平均值是 98.8%。曼凹村、曼景罕村、曼达一村、曼湾村、曼回东村熟练使用傣语的比例都在 99% 以上。熟练使用傣语的比例最低的纳板村,也达到了 95.4%。这些数据说明,以傣族为主的村寨,村民们仍以傣语为主要的交际工具,傣语的生命力比较强大。

各村寨傣语水平属于"略懂"等级和"不会"等级的百分比平均值都比较低,分别为 0.6% 和 0.3%。

曼真村、曼凹村、曼景罕村、曼贺回村、曼达一村、曼湾村、纳板村 7 个村寨中傣语水平属于"不会"等级的人数均为零。

总之,以傣族为主的村寨,傣语仍然保存完好。下面按我们划分的语言能力等级,对表 2-1 的统计数据作进一步的分析。

(1)属于"熟练"和"一般"等级的人,均能听懂并且会说傣语,即二者都具有傣语的交际能力。表 2-1"熟练"和"一般"等级的人数总和为 3752 人,占调查总人数的 99.1%。会说傣语的人数之多,比例之高,说明以傣族为主的村寨傣语在日常生活是主要的交际工具。

(2)属于"略懂"等级的,没有傣语的会话能力,但能听懂简单的日常用语。因此,"熟练""一般"和"略懂"等级的人,都能听懂傣语。表 2-1"熟练""一般""略懂"三个等级的人数的总和为 3774 人,占调查总人数的 99.7%。这个比例相当高,说明以傣族为主的村寨中的人基本上都能听懂傣语。

(3) 表 2-1 中属于"不会"等级的仅有 13 人,占调查总人数的 0.3%。

我们在调查中观察到,属于"熟练"等级的人,在日常生活中主要说傣语;属于"一般"等级的人,在日常生活中也说傣语,但多数情况下选择用汉语交际;属于"略懂"和"不会"等级的人,在日常生活中只说汉语,不说傣语。从表 2-1 看出,傣语水平属于"熟练"等级的,共有 3740 人,占调查总人数的 98.8%,他们在日常生活中以傣语为主要的交际工具;属于"一般""略懂"和"不会"这三个等级的人数总和为 47 人,占调查总人数的 1.2%,他们在日常生活中以汉语为主要的交际工具。从二者所占的比例看,傣语是傣族日常生活的主要交际工具。

我们在嘎洒镇 10 个村寨的调查中深深地体会到,在这片土地上,傣语依然充满活力,显示出旺盛的生命力,散发着无穷的魅力。无论我们走进家庭或者其他场合,都能听到村民们用音乐般的傣语自由地交谈、亲切地寒暄。我们在村寨调查、采访时,经常能听到村干部用傣语播送通知。我们用汉语与调查对象交谈时,他们时不时地用傣语与我们聘请的翻译交流,并且表现出释然的满足感。他们还时而接过我们的话题,用傣语讨论一番,那份使用母语的亲切感油然而生。我们在调查期间与村寨的老百姓打成了一片,每当共同进餐情绪达到高潮时,我们都要共同举杯,高喊"水、水、水、水、水、水",席间还能聆听到章哈(傣族歌手)纵情地歌唱。我们还参加了曼湾村傣族青年的婚礼,村民岩温叫一直通过翻译给我们讲解傣族的婚俗。一对新人,伴郎、伴娘,双方父母及亲友围坐在一起,大家把手放在圆桌上,表示永结同心,天长地久。同时,俯首倾听长者的祝福。一位有威望的长者用傣语为新人祈祷、祝福,长达 20 分钟。然后亲朋好友给新郎、新娘拴线,认为拴上线以后才是真正的夫妻。婚礼场面十分壮观。我们不仅看到了民风民俗,也感受到了傣族语言文化的巨大震撼力。虽然大多数人都会说汉语,但傣族之间交流,一般使用傣语。傣语是傣族交流感情、傣族社会传递信息的主要工具,是推动傣族社会向前发展的不可缺少的因素,是傣族保持民族性的重要特征之一。

以傣族为主的 10 个村寨傣语使用的情况大体相同,各村寨均为"熟练"等级的人占大多数,但也出现了一些变化和差异。在表 2-1 中,"略懂"等级的人几乎各个村寨都有;"一般"等级的,曼景保村有 4 人,曼贺回村有 2 人,曼湾村有 4 人,纳板村有 2 人;"不会"等级的,曼景保村有 6 人,曼播村有 5 人,曼回东村有 2 人。下面我们对曼景保村"一般"等级和"不会"等级的人进行具体分析,他们家庭成员的基本情况如表 2-2。

表 2-2

序号[1]	家庭关系	姓名	年龄(岁)	文化程度	傣语	傣文	汉语	汉文	备注[2]
25	户主	花元昌	86	小学	不会	不会	熟练	一般	汉族
	妻子	杨春芬	84	文盲	不会	不会	熟练	不会	汉族

---

[1] 序号是各个村寨内部每户家庭的编号。下同。
[2] 备注中没有标注的是傣族。下同。

	次子	花宝江	38	初中	不会	不会	熟练	熟练	汉族
	孙女	玉艳罕	7	上小学	一般	不会	一般	一般	
35	户主	岩俸	45	小学	熟练	熟练	一般	一般	
	妻子	木学芝	41	初中	不会	不会	熟练	熟练	彝族
	长女	玉金	17	初中	一般	不会	熟练	熟练	
	长子	岩温罕	12	上小学	一般	不会	熟练	熟练	
90	户主	岩对	55	文盲	熟练	一般	一般	不会	
	妻子	玉庄	54	文盲	熟练	不会	一般	不会	
	次子	岩香龙	32	文盲	熟练	不会	熟练	一般	
	次儿媳	张秀英	29	小学	不会	不会	熟练	一般	拉祜族
	孙子	岩罕枫	1	学龄前					
91	户主	玉保龙	64	文盲	熟练	一般	略懂	不会	
	丈夫	岩涛	66	文盲	熟练	一般	略懂	不会	
	长子	岩温广	43	文盲	熟练	一般	一般	不会	
	长儿媳	玉说	43	文盲	熟练	一般	一般	不会	
	次女	玉罕	21	小学	熟练	不会	熟练	一般	
	次女婿	李拥军	32	初中	不会	不会	熟练	熟练	汉族
96	户主	岩温龙	43	小学	熟练	不会	一般	一般	
	妻子	玉单	42	初中	熟练	不会	一般	一般	
	长女	玉波枫	24	文盲	熟练	不会	一般	不会	
	外孙女	玉波罕	3	学龄前					
	岳父	易祥配	75	文盲	一般	不会	熟练	不会	汉族
	岳母	玉的	77	文盲	熟练	不会	不会	不会	

从表2-2看到，4个"一般"等级的人分属于3个族际婚姻家庭，6个"不会"等级的人分属于4个族际婚姻家庭。其中，"一般"等级的是第25户的7岁的孙女，第35户的长女、长子，第96户的一位老人。由于他们都生活在族际婚姻家庭中，语言使用受到家庭的影响。"不会"等级的，有4人是汉族，1人是彝族，1人是拉祜族。

曼贺回村属于"一般"等级的有2人，占调查总人数的0.9%，他们是第11户的李小龙和第51户的李建明。他们家庭的基本情况如表2-3。

表2-3

序号	家庭关系	姓名	年龄(岁)	文化程度	傣语	傣文	汉语	汉文	备注
11	户主	玉温	45	文盲	熟练	不会	一般	不会	
	丈夫	李小龙	37	小学	一般	不会	熟练	熟练	汉族
	长子	岩温	29	小学	熟练	不会	一般	一般	
	长女	玉康罕	22	初中	熟练	不会	熟练	熟练	
	三子	岩罕	13	文盲	熟练	不会	一般	不会	

51	户主	李建明	52	小学	一般	不会	熟练	熟练	汉族
	妻子	玉罕	38	文盲	熟练	不会	一般	不会	
	女儿	玉光香	14	上初中	熟练	不会	熟练	熟练	

曼贺回村属于"略懂"等级的有 1 人，占调查总人数的 0.5%，是第 10 户的孔佑传。

表 2-4

序号	家庭关系	姓名	年龄(岁)	文化程度	傣语	傣文	汉语	汉文	备注
10	户主	岩药	50	小学	熟练	一般	一般	一般	
	妻子	玉儿	45	文盲	熟练	不会	一般	不会	
	长女	玉叫	30	小学	熟练	一般	一般	一般	懂泰语
	长女婿	孔佑传	32	初中	略懂	不会	熟练	熟练	汉族
	外孙	孔贤	7	上小学	熟练	不会	一般	一般	

表 2-3 和表 2-4 中显示，属于"一般"和"略懂"的 3 人都是汉族，因在村寨生活的时间长了，与傣族接触的多了，因此掌握了一些傣语。

曼播村属于"不会"等级的有 5 人，占调查总人数的 1.3%。他们是第 1 户的普云、李德会、普景、普洪和第 72 户的岩温叫。岩温叫虽然是聋哑人，但他上了聋哑学校，略懂汉语，因此也被列为调查对象。他们家庭的基本情况如表 2-5。

表 2-5

序号	家庭关系	姓名	年龄(岁)	文化程度	傣语	傣文	汉语	汉文	备注
1	户主	普云	44	小学	不会	不会	熟练	一般	彝族
	妻子	李德会	41	初中	不会	不会	熟练	熟练	汉族
	长子	普景	17	小学	不会	不会	熟练	熟练	彝族
	长女	普洪	15	上初中	不会	不会	熟练	熟练	彝族
72	户主	岩旺	45	文盲	熟练	略懂	一般	不会	
	妻子	玉吨	44	文盲	熟练	不会	一般	不会	
	长女	玉罕	27	小学	熟练	不会	一般	一般	
	长女婿	岩温	25	小学	熟练	不会	一般	一般	
	外孙子	岩温叫	6	上小学	不会	不会	略懂	不会	聋哑人(上聋哑学校)
	母亲	玉温	62	文盲	熟练	不会	略懂	不会	

曼湾村傣语水平有 4 人属于"一般"等级，3 人属于"略懂"等级，他们家庭成员的基本情况如表 2-6。

表 2-6

序号	家庭关系	姓名	年龄(岁)	文化程度	傣语	傣文	汉语	汉文	备注
8	户主	岩温	45	小学	熟练	不会	一般	一般	
	妻子	杨意	47	小学	一般	不会	熟练	熟练	汉族

	长女	玉波	12	上小学	熟练	不会	熟练	熟练	
	母亲	咪害	81	文盲	熟练	不会	不会	不会	
40	户主	波卫甩	70	小学	熟练	熟练	一般	一般	
	妻子	玉叫甩	68	文盲	熟练	不会	略懂	不会	
	长子	岩罕	40	小学	熟练	熟练	一般	一般	
	长儿媳	左小芳	32	小学	略懂	不会	熟练	熟练	汉族
	孙女	玉应香	6	上小学	熟练	不会	一般	略懂	
127	户主	唐时国	43	初中	一般	不会	熟练	熟练	汉族
	妻子	玉况	41	小学	熟练	不会	一般	一般	
	长女	玉香	20	初中	熟练	熟练	熟练	熟练	
	次女	玉叫	17	初中	熟练	熟练	熟练	熟练	
131	户主	李四	41	小学	一般	不会	熟练	熟练	汉族
	妻子	玉拉	40	小学	熟练	不会	一般	一般	
	长女	玉香	12	上小学	熟练	不会	熟练	熟练	
132	户主	林真强	47	小学	一般	不会	熟练	熟练	汉族
	妻子	玉院	43	小学	熟练	不会	一般	一般	
	长子	岩康	18	初中	熟练	熟练	熟练	熟练	
	长女	玉甩	16	上初中	熟练	熟练	熟练	熟练	
139	户主	岩叫	40	小学	熟练	熟练	一般	一般	
	妻子	李秀	28	小学	略懂	不会	熟练	熟练	汉族
	长女	玉外	7	上小学	熟练	不会	熟练	熟练	
142	户主	伍小斌	40	初中	略懂	不会	熟练	熟练	汉族
	妻子	玉南恩	35	小学	熟练	熟练	一般	一般	
	长女	玉香旺	16	初中	熟练	不会	熟练	熟练	

从表 2-6 可以看出，曼湾村傣语水平属于"一般"等级和"略懂"等级的人都是族际婚姻家庭中的汉族，达到"一般"等级的人年纪都是 40 多岁。这是因为他们组成家庭的时间较长一些，长期跟傣族生活在一起，家庭使用的语言是傣语，所以他们达到了"一般"等级；而属于"略懂"等级的人，年纪相对小一些。可见，他们的傣语水平是与语言接触的时间成正比的。

曼回东村属于"不会"等级的有 2 人，占该村总人口的 0.5%。他们是第 97 户的陈建南、陈建斌。他们家庭的基本情况如表 2-7。

表 2-7

序号	家庭关系	姓名	年龄（岁）	文化程度	傣语	傣文	汉语	汉文	备注
97	户主	烟叶	37	小学	熟练	不会	一般	一般	
	长女	陈建南	19	高中	不会	不会	熟练	熟练	汉族
	长子	陈建斌	15	小学	不会	不会	熟练	熟练	汉族

纳板村傣语水平有2人属于"一般"等级,他们是第8户的李英(长儿媳),拉祜族,第40户的户主张文强,汉族,这两户都是族际婚姻家庭。他们家庭的基本情况如表2-8。

表 2 – 8

序号	家庭关系	姓名	年龄(岁)	文化程度	傣语	傣文	汉语	汉文	备注
8	户主	岩糯	56	文盲	熟练	一般	一般	不会	
	妻子	玉丙	51	文盲	熟练	不会	一般	不会	
	长子	岩温罕	31	小学	熟练	熟练	一般	一般	
	长儿媳	李英	29	小学	一般	不会	一般	一般	拉祜族
	孙女	玉旺叫	9	上小学	熟练	不会	一般	一般	
	孙子	岩旺	4	学龄前					
40	户主	张文强	38	初中	一般	不会	熟练	熟练	汉族
	妻子	玉香章	37	小学	熟练	不会	一般	一般	
	长子	岩温香	15	小学	熟练	不会	一般	一般	
	长女	玉香罕	8	上小学	熟练	不会	一般	一般	

傣语水平属于"略懂"等级的,是第35户的扎妥、小米、小三,第42户的娜迫也、杨海文、杨聪。他们家庭的基本情况如表2-9。

表 2 – 9

序号	家庭关系	姓名	年龄(岁)	文化程度	傣语	傣文	汉语	汉文	备注
35	户主	扎妥	49	文盲	略懂	不会	一般	不会	拉祜族
	妻子	小米	40	文盲	略懂	不会	一般	不会	拉祜族
	三女	小三	21	小学	略懂	不会	一般	一般	拉祜族
42	户主	娜迫也	23	小学	略懂	不会	一般	一般	拉祜族
	丈夫	杨海文	37	初中	略懂	不会	熟练	熟练	哈尼族
	长子	杨聪	8	上小学	略懂	不会	一般	一般	拉祜族
	长女	杨开妹	3	学龄前					拉祜族

表2-9显示,他们或是拉祜族或是哈尼族。由于他们生活在傣族村寨,长期与傣族相处,因此能听懂简单的傣语日常用语。

(二) 10个村寨不同年龄段的人的傣族语言使用情况考察

在对10个村寨傣族语言使用情况进行总体考察后,我们又进一步对不同年龄段的人的傣族语言水平进行了考察。主要考察了6个不同年龄段的人的傣族语言使用情况。傣族语言使用的具体情况如下。

1.6—12岁

我们把这一年龄段称为小学段或儿童段。

表 2-10 （单位：人）

调查点	总人口	熟练		一般		略懂		不会	
		人口	百分比	人口	百分比	人口	百分比	人口	百分比
曼景保村	32	30	93.8	2	6.2	0	0	0	0
曼真村	29	29	100	0	0	0	0	0	0
曼凹村	33	33	100	0	0	0	0	0	0
曼景罕村	25	25	100	0	0	0	0	0	0
曼贺回村	17	17	100	0	0	0	0	0	0
曼达一村	21	21	100	0	0	0	0	0	0
曼播村	32	31	96.9	0	0	0	0	1	3.1
曼湾村	64	64	100	0	0	0	0	0	0
曼回东村	47	47	100	0	0	0	0	0	0
纳板村	13	12	92.3	0	0	1	7.7	0	0
合计	313	309	98.7	2	0.7	1	0.3	1	0.3

从表 2-10 可以看出，10 个村寨中，6—12 岁年龄段的儿童傣语水平都很高，傣语水平"熟练"等级达到 100% 的有曼真村、曼凹村、曼景罕村、曼贺回村、曼达一村、曼湾村、曼回东村 7 个村寨，最低的是纳板村，也达到 92.3%，其平均值为 98.7%；"一般"等级的，曼景保村有 2 个孩子，占该年龄段的 6.2%，这 2 个孩子分别是第 25 户家庭的玉艳罕，第 35 户家庭的岩温罕（详见表 2-2），他们都生活在族际婚姻家庭中，家庭语言使用情况对孩子有一定的影响。比如，第 25 户的 4 个家庭成员中，有 3 人是汉族，家庭语言是汉语，第 35 户的妻子，即孩子的母亲是彝族，孩子与母亲交流用汉语，所以生活在这样家庭中的孩子，傣语水平是"一般"等级。这说明，同一年龄段的孩子，其语言使用状况与家庭因素有一定的关系。

"略懂"等级的纳板村有 1 人，是第 42 户的杨聪，拉祜族（详见表 2-9）。

"不会"等级的曼播村有 1 人，是第 72 户的岩温叫（详见表 2-5）。

2.13—18 岁

我们把这一年龄段称为中学段或少年段。

表 2-11 （单位：人）

调查点	总人口	熟练		一般		略懂		不会	
		人口	百分比	人口	百分比	人口	百分比	人口	百分比
曼景保村	69	68	98.6	1	1.4	0	0	0	0
曼真村	34	34	100	0	0	0	0	0	0
曼凹村	32	32	100	0	0	0	0	0	0
曼景罕村	42	42	100	0	0	0	0	0	0
曼贺回村	22	22	100	0	0	0	0	0	0

曼达一村	25	25	100	0	0	0	0	0	0
曼播村	27	25	92.6	0	0	0	0	2	7.4
曼湾村	65	65	100	0	0	0	0	0	0
曼回东村	72	71	98.6	0	0	0	0	1	1.4
纳板村	21	21	100	0	0	0	0	0	0
合计	409	405	99	1	0.3	0	0	3	0.7

从表 2-11 可以看出,10 个村寨中,13—18 岁年龄段的少年傣语水平都很高。曼真村、曼凹村、曼景罕村、曼贺回村、曼达一村、曼湾村、纳板村 7 个村寨傣语水平"熟练"等级都达到 100%,曼播村最低,为 92.6%,其平均值达 99%;曼景保村"一般"等级的只有 1 人,占该年龄段的 1.4%,是第 35 户家庭的玉金(详见表 2-2,分析见上文)。没有"略懂"等级的人;"不会"等级的曼播村有 2 人,是第 1 户的普景、普洪(详见表 2-5);曼回东村有 1 人,是第 97 户的陈建斌(详见表 2-7)。

3. 19—30 岁

我们把这一年龄段称为青年段。

表 2-12 （单位：人）

调查点	总人口	熟练		一般		略懂		不会	
		人口	百分比	人口	百分比	人口	百分比	人口	百分比
曼景保村	112	111	99.1	0	0	0	0	1	0.9
曼真村	54	53	98.1	0	0	1	1.9	0	0
曼凹村	75	75	100	0	0	0	0	0	0
曼景罕村	92	90	97.8	0	0	2	2.2	0	0
曼贺回村	50	50	100	0	0	0	0	0	0
曼达一村	65	65	100	0	0	0	0	0	0
曼播村	91	91	100	0	0	0	0	0	0
曼湾村	159	158	99.4	0	0	1	0.6	0	0
曼回东村	97	96	99.4	0	0	0	0	1	0.6
纳板村	42	39	92.8	1	2.4	2	4.8	0	0
合计	837	828	99	1	0.1	6	0.7	2	0.2

表 2-12 显示,10 个村寨中 19—30 岁年龄段的青年,傣语水平属于"熟练"等级的平均值为 99%,其中曼凹村、曼贺回村、曼达一村、曼播村均为 100%,最低的是纳板村,为 92.8%。

属于"一般"等级的,纳板村有 1 人,是第 8 户的李英(详见表 2-8)。

属于"略懂"等级的共 6 人。曼真村的是第 23 户的麦种,哈尼族,其家庭成员的基本情况如表 2-13。

表 2 - 13

序号	家庭关系	姓名	年龄(岁)	文化程度	傣语	傣文	汉语	汉文	备注
23	户主	岩叫	53	文盲	熟练	熟练	一般	不会	
	妻子	玉金	54	文盲	熟练	一般	一般	不会	
	长子	岩罕	34	小学	熟练	一般	一般	一般	
	长儿媳	玉罕	34	小学	熟练	不会	一般	一般	
	次子	岩罕硬	32	文盲	熟练	不会	一般	不会	
	次儿媳	麦种	28	文盲	略懂	不会	一般	不会	哈尼族
	孙女	玉罕囡	8	上小学	熟练	不会	一般	一般	

属于"略懂"等级的曼景罕村的是第 4 户的李忠会,彝族;第 40 户的罗金跃,拉祜族。他们家庭成员的基本情况如表 2-14。

表 2 - 14

序号	家庭关系	姓名	年龄(岁)	文化程度	傣语	傣文	汉语	汉文	备注
4	户主	岩章	39	小学	熟练	熟练	一般	一般	
	儿媳	李忠会	26	初中	略懂	不会	熟练	熟练	彝族
	次女	玉香软	19	小学	熟练	不会	一般	一般	
	孙女	西丽罕	5	学龄前					
40	户主	岩甩	41	小学	熟练	不会	一般	一般	
	妻子	玉种	41	小学	熟练	不会	一般	一般	
	长女	玉应罕	24	小学	熟练	不会	一般	一般	
	长女婿	罗金跃	24	初中	略懂	不会	熟练	熟练	拉祜族
	次女	玉光叫	22	初中	熟练	不会	熟练	熟练	
	外孙子	岩羹罕	1	学龄前					

属于"略懂"等级的曼湾村有 1 人,是第 139 户的李秀(详见表 2-6);纳板村有 2 人,是第 35 户的小三,第 42 户的娜迫也(详见表 2-9)。

属于"不会"等级的有 2 人,一是曼景保村第 90 户的张秀英,拉祜族(详见表 2-2);二是曼回东村第 97 户的陈建南(详见表 2-7)。

4.31—39 岁

我们把这一年龄段称为中年段 1。

表 2 - 15 (单位:人)

调查点	总人口	熟练		一般		略懂		不会	
		人口	百分比	人口	百分比	人口	百分比	人口	百分比
曼景保村	82	79	96.4	0	0	1	1.2	2	2.4
曼真村	69	66	95.7	0	0	3	4.3	0	0

村寨	人数	熟练		一般		略懂		不会	
曼凹村	70	67	95.7	0	0	3	4.3	0	0
曼景罕村	64	63	98.4	0	0	1	1.6	0	0
曼贺回村	37	35	94.6	1	2.7	1	2.7	0	0
曼达一村	40	39	97.5	0	0	1	2.5	0	0
曼播村	54	54	100	0	0	0	0	0	0
曼湾村	121	120	99.2	0	0	1	0.8	0	0
曼回东村	89	89	100	0	0	0	0	0	0
纳板村	30	28	93.4	1	3.3	1	3.3	0	0
合计	656	640	97.6	2	0.3	12	1.8	2	0.3

从表2-15可以看出,10个村寨中,31—39岁年龄段的中年人傣语水平都比较高,属于"熟练"等级的平均值为97.6%,曼播村、曼回东村都达到100%。

属于"一般"等级的有2人,一是曼贺回村的第11户李小龙,占该年龄段的2.7%。他的家庭成员的基本情况如表2-16。

表2-16

序号	家庭关系	姓名	年龄(岁)	文化程度	傣语	傣文	汉语	汉文	备注
11	户主	玉温	45	文盲	熟练	不会	一般	不会	
	丈夫	李小龙	37	小学	一般	不会	熟练	熟练	汉族
	长子	岩温	29	小学	熟练	不会	一般	一般	
	长女	玉康罕	22	初中	熟练	不会	熟练	熟练	
	三子	岩罕	13	文盲	熟练	不会	一般	不会	

虽然李小龙是汉族,但他在曼贺回村生活的时间比较长,其他家庭成员都是傣族,家庭用语是傣语,所以他的傣语达到了"一般"等级,可以用傣语交流。

二是纳板村第40户的张文强(详见表2-8),占调查总人数的3.3%。

属于"略懂"等级的,有曼景保村第111户的李中美(汉族,妻子)、曼真村第10户的白树英(汉族,长儿媳)、第54户的周绍波(汉族,妻子)、第73户的罗桂英(汉族,次儿媳)、曼凹村第2户的王正斌(白族,长女婿)、第7户的王正红(白族,户主)、第74户的罗顺荣(哈尼族,长女婿)、曼景罕村第87户的石金刚(汉族,户主)、曼贺回村第10户的孔佑传(汉族,长女婿)、曼达一村第51户的彭俊(汉族,次女婿)、曼湾村第40户的左小芳(详见表2-6)、纳板村第42户的杨海文(详见表2-9)。他们都是族际婚姻的家庭成员,或是嫁给傣族做媳妇的,或是到傣族家庭上门做女婿的。由于其家庭成员都是傣族,傣语便成为家庭使用的主要语言,所以他们都能够听懂傣语的日常用语。这些人都会汉语,跟他们交际时可以用汉语,所以他们平时不说傣语,傣语水平停留在"略懂"等级。

属于"不会"等级的,是曼景保第25户的花宝江(汉族,次子,见表2-2)、第91户的李拥军(汉族,次女婿,见表2-2)。

5. 40—55 岁

我们把这一年龄段称为中年段 2。

表 2-17　　　　　　　　　　　　　　　　　　　　（单位：人）

调查点	总人口	熟练		一般		略懂		不会	
		人口	百分比	人口	百分比	人口	百分比	人口	百分比
曼景保村	137	136	99.3	0	0	0	0	1	0.7
曼真村	82	82	100	0	0	0	0	0	0
曼凹村	93	93	100	0	0	0	0	0	0
曼景罕村	116	116	100	0	0	0	0	0	0
曼贺回村	59	58	98.3	1	1.7	0	0	0	0
曼达一村	85	85	100	0	0	0	0	0	0
曼播村	106	104	98.1	0	0	0	0	2	1.9
曼湾村	172	167	97.1	4	2.3	1	0.6	0	0
曼回东村	93	93	100	0	0	0	0	0	0
纳板村	37	35	94.6	0	0	2	5.4	0	0
合计	980	969	98.9	5	0.5	3	0.3	3	0.3

从表 2-17 可以看出，10 个村寨中 40—55 岁年龄段的中年人傣语水平很高，其中曼真村、曼凹村、曼景罕村、曼达一村、曼回东村的"熟练"等级都是 100%，最低的是纳板村，也达到了 94.6%，其平均值为 98.9%。

属于"一般"等级的共 5 人，曼贺回村有 1 人，占该年龄段的 1.7%，是第 51 户的李建明。他的家庭成员的基本情况如表 2-18。

表 2-18

序号	家庭关系	姓名	年龄（岁）	文化程度	傣语	傣文	汉语	汉文	备注
51	户主	李建明	52	小学	一般	不会	熟练	熟练	汉族
	妻子	玉罕	38	文盲	熟练	不会	一般	不会	
	长女	玉光香	14	上初中	熟练	不会	熟练	熟练	

虽然李建明是汉族，但进入族际婚姻家庭的时间比较长，女儿都 14 岁了，所以傣语已经达到了"一般"等级，能够听懂傣语，并且掌握了傣语的日常用语。

曼湾村有 4 人属于"一般"等级，是第 8 户的杨意、第 127 户的唐时国、第 131 户的李四、第 132 户的林真强（详见表 2-6）。

属于"略懂"等级的共 3 人，曼湾村有 1 人，是第 142 户的伍小斌（详见表 2-6）；纳板村有 2 人，是第 35 户的扎妥、小米（详见表 2-9）。

属于"不会"等级的共 3 人，曼景保村有 1 人，占该年龄段的 0.7%，是第 35 户的木学芝（见表 2-2）；曼播村有 2 人，是第 1 户的普云、李德会（详见表 2-5）。

6. 56岁以上

我们把这一年龄段称为老年段。

表 2-19　　　　　　　　　　　　　　　　　　　　　　　（单位：人）

调查点	总人口	熟练		一般		略懂		不会	
		人口	百分比	人口	百分比	人口	百分比	人口	百分比
曼景保村	89	86	96.6	1	1.1	0	0	2	2.3
曼真村	48	48	100	0	0	0	0	0	0
曼凹村	59	59	100	0	0	0	0	0	0
曼景罕村	71	71	100	0	0	0	0	0	0
曼贺回村	34	34	100	0	0	0	0	0	0
曼达一村	46	46	100	0	0	0	0	0	0
曼播村	63	63	100	0	0	0	0	0	0
曼湾村	106	106	100	0	0	0	0	0	0
曼回东村	45	45	100	0	0	0	0	0	0
纳板村	31	31	100	0	0	0	0	0	0
合计	592	589	99.5	1	0.2	0	0	2	0.3

从表 2-19 可以看出，10 个村寨中 56 岁以上年龄段的老人，除了曼景保村，傣语水平"熟练"等级都是 100%，即 10 个村寨中的老人在日常生活中都熟练使用傣语。曼景保有 1 人属于"一般"等级，占该年龄段的 1.1%，2 人属于"不会"等级，占该年龄段的 2.3%。

"一般"等级的是第 96 户的易祥配，他的家庭成员的基本情况如表 2-20。

表 2-20

序号	家庭关系	姓名	年龄（岁）	文化程度	傣语	傣文	汉语	汉文	备注
96	户主	岩温龙	43	小学	熟练	不会	一般	一般	
	妻子	玉单	42	初中	熟练	不会	熟练	熟练	
	长女	玉波枫	24	文盲	熟练	不会	一般	不会	
	外孙女	玉波罕	3	学龄前					
	岳父	易祥配	75	文盲	一般	不会	熟练	不会	汉族
	岳母	玉的	77	文盲	熟练	不会	不会	不会	

75 岁的易祥配虽然是汉族，但几十年生活在三世同堂的傣族家庭中，傣语水平达到了"一般"等级，在日常生活中完全能听懂傣语，并且能用傣语交流。

"不会"等级的是第 25 户的花元昌、杨春芬夫妇（见表 2-2）。这两位老人都是汉族，都已高龄 80 多岁。

从这两个家庭成员的组成来看，易祥配生活在族际婚姻家庭中，而且时间很长，家庭的其他成员都是傣族，家庭用语为傣语，所以他听、说傣语都没有问题；而花元昌、杨春芬夫妇都是汉族,家庭用语为汉语,所以他们都不会傣语。可见,家庭环境对语言的影响是很大的。

(三) 不同场合傣族语言使用的情况

语言使用与生活环境密切相关。在一些典型场合中,语言使用表现出明显的特点。

1. 家庭内部

根据组成家庭的情况,又分为族内婚姻家庭和族际婚姻家庭。家庭组成不同,营造的语言环境不同,其傣族语言使用的情况表现出一定的差异性。具体分析如下:

(1) 族内婚姻家庭主要使用傣语

在傣族的族内婚姻家庭中,祖父母辈、父母辈、子女辈等不同辈分的人之间都用傣语交流。虽然家庭成员基本都会说汉语,但他们之间很少用汉语交流。在日常生活及生产劳动中,人们主要用傣语聊天、谈笑,交流感情,传递信息。长辈用傣语向晚辈传授生活常识、生存技能、生产经验。外出求学、工作、当兵、打工,甚至嫁到外地的年轻人,回到家里还是用傣语与家人交流,用傣语向家人描绘自己的生活及所见所闻。在村寨中,到处都能听到傣语,傣语是傣族生活的一部分。

随着社会的变迁,傣族社会不断向前发展,尤其是改革开放30年,给傣族带来了巨大的变化。经济条件的好转,改善了人们的通信手段,在村寨中,现代化的通信工具——电话、手机基本普及,傣族用自己的语言交流、联络,怡然自得。我们在曼湾村向一些年轻人测试傣语,当我们提出这一要求时,村支书岩甩马上拿起电话,一会儿工夫,就来了4个年轻人。他们都是用傣语沟通、迅捷、方便。外出打工或当兵的傣族,都是用电话与家人联系,虽然在日常生活中他们都说其他语言了,但往家里打电话,都是用傣语。比如,我们在曼景保村与78岁的波儿老人交谈时,老人说村里有一些年轻人外出打工,在外都用汉语与人交流,但与家人联系或回到家里都讲傣语。老人还说,年轻人之间有时也说汉语,我们虽然听不懂,但我们并不反对,因为年轻人要适应社会。又如,曼达一村的岩叫、玉约夫妇告诉我们,他们的儿子岩温去当兵了,常与家里联系。当我们问起联系方式及使用语言的情况时,他们说,家里安装了电话,儿子与我们联系很方便,并且很肯定地说:"当然使用傣语了。"

在傣族村寨,也有其他民族组成的族内婚姻家庭和族际婚姻家庭,由于长期生活在傣族村寨中,能听懂傣语,但家庭内部语言主要是自己的民族语言,而不是傣语。比如,在纳板村,扎妥、小米夫妇都是拉祜族,他们能够听懂傣语,但家庭使用的语言却是拉祜语。又如,娜迫也、杨海文夫妇,丈夫杨海文是哈尼族,妻子娜迫也是拉祜族,他们都能听懂傣语,但在家庭内部,大都说汉语,不说傣语。

(2) 族际婚姻家庭一般使用"傣语—汉语"双语

以傣族为主的村寨,有一些族际婚姻家庭,有的是嫁到村寨的外族媳妇,有的是到村寨上门的外族女婿,不会说傣语,所以与家庭成员交流时都说汉语,但家庭成员中的傣族之间则说傣语。比如,曼景保村岩对一家,儿媳张秀英是拉祜族,她嫁过来的时间不长,她与丈夫及其他家庭成员说话用汉语,而家庭其他成员之间则使用傣语。

又如,嘎洒镇农业服务中心的蒋玉玲,父亲是汉族,母亲是傣族,父亲会说简单的傣语,母亲则不会说汉语,因此,她与母亲说话用傣语,跟父亲说话要说汉语,经常是傣语、汉语交替使用。她的丈夫孙建一是汉族,他们有两个儿子,丈夫和儿子都会说傣语,然而,由于她从小生活在族际婚姻家庭中,能够熟练使用汉语,加之她的丈夫是汉族,所以他们在家庭中多使用汉语交流,很少使用傣语。

还有的族际婚姻家庭使用傣语。这些家庭语言使用情况随时间的推移而发生变化,最初使用"傣语—汉语",一起生活的时间长了,在日常生活中,外族人逐渐学会并掌握了傣语,并且在家庭内部习惯使用傣语。比如,曼景保村玉香比、阿强一家,丈夫阿强是汉族,阿强刚上门时不会傣语,如今,已会说一口流利的傣语,家人在一起都说傣语。

2. 寺院

寺院是傣族各种活动、集会、宗教仪式等的重要场所,在傣族的生活中具有不可忽视的作用。在寺院,无论是佛爷、和尚诵经,还是开展其他活动,我们听到的都是傣语。在调查期间,我们恰逢曼景罕村赕佛,并参加了他们的活动。参加活动的人很多,人们穿着节日盛装,带着礼物,兴高采烈地前来祝贺。赕佛的人请佛爷、和尚给念经,表达赕佛人的心愿。在翻译的陪同下,我们与参加活动的一些人进行了交谈,了解了赕佛的一些情况。他们介绍说,傣族生活条件好了,家里有什么喜事,就要到寺院赕佛,感谢佛祖赐予的一切。佛爷、和尚诵经的内容就是赕佛人向佛祖表达的心愿,佛爷先诵一段,然后众和尚接着念,念经的时间长达几小时。这些活动都在寺院举行,因此寺院成了傣族聚会的重要场所,傣族的语言文化在这里得到了传承。

3. 学校

嘎洒镇全面实施"科教兴镇"战略。切实抓好教育教学工作,不断推进教育教学改革,巩固"两基"和"普九"成果。目前,许多傣族村寨都办起了幼儿园,开设了学前班,并建立了小学。至2007年年底,嘎洒镇共有27所小学。其中,14个村委会共建成25所小学,城镇建有两所中学,完善了九年制义务教育体系。傣族村寨在学龄前教育阶段引进了汉语教育,进入小学后,开设的课程都是用汉语授课,使用的是全国统编的汉语教材,要求老师使用普通话教学。推进汉语教学的决心十分坚定,但实际的情况是,大多数傣族小孩儿的第一语言都是傣语,幼儿园及学前班所学的汉语十分有限,因此在低年级教学阶段,还需要以傣语为辅助工具。为此,往往选择傣、汉双语兼通的老师担任低年级的任课教师。

我们在曼迈小学一年级听了1节数学课,老师岩丙(傣族)用普通话授课,但在讲课过程中,经常穿插着一些傣语。在学生做练习时,我看到学生的作业本上都是汉文,但他们不明白的地方,就用手指着用傣语发问,老师也用傣语解释,学生听明白后很快就写起来了。下课后我们与岩丙老师进行了交谈,他说,在小学一、二年级的教学中,完全使用普通话是行不通的,用汉语讲不明白的地方,就需要用傣语辅助解释。相比之下,小学一年级时傣语辅助功能更强;到小学二年级,傣语的辅助功能有减弱的趋势;到了小学三年级,基本上可以直接用汉语授课了。

在中心小学搞问卷调查时,我们从每个年级抽出1个班作为调查对象,我们作了一个统计,一年级的学生填写问卷时,需要老师的讲解,老师一会儿说汉语,一会儿说傣语,一共用了30分钟的时间。做同样的问卷,二年级学生在老师的辅导下,用20分钟就完成了;三年级学生基本独立完成,也用了20多分钟;四到六年级的学生都可以独立完成,仅用了十多分钟的时间。

可见,在课堂教学中,小学低年级的教学,以汉语教学为主,用傣语作为辅助。小学三年级以后及初中的教学则直接采用汉语教学。而在课下,老师之间、学生之间以及老师与学生之间,选择傣、汉何种语言,则受环境影响,并且因人而异。具体情况如下:

(1) 老师之间

很多民族都有自己的语言,选择交流语言与民族成分及交流对象有直接的关系。中小学教师也是由许多民族组成的,除傣族外,还有汉、拉祜、哈尼、白、布朗等其他民族。一般是同一民族的老师之间讲本民族的语言,不同民族之间一般是讲汉语。比如,一般情况下,傣族老师之间说傣语,傣族老师与非傣族老师之间说汉语。以嘎洒镇中心小学为例,全校共有74名教师,其中傣族27人,占教师总人数的36.5%,汉、哈尼、拉祜、彝族共47人,占教师总人数的63.5%。校长杨益林是汉族,他向我们介绍说,傣族老师之间都说傣语,有的非傣族老师也能听懂或会说简单的傣语,他也学会了傣语,偶尔也用傣语与傣族老师交流,这样工作起来更方便。但傣族老师与非傣族老师之间,其他民族教师之间,平时都说汉语,正式场合说普通话,平时聊天说当地汉语方言。

曼播小学的情况也是如此。乔老师(语文教师)告诉我们,全校有14名教师,其中有6名傣族,占教师总人数的42.9%,汉、哈尼、白族共8名,占教师总人数的57.1%。正式场合,老师之间一般要说普通话,但平时交流、聊天时,傣族老师之间说傣语,傣族老师与非傣族老师之间,其他民族教师之间,一般说当地汉语方言,同一民族的教师说本族语言。虽然老师们都会说普通话,但本族人交谈时还是喜欢用自己的母语,或者用当地汉语方言,说普通话有点儿别扭或不好意思。

(2) 学生之间

嘎洒镇共有初级中学两所、中心小学两所、村完小25所。初中在校生共1866人,小学在校生共3157人。无论中学还是小学,学生在上课时回答问题、讨论问题、交流等,都说普通话,而学生之间课外说什么语言,取决于他们的民族成分。一般情况是:傣族学生之间说傣语,傣族和非傣族学生之间说当地汉语方言,同一民族的学生之间,说本民族的语言。但有部分学生不会说自己的民族语言,与其他同学之间都说汉语。比如,嘎洒镇职业中学初三的傣族学生岩糯(曼迈村委会曼广龙村),傣语十分熟练。他当过小和尚,他的同学有几个现在还当着小和尚,他们之间交流,一定是说傣语。但与其他非傣族学生交流则用汉语,而且多数情况下说的是当地汉语方言。又如,中心小学三年级的傣族学生玉应罕(10岁半),能说流利的傣语,跟傣族同学交流、玩耍时,说傣语,跟其他民族的同学则说当地汉语方言。她说,她的好朋友中,有的是傣族,有的是其他民族,大家一起玩儿时,跟不同的人说不同的语言,经常是傣语、汉语交替使用。有些其他民族的同学也能听懂简单的傣语。

(3) 老师与学生之间

老师与学生之间使用什么语言,不仅与民族有关,而且与环境有关。嘎洒镇有两所初级中学,学校的老师和学生都是由多民族组成的,课堂上,无论是什么民族,师生对话都是说普通话。课外,老师和学生之间一般都说普通话,但是傣族老师和傣族学生还是讲傣语。比如,嘎洒镇职业中学初中在职教师74人,其中傣族5人,占教师总人数的6.8%;汉族60人,占教师总人数的81.1%;哈尼、拉祜、彝、基诺等民族共9人,占教师总人数的12.2%。学生1264人,其中傣族659人,占学生总人数的52.1%;汉族240人,占学生总人数的19%;哈尼、拉祜、彝、基诺等民族共365人,占学生总人数的28.9%。据杨世海副校长介绍,老师和学生之间一般都说普通话,非正式场合,有时也说当地汉语方言。

中心小学的情况与之相似。因为中心小学地处城镇,有许多城镇的生源,老师和学生的民族成分较多,所以,在校园里,师生之间一般是说普通话。张静老师(汉族)说,我们都跟学生讲普通话,大多数学生的普通话都说得很好,但学生们还是常常讲当地汉语方言,所以老师跟学生说话时,都有意识地讲普通话,目的是让学生养成说普通话的习惯。

村寨小学情况则不同,老师的民族成分比较多,而学生的民族成分比较单一。以曼播小学为例,14名教师中,傣族只有6人,占教师总人数的42.9%;其他民族8人,占教师总人数的57.1%。学生179人,傣族153人,占学生总人数的85.5%;汉、哈尼、佤等民族共26人,占学生总人数的14.5%,以傣族学生为主体。很多孩子,尤其是低年级的孩子,羞于说普通话,在不能用傣语交流的场合,就保持沉默,因此,老师更要有意识地与学生说普通话,使学校成为学习和传播汉语普通话的社会场所,这说明老师与学生课外使用什么语言,与环境有一定的关系。但是傣族老师和傣族学生有时还是讲傣语,这又与民族成分有关。

4. 集会、集市

调查期间,我们参加了曼掌宰村的寨节。我们进入村寨时,村长正在用广播讲话,全部都是使用傣语。村民们也都用傣语交流。但有非傣族前来祝贺的,村民们就用当地汉语方言与之交流。村民岩丙(23岁)跟我们聊天时讲普通话,因为他在外打工,接触很多其他民族的人,在外面有时讲普通话,有时讲当地汉语方言。村民岩温(36岁)跟我们说话时,一直讲当地汉语方言。但他们回到村寨都是讲傣语。据了解,在集市上也是如此,傣族之间一定是说傣语,傣族与非傣族之间说当地汉语方言。

综上所述,不同场合的语言使用情况是不一样的(寺院除外,因为寺院只讲傣语),有的以傣语为主,比如族内婚姻家庭;有的以汉语为主,比如课堂教学;有的傣、汉两种语言交替使用,比如课外、集会、集市等场合,这取决于交际双方的民族成分。

总之,10个村寨傣语使用情况基本相同,熟练程度的比例都很高,各年龄段都在96%以上。

下面介绍以傣族为主的10个村寨傣文使用的情况。

二、村寨傣族傣文水平总体呈弱化趋势

"文字是记录语言的符号,打破了语言交际中时空的局限,有了文字,人类历史才开始进入了文明时代。因此,文字是人们交际时的一种非常重要的辅助工具。"[①]我们不仅对10个有代表性的村寨进行了语言使用情况的调查,而且还对其进行了文字使用情况的调查。我们同样用个案穷尽法调查了每个家庭,登记每位家庭成员的姓名、性别、年龄、民族、文化程度,调查其傣文使用的情况。

(一)10个村寨的傣文使用情况考察

我们对以傣族为主的10个村寨曼景保村、曼真村、曼凹村、曼景罕村、曼贺回村、曼达一村、曼播村、曼湾村、曼回东村、纳板村傣文使用情况进行了穷尽式的调查、统计。调查对象也是6岁以上(含6岁)的人。具体情况如表2-21。

表 2-21 (单位:人)

调查点	总人口	熟练		一般		略懂		不会	
		人口	百分比	人口	百分比	人口	百分比	人口	百分比
曼景保村	521	89	17.1	62	11.9	11	2.1	359	68.9
曼真村	316	14	4.5	81	25.6	33	10.4	188	59.5
曼凹村	362	16	4.4	62	17.1	0	0	284	78.5
曼景罕村	410	99	24.1	78	19	2	0.5	231	56.4
曼贺回村	219	7	3.2	45	20.5	1	0.5	166	75.8
曼达一村	282	50	17.8	15	5.3	10	3.5	207	73.4
曼播村	373	37	10	5	1.3	112	30	219	58.7
曼湾村	687	195	28.4	39	5.7	39	5.7	414	60.2
曼回东村	443	10	2.3	6	1.3	1	0.2	426	96.2
纳板村	174	35	20.1	3	1.7	3	1.7	133	76.5
合计	3787	552	14.6	396	10.4	212	5.6	2627	69.4

从表2-21可以看出,以傣族为主的10个村寨熟练使用傣文的比例都不高,平均值仅为14.6%。曼真村、曼凹村、曼贺回村、曼回东村熟练使用傣文的比例都在5%以下。熟练使用傣文的比例最高的曼湾村,也仅达到28.4%。

---

① 戴庆厦主编《语言学基础教程》,商务印书馆,2006年9月,第25页。

各村寨傣文水平属于"熟练"等级的平均值比例略高于"一般"等级;"略懂"等级的比例最低,其平均值只有5.6%;"不会"等级的人数最多,比例最高,平均值为69.4%,最高的曼回东村达96.2%,最低的曼景罕村也达到56.4%。

下面按我们划分的语言能力等级,对表2-21的统计数据作进一步的分析。

(1) 属于"熟练"和"一般"等级的人,均能阅读和书写傣文,即二者都具有傣文的交际能力。表2-21"熟练"和"一般"等级的人数总和为948人,占调查总人数的25%。这一事实说明,以傣族为主的村寨傣文在日常生活和工作中已经不占主导地位了。

(2) 属于"略懂"等级的人,没有运用傣文进行书写的能力,但能看懂简单的日常用语。属于"熟练""一般"和"略懂"等级的人,都能看懂傣文。表2-21"熟练""一般""略懂"三个等级的人数的总和为1160人,占调查总人数的30.6%。这个比例说明,在以傣族为主的村寨中,能看懂傣文的人已经不足1/3了。

(3) 属于"不会"等级的人,指既没有阅读能力,也没有写作能力。表2-21中属于"不会"等级的人数最多,共有2627人,占调查总人数的69.4%。说明村寨中的大多数人已经不会傣文了。

(二) 10个村寨不同年龄段的人的傣文使用情况考察

在对10个村寨傣文使用情况进行总体考察后,我们又进一步对不同年龄段的人的傣文水平进行了考察。主要考察了6个不同年龄段的人的傣文使用情况。傣文使用的具体情况如下。

1. 6—12岁

我们把这一年龄段称为小学段或儿童段。

表 2-22 （单位:人）

调查点	总人口	熟练		一般		略懂		不会	
		人口	百分比	人口	百分比	人口	百分比	人口	百分比
曼景保村	32	0	0	0	0	0	0	32	100
曼真村	29	0	0	0	0	0	0	29	100
曼凹村	33	0	0	0	0	0	0	33	100
曼景罕村	25	4	16	0	0	0	0	21	84
曼贺回村	17	0	0	0	0	0	0	17	100
曼达一村	21	0	0	0	0	0	0	21	100
曼播村	32	0	0	0	0	0	0	32	100
曼湾村	64	0	0	0	0	6	9.4	58	90.6
曼回东村	47	0	0	0	0	0	0	47	100
纳板村	13	0	0	0	0	0	0	13	100
合计	313	4	1.2	0	0	6	2	303	96.8

从表2-22可以看出,10个村寨中6—12岁年龄段的儿童,只有曼景罕村有4人傣文程度属于"熟练"等级,占该年龄段的16%,曼景罕村熟练掌握傣文的这4个孩子分别是第2户家庭的岩温罕、第42户家庭的岩旺香、第43户的岩应叫、第89户的岩温罕;曼湾村有6人属于"略懂"等级,能看懂简单的文字,他们是第53户的玉应香,第54户的玉叫、岩温香,第64户的玉应香,第65户的岩罕养,第66户的岩温香。其他8个村寨傣文水平属于"不会"等级的都达到100%。

通过调查我们知道,曼景罕村的4个孩子都是小和尚,在寺院里学习诵经,熟练掌握了傣文。但没有入寺经历的这个年龄段的孩子,都不会傣文。可见,是否入寺成了他们是否掌握傣文的一个条件。

2. 13—18岁

我们把这一年龄段称为中学段或少年段。

表 2-23 (单位:人)

调查点	总人口	熟练		一般		略懂		不会	
		人口	百分比	人口	百分比	人口	百分比	人口	百分比
曼景保村	69	3	4.3	0	0	0	0	66	95.7
曼真村	34	0	0	0	0	0	0	34	100
曼凹村	32	0	0	0	0	0	0	32	100
曼景罕村	42	19	45.2	0	0	0	0	23	54.8
曼贺回村	22	0	0	0	0	0	0	22	100
曼达一村	25	1	4	0	0	0	0	24	96
曼播村	27	0	0	0	0	0	0	27	100
曼湾村	65	0	0	0	0	2	3.2	63	96.8
曼回东村	72	0	0	0	0	0	0	72	100
纳板村	21	5	23.8	0	0	0	0	16	76.2
合计	409	28	6.8	0	0	2	0.5	379	92.7

从表2-23可以看出,10个村寨中13—18岁年龄段的少年傣文水平表现出一定的差异。属于"熟练"等级的,曼景罕村有19人,占该年龄段的45.2%,比例最高;曼景保村有3人,占该年龄段的4.3%;曼达一村有1人,占该年龄段的4%;纳板村有5人,占该年龄段的比例为23.8%。

属于"熟练"等级的是曼景罕村第3户的岩糯香,第14户的岩温香,第23户的岩温香,第26户的岩燕,第35户的岩燕,第37户的岩万香,第54户的岩罕光,第58户的岩温丙,第61户的岩温丙,第62户的岩罕涛,第66户的岩糯香,第67户的岩叫罕,第72户的玉光香,第75户的岩轰罕,第76户的岩温香,第80户的岩罕养,第81户的岩温叫,第82户的岩温扁,第88户的岩温捧;曼景保村第34户的玉香烟,第70户的岩广,第95户的岩光;曼达一村第31户的岩况;纳板村第1户的岩罕应,第10户的岩罕燕,第18户的岩罕恩,第26户的岩温叫,第38户的岩叫,他们都是寺院的小和尚,在寺院学习了傣文。

以上属于"熟练"等级的人,除曼景罕村第72户的玉光香、曼景保村第34户的玉香烟和第70户的岩广外,其他人都有入寺当和尚的经历,傣文都是在寺院学的。

属于"略懂"等级的人,只有曼湾村有2人,他们分别是第65户的岩应罕、第66户的玉夯。

属于"不会"等级的人,曼真村、曼凹村、曼贺回村、曼播村、曼回东村均为100%。

3.19—30岁

我们把这一年龄段称为青年段。

表 2-24 （单位:人）

调查点	总人口	熟练		一般		略懂		不会	
		人口	百分比	人口	百分比	人口	百分比	人口	百分比
曼景保村	112	10	8.9	8	7.1	1	0.9	93	83.1
曼真村	54	1	1.9	4	7.4	5	9.3	44	81.4
曼凹村	75	2	2.7	0	0	0	0	73	97.3
曼景罕村	92	41	44.6	1	1.1	1	1.1	49	53.2
曼贺回村	50	2	4	7	14	0	0	41	82
曼达一村	65	8	12.3	0	0	0	0	57	87.7
曼播村	91	18	19.8	0	0	1	1.1	72	79.1
曼湾村	159	28	17.6	1	0.6	0	0	130	81.8
曼回东村	97	0	0	0	0	0	0	97	100
纳板村	42	20	47.7	0	0	0	0	22	52.3
合计	837	130	15.5	21	2.5	8	1	678	81

从表2-24可以看出,10个村寨中19—30岁年龄段的青年,傣文水平参差不齐。属于"熟练"等级的平均值为15.5%,其中纳板村比例最高,达47.7%。该村寨在此年龄段熟练使用傣文的人在青少年时期都经历了严格的入寺教育和傣文学习,不仅能读老傣文的经文,还能书写老傣文。曼景罕村比例也较高,为44.6%。这个村寨该年龄段的人有过入寺经历的特别多,因此掌握傣文的人比例较高。

曼景保村属于"熟练"等级的是第22户的玉燕、玉论,第46户的岩广迈,第54户的岩罕吨,第68户的岩温香,第71户的岩井罕,第72户的岩香,第82户的岩温香,第98户的岩温罕、岩罕香。

其中,第22户,第82户,第98户的家庭成员情况如表2-25。

表 2-25

序号	家庭关系	姓名	年龄(岁)	文化程度	傣语	傣文	汉语	汉文	备注
22	户主	岩罕广挖	45	文盲	熟练	熟练	一般	不会	
	妻子	玉说	41	文盲	熟练	熟练	一般	不会	
	长女	玉燕	24	小学	熟练	熟练	一般	一般	

	长女婿	岩宽	27	小学	熟练	不会	一般	一般
	次女	玉论	21	小学	熟练	熟练	一般	一般
	外孙女	玉章罕	3	学龄前				
82	户主	玉丙醒	50	小学	熟练	不会	一般	一般
	丈夫	嘿曼勐	54	小学	熟练	熟练	一般	一般
	长子	岩温香	28	小学	熟练	熟练	一般	一般
	长儿媳	玉罕	20	初中	熟练	不会	熟练	熟练
98	户主	岩罕论龙	49	小学	熟练	一般	一般	一般
	妻子	玉怕	46	小学	熟练	一般	一般	一般
	长子	岩温罕	27	小学	熟练	熟练	一般	一般
	长儿媳	玉叫	25	小学	熟练	不会	一般	一般
	次子	岩罕香	24	小学	熟练	熟练	一般	一般
	孙子	岩宏罕	7	上小学	熟练	不会	一般	一般
	孙女	玉涛罕	2	学龄前				
	岳母	玉甩	78	文盲	熟练	不会	不会	不会

曼真村第37户岩香(22岁),傣文熟练。

曼凹村第20户的岩温(21岁),第43户的岩温叫(28岁),他们的傣文水平都达到熟练程度。

曼贺回村第33户的岩温香,已经是大佛爷,傣文十分熟练,还有第44户的岩叫,当过和尚。

曼达一村属于"熟练"等级的是第19户的岩温罕,第26户的岩丙,第34户的岩罕香,第43户的岩叫,第48户的岩光,第60户的岩温香,第63户的岩罕恩,第64户的岩罕夯,他们都有入寺经历。可见,入寺是他们学习傣文的重要途径。

傣文"一般"等级的人,基本上没有入寺的经历。他们曾经在学校学习过一些,但由于学习的时间短,学习的不深入,加之平时很少使用,只有一定的阅读能力,书写的能力较弱。属于"略懂"等级的人,也是没有入寺经历,通过其他途径学过一点儿傣文,只具有阅读简单文字的能力。

大部分人都属于"不会"等级,其平均值是81%,曼回东村达到100%。曼回东村没有寺院,村民不信仰小乘佛教,这直接影响了他们傣文的学习与传授。

通过表2-25及各村寨情况的分析可知,掌握傣文的途径,一是入寺学习,二是通过学校学习。

4.31—39岁

我们把这一年龄段称为中年段1。

表 2-26　　　　　　　　　　　　　　　　　　　　　　　　　（单位：人）

调查点	总人口	熟练		一般		略懂		不会	
		人口	百分比	人口	百分比	人口	百分比	人口	百分比
曼景保村	82	17	20.7	12	14.6	3	3.7	50	61
曼真村	69	2	2.9	27	39.1	13	18.8	27	39.2
曼凹村	70	5	7.1	9	12.9	0	0	56	80
曼景罕村	64	17	26.6	10	15.6	1	1.6	36	56.2
曼贺回村	37	2	5.4	7	18.9	1	2.7	27	73
曼达一村	40	12	30	2	5	1	2.5	25	62.5
曼播村	54	8	14.8	2	3.7	15	27.8	29	53.7
曼湾村	121	37	30.6	8	6.6	9	7.4	67	55.4
曼回东村	89	0	0	0	0	0	0	89	100
纳板村	30	5	16.7	0	0	0	0	25	83.3
合计	656	105	16	77	11.7	43	6.6	431	65.7

从表 2-26 可以看出，10 个村寨中 31—39 岁年龄段的中年人，傣文水平各等级分布不均，属于"熟练"等级的平均值为 16%，最高的是曼湾村，达到 30.6%。

属于"熟练"等级的人，曼景保村 17 人，其中女性 7 人，男性都没有入寺的经历，1 人是章哈（民间歌手）。通过调查了解到，曼景保村该年龄段的人是通过学校掌握傣文的；曼真村有 2 人，其中第 4 户的岩罕伦是入寺当和尚掌握了傣文。曼凹村的 5 人虽然都是男性，但都没有入寺经历；曼景罕村的 17 人中，2 人是大佛爷，14 人有入寺经历，只有 1 人没当过和尚，因此入寺仍是他们学习傣文的主要途径。曼贺回村 2 人，分别是第 47 户的岩叫，大佛爷，第 48 户的岩罕，和尚；曼达一村 12 人，其中 1 人是大佛爷，6 人有入寺经历，3 名女性；曼播村 8 人，都有入寺经历，其中 1 人（岩香，35 岁）为大佛爷；曼湾村 37 人，其中 6 人当过和尚，8 名女性；纳板村 5 人，都有入寺经历。

属于"一般"等级的人，各村寨都有，其平均值为 11.7%，比例最高的是曼真村，达 39.1%。"熟练"等级和"一般"等级的为 182 人，占整个人数比例的 27.7%，他们都具有阅读和书写的能力。

属于"略懂"等级的人，除曼凹村、曼回东村、纳板村外，其他各村寨都有。

属于"不会"等级的人，各村寨的比例都比较高，其平均值达到 65.7%，其中曼回东村达到 100%。原因同上所述。

5. 40—55 岁

我们把这一年龄段称为中年段 2。

表 2-27 (单位:人)

调查点	总人口	熟练		一般		略懂		不会	
		人口	百分比	人口	百分比	人口	百分比	人口	百分比
曼景保村	137	37	27	31	22.6	7	5.1	62	45.3
曼真村	82	3	3.7	40	48.8	14	17.1	25	30.4
曼凹村	93	0	0	33	35.5	0	0	60	64.5
曼景罕村	116	6	5.2	49	42.2	0	0	61	52.6
曼贺回村	59	2	3.3	23	39	0	0	34	57.7
曼达一村	85	20	23.5	9	10.6	6	7.1	50	58.8
曼播村	106	5	4.7	1	0.9	78	73.6	22	20.8
曼湾村	172	94	54.7	23	13.4	14	8.1	41	23.8
曼回东村	93	7	7.5	4	4.3	1	1.1	81	87.1
纳板村	37	1	2.7	2	5.4	3	8.1	31	83.8
合计	980	175	17.9	215	21.9	123	12.5	467	47.7

从表 2-27 可以看出,10 个村寨中 40—55 岁年龄段的中年人,傣文水平较前几个年龄段有所提高,各村寨"熟练"等级和"一般"等级的总和为 390 人,所占比例为 39.8%,即有三分之一强的人会使用傣文。"不会"等级的为 467 人,所占比例为 47.7%。比前几个年龄段的比例有所下降。

傣文属于"熟练"等级的曼景保村有 37 人,女性 14 人;曼景罕村 6 人,其中 2 人是大佛爷,2 人曾当过和尚;曼贺回村 2 人中,1 人为大佛爷;曼达一村 20 人中,7 名女性,2 人当过和尚;曼播村 5 人,其中 1 人(岩罕叫,49 岁)当过和尚;曼湾村的比例最高,达 54.7%,岩甩书记向我们介绍,曼湾村 40 岁以上的男子有 200 多人,当过和尚的有 160 人左右。这正是曼湾村村民傣文水平相对较高的原因;曼回东村 7 人,该村没有寺院,都是通过学校或民间学习班掌握的傣文;纳板村 1 人(岩涛,43 岁),佛爷。

属于"一般"等级的人各村寨都有,比例不一。

属于"不会"等级的人,各村寨的人数也不少,但所占的比例与其他几个年龄段比最低,是会傣文人数最多的一个年龄段。这一年龄段的人,除入寺的人数较多外,还有相当一部分人正赶上学校开设傣文班。再一次证明,入寺和学校教育是学习傣文的两个主要途径。

6. 56 岁以上

我们把这一年龄段称为老年段。

表 2-28 (单位:人)

调查点	总人口	熟练		一般		略懂		不会	
		人口	百分比	人口	百分比	人口	百分比	人口	百分比
曼景保村	89	22	24.7	11	12.4	0	0	56	62.9

曼真村	48	8	16.7	10	20.8	1	2.1	29	60.4
曼凹村	59	9	15.2	20	33.9	0	0	30	50.9
曼景罕村	71	12	16.9	18	25.4	0	0	41	57.7
曼贺回村	34	1	2.9	8	23.5	0	0	25	73.6
曼达一村	46	9	19.6	4	8.7	3	6.5	30	65.2
曼播村	63	6	9.5	2	3.2	18	28.6	37	58.7
曼湾村	106	36	34	7	6.6	8	7.5	55	51.9
曼回东村	45	3	6.7	2	4.4	0	0	40	88.9
纳板村	31	4	12.9	1	3.2	0	0	26	83.9
合计	592	110	18.6	83	14	30	5.1	369	62.3

从表 2-28 可以看出,10 个村寨中 56 岁以上年龄段的老人,傣文水平属于"熟练"等级的人,曼湾村比例最高,占该年龄段的 34%;曼贺回村比例最低,占该年龄段的 2.9%,其平均值为 18.6%。

属于"熟练"等级的人,曼景保村 22 人,4 名女性,1 名章哈;曼凹村 9 人,有 1 名女性;曼景罕村 12 人中,大佛爷 5 人,4 人当过和尚,1 名女性;曼贺回村 1 人,当过和尚;曼达一村 9 人中,2 名女性,3 人当过和尚;曼播村 6 人,其中 5 人曾当过和尚;曼湾村 36 人,其中 8 人当过和尚,1 人为大佛爷,4 名女性;曼回东村 3 人,据了解,他们是在学校学的傣文;纳板村 4 人,2 人当过和尚,2 人为佛爷。

"熟练"等级和"一般"等级的共 193 人,两个等级的比例之和达到 32.6%。

"略懂"等级的人比例最低,仅占总数的 5.1%。

"不会"等级的人仍是人数最多的,比例高达 62.3%。

(三)不同场合傣文使用的情况

经书都是用傣文编写的,在寺院里傣文得到了最好的保护和传承。开设傣语的学校,教材用傣文编写。许多村寨开展读书、读报活动,傣文发挥了重要作用。农业科学技术指导手册大都配有傣文作为辅助等等。

综上所述,10 个村寨各年龄段的人的傣文使用情况存在着一定的差异。近年来,保护、继承、弘扬民族文字的宣传有所加强,各村寨都订阅傣文报,政府文件、农业技术宣传手册提倡用傣、汉两种文字;傣文水平较高的人,会议记录都用傣文。我们在调查中还看到,嘎洒镇的路标、商店名称、机关单位名称等也都是傣、汉双文标示。我们在村民家看到了傣文日历;在嘎洒镇农业服务中心,工作人员的办公桌上放着几份结婚请柬,也都是用傣、汉双文写的。这一切都说明,傣文在傣族的生活、工作中仍然有一定的作用,傣族对保护民族文化有明确的意识,傣文的学习和教育都受到一定的重视。比如嘎洒镇中心小学、曼迈小学等学校已经开设了傣语课,教授傣文。6 岁到 18 岁两个年龄段的人,有人开始学习傣文了。

通过调查及综合分析,可以把村寨傣族语言文字使用情况划分为两种类型:

第一,母语单语人。只具有使用母语进行交际的能力("熟练"和"一般"等级具有交际能力),而不会汉语(汉语属于"略懂"和"不会"等级的)。又分为具有使用母语语言文字的能力或只具有使用母语语言的能力而不会文字两种类型。10个村寨中的母语人使用语言文字的情况统计见表2-29。

表 2-29　　　　　　　　　　　　　　　　　　　　　　　　　（单位:人）

调查点	年龄段	总人数	母语能力			
			能使用傣语傣文交际		只能使用傣语交际	
			人数	百分比	人数	百分比
曼景保村	6—12岁	32	0	0	0	0
	13—18岁	69	0	0	0	0
	19—30岁	112	0	0	0	0
	31—39岁	82	0	0	0	0
	40—55岁	137	1	0.7	1	0.7
	56岁以上	89	12	13.5	37	41.6
曼真村	6—12岁	29	0	0	0	0
	13—18岁	34	0	0	0	0
	19—30岁	54	0	0	0	0
	31—39岁	69	0	0	0	0
	40—55岁	82	0	0	1	1.2
	56岁以上	48	11	22.9	28	58.3
曼凹村	6—12岁	33	0	0	0	0
	13—18岁	32	0	0	0	0
	19—30岁	75	0	0	0	0
	31—39岁	70	0	0	0	0
	40—55岁	93	2	2.2	4	4.3
	56岁以上	59	19	32.2	25	42.4
曼景罕村	6—12岁	25	0	0	0	0
	13—18岁	42	0	0	0	0
	19—30岁	92	0	0	0	0
	31—39岁	64	0	0	0	0
	40—55岁	116	0	0	1	0.9
	56岁以上	71	11	15.5	18	25.4

曼贺回村	6—12 岁	17	0	0	0	0
	13—18 岁	22	0	0	0	0
	19—30 岁	50	0	0	0	0
	31—39 岁	37	0	0	0	0
	40—55 岁	59	1	1.7	0	0
	56 岁以上	34	5	14.7	20	58.8
曼达一村	6—12 岁	21	0	0	0	0
	13—18 岁	25	0	0	0	0
	19—30 岁	65	0	0	0	0
	31—39 岁	40	0	0	0	0
	40—55 岁	85	2	2.4	2	2.4
	56 岁以上	46	11	23.9	32	69.6
曼播村	6—12 岁	32	0	0	0	0
	13—18 岁	27	0	0	0	0
	19—30 岁	91	0	0	0	0
	31—39 岁	54	0	0	0	0
	40—55 岁	106	0	0	4	3.8
	56 岁以上	63	3	4.8	43	68.3
曼湾村	6—12 岁	64	0	0	0	0
	13—18 岁	65	0	0	0	0
	19—30 岁	159	0	0	0	0
	31—39 岁	121	0	0	0	0
	40—55 岁	172	0	0	1	0.6
	56 岁以上	106	9	8.5	43	40.6
曼回东村	6—12 岁	47	0	0	0	0
	13—18 岁	72	0	0	0	0
	19—30 岁	97	0	0	0	0
	31—39 岁	89	0	0	0	0
	40—55 岁	93	2	2.2	9	9.7
	56 岁以上	45	4	8.9	37	82.2
纳板村	6—12 岁	13	0	0	0	0
	13—18 岁	21	0	0	0	0
	19—30 岁	42	0	0	0	0
	31—39 岁	30	0	0	0	0
	40—55 岁	37	0	0	2	5.4
	56 岁以上	31	3	9.7	24	77.4

从表 2-29 可以看出,能使用傣语、傣文进行交际,但不会汉语的单语人,在曼景保村、曼凹村、曼贺回村、曼达一村、曼回东村 5 个村寨,都是 40—55 岁和 56 岁以上这两个年龄段的人,而且 40—55 岁年龄段比例较低,56 岁以上年龄段的比例较高,表现出一定的共性。曼真村、曼景罕村、曼播村、曼湾村、纳板村 5 个村寨只有 56 岁以上年龄段的人有一些会使用傣语、傣文,其他年龄段的人都会使用汉语。说明 10 个村寨中会使用傣语言、文字,但不会汉语的人数并不多,而且集中在 40—55 岁和 56 岁以上这两个年龄段。

只会傣语,不会傣文,也不会汉语的单语人,除曼贺回村集中在 56 岁以上年龄段外,其他各村寨则分布在 40—55 岁和 56 岁以上这两个年龄段,其中 56 岁以上年龄段的比例远远高于 40—55 岁年龄段,说明年龄大的人汉语水平低,使用母语单语的人多。

第二,傣语—汉语双语人。这一类型的人,既可以用傣语进行交际,也可以用汉语进行交际。选择交际语言的原则是依据交际对象和交际场合而定。具体而言有三种情况:1. 既通傣语言文字,又通汉语言文字;2. 通傣语言文字,汉只会语言,不会文字;3. 傣、汉都只会语言,不会文字。10 个村寨中的傣语—汉语双语人使用语言文字的情况统计如表 2-30。

表 2-30 (单位:人)

调查点	年龄段	总人数	傣—汉双语双文能力					
			能使用傣、汉语言文字		能使用傣族语言文字、汉语言		能使用傣、汉语言	
			人数	百分比	人数	百分比	人数	百分比
曼景保村	6—12 岁	32	0	0	0	0	32	100
	13—18 岁	69	3	4.3	3	4.3	69	100
	19—30 岁	112	15	13.4	18	16.1	111	99.1
	31—39 岁	82	20	24.4	29	35.4	79	96.3
	40—55 岁	137	43	31.4	67	48.9	134	97.8
	56 岁以上	89	14	15.7	21	23.6	38	42.7
曼真村	6—12 岁	29	0	0	0	0	29	100
	13—18 岁	34	0	0	0	0	34	100
	19—30 岁	54	1	1.9	5	9.3	53	98.1
	31—39 岁	69	19	27.5	29	42	66	95.7
	40—55 岁	82	17	20.7	43	52.4	81	98.8
	56 岁以上	48	6	12.5	7	14.6	9	18.8
曼凹村	6—12 岁	33	0	0	0	0	33	100
	13—18 岁	32	0	0	0	0	32	100
	19—30 岁	75	2	2.7	2	2.7	75	100
	31—39 岁	70	10	14.3	14	20	67	95.7
	40—55 岁	93	9	9.7	31	33.3	87	93.5
	56 岁以上	59	8	13.6	10	16.9	15	25.4

曼景罕村	6—12岁	25	4	16	4	16	25	100
	13—18岁	42	19	45.2	19	45.2	42	100
	19—30岁	92	42	45.7	42	45.7	90	97.8
	31—39岁	64	27	42.2	27	42.2	63	98.4
	40—55岁	116	54	46.6	55	47.4	115	99.1
	56岁以上	71	19	26.8	19	26.8	42	59.2
曼贺回村	6—12岁	17	0	0	0	0	17	100
	13—18岁	22	0	0	0	0	22	100
	19—30岁	50	9	18	9	18	50	100
	31—39岁	37	9	24.3	9	24.3	36	97.3
	40—55岁	59	21	35.6	24	40.7	58	98.3
	56岁以上	34	3	8.8	4	11.8	9	26.5
曼达一村	6—12岁	21	0	0	0	0	21	100
	13—18岁	25	1	4	1	4	25	100
	19—30岁	65	8	12.3	8	12.3	65	100
	31—39岁	40	14	35	14	35	39	97.5
	40—55岁	85	21	24.7	27	31.8	81	95.3
	56岁以上	46	2	4.3	2	4.3	3	6.5
曼播村	6—12岁	32	0	0	0	0	31	96.9
	13—18岁	27	0	0	0	0	25	92.6
	19—30岁	91	18	19.8	18	19.8	91	100
	31—39岁	54	10	18.5	10	18.5	54	100
	40—55岁	106	4	3.8	6	5.7	100	94.3
	56岁以上	63	4	6.3	5	7.9	17	27
曼湾村	6—12岁	64	0	0	0	0	64	100
	13—18岁	65	0	0	0	0	65	100
	19—30岁	159	29	18.2	29	18.2	158	99.4
	31—39岁	121	42	34.7	42	34.7	120	99.2
	40—55岁	172	117	68	117	68	170	98.8
	56岁以上	106	25	23.6	27	25.5	54	50.9
曼回东村	6—12岁	47	0	0	0	0	47	100
	13—18岁	72	0	0	0	0	71	98.6
	19—30岁	97	0	0	0	0	96	99
	31—39岁	89	0	0	0	0	89	100
	40—55岁	93	7	7.5	9	9.7	82	88.2
	56岁以上	45	1	2.2	1	2.2	4	8.9

	6—12 岁	13	0	0	0	0	12	92.3
	13—18 岁	21	5	23.8	5	23.8	21	100
纳板村	19—30 岁	42	20	47.6	20	47.6	40	95.2
	31—39 岁	30	3	10	5	16.7	29	96.7
	40—55 岁	37	2	5.4	3	8.1	33	89.2
	56 岁以上	31	1	3.2	2	6.5	4	12.9

从表 2-30 可以看出，能使用傣、汉语言文字的，曼景保村、曼真村、曼贺回村、曼达一村都是 31—39 岁和 40—55 岁这两个年龄段比例高，这是因为 31—39 岁、40—55 岁这两个年龄段的人入寺或上学人数比较多；曼景保村、曼达一村、纳板村比例最低的是 6—12 岁年龄段，为 0；曼真村、曼凹村、曼贺回村、曼播村、曼湾村 6—12 岁和 13—18 岁这两个年龄段的比例均为 0；曼湾村从 19—56 岁以上比例相对都比较高，其中比例最高的是 40—55 岁年龄段，达到 68%，这是因为曼湾村男性入寺的人数较多，村民上学的人数也多；10 个村寨中曼景罕村能使用傣、汉语言文字的人数最多，除 6—12 岁年龄段比例低一点儿外，其他各年龄段的比例都很高，这个村寨是入寺、上学合计人数最多的一个村寨；曼凹村 31—39 岁、56 岁以上这两个年龄段的相对比例高，这是因为 40—55 岁年龄段的人适合读书年龄时，受到了"文革"的冲击，入寺、上学都受到了影响，傣文、汉语、汉文水平有限；曼播村 19—30 岁、31—39 岁这两个年龄段的比例相对较高，因为这两个年龄段的人赶上了"文革"后的普及教育，汉语水平相对较高；纳板村 13—18 岁、19—30 岁这两个年龄段的比例相对较高，因为这两个年龄段的人汉语程度相对高一些；曼回东村没有寺院，直接影响了村民的傣文水平，所以整体比例都很低。

能使用傣族语言文字、汉语言的，在曼景保村、曼真村、曼凹村、曼贺回村、曼达一村、曼湾村都是 31—39 岁、40—55 岁这两个年龄段的比例高，相比之下 56 岁以上年龄段的比例低，因为 56 岁以上的老人不会汉语的比例高。曼景罕村从 13 岁到 55 岁所包含的四个年龄段的比例都较高，这跟入寺人数多，会傣文的多，学校教育好，汉语水平高有直接关系。曼播村 19—30 岁、31—39 岁这两个年龄段比例高，纳板村 13—18 岁、19—30 岁这两个年龄段的比例高，因为这两个村寨离城镇较远，"文革"前学校教育没有普及，40 岁以上的人汉语水平不高。

只能使用傣、汉语言，不会傣、汉文字的，各村寨 56 岁以上年龄段的比例都比较低，具有共性，因为这个年龄段会傣文的比例比较高。除了 56 岁以上年龄段外，在曼景保村、曼真村、曼景罕村、曼湾村 4 个村寨都是 6—12 岁和 13—18 岁这两个年龄段达到 100%，他们都不会傣文。其他年龄段都在 90% 以上。曼凹村、曼贺回村、曼达一村 3 个村寨也有一定的共性，6—30 岁所包含的三个年龄段的人都达 100%，其他两个年龄段都在 90% 以上。与前 4 个村寨相比，不会傣文的年龄段多了一个。这是因为改革开放后学校教育加强了，寺院教育弱化了。曼播村有自己的特点，19—30 岁、31—39 岁这两个年龄段达 100%，其他三个年龄段在 90% 以上，19—39 岁这两个年龄段的人由于"文革"后普及教育、改革开放，汉语水平提高后，傣文学习受到影响。曼回东村 6—12 岁、31—39 岁这两个年龄段达 100%,13—18 岁、19—30 岁这两个年龄段达 90% 以上,40—55 岁年龄段为 80% 以上,56 岁以上年龄段比例比较低,因为会傣文的人数增加。曼回东村没有寺院,村民是通过民间文化传承人办的傣文学习班学习傣文的;纳板村 13—18 岁年龄段达 100%,傣文学习出现了空档,40—55 岁年龄段为 80% 多,其他三个年龄段都在 90% 以上。各村寨 56 岁以上年龄段只能使用傣、汉语言的比例都比较低,因为这个年龄段会傣文的比例提高了。

三、机关单位傣族家庭使用本民族语言出现淡化的迹象

下面介绍机关单位的傣族家庭傣族语言使用情况。

(一) 机关单位的傣族家庭,傣族语言的使用情况既有共性,又有个性

机关单位的傣族家庭共有 47 户,我们对其进行了穷尽式的调查、统计。调查对象是 6 岁以上(含 6 岁)、有正常语言功能的人。傣族语言使用的具体情况如表 2-31。

表 2-31 (单位:人)

调查点	总人口	熟练		一般		略懂		不会	
		人口	百分比	人口	百分比	人口	百分比	人口	百分比
土地所	8	5	62.5	0	0	0	0	3	37.5
水管站	10	4	40	1	10	0	0	5	50
财政所	2	2	100	0	0	0	0	0	0
十三道班	6	6	100	0	0	0	0	0	0
嘎洒税务所	9	7	77.8	0	0	1	11.1	1	11.1
嘎洒工商所	0	0	0	0	0	0	0	0	0
嘎洒供销社	38	24	63.2	5	13.1	0	0	9	23.7
嘎洒信用社	7	7	100	0	0	0	0	0	0
嘎洒卫生院	11	7	63.6	2	18.2	0	0	2	18.2
嘎洒中心小学	34	13	38.3	3	8.8	0	0	18	52.9
合计	125	75	60	11	8.8	1	0.8	38	30.4

从表 2-31 可以看出,除工商所没有符合傣族家庭条件的,其他各单位都有傣族家庭。从各单位傣族家庭使用傣语的情况看,属于"熟练"等级的,比例最高的是财政所和十三道班,已达到 100%,比例最低的是嘎洒中心小学,为 38.3%。财政所只有 1 户是傣族家庭,丈夫岩香,妻子刀佳丽,因为是族内婚姻家庭,家庭语言是傣语,所以傣语的熟练程度达到 100%。十三道班的 6 个傣族,分属于 2 个家庭,他们家庭的基本情况如表 2-32。

表 2-32

序号	家庭关系	姓名	年龄(岁)	文化程度	傣语水平	备注
8	户主	岩文光	53	小学	熟练	
	妻子	玉章	48	小学	熟练	
	长女	刀丽萍	27	小学	熟练	
	次子	刀光友	21	初中	熟练	
22	户主	岩伦	59	文盲	熟练	
	长子	刀俊	21	小学	熟练	

从表2-32可以看出,这也是两个族内婚姻家庭。在这样的家庭中,母语得到了很好的保护和传承。

"熟练"等级比例不高的,情况比较复杂。以水管站为例,3个傣族家庭的基本情况如表2-33。

表 2-33

序号	家庭关系	姓名	年龄(岁)	文化程度	傣语水平	备注
3	户主	刀建平	45	初中	熟练	
	妻子	王燕	37	初中	不会	汉族
	长女	刀莹	16	初中	不会	
4	户主	卢云生	43	初中	熟练	汉族
	妻子	玉的	33	小学	熟练	
	长子	卢伟	15	上初中	不会	
5	户主	岩温	45	初中	熟练	
	妻子	杨从仙	50	小学	一般	汉族
	长女	吴克美	28	高中	不会	
	次女	玉罕凤妓	19	初中	不会	
	外孙子	岩糯香	2	学龄前		

从表2-33可以看出,3个傣族家庭都是傣族与汉族组成的族际婚姻家庭,但语言使用情况则表现出不同的特点。第3户家庭妻子是汉族,不会傣语;第4户家庭户主是汉族,但傣语属于"熟练"等级;第5户家庭妻子是汉族,傣语属于"一般"等级。傣语水平属于"熟练"和"一般"等级的人,在日常生活中会听会说傣语,可以用傣语交流。

通过调查我们了解到,家庭环境对语言的影响不是绝对的,因人而异。

(二)机关单位傣族家庭不同年龄段的人傣语使用情况

我们又对机关单位的47户傣族家庭不同年龄段的人的傣族语言水平进行了考察。主要考察了6个不同年龄段的人的傣族语言使用情况。具体情况如表2-34。

表 2-34　　　　　　　　　　　　　　　　　　　　　（单位：人）

年龄段	总人口	熟练		一般		略懂		不会	
		人口	百分比	人口	百分比	人口	百分比	人口	百分比
6—12 岁	12	0	0	3	25	1	8.3	8	66.7
13—18 岁	9	5	55.6	0	0	0	0	4	44.4
19—30 岁	23	14	60.9	1	4.3	0	0	8	34.8
31—39 岁	33	21	63.6	2	6.1	0	0	10	30.3
40—55 岁	26	19	73.1	3	11.5	0	0	4	15.4
56 岁以上	22	16	72.7	2	9.1	0	0	4	18.2
合计	125	75	60	11	8.8	1	0.8	38	30.4

从表 2-34 可以看出，机关单位傣族家庭成员，傣语水平属于"熟练"等级的人，6—12 岁年龄段的比例为 0，即没有人达到这一等级。其他各年龄段的比例基本上是随着年龄的增加而递增，说明傣语水平大体与年龄段成正比。属于"不会"等级的人，比例最高的是 6—12 岁年龄段，为 66.7%，比例最低的是 40—45 岁年龄段，为 15.4%。属于"不会"等级的人，多半是傣族家庭中的非傣族成员。

（三）不同场合傣族语言使用的情况

1. 机关单位

（1）嘎洒镇政府

嘎洒镇政府干部民族成分较多，傣、哈尼、拉祜、汉等民族都有。各民族干部之间，一般都说汉语，本民族之间有时说民族语言，有时也说汉语。嘎洒镇政府计生办的玉温（傣族）协助我们做了大量的工作，恰逢那几天她在给嘎洒镇的双女家庭（家里有两个女孩儿）发补助，办公室人来人往。我们观察到，她的工作语言随交际对象发生变化。来办事的人是傣族，她们就说傣语，是其他民族，她们就说当地汉语方言，两种语言转换得十分自如。嘎洒镇政府统计办的刀国强、玉香约跟我们交谈时，一会儿说普通话，一会儿说当地汉语方言，跟其他同事对话，也是傣语、汉语交替使用。

一些在嘎洒镇政府部门工作的汉族，为了工作方便，也学会了傣语。如现任西双版纳州委宣传部宣传科科长的黄臻（汉族），曾在嘎洒镇派出所工作多年，与当地老百姓打交道较多。为了方便开展工作，他学习了一些傣语，能听、说一些简单的傣语日常用语。在陪同我们调查组去曼湾村调查时，时不时用傣语跟村寨的干部、群众交流几句，关系十分融洽。

（2）嘎洒镇农业服务中心

嘎洒镇农业服务中心是直接为村寨服务的单位，工作人员经常下到村寨指导村民的工作。我们去农业服务中心那天，正赶上年终总结，单位人较多。服务中心的主任陶建伟（傣族）说，到我们办公室碰到人多的机会不多，我们的工作不在办公室，在乡下。我们下村寨调查时，岩丙、玉旺娇一直陪同我们做翻译工作。他们跟我们讲汉语,跟村民说傣语。我们与村民交流碰到障碍时,他们就把我们的意思用傣语说给村民,村民就直接用傣语与他们对话。岩丙告诉我们,他的妻子是汉族,跟他对话用汉语,但回到婆家,家人经常用傣语交流,她觉得不太适应,所以正在学傣语,以便更好地融入大家庭的生活。主任陶建伟、工作人员小朱陪同我们去曼回东调查,他们也是傣、汉皆通,工作起来十分方便。

2. 集市、商店和医院

集市、商店和医院等公共场所与人们的日常生活密不可分,出入的人员比较多,人员的民族成分也较复杂,其语言使用情况表现出多样性的特点。

嘎洒镇农贸市场坐落在嘎洒镇的东部。从大门进去,沿路是一排小商店,主要经营服装鞋帽、生活日用品等,还有小吃店。进入市场,映入我们眼帘的有各种蔬菜水果、鸡鸭鱼肉、粮油蛋茶等,地域不大,经营的品种却很齐全。固定摊位的商品摆在摊位上,流动摊位的商品则直接摆在地上。无论形式如何,经营者都十分认真。生意人多是本地居民,也有一部分外地商人,而顾客多是本地人。由于商人和顾客的民族成分多,所以,买卖双方讨价还价时使用何种语言,主要是由双方的民族成分决定的。当我们询问一位穿傣装的老年妇女蔬菜价格时,她用普通话回应了我们,因为我们说的是普通话。我们注意观察了一会儿,傣族人来买菜,她们就说傣语,其他当地居民来,她们就说当地汉语方言。我们又来到一个摊位前,经营者是一位中年妇女,带着两个小孩儿。通过聊天我们知道,她是墨江的汉族,已到嘎洒镇10余年了,她跟我们讲当地汉语方言。她说,她不会傣语,傣族人来买东西,也跟她说当地汉语方言。大女儿已经9岁了,上四年级了,我们问话时,她用普通话回答。小女儿5岁,说的是当地汉语方言。可见,对话选择何种语言,是由交际双方决定的。少数民族一般都会说当地汉语方言,有的还会说普通话。当商人与顾客都是傣族时,他们就用傣语交流。当双方是不同民族时,他们则用当地汉语方言交流。

在嘎洒镇卫生院,我们采访了护士玉罕,傣族,21岁,中专毕业。当我们向她了解她的工作语言时,她说,正式场合讲的是普通话或当地汉语方言,跟傣族医生或病人讲傣语,跟非傣族医生或病人则讲当地汉语方言。她还说,有些傣族汉语水平不太高,有时用汉语表达不清楚,他们就愿意找傣族医生看病,觉得用傣语才能说明白。

总之,我们可以得出这样的结论:现在傣语仍然是傣族日常生活中主要的交际工具,在日常工作和生活中起着非常重要的作用。

四、机关单位傣族家庭傣文出现危机局面

(一)机关单位傣族家庭傣族文字使用的具体情况

通过对机关单位的47户傣族家庭进行穷尽式的调查、统计,傣文使用的具体情况如表2-35。

表 2-35 (单位:人)

调查点	总人口	熟练		一般		略懂		不会	
		人口	百分比	人口	百分比	人口	百分比	人口	百分比
土地所	8	1	12.5	1	12.5	0	0	6	75
水管站	10	1	10	1	10	0	0	8	80
财政所	2	0	0	1	50	0	0	1	50
十三道班	6	0	0	1	16.7	0	0	5	83.3
嘎洒税务所	9	0	0	3	33.3	0	0	6	66.7
嘎洒工商所	0	0	0	0	0	0	0	0	0
嘎洒供销社	38	0	0	6	15.8	0	0	32	84.2
嘎洒信用社	7	0	0	3	42.9	0	0	4	57.1
嘎洒卫生院	11	1	9.1	0	0	0	0	10	90.9
嘎洒中心小学	34	0	0	9	26.5	0	0	25	73.5
合计	125	3	2.4	25	20	0	0	97	77.6

从表 2-35 可以看出,傣文水平属于"熟练"等级的人,各单位都不多,比例都不高。土地所、水管站、嘎洒卫生院各 1 人,分别为土地所第 3 户的岩硬,47 岁;水管站第 5 户的岩温,45 岁;嘎洒卫生院第 1 户的玉粘,53 岁。其他单位都没有人达到"熟练"等级。属于"一般"等级的,比例最高的是财政所,达到 50%,比例最低的是嘎洒卫生院,为 0(嘎洒工商所没有傣族家庭)。属于"不会"等级的,各单位的比例都很高,其平均值为 77.6%,最高的是嘎洒卫生院,达 90.9%;最低的是财政所,为 50%。

(二) 机关单位傣族家庭不同年龄段的人的傣文使用情况

我们又对机关单位中的 47 户傣族家庭不同年龄段的人的傣文水平进行了考察。主要考察了 6 个不同年龄段的人的傣文使用情况。具体情况如表 2-36。

表 2-36 (单位:人)

年龄段	总人口	熟练		一般		略懂		不会	
		人口	百分比	人口	百分比	人口	百分比	人口	百分比
6—12 岁	12	0	0	0	0	0	0	12	100
13—18 岁	9	0	0	0	0	0	0	9	100
19—30 岁	23	0	0	2	8.7	0	0	21	91.3
31—39 岁	33	0	0	8	24.2	0	0	25	75.8
40—55 岁	26	3	11.5	7	26.9	0	0	16	61.6
56 岁以上	22	0	0	8	36.4	0	0	14	63.6
合计	125	3	2.4	25	20	0	0	97	77.6

从表 2-36 可以看出,机关单位傣族家庭成员,傣语水平属于"熟练"等级的人,仅 40—55 岁年龄段有 3 人,占该年龄段的 11.5%。属于"一般"等级的,6—12 岁和 13—18 岁这两个年龄段的比例为 0,其他年龄段的比例随着年龄的增加而递增,最高的是 56 岁以上年龄段的,为 36.4%。属于"不会"等级的,比例最高的是 6—12 岁和 13—18 岁这两个年龄段,达 100%,最

低的是 40—55 岁年龄段,为 63.6%,平均值为 77.6%,属于"不会"等级的比例与年龄段成反比,说明有弱化的趋势。

(三)不同场合傣文使用的情况

不同场合傣文使用情况大体如下:

机关单位中的一些文件、宣传等,有的也使用傣文。单位牌子上有傣文,路标上可以看见傣文。调查期间,我们还看到了用傣文写的结婚请柬。下面是我们调查时拍的两张照片。

图 2-1

图 2-2

图2-1是傣家人使用的傣文—汉文对照的日历,图2-2是嘎洒镇政府的牌子。
总之,傣族文字在一定的场合和一定的人群中还在使用。

第二节 小乘佛教在傣族语言文字传承中的作用

一、小乘佛教为傣族社会输入了先进的文化

生活在云南西双版纳景洪市嘎洒镇的傣族,公元前基本处于原始社会阶段。这一时期,社会的生产力落后,人们的生活水平低下,天灾人祸肆虐,人们无力抗争,寄希望于超自然的力量帮助自己摆脱痛苦,于是原始宗教(公元前530年—前370年)应运而生。原始宗教是多神崇拜,主要祭祀对象有寨神、勐神、灶神、祖先、山、树、水、火等,或个人祭祀或由宗教职业者主持集体祭祀。

公元1—2世纪之间,印度佛教中分裂出主张"普度众生"的大乘教派,将原来只求自我解脱的原始佛教和部派佛教称为小乘。隋唐时期,小乘佛教从印度经东南亚的泰国及缅甸传入云南西双版纳等傣族聚居区,至今已有一千多年的历史,对傣族的政治经济、文化生活、风俗习惯、语言文字等产生了重要影响。嘎洒镇的傣族与西双版纳其他地区的傣族一样,都受到小乘佛教的影响。

小乘佛教是佛教的一个支派,亦称"南传上座部佛教"。南传上座部佛教有三乘经:一乘经为经藏(修多罗藏),傣语称"苏点打比打嘎",主要宣传静心;第二乘经是律藏又叫奈凰藏,傣语叫"维奈",主要宣扬佛教的教规戒律;第三乘经是论藏,又叫阿昆达摩藏,傣语为"阿昆达摩比打嘎",主要宣扬"慧",即佛教的基本理论。这三乘经文有刻在贝叶上的,也有用绵纸"嘎拉沙"抄写的,保存在佛寺里,可谓"有寺必有经"。

小乘佛教传入云南傣族地区的初期,受到了傣族社会原始宗教的抵制,经过了一段时间的较量,最终小乘佛教以它精深缜密的义理、简便易行的仪轨,以及弃恶扬善的伦理道德观念赢得了人们的普遍信仰。

小乘佛教的诞生地是印度。印度是世界四大文明的发源地之一,在历史上,它创造了光辉灿烂的文化,为人类的文明和进步作出了巨大的贡献。印度文化必然融入到小乘佛教中。因此,小乘佛教作为一种文化或文化的载体,为傣族社会带来了先进的印度文化,这种先进的文化必然对傣族文化产生重大的影响,而这种影响主要是通过佛教教育体现出来的。佛教传入后,佛教教育几乎完全代替了世俗教育,直接从事教育活动,并在教育的各个环节中取代世俗教育,对傣族教育的作用程度是相当强烈的,成为傣族社会唯一的正规教育,使傣族教育发生了质的飞跃。

在佛教传入傣族地区的初期,傣族社会仍处于原始社会阶段。在漫长的历史进程中,傣族先民们在与大自然的斗争中,积累了一定的生产、生活经验,掌握了一些简单的科学常识,并对世界产生了直观、朴素的认识,但就其文化形态来说,还处于原始阶段。先进的印度文化传入傣族地区,丰富了傣族教育的内容,极大地推动了傣族教育的进一步发展。

佛教带来的先进的印度文化辐射到傣族社会的各个领域,全方位地震撼着傣族社会。

首先,佛教经典内容相当丰富,影响极其深远。傣族"所译三藏经声称有八万四千部,其中《经藏》五大类二万一千部,《律藏》五大类二万一千部,《论藏》七大类四万二千部,并有一部五卷本的贝叶经(名为《别闷西板酣》)专门讲述这八万四千部佛经的由来传说"。[①] 这些经典中有一部分是用傣文字母音译的巴利语的写本,保存了小乘佛典早期的面貌,还有一部分是傣族僧人根据佛教教义加以阐发的著作。小乘佛教的经书通常称为"贝叶经"。经书中除了经、律、论三藏这些提供僧侣念诵的经文外,还包括生产、生活、历史、地理、语言、文学、艺术、法律、伦理等内容,是傣族珍贵的文化遗产。傣族佛教经典到底有多少,还有待于进一步的考证,但其庞大的数量、丰富的内容,以及对傣族社会的影响,却是不容置疑的。其中尤以它所包含的哲学思想最为可贵,如"中道""缘起"等思想。"中道"思想告诫人们,在处理问题时要认真地进行分析,不要走两个极端,要走不偏不倚的道路。这种观点和方法论原则始终贯穿在上座部佛教教义中,它与我国儒家所倡导的"中庸之道"思想有惊人的相似之处。"缘起"是指一切事物或一切现象的产生,都是由相对的互存关系和条件决定的;离开关系和条件,就不能产生任何一个事物和现象。因、缘一般的解释,就是关系和条件。"佛教哲学本身蕴藏着极深的智慧,它对宇宙人生的洞察,对人类理性的反省,对概念的分析,有着深刻独到的见解。恩格斯在《自然辩证法》中称誉佛教徒处在人类辩证思维的较高发展阶段上"。[②] 此外,佛教因明就是肇始于小乘佛教,虽然在后来的发展过程中,其因明思想不如藏传佛教和汉传佛教那么丰富,但其影响和作用仍不可忽视,对提高人们思维的准确性和逻辑思维水平是非常有益的。佛教在与原始宗教的斗争中处于优势地位,在很大程度上就是得益于它较高的理论思维水平。伦理道德思想同样是佛教经典中的重要内容,它使傣族社会精神文明建设提高到了一个新的水平。

其次,佛教带来了天文历法、医学、数学等科学技术方面的文明。傣族的天文历法有纪元纪时法和干支纪时法两种,其中,纪元纪时法是从印度经由东南亚传入的。公元5世纪以前,印度天文学已相当发达,这种知识随佛教传入缅甸,后经缅甸传入傣族地区。天文历法传入傣族地区后,寺院里的高级僧侣们将其作为一门高深的学问来学习和研究,并建立了自己的天文

---

① 张公瑾著《傣族文化》,吉林教育出版社,1986年12月,第56页。
② 赵朴初著《佛教与中国文化的关系》,文史知识编辑部编《佛教与中国文化》,中华书局,1988年。本文转引自刘岩著《南传佛教与傣族文化》,云南民族出版社,1993年12月,第118页。

学,编制出了较为完善和先进的历法。至今傣族仍保留着很多天文学文献,如《苏定》《苏力牙》《西坦》《历法星卜要略》和《纳哈答勒》等。傣族使用的干支纪时法是由中原地区传入的,这说明在很早以前,傣族就与中原地区有文化交流。傣族医学源远流长,佛教传入前就有了自己的民间医学,佛教传入后,丰富了傣医学的内容,傣医学获得了较大的发展。傣医学家们根据佛经记载的医学资料整理编成《嘎牙山哈雅》一书,是傣医的第一部医学专著,在生理、病理、诊断等医学理论上继承和发展了佛教医学,并结合自己的傣医理论,形成了具有傣族自己特点的傣医学。傣族数学专著《数算知识全书》和《演算法》中介绍了许多数学方面的知识,从中也可看到来自印度文化的影响。

再次,随佛教而来的还有建筑、文学、艺术等先进文化,对傣族社会的影响也是很大的。在傣族聚居的地方,村村寨寨都有佛寺,宏伟、壮观的佛寺,是傣族建筑的一道亮丽的风景线。在傣族文学方面,诗歌《吾沙麻里》《兰嘎西贺》都与印度文化有关,《吾沙麻里》是由印度的一个小故事发展演变而成,《兰嘎西贺》的情节与印度史诗《罗摩衍那》相似,傣族文学受佛教文学的影响尤为突出。傣族艺术也深受佛教文化的影响,如傣族的剪纸艺术,其内容多与傣族信仰的小乘佛教有关,佛塔、寺庙等图案是傣族剪纸中常见的,在傣族举行宗教活动的时候,佛殿的门窗、佛伞、佛幡等多贴有各种剪纸图案。

总之,作为傣族文化重要历史渊源的印度文化,是随着佛教传入的,它使傣族教育能够吸收印度及东南亚文明的最新成果,丰富教育内容。况且,佛教的传播过程实际上就是一种实施教育的过程,较之原始宗教来说,它本身也是一种先进的教育手段。先进的教育内容与先进的教育手段相结合,使傣族教育得到了长足的发展,在当地众多少数民族中处于遥遥领先的水平,与周边国家的其他民族相比也毫不逊色。小乘佛教充实和丰富了傣族文化。语言文字是文化的载体,先进的印度文化,必定促进傣族语言文字的发展,所以说,小乘佛教在傣族语言文字传承中具有非常重要的作用。

二、小乘佛教为创制傣族文字奠定了基础

文字是一个民族文明和进步程度的重要标志之一,没有文字,人类无法保存和发展本民族的文化,民族教育、思想交流和文化知识的传播也会受到巨大的限制。傣族文字与佛教也有渊源关系。据傣文史籍《剎沙打》《沙打档别》和《沙打惟玛腊》等记载,在佛教传入以前,傣族先民曾创造过简单的"象形文字"和"绿叶文字",记录一些简单的、基本的信息,但它无法满足人们的实际需要,加之这两种文字都不成熟,且实用性差,无法履行承载民族文化的使命,退出了历史舞台。因此,实际上,在佛教传入以前,傣族社会仍处于无文字的状态,记事靠刻木、结绳的方式,百姓靠刻木、结绳的方式简单地记录着自己的生产、生活情况,而较复杂的、高层次的民族的历史、文学、教育、艺术、技艺等知识技能则只能靠言传身教一代代延续下去。

民族文字的创立是民族教育走向规范化、科学化的必要条件。许多受教育者学习傣文、接受文化知识都是通过入寺学习佛教经典的途径实现的。寺院的教育是有目的、有计划的,已经

接近近代意义上的学校教育。总之,佛教传入傣族地区以后,推动傣族文字走上了规范化的道路。

关于傣族文字创制的时间,学术界至今尚未形成比较一致的意见。但是傣族文字是随佛教的传入而创制的观点,学术界的看法基本是一致的。据傣文史料《目腊沙刹纳》记载,随着佛教传入傣族地区,佛经梵文体字母(即巴利文字母)被傣族所接受。巴利文辅音字母有41个,对推动傣族文字和文化的发展起了重要作用。但是,41个巴利文字母,对于傣族交流思想、传递信息、传承文化等的需求显得力不从心,于是,就出现了一次语音和文字再增创的变化时期,即傣历639年(公元1277年),名叫阿雅坦孙洛的高僧,在巴利文的基础上增创了15个傣文辅音字母和11个傣文元音符号,进一步丰富和发展了傣文。由此可见,傣族文字是在巴利文的基础上创制的。

傣族文字诞生后,就形成了傣族固定的规范文字系统,在傣族社会中普遍使用了。

傣文是一种拼音文字,有新傣文和老傣文两种形式。老傣文字母多,而且复杂,上下带音标,较难掌握,但书写字形较短。新傣文是由傣族文化人士和精通傣语的汉族文字改革人员根据傣语发音书写规律编撰发明的,由于简便、易学,被人们广泛使用。如今在嘎洒镇几乎完全使用新傣文了,尤其是年轻人只认识新傣文,如嘎洒镇农业服务中心的岩丙、玉旺娇,他们学的都是新傣文。新傣文有42个声母、106个韵母组成,但不少发音是相近的。只要能说标准的傣语,又知道每个字母的正确发音,根据傣语拼音规则,就能够阅读和写作了。

佛教的传播给傣族社会带来了文字,傣族的数百部长篇叙事诗都是在佛教传入后出现的。傣族创制文字后,傣族社会迅速发展,使其成为众多民族中的一个比较先进的民族。总之,小乘佛教对傣族语言文字的传承和发展作出了重要贡献。

可以说,佛教大大地推动了傣族社会的发展。就其对教育的影响来说,由于文字的成功创制,使原始教育完全无法与之相比。教育从根本上发生了变化,产生了质的飞跃,从此以全新的面貌和姿态呈现在傣族社会中。小乘佛教的传入,使傣族文字走上了规范化的道路;小乘佛教的广泛传播,傣族男童入寺为僧的习俗,使傣族掌握本民族文字的人数的比率逐渐增加。

下面是10个村寨掌握傣族文字的情况统计:

表 2-37 (单位:人)

调查点	总人口	熟练		一般		略懂		不会	
		人口	百分比	人口	百分比	人口	百分比	人口	百分比
曼景保村	521	89	17.1	62	11.9	11	2.1	359	68.9
曼真村	316	14	4.5	81	25.6	33	10.4	188	59.5
曼凹村	362	16	4.4	62	17.1	0	0	284	78.5
曼景罕村	410	99	24.1	78	19	2	0.5	231	56.4
曼贺回村	219	7	3.2	45	20.5	1	0.5	166	75.8

曼达一村	282	50	17.8	15	5.3	10	3.5	207	73.4
曼播村	373	37	10	5	1.3	112	30	219	58.7
曼湾村	687	195	28.4	39	5.7	39	5.7	414	60.2
曼回东村	443	10	2.3	6	1.3	1	0.2	426	96.2
纳板村	174	35	20.1	3	1.7	3	1.7	133	76.5
合计	3787	552	14.6	396	10.4	212	5.6	2627	69.4

从表 2-37 可以看出,10 个村寨中,傣文属于"熟练"等级的,比例最高的是曼湾村,为 28.4%;其次是曼景罕村,为 24.1%;比例最低的是曼回东村,仅为 2.3%。通过调查我们了解到,曼湾村有 1 个寺院,现在还有佛爷 1 人,村寨中 40 多岁的男子有 200 多人,当过和尚的就有 160 人,他们在寺院中学过傣文。曼景罕村也有 1 个寺院,现有佛爷 1 人、和尚 6 人,还俗的有 60 人左右,因此学过傣文的人也比较多。曼回东村没有寺庙,没有和尚,但有一位 60 多岁的老人,年轻时在学校学过傣文,回到村寨当老师后,教村寨里的一些人学习傣文,所以,曼回东村也有 10 人会傣文。

三、小乘佛教为傣族社会培养了优秀的教师

从教育学的角度来说,教师是教育活动的组织者和实施者,在整个教育活动中起着主导作用;教师还是知识的传授者和学生智力的开发者,担负着"传道、授业、解惑"的重任。在佛教传入以前,傣族没有学校教育,文化知识和技能的传授只能靠言传身教,也就没有真正意义上的教师。社会上教师这一重要角色由有生产、生活经验的长者、召曼(村寨头人)和原始宗教的"波摩"(巫师)充当。这一时期,有生产、生活经验的长者们,在日常生产劳动及生活的过程中,通过言传身教,把生活常识以及长期社会实践积累下来的生产经验传授给后代。管理栽曼(寨心)祭祀的召曼,即傣族村寨头人,是寨心祭祀的唯一组织者,他熟悉本民族历史、文化,在村寨中有较高的威望。他作为傣族最初的知识分子之一,在组织寨心祭祀活动中,对村民实施教育。在傣族地区,每一村寨都有一寨心,寨心以木桩或石块为化身,插入或埋入地下,设立于村寨最中央。召曼主持祭祀寨心活动时,全体村民都参加。管理祭神事务的波摩是原始宗教中的核心人物,是民族传统文化的主要传承者和祭神仪式的组织者与领导者,其地位是神圣的。原始宗教产生初期并没有波摩,"当时每个氏族成员都是虔诚的信仰者,又是宗教的具体执行者,如向神叩头、作揖、献祭、巫术等等。进而才由年长者或氏族长从事较多的宗教祭祀和巫术活动。"[①]波摩不仅要熟悉和精通本民族的历史、文化,而且还要掌握各种祭祀活动所需要的特殊技能。波摩的特殊地位和职能成就了傣族最早的知识分子以及人们所公认的民族精英。村民们在波摩组织的各种祭祀活动中接受本民族的历史、文化及其他知识的教育。总之,长者、召曼和波摩在早期教育活动中发挥了很大的作用,担当着教师的重任。但由于傣族文化本身

[①] 宋兆麟著《巫与巫术》,四川民族出版社,1989 年,第 28 页。

的局限性，决定了当时的"知识"是极为有限的，其教育活动也是非常简单朴素的。

　　佛教的传入，给傣族社会培养了知识分子，同时，也为教育普及与提高创造了有利条件。傣族信仰的上座部佛教规定男子必须出家一段时间，因此，过去每个男孩儿都要到佛寺里做一个时期的小和尚，为僧时间长的可以晋升为佛爷。这些佛爷在寺院里不仅精通傣族文字，而且掌握了各个方面的丰富知识。小和尚在大佛爷的教导下学习佛学，掌握有关傣族的一些历史、文化知识。女孩儿则在家由父母传授知识。大佛爷在寺院里教授文字、讲授佛经和其他一些科学常识，为傣族的教育事业作出了巨大的贡献，他们是傣族历史上第一代真正意义上的老师。这些人还俗后被尊称为"康郎"（傣族对还俗的大佛爷的尊称），即知识分子。每个村寨都有一座"尾吭"——缅寺，缅寺里都有大佛爷，可以说早期傣族的文化学习是在"佛"的指引下完成的。这些知识分子遍布傣族村寨，有的成为傣族章哈（歌手），有的成为傣族摩雅（医生），有的研究天文地理，有的从事编纂写作。他们走到哪里，就把文化知识传播到哪里，他们是傣族社会最具影响力的知识阶层，深受人们的爱戴。如曼景罕村的康朗龙、岩伦、岩香宰、岩温囡等，曼湾村的康南腊，纳板村的康朗胆、康朗三等。总之，寺院里的佛爷和活跃在社会上的"康朗"，是傣族社会中最杰出的人才，他们都是佛教培养出来的高级知识分子。这些高级知识分子无论是在寺院的佛教教育中，还是在世俗教育中，都堪称是名副其实的教育者，优秀的教师。这时，长者、召曼、波摩虽然也存在，并继续行使其教育的职能，但与佛爷和康朗是不可同日而语的。我们对10个村寨进行调查时了解到，除了曼回东（没有寺院）外，其他村寨都有佛爷，少则1人，多则七八人不等。这些人在传承傣族语言文化中直接起到了教师的作用。

　　男孩子出家完全根据自己意愿，以前年龄并无限制，有的五六岁就出家了。但小孩儿出家就会严重影响学校的入学率和学校的教育教学。1999年，西双版纳傣族自治州根据义务教育法和自治条例颁布了《西双版纳傣族自治州关于南传上座部佛教僧伽管理的有关规定》，根据该规定，男孩儿至少要在读完小学后才准入寺，从而保护并促进了小学教育的发展。现在，入寺男孩儿都在12岁以后，小和尚已经不存在了。

四、小乘佛教为傣族社会提供了特殊的学校

　　教育场所是实施教育活动所必需的物质环境，是教育得以顺利进行的重要保证。佛教传入以前，傣族教育主要由两部分组成，即世俗教育和原始宗教教育。世俗教育是在家庭、生产劳动中进行的；原始宗教教育是在祭祀活动中进行的，教育对象和教育场所不稳定，且教育内容杂乱无章，没有严格的目的性、计划性，处于一种无序的状态。小乘佛教传入以后，几乎成为傣族全民信仰的宗教。由于佛教的广泛传播，傣族地区佛寺十分普遍。傣族村寨几乎都建有佛寺，佛寺是信徒们接受佛教教育的重要场所，这就意味着每一村寨都有一所"学校"，这种特殊的学校虽然不能称之为严格意义上的近代学校，但已初步具有近代学校的规模。有固定的教育场所——寺院，固定的教师——佛爷，固定的教育对象——和尚，固定的教材——佛经，并按教学计划严格实施教学。寺院教育的特点是，周期短（3至5年），见效快，受教育面广。还由于小乘佛教提倡出家修行,故过去傣族男童从小必须要过一段脱离家庭的寺院生活,傣族佛教的这种习俗,就使得这种特殊学校有了相对稳定的教育对象——和尚;教学内容主要是傣族文字、佛教经典及其他常识,这就有了相对稳定的教学内容,并且以佛经为教材;寺院的集中学习的规定类似于现代教育的分班制;加之,为了使入寺为僧的人们尽快掌握傣族文字及其他知识,佛爷授课是有严格的教学计划的,不仅保证了教学质量,而且使教育进入到有序状态,彻底改变了世俗教育和原始宗教教育的无序状态。

20 世纪 50 年代以前,傣族的佛寺教育是教育的主要形式之一,傣族的文化教育由寺院垄断,男子只有入寺为僧,才有可能通过宗教教育掌握一定的文化知识。在传统上,上座部佛教寺院既是儿童接受传统教育的学校,又是当地村民社区活动的中心,基本上村寨所有的会议、公共活动等,都在寺院中举行。

傣族文字是一种拼音文字,学习和掌握它并不是很困难。傣族男孩儿一般 10 岁以前入寺,为僧时间大多在 5 年以内,成年后多数还俗,成家立业,少数留寺深造,按僧阶继续晋升,成为终身僧侣。入寺为僧的男孩儿用 3 到 5 年时间掌握全部傣文是不成问题的,如曼达一村的岩罕兰,16 岁入寺,当了 4 年小和尚、2 年大佛爷,22 岁还俗,现在是群众代表,傣文非常熟练。傣族佛教教育有一套严格的制度。没有当过和尚的人,就没有社会地位,被称为"岩百"或"岩令",即没有知识、不开化的愚人。因此,傣族送男孩儿入寺不存在丝毫的强制性,完全是一种习惯,类似于汉族学龄儿童入学的做法。傣族佛教教育制度的这种特殊性,给傣族社会输送的既有普通人才,又有"学者"(或专家),对教育来说,形成了一种良性循环,就整个傣族社会来说,它培养了一代又一代的文化人,推动了傣族社会的向前发展。

在新中国成立前,大部分傣族地区没有正规的学校,傣族佛寺教育的出现,解决了千百年来傣族社会没有学校的状况,担当起了傣族教育的重任,佛寺成为傣族社会的特殊学校。这是一次历史性的突破。从此,傣族男孩儿只要到了一定的年龄,就可以顺理成章地进入佛寺学习,不必为交不起学费而担心,也不会因为是农家子弟而备受歧视,每个人都有均等的机会接受佛教教育,这是一种权利,同样也是一种义务。这种状况在嘎洒镇一直延续到"文革"前期。我们对 10 个村寨进行调查时了解到,除了曼回东没有寺院外,其他村寨都有寺院。

以前佛寺还教算术、历法等知识,现在这些知识的传授都由学校来完成了,佛寺也就省去了不少课程,增加了许多闲暇时间。闲暇时间和尚在寺院除了扫地之外没有多少事情。现在几乎所有和尚的家长都给和尚买了手机,有的还买了摩托车。所以很多小孩儿很乐意出家当和尚,因为待在佛寺里很清闲,免去了在家时繁重的劳动,还受到尊敬。有些优秀的和尚会被当地的佛教协会送到泰国、缅甸等南传佛教圣地,以及昆明、北京、上海、杭州、开封等汉传佛教佛学院进行学习和交流,他们的费用由协会支付,同时他们也会拿到佛学文凭或者佛学专业的大学文凭。我们在嘎洒镇职业中学调查时,遇到 1 名初三的学生岩糯,他当过和尚,已还俗了,傣文很好,新、老傣文都会,谈起未来的打算,他很坚定地说,希望去泰国留学,继续学习傣语傣文。

总而言之,佛寺教育主要集中在佛教文化本身,同时还有傣语傣文和文化教育,这对于一个民族的文化传承具有重要意义。

但现在的佛寺教育有淡化的趋势,其影响因素有以下几个方面:

第一,市场经济的冲击。随着改革开放的深入,嘎洒镇的经济发生了翻天覆地的变化,人们的收入大幅度提高,生活水平大大改善。物质生活丰富了的嘎洒人,精神信仰却淡化了,对于佛教信仰也发生了一些改变。经济的力量对年轻人的冲击更大,他们难以抵制外面世界的诱惑,难以忍受佛寺的寂寞,读书治学也就静不了心了。佛寺的规矩和戒律也难以对他们形成约束,他们更愿意去赚钱,然后去娱乐,过世俗人的生活。如曼凹村有1个寺庙,但已没有和尚了。因此,市场经济在很大程度上冲击、影响了佛寺教育的发展。

第二,人们视野的扩大。改革开放后,一方面,大量外地人和大量新事物涌入嘎洒镇,使嘎洒人的思想观念发生了很大变化;另一方面,很多年轻人走出了嘎洒镇,看到了外面精彩的世界,他们的信仰也发生了很大的变化。信仰的变化是佛寺教育趋于淡化的重要因素。电视、手机、网络、游戏、摩托车、卡拉OK、娱乐城等新生事物的涌现也直接给佛寺带来了干扰。

第三,学校教育的影响。在落实"普六""普九"等政策的过程中,嘎洒镇学校教育不断发展扩大,教育水平也在不断提高。在规定了入寺的年龄限制后,小学教育已经很完善,入学率和巩固率都得到了保证,教育质量也在不断提升。初中教育虽然面临很大挑战,但是在国家政策保护和资金投入加大的情况下,也得到了很好的发展。现在寺院住持对于和尚进入中学学习也采取中立态度。如此一来,寺院的常规活动就完全被打破,在上学期间,佛寺活动很难开展。佛寺的佛爷说寺院每天都有早课和晚课,但是因为和尚要上学,加上有些住持太年轻,现在已经不能坚持,只是偶尔进行,这就大大减弱了佛寺的影响力。同时,和尚学生(既接受正规的学校教育,在校上课,又进入寺院当和尚,接受寺院教育,具有学生和和尚双重身份。)在学校接受的思想意识教育,也会给他们的信仰带来一些变化。我们在嘎洒镇职业中学调查时,看到几个穿着袈裟的和尚学生在校园里行走,跟其他学生一样。据老师介绍,当寺庙有活动时,他们有时会向学校请假回去参加,有时不参加,留在学校继续学习。

综上所述,上座部佛教的传入使傣族教育发生了巨大变革。这种变革可以概括为两个方面:一方面是教育内容的变革,即由原来以生产、生活技能和简单常识为主要内容的教育,演变为以先进的印度文化为主要内容的教育(同时也包括本民族文化和汉文化的教育);另一方面是教育形式的变革,即由原来分散的、无目的的、无计划的原始教育,发展为集中的、有目的的、有计划的教育。傣族教育的变革的结果是傣族文化的繁荣和傣族文化素质的提高。傣族各种经典、文献浩如烟海,仅所译之三藏经就号称四万八千部;文学艺术发达,尤其是诗歌,上千行以上的叙事长诗就达五百余部,其中有"五大诗王",少的一万二千行,多的长达十多万行;还出现了《论傣族诗歌》《谈寨神勐神的由来》等文艺理论和哲学著作。科学技术得到发展,天文历法、傣医学均达到了较高水平。傣族知识分子遍布各个村寨,傣族群众的平均识字率高于国内许多少数民族,整体文化素质也位居一些民族之前。在傣族教育发展史上,小乘佛教实际上已经囊括和代替了傣族教育,同时代的世俗教育及原始宗教教育是无法与之相提并论的。小乘佛教教育在傣族历史上确实有过积极作用。

我们承认小乘佛教教育在傣族历史上起到的积极作用,但也不否认其消极、落后的一面。

第一,小乘佛教作为宗教是一种唯心主义的世界观,唯心主义的本质决定它不可能正确认识世界,不可能正确反映客观事物的本质。

第二,小乘佛教教育毕竟是一种落后的、不完善的教育。在正规的学校教育产生之前,它在传承傣族文化方面确实起到过推动作用,但是,正规的学校产生之后,小乘佛教教育的优势也就丧失殆尽了。

第三,随着社会的变迁和发展,小乘佛教的教育内容和教育方法已无法适应社会的需要,它培养的人才也无法满足社会的需求。

第四,在改革开放大潮的冲击下,小乘佛教本身的影响力也在消退,寺院教育的功能逐渐退化,傣族男童必须入寺的风俗也在改变。

总之,我们既要肯定小乘佛教教育在历史上的积极作用,又要看到其消极避世的一面,这样才能客观看待傣族教育,才有利于傣族社会的发展。

第三节　家庭与社区语言教育对傣族语言的影响

小乘佛教在傣族语言文字传承中起到了重要作用,这是事实。但是,傣族的世俗教育在历史上对傣族语言的作用也是不容忽视的,尤其是世俗教育中的家庭教育。家庭教育是指在家庭生活当中,家长对其子女实施的教育和影响。有的教育是有目的、有计划进行的,有的则是无意识的自然教育。自从人类社会产生了家庭,家庭教育作为一种教育形式便随之产生了。家庭教育是长辈的天职,不付报酬,不规定时间,没有固定的教育内容,在日常生活中通过长辈的言传身教,儿女们在不知不觉中自然地学会了适应生产、生活需要的知识和技能。家庭教育还包括一个重要内容,就是家庭语言教育。傣族的家庭语言教育是一种言传身授的教育,父母、长辈是孩子学习语言的老师,同龄人之间的互相学习也是傣族儿童、青少年习得语言的重要途径。具有正常发音系统的孩子,1岁左右就开始牙牙学语了,父母及生活中的其他成员不自觉地担任起了孩子的语言教师。1—4岁的孩子,发音系统、思维能力逐渐健全,语言能力的开发显得尤为重要,是为孩子的语言表达能力打基础的阶段。对于学龄前儿童(一般为6岁以下)而言,这个阶段在家庭环境中学习语言是对语言的自然习得,傣族掌握傣语也是遵循这一规律。只要有语言环境,孩子们在接受语言的阶段,很自然地就习得了一种语言。傣族习得傣语,就是通过家庭语言教育这个过程实现的。但是从父母的角度来讲,是否对孩子实施有意识的引导,对孩子语言能力的培养所起的作用是不一样的。族际婚姻家庭或城镇傣族家庭,由于受环境的影响,孩子学习和掌握傣语会受到一些影响,致使有些孩子掌握不好傣语,这时有些父母就会有意识地采取措施,给孩子创造习得语言的环境。嘎洒镇农业服务中心的蒋玉玲(傣族)说,她的丈夫是汉族,虽然也能听懂、会说简单的傣语,但平时他们的家庭语言还是以汉语为主,所以孩子在学龄前阶段并没有自然习得傣语。为了使孩子熟练掌握傣语,孩子上小学后,每当学校放假,他们就把孩子送到姥姥家学傣语,所以,现在孩子能十分流利地使用傣语。可是有些家长由于工作忙,语言观念模糊,对孩子母语的习得重视程度不够,使得孩子在学龄前和以后的语言学习阶段没有掌握好傣语。所以,家庭的语言教育十分重要,它是一个民族的语言得以延续的最好的途径。

人的本质属性是它的社会性。人迟早要从家庭走向社会。因此,承接家庭语言教育的,是社区的语言教育,社区的语言教育对傣族语言的传承、语言观念的形成起着至关重要的作用。社区语言教育是指具有基本语言能力的母语习得者在社区母语环境下获得、强化与提升语言能力的过程,也是语言观念的萌生、形成与定型的过程。儿童在家庭语言环境中,通过自然习得,获得了母语的能力,这种能力在村寨、校园以及其他以使用傣语为主的各种场合,得到强化与提升,并逐渐形成特定的语言观念。社区语言教育以其浸没式的方式渗入到人们的生活中,并影响人的一生。

在家庭语言教育与社区语言教育共同构筑的语言环境中,儿童的母语表达能力与交际能力不断提高,民族认同感不断强化,对本民族的语言观念也随之加强。我们到嘎洒镇曼贺回村采访妇女主任玉香时,已是傍晚,她的丈夫和孩子们在院中点燃了炉罩,炊烟冉冉升起,孩子们跑前跑后。她家住在树林掩映的现代式傣族别墅里,他们的脸上洋溢着幸福的笑容。她用汉语与我们交谈,有时用傣语与丈夫或孩子说话,我们听到孩子们不停地用傣语对话,开心地笑着。说起傣语的使用情况,玉香告诉我们,他们从小在家庭、村寨和本族人内部都使用傣语,他们的孩子也是这样。她还说,用母语表达自己的感情更明白。这时,我们明显地看到她眼神中流露出一种自豪与坚定。我们在嘎洒镇曼景罕村对村长岩香厉进行了傣语词汇测试,他38岁,曾经当过3年和尚,傣文很好,在工作中写东西都用傣文。他读傣文词汇很流利。进行词汇测试时,一位傣族老奶奶(不识字)饶有兴趣地随读起来,小孩子也围前围后地看。给他们照相,他们特别配合,不躲避,不推让,心态很好。他们不时用傣语交流,表情特别丰富。我们表扬他们傣语说得好,他们害羞地笑笑,没有作答。我们跟玉香罕(9岁,三年级,傣族)谈话时了解到,她的爸爸、妈妈都会说汉语,在家说话时,爸妈先说汉语,她也说汉语,爸妈先说傣语,她就说傣语。可见,父母对孩子语言使用有较大的影响。在学校,课下有时说汉语,有时说傣语,但回到村寨,小朋友一起玩儿,一般都说傣语。听到这里,村长岩香厉补充说:"我们小时候也是这样,好像说傣语感觉更亲切。"由此可见,在家庭和社区母语环境的熏染下,傣族人不知不觉就掌握了自己的母语,而且语言能力、语言观念不断得到强化。所以,家庭语言教育和社区语言教育在傣族语言的保护和传承过程中起到了重要作用。

入学之后,傣族学生在课堂上使用汉语,这是大环境使然,但在课余的大部分时间里,他们自己营造了一个小的母语环境,仍生活在母语环境中,母语能力不断提高,语言观念日益强化。改革开放之前,整个嘎洒镇的教育水平普遍较低,小学文化程度的人较多,小学毕业生都返回村寨从事农业生产劳动。改革开放后,尤其是近年来随着嘎洒镇"普六""普九"义务教育的全面实现,傣族适龄儿童入学率达到100%,初中的升学率也近100%。但由于嘎洒镇近年来经济发展较快,橡胶种植业使各村寨迅速脱贫致富,加上教学质量不高、教学管理疏漏、就业率低等诸多因素的影响,初中升高中(含职高、技校)比例总体偏低,绝大部分初中毕业生都要回到村寨参加农业生产,或割胶。在以村寨为中心的广阔的社区语言环境里,他们的母语表达与交际能力均得到全面的强化与提升,语言观念走向定型化。

我们把不识字的人称为文盲,但是世界上任何一个国家或民族都没有"语盲"这个词,说明凡是有正常的发音系统、后天没有受到破坏的人,没有不会说话的。语言的产生和发展,语言能力的培养都与家庭语言教育和社区语言教育有直接的关系。家庭语言教育、社区语言教育与寺院或学校的语言教育不同,它是一种个别教育,没有统一的教材,没在固定的教育场所,没有专职的教师。这种教育贯穿于日常的生产、生活中,是与渔猎、劳作等生产、生活的进程同步进行的,是一种平时的、经常性的教育,如纺织、采集、耕田、打猎等日常生活。语言的传授就是在这样的情况下完成的。具体而言:

一、生活既是传授语言的教材,又是学习语言的内容

孩子出生后,父母及周围的人就不断地跟孩子说话,这时进入孩子生活中的一切,包括人物、物品等就都成了孩子学习语言的教材。一般来说孩子1岁左右就会说话了,对人物、物品的称呼,对生活的基本需求,就理所当然地成了孩子语言学习的内容。生活是复杂的、多变的,因此,语言学习的内容也是丰富的。任何一种语言的世代传承都经历了这样一个过程,傣族语言的传承也不例外。出生于傣族家庭的孩子,在成长过程中,在家庭语言教育中,习得了傣族语言,并在社区语言教育的辅助下得到巩固和强化。过去,傣族的儿童在与父母一同劳动的过程中逐渐学会如何刀耕火种、如何犁耕水田,在实践中,由父母言传身教学会了生产劳动技术,为他们独立生活打下了基础。傣族长期生活在森林茂密的亚热带山区,弹弓和刀是男子的两件法宝,出外必佩在身。男孩儿从六七岁开始就从父辈那里学会打弹弓、耍刀和打猎,懂得如何只身进入森林,征服猛兽。女孩儿除了参加生产劳动外,七八岁开始跟随母亲学习纺织筒裙、筒帕、护腿、挎包,学会如何采集野菜、野果,学会酿制米酒等。现在,村寨的傣族生产方式、生活方式都发生了巨大的变化,学龄前儿童几乎都不参加生产劳动了,有条件的家庭还把适龄儿童(3岁以上)送到幼儿园接受教育。他们的语言在家庭或幼儿园得到发展和完善。

傣族是能歌善舞的民族,史诗、神话、传说、故事、歌谣、谚语等口头文学甚为丰富。傣族有不少具有惊人记忆力的歌手,他们能够背诵上万行史诗,能够通宵达旦地吟诵各类诗篇,成为传播民族历史文化的大师。许多村寨都有自己的章哈,即傣族民间歌手,如嘎洒镇曼景保村的

岩班、岩论等。这些民间歌手,在各种节日上吟唱,青年男女聚精会神地倾听,从中得到各种知识,受到本民族文化的熏陶,民族语言得到了传承。总之,整个教育活动都使用本民族语言作为教育媒介。儿童从小在与父母、家人以及社会的接触和交往中逐渐感知和习得本民族语的发音、词汇和语法系统,并以此为媒介接受教育,与他人交流。

二、生活环境、劳动场所是传授语言的学校

孩子成长的环境及与生活相关的劳动场所,成了他们接受家庭语言教育的特定场所,也成了他们学习语言的学校。这种生活中的"学校",直接为人们的生活服务,比寺院、学校的语言教育更具实用性、普遍性,任何人都必须在生产、生活这个"学校"里学习生存技能,学习为生活服务的语言。出生于傣族家庭的孩子,在日常的生活、渔猎、劳作等过程中接受语言学习。这种学习,既没有固定的场所,也没有固定的时间,是根据生产、生活的需要而不断变化的。教育无时无刻不在,任何生产、生活场所,任何时间,都会发生教育。儿童的语言习得就是在生活环境、劳动场所这样一所特殊的学校里完成的。

三、父母、长辈、生活环境中的人都担当起了教师的角色

孩子接触客观世界及形成思维有一个过程。在这个过程中,闯入他们视线的都是新鲜事物,他们头脑里有无数的疑问,他们不断地向父母、长辈及身边的人提出问题。而父母、长辈及身边的人给他们解答问题的过程,就是向他们传授语言、传授知识的过程,也就不自觉地履行了教师的职责。孩子语言发展的快慢、语言能力的强弱,与生活中的"教师"有直接的关系。父母、长辈健谈、开朗,孩子就能不断地接受语言的刺激,习得语言就快,语言能力就强;反之,父母、长辈沉默、内向,孩子听到的语言信息就少,习得语言就慢,语言能力相对就弱。出生于傣族家庭的孩子,由于"教师"使用的生活语言是傣语,因此他们在家庭生活、家庭教育中,掌握了傣族语言。

傣族的家庭语言教育是口传身授的教育,通过长辈、本民族的文化传承人"康郎"言语说教,本民族成员的亲身实践,让儿童模仿,从而学会本民族的各种生产技能和社会行为规范,懂得各种风俗礼仪,成为一个合格的社会成员。除了向长辈模仿外,同龄人之间的相互学习也是傣族儿童获得教育和知识的重要的途径,如同龄人之间交流感情需要语言传达,在一起聊天、娱乐需要借助语言媒介,总之,语言在生活中无处不在,儿童在这样的语言教育中获得了生产、生活、自然、社会等方方面面的知识。在孩子习得语言、学习各种知识的成长过程中,父母、长辈、生活环境中的人都担当起了教师的角色。

总之,家庭语言教育、社区语言教育是在日常的生产、生活中完成的,具有早期性、及时性、随意性、经常性、普遍性的特点。家庭语言教育、社区语言教育在整个教育过程中发挥基础性的作用,家庭和社区在孩子成长和发展过程中有着深刻的影响。家庭语言教育中对母语的传授与重视奠定了傣族人母语能力的基础,社区语言教育中母语环境又使傣族人母语能力得到

巩固和提高,家庭与社区的语言教育在傣语的稳定使用中起到了强劲的促进作用,并促使母语观念从萌生、形成进而走向定型化,所以,家庭语言教育和社区语言教育成为傣族语言传承中非常重要的力量。

第四节　社会环境对傣族语言的影响

语言是交际的工具,是社会生活方式的外在表现,是社会发展的产物。社会发生变化,语言也会随之发生变化。傣族语言使用的情况也与社会有密切的关系,是随着社会的发展而变化的。新中国成立前夕,嘎洒镇是典型的农奴制地区,农村公社保留得比较完整,"一个村寨就是一个农村公社,内部保留着较为显著的原始民主形式,由寨父(波曼)、寨母(咪曼,男性)和村社议事会管理村社事务,寨公田(约占全村土地的70%)由村社成员平分使用。土地的所有权虽一律属于领主,但村社成员有占有和使用的权利。"①经济结构为单一的农业经济,以种植水稻为主。由于气候条件好,因而一年四季均可种植,但新中国成立前老百姓习惯上只种一季。嘎洒镇傣族地区耕地面积广阔,但耕作技术落后,土地深加工极差,产量提高很慢。据了解,一般是一犁二耙(或二耙),"无积肥、施肥习惯,不精选种子,牛耕操作粗糙,插秧不讲究株行距离等等,田间管理不有(没有)薅草中耕习惯,栽秧后就坐等收割了。"②经济发展相对较为缓慢。也种植一些烟草、瓜、菜及少量甘蔗,但仅供自用,很少出卖,没有繁荣的商业。商业和农业还没有分工,手工业和商业都是依附于农业的,农村里的银匠、竹匠等,都是农闲时做活,不是生活主要来源。手工织布,手工纺纱,手工种田,其生产的目的旨在保证各个所有者及其家族以至整个村社的生存,因而形成了各个村社间自给自足、互相隔离的自然经济状况。另外,傣族多居住在坝区、山区,坝区与山区之间,山区与山区之间,山河阻隔,交通闭塞,交通运输全靠人力背负,牛马驮运,交通不便,与外界的物质交换与沟通受到很大影响。这种以村寨为中心的封闭的经济环境、社会环境,给傣族语言的使用提供了土壤,人们之间的交流都使用单一的语言——母语。

1950年后,各民族从原始社会末期、奴隶社会、封建社会等不同的社会形态和经济发展阶段,共同进入了社会主义社会。嘎洒镇在中国共产党的领导下,进行了土地改革和所有制的社会主义改造,走上了社会主义道路,经济、文化有了较大发展。耕作技术有所改进,改变了单一种植稻谷的习惯,增加了棉花、小麦、薯类、黄豆等作物;水稻的栽培也由单季改为双季。副业生产的范围也扩大了,主要有养猪、养鸡、养鸭、种菜、种烟、酿酒、制糖、种水果等。1953年以

---

① 张公瑾著《傣族文化》,吉林教育出版社,1986年12月,第28页。
② 《民族问题五种丛书》,云南省编辑委员会编《傣族社会历史调查》(西双版纳之九),云南民族出版社,1988年2月,第211页。

来,筑路的民工涌入西双版纳,各项副产品的价格有了很大提高,直接刺激了各项副业生产的发展,加上政府有意识的帮助和扶持,发展速度就更显突出。手工业有打铁、织染、缝纫、造纸、制伞等。但这些行业也多带有农闲副业的性质,还没有从农业中完全独立出来。妇女从事纺织,主要是自用,很少进行商品生产。这种状况一直持续到"文革"前。这一阶段,土地依然属于国有,老百姓依然过着以村寨为中心、民族聚居的相对封闭的生活,依然依托着土地进行生产活动。这种生产、生活方式,限制了老百姓与外界的交流,但却是傣族语言得以保留与传承的沃土。

改革开放以来,嘎洒镇的经济发生了翻天覆地的变化,工农业生产、手工业、副业生产及商业、服务业迅速发展。全镇依托交通便捷、电力充裕和水资源丰富等有利条件,围绕"工业强镇"思路,以工业为突破口,加大招商引资力度,加快工业发展步伐。近年来,景洪市铁合金厂、思茅剑峰水泥粉磨站、创业电站、奥力饮料厂、江南冰淇淋厂、景洪玻璃钢管制品厂、景洪植物油加工厂等项目相继落户嘎洒镇,总投资达9256万元。

农村"吃大锅饭"的土地生产经营模式得到改革,实行了"包产到户"制。截至1981年12月30日,嘎洒镇许多村寨都建立了不同形式的生产责任制,农户签订土地承包合同,政府向其颁发《土地承包经营权证书》。土地承包的强劲动力,极大地调动了农民的生产积极性。

嘎洒镇以改革开放为契机,制定了以科技为先导、积极推进特色产业的发展战略,并根据本地区特点,具体确定了"高产、优质、高效、低耗、生态、安全"的经济发展方针,建构了以水稻、橡胶、蔬菜、花卉为支柱产业,水果、畜牧等为辅助产业的地区经济发展格局。全镇2007年粮食播种面积达51614亩,总产量达18983吨,农民人均占有粮465公斤;胶园面积达144657亩,其中开割84439亩,干胶产量10953吨;蔬菜8308亩,产量10471吨;花卉面积989亩,鲜切花1920700支,盆栽5010盆,人工草坪48347平方米;水果面积7834亩,水果产量2089吨;畜牧业紧紧围绕"提高品质、增强总量、突出特色、择优发展"的方针,加大畜牧品种改良力度,切实做好重大动物疫病的预防工作。嘎洒镇党委政府不断调整农业产业结构,充分依托城郊和热带地区资源优势,以农民增收为目的,引导坝区农民发展以蔬菜、瓜果、甜脆玉米等为主的冬季作物,加大了冬季经济作物的开发力度。冬季作物开发已成为坝区农民增收的主要来源之一。为寻找经济增长点,坝区傣族各村寨本着"一村一特一品"的原则,逐步形成了香瓜、蔬菜、甘蔗、玉米等专业村。如近年来,曼景罕村紧紧围绕新农村建设"发展生产"和"大春抓粮食、小春抓经济"的发展思路,不断充实和完善产业结构调整,充分利用冬闲的农田进行开发,发展产业化、规模化特色经济作物,种植香瓜,成为嘎洒镇独一无二的"香瓜村",逐步走向"一村一特一品"化生产模式增收道路,实现"订单农业"。又如曼播村委会的曼湾村,地处嘎洒镇的半山区,交通便捷,环境优美,现代与传统融为一体。全村有耕地732亩,民营橡胶1650亩,已开割1030亩。至2007年年底,全村人均纯收入达4606元,基本口粮595公斤。生猪存栏1.34万头、出栏2.18万头;大牲畜存栏0.26万头、出栏0.38万头;家禽存笼21.43万羽、出笼26.51万羽;水产养殖面积0.2万亩,总产0.12万吨;香蕉种植面积5998亩。无论是种植面积,还是产量、收入,都较6年前有了大幅度的增加。

另外,橡胶种植面积扩大,种植成功,增产显著,也是村民收入的主要来源。无论是支柱产业,还是辅助产业,村民与土地互为依存关系没有改变,以土地为主要阵地的生产、生活模式使村民依然自然、熟练地使用着自己的母语。但是,出售冬季作物、橡胶等商业活动,扩大了村民的经商范围,强化了村民的经商理念,加上交通条件的极大改善,使他们与外界的交往不断扩大,汉语水平不断提高。

我们在嘎洒镇曼凹村调查时,跟村民岩香聊了很久,了解到他家有5口人,儿女双全,有1位老人。他说他家没有橡胶树,也不种水稻和水果,而是以种植蔬菜为主,兼种几亩包米。他们村寨主要种植蔬菜,村里有几位二老板,他是其中之一。他负责发种、回收,然后交给大老板,销往陕西、上海、北京、成都、郑州、西安等地。每户种3亩地左右,年收入2—3万元。当我们问到平时使用语言的情况时,他说,种地的人,跟外界打交道很少,说汉语的机会更少。他跟村寨人打交道用傣语,跟外人打交道则用汉语,但不会汉文,所以一般没有书面协议,都是口头交易。因为跟大老板打过多年交道,互相信任,没有想过签协议,也没有学汉文的愿望。如果有一些书面协议等,就让孩子看,让孩子代签,孩子是初中生。与大老板合作4—5年了,今年生意很好。他给我们描述,收获季节,村民互相合作,一般一家种的豆,15—16人一天就能摘完。劳动期间,大家愉快地用傣语交流,不会文字对听、说都没有影响,学习傣文、汉文的愿望都不强烈,他们认为,不会文字一样种地挣钱。但希望孩子学傣文,担心傣文失传。

改革开放后,嘎洒镇凭借得天独厚的旅游资源,大兴旅游业,发展起了特色经济——旅游业,如村寨"农家乐"旅游、温泉度假村、版纳皇城——宣慰街观光、曼飞龙水上娱乐城等旅游项目。这些旅游项目给嘎洒镇的经济注入了新的活力。人们的生活方式发生了变化,不再单纯地生活在农村与土地打交道了,与城镇、外界的接触越来越多了,这不仅冲击着人们的思想观念,也冲击着作为交际工具的语言。由于生活方式的多样化,带来了语言使用的变化,许多人开始学习和使用汉语,从而打破了使用单一语言的局面,当地说汉语的机会、场合、人数都在与日俱增,双语现象已不是个别现象,语言的使用刻上了时代的烙印。社会环境对嘎洒镇傣族语言的使用有一定的影响。

综上所述,改革开放前嘎洒镇的社会环境为傣族语言的使用提供了土壤,改革开放后嘎洒镇特色产业的发展,商品经济的扩大,对傣语的稳定使用产生了一定的冲击,旅游业的发展给嘎洒镇傣语的使用带来了更大的冲击。嘎洒镇傣语的使用是随着社会的发展而变化的。

第三章 景洪市嘎洒镇傣族双语双文使用情况及其成因

第一节 景洪市嘎洒镇傣族双语双文使用现状

嘎洒镇傣族除使用自己的母语外,绝大部分人都兼用汉语。"语言兼用是语言使用的变化,是社会需求在语言使用数量上的反映。对一个民族的发展来说,语言兼用是进步的表现。"[①]我们先后去嘎洒镇作了两次调查,无论在城镇,还是在村寨,我们所接触的傣族基本上都能说汉语。但城镇和村寨各有一些不同的特点:1. 生活在机关单位的傣族家庭双语双文使用表现出不同年龄段的特点,同时也受交际场合的制约。2. 村寨傣族双语使用普遍,双语化程度的高低与年龄有关系。56岁以上的老年人整体汉语水平偏低,双语化程度也较低。其他年龄段的人,汉语水平高,双语化程度也高。3. 村寨傣族双文现状不容乐观。具体而言,村寨傣族整体汉文水平较高,尤其是40岁以下的人,汉文水平更高,但整体傣文水平低,所以,双文水平低。

一、机关单位的傣族家庭双语双文使用特点

(一) 机关单位的傣族家庭,双语双文使用情况表现出不同年龄段的特点

机关单位的傣族家庭共有47户,125人。我们把这些人分为6个年龄段,并对其进行了双语双文使用情况考察。调查对象是6岁以上(含6岁)、有正常语言功能的人。具体情况如表3-1。

表3-1　　　　　　　　　　　　　　　　　(单位:人)

调查点	年龄段	总人数	傣—汉双语双文能力					
			能使用傣、汉语言文字		能使用傣族语言文字、汉语言		能使用傣、汉语言	
			人数	百分比	人数	百分比	人数	百分比
机关单位47户傣族家庭	6—12岁	12	0	0	0	0	3	25
	13—18岁	9	0	0	0	0	5	55.6

---

① 戴庆厦主编《语言学基础教程》,商务印书馆,2006年9月,第292页。

	19—30 岁	23	2	8.7	2	8.7	15	65.2
	31—39 岁	33	8	24.2	8	24.2	23	69.7
	40—55 岁	26	9	34.6	9	34.6	21	80.8
	56 岁以上	22	6	27.3	6	27.3	16	72.7
合计		125	25	20	25	20	83	66.4

从表3-1可以看出,机关单位47户傣族家庭,6—12岁年龄段的儿童,13—18岁年龄段的青少年,会使用傣、汉双语双文的人数为零,会使用傣族语言文字和汉语言的人数也为零,原因是这两个年龄段的人都不会傣文(参见附录四,表41)。6—12岁年龄段的儿童,会使用傣、汉双语的有3人,占该年龄段总人数的25%,他们分别是第20户的岩温叫、第36户的刀世龙、第39户的刀杰。他们的家庭成员的基本情况如表3-2。

表 3-2

序号	家庭关系	姓名	年龄(岁)	文化程度	傣语	傣文	汉语	汉文	备注
20	户主	岩坦	60	小学	熟练	不会	一般	一般	
	长子	岩温扁	31	小学	熟练	不会	一般	一般	
	孙子	岩温叫	8	上小学	一般	不会	一般	一般	
36	户主	岩罕	35	中专	熟练	一般	熟练	熟练	
	妻子	黄照兰	33	中专(中技)	不会	不会	熟练	熟练	拉祜族
	长子	刀世龙	7	上小学	一般	不会	一般	一般	
39	户主	玉罕么	36	高中	熟练	一般	熟练	熟练	
	长子	刀杰	12	上小学	一般	不会	熟练	熟练	

从表3-2可以看出,岩温叫、刀杰的家庭成员都是傣族,有使用傣语的家庭环境;刀世龙的父亲是傣族,既会傣语,又会傣文,给刀世龙提供了学习傣语的机会。

13—18岁年龄段的青少年,会使用傣、汉双语的有5人,占该年龄段总人数的55.6%,他们分属于3个家庭,其家庭成员的基本情况如表3-3。

表 3-3

序号	家庭关系	姓名	年龄(岁)	文化程度	傣语	傣文	汉语	汉文	备注
10	户主	岩扁	64	小学	熟练	不会	一般	一般	
	次子	岩罕涛	30	初中	熟练	不会	熟练	熟练	
	次女	玉喃温	15	初中	熟练	不会	熟练	熟练	
25	户主	岩伦	45	中专	熟练	一般	熟练	熟练	
	长女	玉温而	17	初中	熟练	不会	熟练	熟练	
	次女	玉金罕	15	上初中	熟练	不会	熟练	熟练	
26	户主	岩坦	47	初中	熟练	一般	熟练	熟练	
	妻子	玉康	42	小学	熟练	一般	一般	一般	
	长子	岩应叫	17	初中	熟练	不会	熟练	熟练	
	次子	岩叫罕	15	初中	熟练	不会	熟练	熟练	

从表3-3可以看出,13—18岁年龄段会傣语的孩子,其家庭成员都是傣族,有学习、使用傣语的家庭环境。这一年龄段不会傣语的4个孩子,都生活在族际婚姻家庭中(参见附录四,表41)。这说明,傣族家庭双语使用情况受家庭结构的影响。

19—30岁、31—39岁、40—55岁这三个年龄段的人,会使用傣、汉双语双文(包括"熟练"等级和"一般"等级,下同)的比例分别为8.7%、24.2%、34.6%,会使用傣、汉双语的比例分别为65.2%、69.7%、80.8%,都依次递增;而56岁以上年龄段,会使用傣、汉双语双文的比例及使用傣、汉双语的比例分别为27.3%、72.7%,比40—55岁年龄段的比例有所下降。我们对47户傣族家庭的具体情况作了分析(参见表2-34和表2-36),19—30岁年龄段的人,会傣文的只有2人,占该年龄段总人数(23人)的8.7%,会傣语的有15人,占该年龄段总人数的65.2%;31—39岁年龄段的人,会傣文的有8人,占该年龄段总人数(33人)的24.2%,会傣语的有23人,占该年龄段总人数的69.7%;40—55岁年龄段的人,会傣文的有10人,占该年龄段总人数(26人)的38.4%,会傣语的有22人,占该年龄段总人数的84.6%;56岁以上年龄段的人,会使用傣语的有18人,占该年龄段总人数(22人)的81.8%,会使用傣文的有8人,占该年龄段总人数的36.4%。我们进一步得出表3-4。

表3-4

年龄段	使用傣语百分比	使用傣文百分比	使用汉语百分比	使用汉文百分比
19—30岁	65.2	8.7	100	100
31—39岁	69.7	24.2	100	100
40—55岁	84.6	38.4	96.2	96.2
56岁以上	81.8	36.4	86.4	86.4

从表3-4可以看出,19—30岁、31—39岁、40—55岁这三个年龄段使用傣、汉双语双文及使用傣、汉双语的比例高主要是受傣语、傣文使用情况的影响,是与使用傣语、傣文的比例成正比的。而56岁以上年龄段与40—55岁年龄段相比,使用傣、汉双语双文及使用傣、汉双语的比例略低,则受各项比例的影响,即各项比例皆有所下降。傣语、傣文比例相差不大,汉语、汉文比例低,其原因是,第9户岩伦、第14户马琼仙(回族)、第22户的岩罕尖都是文盲,汉语、汉文都分别属于"略懂"和"不会"等级,即不会使用汉语、汉文(参见附录四,表41)。这说明56岁以上年龄段与40—55岁年龄段相比,汉语水平下降比较明显。

(二) 不同场合双语双文使用情况

语言是交际的工具,交际场合制约着语言使用的特点。

47户傣族家庭中,家庭成员都是傣族的有27户,非傣族的有20户。家庭成员都是傣族的家庭,家庭语言一般是傣语;家庭成员中有非傣族的家庭,家庭语言一般是汉语。但他们到单位、学校、集市等一些公共场所,与本族人之间说傣语,与其他民族则说当地汉语方言,正式场合说普通话。如嘎洒镇政府档案室的玉香约,丈夫也是傣族,有1个儿子。家庭对话一般是傣语,但在工作单位或其他公共场所,选择什么语言是由交流对象决定的,交流对象是傣族就讲傣语,是非傣族就讲汉语。我们去嘎洒镇卫生院调查时看到了同样的情景,傣族医生或护士,跟傣族同事或病人讲傣语,跟非傣族同事或病人则讲当地汉语方言。

总之,嘎洒镇机关单位的傣族一般都会傣语,但主要是在家庭中使用,或是与本族人之间使用,其他场合一般都使用汉语,双语化程度很高。这说明,傣族家庭双语使用情况与工作环境、生活环境有一定关系。

嘎洒镇机关单位的傣族中有一部分人会傣文,如调查的10个机关单位的47户傣族家庭共137人,其中6岁以上(含6岁)的调查对象125人,傣文属于"熟练"等级的3人,属于"一般"等级的25人,即会傣文的共28人,占调查总人数的22.4%。傣文在一些工作部门仍然有用武之地;调查对象基本都会汉文,在125人中,汉文属于"熟练"等级的86人,属于"一般"等级的34人,即会汉文的共120人,占调查总人数的96%,而且汉文在生活、工作中占据着主导地位,用处更大。

二、村寨傣族双语使用普遍

我们从嘎洒镇14个村委会中选择了10个以傣族为主的村寨,作为主要调查对象,用个案穷尽法调查了每个家庭。在理清家庭关系的前提下,登记每位家庭成员的姓名、年龄,调查其文化程度、双语程度、学习汉语的起始时间等。这10个村寨包括曼景保村、曼真村、曼凹村、曼景罕村、曼贺回村、曼达一村、曼播村、曼湾村、曼回东村、纳板村。随着社会的发展、交通的便利、通讯的发达、信息的畅通,村寨人与外界交往越来越频繁了,使用双语出现了普遍化的趋势,并且双语化程度很高。

村寨使用傣族语言的情况第二章已经作了描述、分析。由于傣语仍是他们主要的交际工具,因此,界定双语化程度的高低,主要是参照其汉语的程度,即汉语化程度的高低与双语化程度的高低成正比。这里主要描述村寨使用汉语的情况。我们对以傣族为主的10个村寨曼景保村、曼真村、曼凹村、曼景罕村、曼贺回村、曼达一村、曼播村、曼湾村、曼回东村、纳板村进行了穷尽式的调查、统计。调查对象是6岁以上(含6岁)、有正常语言功能的人。表3-5是10个村寨使用汉语的具体情况。

表3-5 （单位:人）

调查点	总人口	熟练		一般		略懂		不会	
		人口	百分比	人口	百分比	人口	百分比	人口	百分比
曼景保村	521	149	28.6	321	61.6	18	3.5	33	6.3
曼真村	316	81	25.7	195	61.7	21	6.6	19	6
曼凹村	362	69	19.1	243	67.1	46	12.7	4	1.1
曼景罕村	410	94	22.9	286	69.8	10	2.4	20	4.9

曼贺回村	219	58	26.5	135	61.6	7	3.2	19	8.7
曼达一村	282	85	30.1	150	53.2	23	8.2	24	8.5
曼播村	373	43	11.5	279	74.8	23	6.2	28	7.5
曼湾村	687	150	21.8	484	70.5	16	2.3	37	5.4
曼回东村	443	108	24.4	283	63.9	21	4.7	31	7
纳板村	174	46	26.4	99	56.9	16	9.2	13	7.5
合计	3787	883	23.3	2475	65.4	201	5.3	228	6

汉语水平属于"熟练"和"一般"等级的,能够用汉语交流。从表3-5可以看出,达到这两个等级的比例之和,曼景保村为90.2%,曼真村为87.4%,曼凹村为86.2%,曼景罕村为92.7%,曼贺回村为88.1%,曼达一村为83.3%,曼播村为86.3%,曼湾村为92.3%,曼回东村为88.3%,纳板村为83.3%。其比例之和的平均值为88.7%。说明10个村寨傣族使用双语出现了普遍化的趋势,且双语程度很高。

三、村寨傣族双语化程度与年龄有一定关系

在村寨的调查中我们发现,村民使用双语的程度与年龄有一定的关系。从调查对象(6岁以上(含6岁)、有正常语言功能的人)来看,56岁以上的老人,其汉语水平较差,双语化程度较低;其他各年龄段的人汉语水平都很高,双语现象呈现出普遍化的趋势。

在对10个村寨傣族双语使用情况进行总体考察后,我们又进一步对10个村寨中不同年龄段的人的双语水平进行了考察。因村寨中傣族双语程度与汉语程度成正比,所以这里主要考察6个不同年龄段的人的汉语使用情况。具体情况如下:

1. 6—12岁

我们把这一年龄段称为小学段或儿童段。

表3-6 (单位:人)

调查点	总人口	熟练		一般		略懂		不会	
		人口	百分比	人口	百分比	人口	百分比	人口	百分比
曼景保村	32	8	25	24	75	0	0	0	0
曼真村	29	7	24.1	22	75.9	0	0	0	0
曼凹村	33	8	24.2	25	75.8	0	0	0	0
曼景罕村	25	6	24	19	76	0	0	0	0
曼贺回村	17	5	29.4	12	70.6	0	0	0	0
曼达一村	21	9	42.9	12	57.1	0	0	0	0
曼播村	32	6	18.8	25	78.1	1	3.1	0	0
曼湾村	64	25	39.1	39	60.9	0	0	0	0

曼回东村	47	14	29.8	33	70.2	0	0	0	0
纳板村	13	2	15.4	11	84.6	0	0	0	0
合计	313	90	28.8	222	70.9	1	0.3	0	0

汉语水平属于"熟练"和"一般"等级的,能够用汉语交流。从表3-6可以看出,除了曼播村有1人属于"略懂"等级,其他各村寨中"熟练"等级和"一般"等级的比例之和均为100%。说明10个村寨中6—12岁年龄段的儿童汉语水平很高,即双语化程度很高,使用双语出现了普遍化的趋势。曼播村属于"略懂"等级的,是第72户的岩温叫,6岁,是聋哑人,但他上着聋哑学校,所以略懂一点儿汉语。

2. 13—18岁

我们把这一年龄段称为中学段或少年段。

表3-7　　　　　　　　　　　　　　　　　　　　　　（单位:人）

调查点	总人口	熟练		一般		略懂		不会	
		人口	百分比	人口	百分比	人口	百分比	人口	百分比
曼景保村	69	69	100	0	0	0	0	0	0
曼真村	34	33	97.1	1	2.9	0	0	0	0
曼凹村	32	32	100	0	0	0	0	0	0
曼景罕村	42	42	100	0	0	0	0	0	0
曼贺回村	22	21	95.5	1	4.5	0	0	0	0
曼达一村	25	25	100	0	0	0	0	0	0
曼播村	27	23	85.2	4	14.8	0	0	0	0
曼湾村	65	64	98.5	1	1.5	0	0	0	0
曼回东村	72	65	90.3	7	9.7	0	0	0	0
纳板村	21	19	90.5	2	9.5	0	0	0	0
合计	409	393	96.1	16	3.9	0	0	0	0

从表3-7可以看出,10个村寨中13—18岁年龄段的少年,汉语水平属于"熟练"和"一般"等级的比例之和均达到100%。

3. 19—30岁

我们把这一年龄段称为青年段。

表3-8　　　　　　　　　　　　　　　　　　　　　　（单位:人）

调查点	总人口	熟练		一般		略懂		不会	
		人口	百分比	人口	百分比	人口	百分比	人口	百分比
曼景保村	112	49	43.8	63	56.2	0	0	0	0
曼真村	54	32	59.3	22	40.7	0	0	0	0
曼凹村	75	23	30.7	52	69.3	0	0	0	0

调查点	总人口	熟练		一般		略懂		不会	
		人口	百分比	人口	百分比	人口	百分比	人口	百分比
曼景罕村	92	33	35.9	59	64.1	0	0	0	0
曼贺回村	50	27	54	23	46	0	0	0	0
曼达一村	65	46	70.8	19	29.2	0	0	0	0
曼播村	91	11	12.1	80	87.9	0	0	0	0
曼湾村	159	54	34	105	66	0	0	0	0
曼回东村	97	22	22.7	75	77.3	0	0	0	0
纳板村	42	22	52.4	20	47.6	0	0	0	0
合计	837	319	38.1	518	61.9	0	0	0	0

从表3-8可以看出,10个村寨中19—30岁年龄段的青年人,汉语水平属于"熟练"和"一般"等级的比例之和均达到100%。

4. 31—39岁

我们把这一年龄段称为中年段1。

表3-9 （单位:人）

调查点	总人口	熟练		一般		略懂		不会	
		人口	百分比	人口	百分比	人口	百分比	人口	百分比
曼景保村	82	10	12.2	72	87.8	0	0	0	0
曼真村	69	6	8.7	63	91.3	0	0	0	0
曼凹村	70	3	4.3	67	95.7	0	0	0	0
曼景罕村	64	6	9.4	58	90.6	0	0	0	0
曼贺回村	37	3	8.1	34	91.9	0	0	0	0
曼达一村	40	4	10	36	90	0	0	0	0
曼播村	54	1	1.9	53	98.1	0	0	0	0
曼湾村	121	2	1.7	119	98.3	0	0	0	0
曼回东村	89	5	5.6	84	94.4	0	0	0	0
纳板村	30	2	6.7	28	93.3	0	0	0	0
合计	656	42	6.4	614	93.6	0	0	0	0

从表3-9可以看出,10个村寨中31—39岁年龄段的中年人,汉语水平属于"熟练"和"一般"等级的比例之和均达到100%。

综合分析表3-6、表3-7、表3-8、表3-9,6岁到39岁所包含的四个年龄段,除曼播村有1个聋哑人的汉语水平属于"略懂"外,其他人汉语水平属于"熟练"和"一般"等级的比例之和都达到了100%。汉语水平如此之高,说明这四个年龄段的双语化已普及。

5. 40—55岁

我们把这一年龄段称为中年段2。

表 3-10　　　　　　　　　　　　　　　　　　　　　　　　　　（单位：人）

调查点	总人口	熟练		一般		略懂		不会	
		人口	百分比	人口	百分比	人口	百分比	人口	百分比
曼景保村	137	10	7.3	125	91.2	2	1.5	0	0
曼真村	82	3	3.7	78	95.1	1	1.2	0	0
曼凹村	93	2	2.2	85	91.4	6	6.4	0	0
曼景罕村	116	7	6	108	93.1	1	0.9	0	0
曼贺回村	59	2	3.4	56	94.9	1	1.7	0	0
曼达一村	85	1	1.2	80	94.1	3	3.5	1	1.2
曼播村	106	2	1.9	100	94.3	4	3.8	0	0
曼湾村	172	5	2.9	166	96.5	1	0.6	0	0
曼回东村	93	2	2.2	80	86	9	9.6	2	2.2
纳板村	37	1	2.7	34	91.9	1	2.7	1	2.7
合计	980	35	3.6	912	93	29	3	4	0.4

从表 3-10 可以看出，40—55 岁年龄段的中年人，汉语水平属于"熟练"和"一般"等级的比例之和都没有达到 100%，因为各村寨中这一年龄段的人，文化程度都有属于文盲的，属于文盲的人，不仅不会汉文，汉语水平也处于"略懂"或"不会"等级。但各村寨汉语属于"熟练"和"一般"等级的比例之和的平均值为 96.6%。说明 40—55 岁年龄段的中年人汉语水平也很高，双语化也达到了很高的程度。

6. 56 岁以上

我们把这一年龄段称为老年段。

表 3-11　　　　　　　　　　　　　　　　　　　　　　　　　　（单位：人）

调查点	总人口	熟练		一般		略懂		不会	
		人口	百分比	人口	百分比	人口	百分比	人口	百分比
曼景保村	89	3	3.4	37	41.5	16	18	33	37.1
曼真村	48	0	0	9	18.7	20	41.7	19	39.6
曼凹村	59	1	1.7	14	23.7	40	67.8	4	6.8
曼景罕村	71	0	0	42	59.1	9	12.7	20	28.2
曼贺回村	34	0	0	9	26.5	6	17.6	19	55.9
曼达一村	46	0	0	3	6.5	20	43.5	23	50
曼播村	63	0	0	17	27	18	28.6	28	44.4
曼湾村	106	0	0	54	50.9	15	14.2	37	34.9
曼回东村	45	0	0	4	8.9	12	26.7	29	64.4
纳板村	31	0	0	4	12.9	15	48.4	12	38.7
合计	592	4	0.7	193	32.6	171	28.9	224	37.8

从表 3-11 可以看出,56 岁以上年龄段的老年人,汉语水平属于"熟练"和"一般"等级的比例之和,曼景保村为 44.9%,曼凹村为 25.4%;其余村寨汉语水平属于"熟练"等级的均为 0,属于"一般"等级的,曼真村为 18.7%,曼景罕村为 59.1%,曼贺回村为 26.5%,曼达一村为 6.5%,曼播村为 27%,曼湾村为 50.9%,曼回东村为 8.9%,纳板村为 12.9%。"熟练"和"一般"等级的比例之和的平均值为 33.3%。

这一年龄段的人整体汉语水平偏低,文盲比例较大。表 3-12 是 10 个村寨中 56 岁以上文盲人数统计表。

表 3-12　　　　　　　　　　　　　　　　　　　　　　　　（单位:人）

调查点	总人数	文盲人数	百分比
曼景保村	89	60	67.4
曼真村	48	41	85.4
曼凹村	59	48	81.4
曼景罕村	71	31	43.7
曼贺回村	34	28	82.4
曼达一村	46	41	89.1
曼播村	63	50	79.4
曼湾村	106	55	51.9
曼回东村	45	42	93.3
纳板村	31	30	96.8
合计	592	426	72

所以,56 岁以上年龄段的老人汉语水平明显降低,双语化程度也大幅度降低。

四、村寨傣族双文现状不容乐观

村寨傣族使用傣文情况第二章已经作了描述、分析,总体情况是:使用傣文的人数不多,所占比例不大,各年龄段存在差异,年轻人会的少。

10 个村寨中使用汉文的具体情况如表 3-13。

表 3-13　　　　　　　　　　　　　　　　　　　　　　　　（单位:人）

调查点	总人口	熟练		一般		略懂		不会	
		人口	百分比	人口	百分比	人口	百分比	人口	百分比
曼景保村	521	124	23.8	235	45.1	2	0.4	160	30.7
曼真村	316	68	21.5	115	36.4	3	0.9	130	41.2
曼凹村	362	54	14.9	148	40.9	7	1.9	153	42.3
曼景罕村	410	93	22.7	274	66.8	4	1	39	9.5
曼贺回村	219	58	26.5	107	48.9	2	0.9	52	23.7

曼达一村	282	72	25.5	153	54.3	0	0	57	20.2
曼播村	373	35	9.4	236	63.3	4	1.1	98	26.2
曼湾村	687	147	21.4	476	69.3	6	0.9	58	8.4
曼回东村	443	107	24.2	207	46.7	6	1.3	123	27.8
纳板村	174	45	25.9	65	37.4	2	1.1	62	35.6
合计	3787	803	21.2	2016	53.2	36	1	932	24.6

从表3-13可以看出，10个村寨中汉文水平达到"熟练"和"一般"这两个等级的比例之和，曼景保村为68.9%，曼真村为57.9%，曼凹村为55.8%，曼景罕村为89.5%，曼贺回村为75.4%，曼达一村为79.8%，曼播村为72.7%，曼湾村为90.7%，曼回东村为70.9%，纳板村为63.3%。其比例之和的平均值为74.4%。可见，10个村寨中傣族汉文水平较高。

通过比较得知，村寨傣族汉文水平较高，傣文水平偏低，所以村寨傣族双文水平低，现状不容乐观。

五、村寨汉文程度与年龄有一定关系

在村寨的调查中我们发现，村民的汉文水平与年龄有一定的关系。因为所处年代不同，所受教育程度不同，各年龄段的人汉文水平存在着较大的差异。具体情况如下：

1. 6—12岁

我们把这一年龄段称为小学段或儿童段。

表3-14　　　　　　　　　　　　　　　　　　　　　　　　（单位：人）

调查点	总人口	熟练		一般		略懂		不会	
		人口	百分比	人口	百分比	人口	百分比	人口	百分比
曼景保村	32	8	25	22	68.8	2	6.2	0	0
曼真村	29	7	24.1	19	65.5	3	10.4	0	0
曼凹村	33	8	24.3	18	54.5	7	21.2	0	0
曼景罕村	25	6	24	15	60	4	16	0	0
曼贺回村	17	5	29.4	10	58.8	2	11.8	0	0
曼达一村	21	9	42.9	12	57.1	0	0	0	0
曼播村	32	6	18.8	21	65.6	4	12.5	1	3.1
曼湾村	64	25	39.1	33	51.5	6	9.4	0	0
曼回东村	47	14	29.8	27	57.4	6	12.8	0	0
纳板村	13	2	15.4	9	69.2	2	15.4	0	0
合计	313	90	28.8	186	59.4	36	11.5	1	0.3

从表3-14可以看出，10个村寨中6—12岁年龄段的儿童，汉文水平属于"熟练"和"一般"等级的比例之和，曼景保村为93.8%，曼真村为89.6%，曼凹村为78.8%，曼景罕村为

84%,曼贺回村为88.2%,曼达一村为100%,曼播村为84.4%,曼湾村为90.6%,曼回东村为87.2%,纳板村为84.6%。10个村寨比例之和的平均值为88.2%。可见,10个村寨中6—12岁年龄段的儿童汉文水平较高。

2. 13—18岁

我们把这一年龄段称为中学段或少年段。

表3-15 （单位:人）

调查点	总人口	熟练		一般		略懂		不会	
		人口	百分比	人口	百分比	人口	百分比	人口	百分比
曼景保村	69	68	98.6	1	1.4	0	0	0	0
曼真村	34	33	97.1	0	0	0	0	1	2.9
曼凹村	32	32	100	0	0	0	0	0	0
曼景罕村	42	42	100	0	0	0	0	0	0
曼贺回村	22	21	95.5	0	0	0	0	1	4.5
曼达一村	25	22	88	3	12	0	0	0	0
曼播村	27	23	85.2	4	14.8	0	0	0	0
曼湾村	65	64	98.5	1	1.5	0	0	0	0
曼回东村	72	65	90.3	7	9.7	0	0	0	0
纳板村	21	19	90.5	2	9.5	0	0	0	0
合计	409	389	95.1	18	4.4	0	0	2	0.5

从表3-15可以看出,10个村寨中13—18岁年龄段的少年,汉文水平属于"熟练"和"一般"等级的比例之和,除曼真村为97.1%、曼贺回村为95.5%,其他各村寨均达到100%,10个村寨的比例之和的平均值为99.5%。说明10个村寨中13—18岁年龄段的少年汉文水平很高。

3. 19—30岁

我们把这一年龄段称为青年段。

表3-16 （单位:人）

调查点	总人口	熟练		一般		略懂		不会	
		人口	百分比	人口	百分比	人口	百分比	人口	百分比
曼景保村	112	34	30.4	65	58	0	0	13	11.6
曼真村	54	23	42.6	15	27.8	0	0	16	29.6
曼凹村	75	8	10.7	56	74.7	0	0	11	14.6
曼景罕村	92	32	34.8	59	64.1	0	0	1	1.1
曼贺回村	50	27	54	23	46	0	0	0	0
曼达一村	65	36	55.4	29	44.6	0	0	0	0

曼播村	91	4	4.4	86	94.5	0	0	1	1.1
曼湾村	159	51	32.1	107	67.3	0	0	1	0.6
曼回东村	97	21	21.7	75	77.3	0	0	1	1
纳板村	42	21	50	21	50	0	0	0	0
合计	837	257	30.7	536	64	0	0	44	5.3

从表3-16可以看出，10个村寨中19—30岁年龄段的青年人，汉文水平属于"熟练"和"一般"等级的比例之和，曼景保村为88.4%，曼真村为70.4%，曼凹村为85.4%，曼景罕村为98.9%，曼播村为98.9%，曼湾村为99.4%，曼回东村为99%，而曼贺回村、曼达一村、纳板村已达100%，10个村寨的比例之和的平均值为94.7%。汉文水平也相当高。

4. 31—39岁

我们把这一年龄段称为中年段1。

表3-17 （单位：人）

调查点	总人口	熟练		一般		略懂		不会	
		人口	百分比	人口	百分比	人口	百分比	人口	百分比
曼景保村	82	5	6.1	48	58.5	0	0	29	35.4
曼真村	69	2	2.9	45	65.2	0	0	22	31.9
曼凹村	70	3	4.3	44	62.8	0	0	23	32.9
曼景罕村	64	6	9.4	57	89.1	0	0	1	1.5
曼贺回村	37	3	8.1	26	70.3	0	0	8	21.6
曼达一村	40	4	10	34	85	0	0	2	5
曼播村	54	1	1.9	48	88.9	0	0	5	9.2
曼湾村	121	2	1.7	119	98.3	0	0	0	0
曼回东村	89	5	5.6	54	60.7	0	0	30	33.7
纳板村	30	2	6.7	21	70	0	0	7	23.3
合计	656	33	5	496	75.6	0	0	127	19.4

从表3-17可以看出，10个村寨中31—39岁年龄段的中年人，汉文水平属于"熟练"和"一般"等级的比例之和，曼景保村为64.6%，曼真村为68.1%，曼凹村为67.1%，曼景罕村为98.5%，曼贺回村为78.4%，曼达一村为95%，曼播村为90.8%，曼湾村为100%，曼回东村为66.3%，纳板村为76.7%。10个村寨的比例之和的平均值为80.6%。可见，10个村寨中31—39岁年龄段的中年人汉文水平也比较高，但与6—12岁年龄段相比，比例有所下降，与13—18岁、19—30岁这两个年龄段相比，比例下降的幅度比较大。

5. 40—55岁

我们把这一年龄段称为中年段2。

表 3-18 (单位:人)

调查点	总人口	熟练		一般		略懂		不会	
		人口	百分比	人口	百分比	人口	百分比	人口	百分比
曼景保村	137	9	6.6	70	51.1	0	0	58	42.3
曼真村	82	3	3.7	29	35.4	0	0	50	60.9
曼凹村	93	2	2.2	20	21.5	0	0	71	76.3
曼景罕村	116	7	6	103	88.8	0	0	6	5.2
曼贺回村	59	2	3.4	42	71.2	0	0	15	25.4
曼达一村	85	1	1.2	70	82.3	0	0	14	16.5
曼播村	106	1	0.9	64	60.4	0	0	41	38.7
曼湾村	172	5	2.9	165	95.9	0	0	2	1.2
曼回东村	93	2	2.2	41	44.1	0	0	50	53.7
纳板村	37	1	2.7	11	29.7	0	0	25	67.6
合计	980	33	3.4	615	62.7	0	0	332	33.9

从表 3-18 可以看出,40—55 岁年龄段的中年人,汉文水平属于"熟练"和"一般"等级的比例之和,曼景保村为 57.7%,曼真村为 39.1%,曼凹村为 23.7%,曼景罕村为 94.8%,曼贺回村为 74.6%,曼达一村为 83.5%,曼播村为 61.3%,曼湾村为 98.8%,曼回东村为 46.3%,纳板村为 32.4%。10 个村寨的比例之和的平均值为 66.1%。40—55 岁年龄段的中年人文化程度有所下降,文盲人数增多,故属于"熟练"和"一般"等级的比例比前几个年龄段下降的幅度更大了,汉文水平明显下降了。

6.56 岁以上

我们把这一年龄段称为老年段。

表 3-19 (单位:人)

调查点	总人口	熟练		一般		略懂		不会	
		人口	百分比	人口	百分比	人口	百分比	人口	百分比
曼景保村	89	0	0	29	32.6	0	0	60	67.4
曼真村	48	0	0	7	14.6	0	0	41	85.4
曼凹村	59	1	1.7	10	16.9	0	0	48	81.4
曼景罕村	71	0	0	40	56.3	0	0	31	43.7
曼贺回村	34	0	0	6	17.6	0	0	28	82.4
曼达一村	46	0	0	5	10.9	0	0	41	89.1
曼播村	63	0	0	13	20.6	0	0	50	79.4
曼湾村	106	0	0	51	48.1	0	0	55	51.9
曼回东村	45	0	0	3	6.7	0	0	42	93.3

| 纳板村 | 31 | 0 | 0 | 1 | 3.2 | 0 | 0 | 30 | 96.8 |
| 合计 | 592 | 1 | 0.2 | 165 | 27.9 | 0 | 0 | 426 | 71.9 |

从表 3-19 可以看出,56 岁以上年龄段的老年人,汉文水平属于"熟练"的,只有曼凹村有 1 人,占该年龄段的 1.7%,其他村寨的比例均为 0,即没有达到熟练程度的人;各村寨都没有属于略懂等级的人;曼景罕村属于"一般"等级的比例高于"不会"等级的比例,其他各村寨都是"不会"等级的比例高于"一般"等级的比例,即 56 岁以上年龄段不会汉文的人数更多,比例更高。原因如前所述(参见表 3-18 的分析说明),这一年龄段的人,上小学的年龄正是新中国建国初期,嘎洒镇的教育还不发达,所以文盲人数很多,比例很高。一些会汉文的人是在政府组织的扫盲活动中学习的。因此,56 岁以上年龄段的老年人汉文水平较低,汉文属于"熟练"和"一般"等级的比例最低。

总之,各年龄段的汉文水平存在差异,13—18 岁、19—30 岁这两个年龄段的人汉文水平最高,其次是处于小学阶段的 6—12 岁的儿童,31—39 岁、40—55 岁、56 岁以上三个年龄段的人,汉文水平呈下降趋势。

第二节 景洪市嘎洒镇傣族双语现象形成的社会因素

一、双语形成的历史过程

"双语指的是个人或语言(方言)集团使用两种或两种以上语言(或方言),是随着民族接触、语言接触而产生的。"[①]虽然语言学界对双语的概念界定仍不尽统一,但一般而言是指除使用自己的母语外,能够使用另一种语言进行日常交际。"'双语人'是指能够转换用两种或两种以上语言进行交际的人。"[②]本文论述的双语特指傣汉双语,"双语人"特指傣汉双语人。

嘎洒镇傣族的双语现象是随着社会的发展而出现的。

在历史上,嘎洒镇傣族曾经长期使用单一语言——傣语。新中国成立前夕,嘎洒镇傣族社会还处于农奴制社会,以农村公社的形式组织生产,农村公社以村寨为单位,封闭的生活环境,落后的生产力,闭塞的交通条件,使得不同地区之间的交流与往来很少,所以嘎洒镇傣族使用傣语就能满足日常生活交际的需要了。新中国成立后,"汉族先进生产技术的传入,民族间经济文化的交流,这些外来因素,通过傣族人民的劳动,转变为推动傣族社会生产发展的物质力

---

① 戴庆厦主编《基诺族语言使用现状及其演变》,商务印书馆,2007 年 6 月,第 43 页。
② 同上。

量。"①内地一些汉族移居西双版纳嘎洒镇,汉族与傣族的接触与交流不断增多,一些人兼用了汉语,傣族社会出现了傣汉双语现象。

新中国成立后,嘎洒镇进入社会主义社会,经过土地改革和所有制的社会主义改造,社会的经济、文化有了较大发展。由于嘎洒镇进入了国家统一的政治、经济生活领域,大批汉族干部、教师来到嘎洒镇,与傣族一起建设社会主义新嘎洒。1956年开始的全民教育,1958年底开始的傣族村寨扫盲活动,这些都推动了傣汉双语现象的形成。总之,随着社会的不断发展,傣族的生活发生了巨大的变化,由封闭逐渐走向开放,新中国成立以前那种相对单一、封闭的生产、生活环境被打破了,单一语言的环境也必然被打破,出现了单一傣语逐渐向傣汉双语发展的趋势。

改革开放以后,傣族已基本上实现了从单一傣语向傣汉双语发展的过程。

现在,傣族在工作和生活中,除以傣语为主要交际工具外,广泛使用汉语。人们用汉语同非傣族人交流工作、进行日常交际、做买卖等;他们看汉语电视频道,听汉语广播,阅读汉文的报刊、杂志等。汉语已成为他们生活、工作、学习的重要工具。在傣族中,除一些与外界交往较少的老年人,大多数人都掌握傣、汉两种语言,在许多场合,如在机关单位、学校、商店、医院及其他公共场所等几乎都是傣、汉两种语言交替使用,在有的家庭里也出现了两种语言交替使用的情况。这是社会发展的必然趋势。

以远离城镇的曼播村为例。曼播村距离嘎洒镇政府所在地约18公里,属于坝区,相对偏远,以前交通条件不好,与外界的交往相对较少,现在这些情况都有所改善。我们对这个村寨的人进行了汉语能力情况调查。这个村寨共有398人,其中傣族394人、汉族1人、彝族3人。需要说明的是,有1个聋哑人(在聋哑学校读书),也属于我们的调查对象,另有25人为6岁以下儿童,不计入汉语水平统计中。对曼播村不同年龄段的人汉语使用情况的统计如表3-20。

表 3-20 (单位:人)

年龄段	总人口	熟练		一般		略懂		不会	
		人口	百分比	人口	百分比	人口	百分比	人口	百分比
6—12岁	32	6	18.8	25	78.1	1	3.1	0	0
13—18岁	27	23	85.2	4	14.8	0	0	0	0
19—30岁	91	11	12.1	80	87.9	0	0	0	0
31—39岁	54	1	1.9	53	98.1	0	0	0	0
40—55岁	106	2	1.9	100	94.3	4	3.8	0	0
56岁以上	63	0	0	17	27	18	28.6	28	44.4
合计	373	43	11.5	279	74.8	23	6.2	28	7.5

从表3-20中可以看出,曼播村汉语水平属于"熟练"等级的人数为43人,占调查总人数

---

① 曹成章著《傣族社会研究》,云南人民出版社,1998年10月,第120页。

的11.5%,属于"一般"等级的人数为279人,占调查总人数的74.8%,这两个等级的人,在日常生活中都可以用汉语交流,合计人数为322人,合计百分比达86.3%。只有7.5%的人不会汉语,而且都是56岁以上的老年人。从整体上看,年轻人的汉语水平相对较高,老年人的汉语水平较低。偏远村寨的汉语水平尚且有此,说明村寨村民汉语水平达到了较高的程度,双语化也达到了很高的程度。但曼播村民在日常生产、生活中仍以傣语为主,村民之间一般都说傣语,与外界交往,与非傣族交谈则说汉语,两种语言交替得十分自如。

我们在曼播村岩香龙(42岁)村长家调查时,村长完全用汉语跟我们交谈,多半用当地汉语方言,有时也用普通话。他告诉我们,他有两个孩子,都成家了,自己单过,他已有了孙子。他的父母跟他一起生活。家里人交流都说傣语,村民之间交流也说傣语,村广播站也是用傣语广播,只有接触外族人时,才说汉语。村长说,他看电视时,可以看汉语节目,汉语的听、说都没有问题,一般的读、写也没有问题,但写正式的文章或文件时,就感觉困难了。孙子上幼儿园就开始学汉语了,在学校都讲汉语。村长还向我们介绍了村里的其他情况,他跟我们调查组的人说汉语,与在场的村民和陪伴我们的翻译说傣语,两种语言之间的转换轻松自如。在嘎洒镇曼播村能这样使用两种语言的人是非常普遍的。

在学校,教学用语是汉语,但低年级的学生有时理解汉语有困难,需要用傣语加以辅助,课外学生与老师交流也都是用汉语,但学生之间则常常使用傣语。孩子回到家后用傣语与父母、家人交流,但孩子功课有问题时,父母又用汉语辅导。两种语言随着交际场合和交际对象的变化不断地转换。这是傣汉双语水平较高的最好证明。

居住在嘎洒镇的傣族家庭,其汉语的使用率大大高于村寨。在大多数家庭中,汉语已经成为日常普遍使用的语言,使用率超过傣语。以嘎洒镇农业服务中心为例,13户傣族家庭,多数家庭属于族际婚姻家庭,他们在家经常说汉语,尤其有孩子的家庭,孩子在学校都说汉语,所以他们的家庭语言以汉语为主。

总之,嘎洒镇的傣族在日常生活、工作、劳动中依然以傣语为主,但在其他交际活动中,汉语已达到普遍使用的程度,傣汉双语现象已经形成。

二、双语形成的社会因素

嘎洒镇傣族在20世纪50年代初期还处于农奴制社会,与以村寨为单位的农村公社组织形式相适应的是原始的刀耕火种的生产方式,低下的生产力,落后的交通条件,封闭的生活状态。新中国成立后,嘎洒镇经过土地改造等运动,直接过渡到社会主义阶段。"由于部队进入和机关干部逐渐增多,特别从1953年以来,筑路的大量民工涌进,刺激了副业的发展,语言的发展。"[①]大兴公路建设,改善了交通条件,人们的工作、生活环境发生了变化,也冲击着嘎洒镇

---

① 《民族问题五种丛书》云南省编辑委员会编《傣族社会历史调查》(西双版纳之一),云南民族出版社,1983年5月,第89页。

原本单一、平静的生活,为使用双语创造了条件。"解放以来,根据省委'普遍发展,重点帮助'的生产方针,大力帮助贫苦农民解决生产生活上的各种困难,较快地恢复了他们的生产能力。1954年,政府发放生产贷款和各种社会救济,并向山区发放改造补助费,与此同时,又大力倡导改进生产技术,兴修小型水利,发展农业生产。"[①]所有这些政策和措施都调动了农民的生产积极性,农业生产得到了较大的发展,嘎洒镇建设上了一个新台阶。在长期的生产、生活中,傣族对居住在山区、半山区的景颇、阿昌、德昂、布朗、哈尼、拉祜、佤、瑶、基诺等民族在政治经济、文化艺术、宗教信仰等方面都有很深的影响,傣族的政治地位也不断提高,这是傣族社会生活转变的一个重要方面。

在经济方面,改革开放后实施的土地承包制给嘎洒镇的经济发展带来了历史性的跨越,土地承包的强劲动力,极大地调动了农民的生产积极性,开创了粮食生产发展、农民收入增加、人民生活水平提高的大好局面。嘎洒镇为了改变经济落后的面貌,除了继续发展农业,种植水稻、玉米、蔬菜外,从1983年起,推广橡胶种植[②],广泛种植茶叶。橡胶种植业成了农业的支柱产业,是农业产业化整体效益最高、为农民提供人均收入最多的产业。茶叶生产技术水平不断提高,茶叶市场广阔,是嘎洒镇特色产业重要的组成部分,由此也引来了外地客商,扩大了嘎洒镇与外界的交流。据了解,外地技术人员在培训指导橡胶及茶叶种植时主要使用汉语,当地傣族基本都能够听懂。改革开放的春风吹拂着嘎洒镇的各个领域,在"兴边富民"工程的方针指导下,交通条件得到了改善,城镇与村寨之间、村寨与村寨之间交通闭塞的现象已经得到解决,傣族群众利用农闲时间修筑乡村公路,出现了村村通公路的局面。[③]

嘎洒镇作为城市和农村的接合部,愈来愈显示出它对于经济和社会发展的巨大聚合效应。1998年以来,随着人们对"小城镇、大战略"认识的不断深化,嘎洒镇经济快速增长,农民生活水平不断提高,特色产业、道路建设、绿化、照明、集市等小城镇功能得到加强,使嘎洒镇建设步入了良性发展的快车道。随着经济和交通的发展,傣族与外界的联系越来越多,他们除了使用傣语外,普遍都能使用汉语。现在傣族人了解国内外大事,学习先进生产技术,主要都是以汉语为媒介,因此,为了改变发展滞后的状态,适应社会的发展,与时俱进,提高汉语水平是非常必要的,努力学习汉语也成了傣族的共识。

在旅游方面,随着改革开放的深入,嘎洒镇旅游业蓬勃发展,在产业结构中占有一席之地,发挥着越来越大的作用。嘎洒镇充分挖掘温泉众多的自身潜力,利用其天然的自然优势,因地制宜地开发了温泉旅游度假村,使其成为理想的旅游疗养胜地。这里民族风情浓郁,傣族特色的"农家乐"吸引着中外游客,也是城市居民节假日休闲的理想选择。中国灵长类动物中心、西双版纳机场、全市蓄水量最大的曼飞龙水库和版纳皇城——宣慰街都建在嘎洒境内。随着嘎洒镇旅游事业的发展,汉语被越来越多的人使用。为了提高旅游景点的文化内涵,更好地宣传

---

① 《民族问题五种丛书》云南省编辑委员会编《傣族社会历史调查》(西双版纳之一),云南民族出版社,1983年5月,第89页。
② 参见"湖南林业信息网《西双版纳胶价14年暴涨10倍,毁林种胶引发生态恶化》",2008年7月11日。
③ 参见云南省交通运输厅"云南交通信息网《嘎洒镇傣族群众利用农闲时间修筑乡村公路》",2008年3月14日。

嘎洒镇的传统文化,汉语越来越受到重视,发挥着重要作用。

随着社会政治、经济、旅游等方面的发展,傣族的语言观念也发生了巨大变化。如我们对语言观念作问卷调查时,人们普遍认为"傣族学习和掌握汉语很有用";关于"学好汉语的目的"的一项调查,"便于与外族人交流"成了人们的首选项,大部分人首先是为了满足交际的需要,其目的非常明确。强烈的交际欲望,促使他们自觉地学习语言,这是嘎洒镇傣族双语程度较高的主要原因之一,而以其他选项为目的的,则显示出了年龄和职业的特点,如学生更多的是考虑升学的需要,面临就业的人更多的是考虑找工作的需要,有些人由于职业的需要,希望学汉语,了解汉族文化;大部分人都"迫切希望"成为"傣语—汉语"双语人,而"不希望"成为汉语单语人;人们普遍希望下一代说"普通话和傣语";他们对语言使用持有较为开放的态度,这种开放的语言态度也是他们能较好掌握汉语的一个重要原因。一方面是因为普通话在傣族的心目中是优势文化的代表,为了加强与汉族的沟通、交流与合作,为民族的生存和发展创造和谐的环境和条件,傣族人从接受学校教育开始就是使用普通话。在我们的调查过程中,绝大部分傣族都能够自如使用普通话与我们交谈。另一方面,这也再次反映了傣族开放的、与时俱进的语言观念。这说明傣族学习汉语的愿望强烈,愿意接受傣汉双语的使用现状,对其他社会功能较强的语言始终持开放的、肯定的态度。这种语言观念的转变,也是推进双语化进程的重要因素。

总之,政治、经济、文化、旅游等各种因素,给傣汉双语现象提供了滋生、繁衍的土壤,共同构筑了傣汉双语现象形成的社会环境。

第三节 学校教育加快了双语化进程

一、景洪市嘎洒镇小学教育的进展情况

嘎洒镇的小学教育起步艰辛,道路曲折,经历了从无到有的质的飞跃、从小到大的量的发展,为傣族的教育事业作出了巨大的贡献。具体可分为以下几个阶段:

(一)新中国成立后至"文革"前

1951年至1952年,云南省教育厅决定在少数民族聚居的地区开设一批少数民族省小(省办民族小学),对少数民族学生给予特殊照顾,旨在推动少数民族教育的发展。1951年云南省教育厅在嘎洒街设立食宿包干的云南省车里小学,招收了一批傣族儿童,从此傣族开始接受正规、系统的学校教育。1952年改称为云南车里第一小学(即现在的嘎洒中心小学)。由于缺乏本民族固有的、系统的教学模式,教育基础薄弱,难以适应时代的需要,而群众追求先进文化知识的意识又日益强烈,因此由政府组织的学校教育在嘎洒镇的民族教育中发挥了巨大的作用。学校成为傣族学生系统学习汉语的主要场所,为他们学习汉语提供了机会。

1955年创建曼迈小学。1956年土地改革后,学校发展较快,又先后办起了曼校、曼达、曼飞龙、曼播、曼弄枫、曼嘎、曼洒等学校。但由于社会、历史等原因,傣族群众对办学不理解,不相信读书会有什么好处,同时,心存恐惧,不愿送子女入学,儿童、少年也不愿意到学校读书。所以,报名的人数与实际到校上课的人数常常出入很大。以1953年为例,设于农村少数民族地区、针对少数民族开办的小学,由于受生产、宗教信仰及风俗习惯等的影响,学生的出勤率极差,特别是坝区的傣族学生旷课现象十分严重,实际到校上课的人数最多只能达到报名总人数的2/3,最突出的是设于嘎洒的车里第一小学,"报名学生230多人,而经常到校的不到20人"。[①] 1957年,嘎洒中心小学有学生90余人,据当年对学生的考勤统计,经常到校上课的少则七八人,多则10多人。

1958年成立人民公社,搞"大跃进",佛寺关闭,佛爷、和尚被迫还俗,宗教停止活动。直到1960年,依然受这种"左"倾思想的干扰,虽然入学率提高了,但巩固率不高,学生大量流失,许多学校冷冷清清。曼校小学在一段时间里只有1名学生到校上课,2名教师只教1名学生。

1963年,学生大量流失的局面开始得到控制,傣族学生入学人数开始回升。到1966年,全镇有12所小学、32个教学班,在校学生1110人。

(二)"文革"期间

1966年开始的"文革"使教育遭受了极大的冲击。1966年6月,学校停课,9月教师返校复课。1967年学校又全面停课,开展运动。1968年学校"复课闹革命",贫下中农管理学校。每个村寨有1名贫管员(贫下中农管理员)督促学生上学,如不上学,不给记工分。由于学习与生产、生活相结合,村寨傣族学生陆续返校。同年,在"读小学不出村、读初中不出大队、读高中不出公社"[②]口号的指导下,在小学开设初中班,称为附设初中班。

1969年嘎洒镇中心小学办起了附设初中班,其中有1个班全部是傣族学生,除上汉文课外,还上傣文课。后来傣族较集中的曼弄枫、曼迈也办起附设初中班。到1970年全镇在校学生达1457人。

1971年按照《全国教育工作会议纪要》提出的"在第四个五年计划期间,农村普及五年教育"的指示,掀起办学热潮,把学校办到家门口,随之出现了入学率提高的局面。当年学校达27所,其中公办学校13所,民办学校14所,在校学生2656人,适龄儿童入学率达57%。办学热潮持续到1975年。1975年学校增加到39所,在校学生4424人,适龄儿童入学率达96.6%。但由于只顾抓入学率,而忽视抓巩固率、合格率,再加上其他因素的影响,从1976年开

---

① 西双版纳傣族自治州教育委员会编《西双版纳傣族自治州教育志》(送审稿),第120页。
② 西双版纳傣族自治州教育委员会编《西双版纳傣族自治州教育志》(送审稿),第180页。

始,又出现了在校学生流失的情况,入学率、巩固率逐年下降。1976年学校减至37所,在校学生4236人,适龄儿童入学率达74.9%,比1975年下降了21.5个百分点。

(三) 改革开放后

1978年改革开放以后,我国社会主义建设进入了新的历史时期,党的宗教政策、民族政策得到进一步贯彻落实,嘎洒镇佛寺进一步恢复,但对学校教育产生冲击。尤其是1980年以后,宗教活动比较活跃,许多村寨大兴土木,恢复或重建佛寺,不少在校学生流失。

农村实行联产承包制后,许多家长不让子女入学,留在家里帮助搞生产,学生流失更为严重,在校学生逐年减少,到1983年,在校学生比1978年减少1604人,适龄儿童入学率从79.2%降到48.2%,为5年来的最低点,许多学校无法进行正常教学。1985年全镇仅有17名小学毕业生。

在此期间,为了改变教育的现状,"1978年,州教育局制定《1978—1985年西双版纳州教育事业规划纲要(讨论稿)》,1980年州革命委员会制定《关于调整重点中、小学的意见》"。① 在这些文件精神的指导下,嘎洒镇改变了"文革"中教学计划、课程设置混乱的局面,按国家全日制中小学教学计划开齐各门课程,部分傣族小学恢复了傣文课,学校工作转向了以教学为中心、大力提高教育教学质量上来。对重点小学进行调整的同时,逐步调整小学布点,对小学附设初中班逐步撤并,使高中、初中布局逐渐趋于合理。这些措施为嘎洒镇教育实现历史性的转折提供了保障。

1986年《中华人民共和国义务教育法》颁布实施,自治州以乡(镇)为单位进行普及初等教育,即普及九年义务教育,学生入学率逐年回升,适龄儿童入学率又有所提高,达79.6%。

进入20世纪90年代,按照县委、县政府的指示,嘎洒镇把发展基础教育和普及初等义务教育作为"八五"期间教育工作的主攻方向,采取一系列措施,制止在校学生流失,提高入学率和巩固率,改善办学条件,改进教学方法,提高教育质量,使全镇教育取得了良好的进展,教育健康发展,基础教育工作取得了历史性成就。"1993年,中共中央、国务院颁布了《中国教育改革和发展纲要》;1994年,为贯彻好《纲要》,党中央、国务院专门召开了全国教育工作会议;1995年,党中央提出了实施'科教兴国战略'。"②适龄儿童入学率逐年上升,到1996年全镇共有39所小学(含校点),在校学生3689人,适龄儿童入学率达99.4%,巩固率达96.4%,实现了普及初等教育。1999年,为迎接新世纪的使命,党中央、国务院再次召开了全国教育工作会议,作出了《关于深化教育改革全面推进素质教育的决定》。嘎洒镇教育得到了快速发展。2001年至今,形成完备的教育体系,各项工作得到较大发展,嘎洒镇教育在深化改革中前进。

---

① 参见"州教育信息网《改革开放30年——傣乡教育谱新篇》",2008年9月12日。
② 同上。

2002 年至 2007 年,嘎洒镇小学适龄儿童入学率保持在 99% 以上,辍学率控制在 1% 以内,毕业率均达 99% 以上。尤其是 2007 年,已发展到完美的地步,小学适龄儿童入学率达 100%,毕业率达 100%,辍学率为 0。具体情况如表 3-21。

表 3-21　景洪市嘎洒镇小学 2002 年至 2007 年入学率、辍学率、毕业率统计表

年份	小学入学率(%)	小学在校生辍学率(%)	小学毕业率(%)
2002	99.4	0.6	100
2003	99.4	0.2	99.2
2004	99.7	0.2	99.8
2005	99.3	0.2	99.6
2006	99.7	0.2	99.7
2007	100	0	100

截至 2007 年,14 个村委会共有 2 个幼儿园、14 个学前班、27 所小学,接受义务教学的在校小学生 3157 人,小学教师 271 人;橡胶种植场未建小学,学生就近到地方小学读书,接受义务教学的在校小学生 86 人。规模最大的嘎洒镇中心小学现有教学班 22 个、学生 1056 人、教师 74 人,其中少数民族教师 40 人,少数民族学生 792 人。

二、景洪市嘎洒镇中学教育的进展情况

嘎洒镇中学教育发展缓慢。新中国成立后直至 1975 年,嘎洒镇没有中学。20 世纪 50 年代中期,随着嘎洒镇教育的发展,小学毕业生逐渐增多;20 世纪 60 年代末,嘎洒镇教育得到了更大的发展,小学毕业生人数迅速增长,附设初中班履行了中学教育的职能,给小学毕业生提供了继续学习的机会,解决了小学毕业生继续升学的问题。具体可分为以下两个阶段:

(一)改革开放前

1975 年至 1978 年间,许多原来的附设初中班从小学分出独立建校,在这样的背景下,1976 年嘎洒中学诞生了,当年招收 2 个班,105 名学生。当时办学条件极差,校舍都是茅草房,边建校边上课,教学不正常。学校条件艰苦,学生不愿读书,1 个村子有 1 名学生不来上学,其他同学也跟着不来,招生困难,巩固也困难。

(二)改革开放后

1984 年,在嘎洒中学内开办了嘎洒职业中学(原景洪县职业中学),学校原址在修建西双版纳机场时被占,1988 年迁到了现在的校址。学校占地面积 80 亩,校舍建筑面积 4795 平方米。

从 1978 年至 1989 年的 11 年间,学校仅有 3 至 4 个教学班。11 年间小学累计毕业 2543 人,初中招生 735 人,仅占 28.8%,大量小学毕业生未能入学,初中入学率很低。

进入90年代,初中逐年发展,到1996年,已有10个教学班,在校学生544人,毛入学率达51.6%。初等教育实现普及后,嘎洒镇全面实施普及九年义务教育,全力加强中学建设,重点抓好入学率和巩固率,不断提高入学率和巩固率,到1996年,初中毛入学率达96.4%,辍学率0.9%,达到基本普及九年义务教育的标准,通过了西双版纳州政府的评估验收。

进入21世纪,嘎洒镇加快教育改革的步伐,全力巩固和发展"普九"成果,努力提高教育教学质量。2002年至2006年,嘎洒镇中学毛入学率保持在97%以上,辍学率控制在3%以内。具体情况如表3-22。

表3-22 景洪市嘎洒镇中学2002年至2006年入学率、辍学率、升学率统计表

年份	初中阶段入学率(%)	初中在校生辍学率(%)	初中学生升学率(%)
2002	104.4	1.8	63.9
2003	104.2	1.5	63.6
2004	98	2.2	47.6
2005	107.2	1.1	47.5
2006	97.8	1.2	55

说明:计算方法是以当年嘎洒镇18周岁以下(包括18岁)户口册初中入学年龄(12至18周岁)的总数为基数,用当年初中招收的学生数除以初中入学年龄总人数,再乘以100%。嘎洒中学2002年、2003年、2005年入学率超过100%,是因为外来户籍学生增多,超过了嘎洒镇12至18周岁的总人数。

随着社会的发展,知识和技术越来越受到社会的重视,职业技术教育的重要性也越来越突出。在这种社会环境下,家长、学生的读书观念也随之发生了变化。进入20世纪90年代以来,职业技术教育得到了快速的发展。1993年嘎洒职业中学有7个高中班,在校生325人,教职工37人,专任教师14人。

截至2007年,嘎洒镇有2所中学,包括嘎洒中学(职业中学)、嘎栋中学,接受义务教学的在校初中生共1866人,初中教师共111人。

从2002年到2006年的教育投入来看,总体呈递增趋势,具体如表3-23。

表3-23 2002年至2006年景洪市嘎洒镇教育资金投入概况

指标 年份	教育经费总支出(万元)	人均教育经费总支出(元)	财政对教育的拨款(万元)	财政对教育的拨款占财政支出的比例(%)	年生均教育事业费(元)	
					小学	初中
2002	8588	231.4	6637	26.8	1582.5	1635.3
2003	8669.4	231.7	8669.4	28.1	1870.3	1978.3
2004	10653	280.3	10073.3	30.5	2236.0	2447.1
2005	12476	328.3	10958	26.2	2415.7	2438.8
2006	16934.4	445.6	15698	29.2	2604.2	2904.1

学校教育的发展,极大地提高了傣族学生的汉语水平,促进了傣汉双语化的进程。

三、教育改革对景洪市嘎洒镇双语教学的促进

随着社会的快速发展,国家对发展中小学教育提出了统一的要求,为了适应这一要求,嘎洒镇结合本地区的实际情况进行了调整和改革,取得了较好的效果。这对于提高傣族的汉语水平,缩小傣族学生与汉族学生在汉语能力方面的差距起到了至关重要的作用。我们在调查中了解到,随着社会的发展和学校教育的加强,傣族的汉语水平普遍提高,而傣文水平却有下降的趋势,令人担忧。因此,实际意义的双语教学及提高双语化进程,是以提高傣语、傣文水平为目标的。具体措施主要有如下几项:

(一) 改革教材,民族语辅助教学

1950年西双版纳全境解放,并纳入中国社会主义建设的行列中。新中国成立初期,党和政府就开始关注各地区、各民族教育的发展,在西双版纳州嘎洒镇开办学校。在傣族地区开办的学校,使用的是全国统一教材(用汉文编写),小学直接使用汉文教材授课,进行单一的汉语文教学。这种教学模式为傣族学生学习和掌握汉语搭建了平台,但同时也给傣族学生的学习造成了一定的困难。"由于语言障碍,教学进度极慢,有的地方一年还教不完一册书;学生流动性大,有的班级升至二三年级时学生就全部流失光了。"[①]

1952年,部分学校尝试进行老傣文辅助教学,直至1954年。

1955年6月,小学开始转换新傣文辅助教学,傣、汉双语文教学工作逐步展开。如在嘎洒中心小学(挑选几个班)进行了傣、汉双语教学实验。教学实验表明,傣、汉语文兼学的双语文教学,适合傣族学生的特点,比单一的汉文教学效果好,极大地调动了傣族学生的学习热情,得到了傣族学生和家长的认可,从而推动了傣、汉双语教学的发展。

1958年的"大跃进"运动及"左"倾思想的影响,对嘎洒镇傣、汉双语文教学工作产生了干扰,一些少数民族学校的傣文教学被取消,出现了"使用全国通用教材,强调统一的教学要求,又放松了用民族文字进行教学"[②]的局面。

1961年后,云南省教育厅对民族教育进行了调整,恢复了过去民族教育中的有益做法,傣、汉双语文教学重新受到重视。直至1965年,嘎洒镇双语文教学工作进入高潮。

1966年开始的"文革",对嘎洒镇的学校教育产生了冲击,学校教育中的傣语文教学被取消,双语文教学工作在十年"文革"中出现了断层。

1978年中国政府实行的改革开放,对中国的政治、经济、教育都产生了巨大的影响,中国共产党的民族政策得到进一步落实,嘎洒镇部分学校相继恢复了傣、汉双语文教学。"到1983年,民族语文教学有所加强"。[③]

---

① 西双版纳傣族自治州教育委员会编《西双版纳傣族自治州教育志》(送审稿),第422页。
② 转引自西双版纳傣族自治州教育委员会编《西双版纳傣族自治州教育志》(送审稿),第424页。
③ 转引自西双版纳傣族自治州教育委员会编《西双版纳傣族自治州教育志》(送审稿),第425页。

1985年,西双版纳州人大常委会正式通过决议,在州内恢复使用老傣文。从此,在西双版纳州出现了老傣文与新傣文并用的局面。1989年年初,老傣文教材编印出版。至1993年,傣、汉双语文教学工作已经进入到了新的发展阶段。

教材改革等措施,使傣族学生学习汉语有了辅助性的手段,促进了嘎洒镇傣、汉双语教学的进程。以嘎洒镇中心小学为例,1984年至2000年,三至六年级每周开设两节傣语课,2000年至今,一至二年级每周开设两节傣语课。

除嘎洒镇中心小学外,曼弄枫小学、曼校小学、曼嘎小学、曼播小学等一年级、二年级也开设了傣语课,每周两节课,使用傣汉对译课本(语文)。

现在,小学教材(一至六年级)使用的均为人民教育出版社出版的义务教育课程标准实验教科书;嘎洒镇曼弄枫小学、嘎栋曼迈小学一二年级使用的语文教材为人民教育出版社出版的义务教育课程标准实验教科书,但在教材中增加了傣文,教材页面设计为一段傣文、一段汉文,即傣、汉对译。

总之,经过多年的探索与努力,嘎洒镇少数民族教育走出了自己的路子,学校成了傣文和傣族传统文化传承的重要基地,傣、汉双语教学取得了一定的成果,为嘎洒镇培养出了大批傣、汉双语双文兼通的少数民族人才,他们在各自的岗位上贡献着自己的力量。

(二) 开办寄宿制、半寄宿制学校

随着教育事业的蓬勃发展,民族教育也得到发展,到2005年年底,嘎洒镇共有嘎洒镇中心小学、曼海小学、曼播小学3所半寄宿学校,学生每月有25元补助。2005年11月景洪农场剥离办学,景洪农场四至十一分场归并嘎洒镇小学后,半寄宿学校增多,有嘎洒镇中心小学、曼真小学、曼飞龙小学、曼海小学、光华小学、曼达天河小学、曼播小学、红旗小学。学校给学生提供的寄宿条件,对学生的傣语、汉语学习都产生了积极的影响,有助于傣、汉双语化进程的发展。

(三) 实行学龄前双语教学

1981年以后,嘎洒镇中心小学、曼弄枫小学、曼校小学、曼嘎小学、曼播小学等先后开办学前班。学前班采取傣、汉双语双文教学,每周3至4节课。

学前班开办初期,幼儿教育师资力量薄弱,嘎洒镇开办学前班的各个学校,送幼儿教师参加西双版纳州教育局、托幼办公室联合举办的1982年9月和12月两期幼儿教师培训班。经过培训的学前班教师,一改"托儿化"或"小学化"的教学模式,根据学前班学生的特点进行教学,取得了显著的教学效果,为学龄前儿童顺利适应小学教学打下了良好的基础。

1984年,云南省教育厅颁发《云南省农村学前一年幼儿教育纲要》(试行草案)。1985年,云南省教育厅组织力量编写农村学前班教材(包括学生教材和教学参考书)。至此,嘎洒镇学前班教学管理有了依据,走上了正常的运行轨道。

现在,嘎洒镇镇学前班大部分班级使用的教材为云南省统编的学前班汉语教材。目前仅嘎洒镇曼弄枫小学、嘎栋曼迈小学使用世界少数民族语言学会与西双版纳州民语学会合编的学前小班、学前大班教材(纯傣文)。

至2007年,嘎洒镇共有14个学前班。傣族儿童在学前班接受的教学,虽然内容简单,但可以帮助傣族儿童尽快地适应小学的教学,为小学的学习打下了基础。

在曼景罕村调查时,我们与玉香罕(9岁,三年级)进行了交谈,小姑娘大方、健谈,说着流利的普通话。她告诉我们,在上幼儿园之前,都是说傣语,入幼儿园后开始学汉语、汉文,读过两年幼儿园。平时喜欢看汉语电视节目,不看傣语节目。她在曼嘎小学读书,班级23人,其中21人是傣族;教他们的老师有傣族,也有汉族。她在学校跟老师、同学都说汉语,回到村寨跟父母、家人说傣语,跟小朋友有时说傣语,有时说汉语。上一年级时,有的傣族老师会用傣语辅助教学,汉族老师就直接用普通话教学,不用傣语解释。但老师说话的语速慢,给学生反应的时间。学生在学校的环境中,汉语的听、说能力迅速提高。到高年级,老师开始训练学生阅读和写作的能力。玉旺扁(10岁,四年级)说,她入幼儿园之前就会说一些汉语,是爸爸、妈妈教的,但不会汉文。老师是傣族,班级有28人,27人是傣族。课堂教学都用汉语,课下学生与老师之间、同学之间一般说汉语,有时说傣语,回村寨一般说傣语。她喜欢傣语,但不喜欢傣文,老师教过傣文,太难了,不想学。喜欢看汉语电视节目,喜欢傣族音乐、汉语歌词。父母说傣语,自己就用傣语与之交流;父母说汉语,自己也说汉语,父母对孩子语言使用有较大的影响。可见,经过学龄前汉语学习、小学期间系统的汉语教学及课余在校期间语言能力的强化,小学阶段的傣族学生在汉语听、说、读、写等方面的能力都有很大的提高,基本能应对日常生活中的汉语交流。

总之,学前教育的快速发展,小学、中学教育的普及,教育体制的改革,共同推进了傣、汉双语化的进程。

第四节 汉语词汇对景洪市嘎洒镇傣族语言的影响

语言是交际工具,具有动态性,表现出强烈的与时俱进的特点。词汇在语言的各要素中最活跃,时代特征最明显,会随着社会的发展而发生很大变化,而语音系统、语法规则等发展速度则相对缓慢,不易受到社会发展和词汇变化的影响。因此,我们这里主要描述汉语词汇对嘎洒镇傣族语言的影响。新中国建立50多年来,傣族的社会经济结构、文化教育生活都发生了巨大的变化,傣族与汉族的接触日益增多,傣族很自然地从汉语中吸收自己所需要的词汇来补充自己的不足,因此傣语的词汇中吸收了大量的汉语词汇,即傣语在发展过程中接纳了大量汉语借词。傣语吸收汉语借词表现出强烈的时代性。

一、新中国成立前,汉语借词多是生产、生活用词

傣族在新中国成立之前,就与汉族有过长期的接触,傣语早已从汉语那里吸收了不少词汇来丰富自己,但那时吸收的词汇多是生产、生活方面的,属于低层次的汉语借词,而且数量有限。借词的方式是全音译的。例如表3-24。

表 3 - 24

傣文	国际音标转写	汉义
ᦍᦴ ᦍᦱᧂ	$tsu^4\ tsaŋ^4$	组长
ᦋᦱᧈ ᦺᦎᧈ	$tsa^6\ tău^5$	闸刀
ᦂᦽᧂ ᦙᦸᧈ	$kvaŋ^4\ po^5$	广播
ᦋᦲᧃᧈ ᦝᦴ	$tsɤn^2\ fu^4$	政府
ᦉᦺ ᦘᦸᧈ	$sai^4\ phɛu^2$	彩票
ᦈᦲᧃᧈ ᦕᦴ	$tsin^2\ pu^2$	进步
ᦂᦻ ᦵᦈ	$kai^4\ tse^6$	解决
ᦉᦾᧈ ᦕᦲᧃᧈ	$sɛu^4\ phin^4$	小品
ᦵᦉᧂ ᦵᦉᧂᧈ	$sɛŋ^2\ sɤŋ^5$	相声
ᦃᦺ ᦘᦱᧃᧈ	$xvai^6\ pan^4$	快板
ᦋᦳᧃᧈ ᦵᦋᧈ	$tsɒn^5\ sɤ^5$	专车
ᦋᦳᧃᧈ ᦍᦳᧂᧈ	$tsɒn^5\ juŋ^2$	专用
ᦗᦱ ᦂᦸ	$pa^3\ ko^3$	八角
ᦵᦑᧃᧈ ᦺᦑᧈ	$ten^2\ thai^6$	电台
ᦵᦊᧃᧈ ᦵᦌᧃᧈ	$jɤn^6\ sɤn^5$	人参
ᦈᦲᧈ ᦋᦳᧃᧈ	$tsi^5\ sɒn^6$	机床
ᦞᦻ ᦌᦲ	$vəi^6\ si^6$	围棋
ᦵᦉᧂᧈ ᦌᦲ	$sɛŋ^2\ si^6$	象棋
ᦋᦳᧂᧈ ᦍᦲᧈ	$tsoŋ^5\ ji^5$	中医
ᦑᦲᧈ ᦍᦴ	$ti^2\ tsu^4$	地主
ᦂᦳᧃᧈ ᦉᦱᧃᧈ ᦒᦱᧂᧈ	$kuŋ^2\ san^4\ taŋ^4$	共产党

傣文	国际音标转写	汉义
ထုၚ် သိၚ် လယၚ်	thuŋ⁵ sin² jɛn⁶	通信员
လသင် ခုၚ် ၃ျ ၂ပင်	sɤ² xui² tsu⁴ ji²	社会主义
ၵၠၚ် လငၚ် လဝိင် တွမ်ၚ်	kuŋ⁵ nɛ⁶ kɤ⁶ min²	工业革命

二、新中国成立后，汉语借词中出现了新的时代术语

新中国成立后，傣族与全国各民族一起进入社会主义新时代，社会、经济、文化等各个领域迅速发展，不断接受新事物、新概念，新词术语也随之进入到傣语，大多是傣语中所没有的。借词的层次提高了，除了生产、生活用词，还包括政治、经济、文化等方面的词汇，而且数量不断增加。例如表 3-25。

表 3-25

傣文	国际音标转写	汉义
တၥတုၢ်ျင်	ta² tui²	大队
လၢႅၚ်ၠၥင်	tʰɛu² tsa⁶	跳闸
လယ တွမ်ၚ်	je⁶ pin⁴	月饼
ခိုးင် တသိ	xo⁵ tsi²	科技
ၸဝ် ၃ျ	se⁶ xui²	协会
လသင် ၅င်	sɤ² si⁵	社区
၃ျ တသိ	xvai² tsi²	会计
ၵၠၚ် ၃ပင်ၚ်	kuŋ⁵ tsin⁵	公斤
ၵၠၚ် လိ	kuŋ⁵ li⁴	公里
ၵၠၚ် လသင်	kuŋ⁵ sɤ²	公社
ၵၠၚ် ၅င်	kuŋ⁵ su⁵	公司
ပၢၚ် ၃ပင်ၚ်	pau² tsin⁴	报警
လိ ၵဝင်	li⁴ kvan⁴	旅馆
မ်ၸ ၅ျ င်	mi⁶ su⁵	秘书
မ်ပင်ၚ် တွမ်ၚ်	min⁶ pin⁵	民兵

ဘျုႏ ၍ပ်ရ	phai⁶ siu⁶	排球
ဘိင ကျ	phi⁵ kai⁴	批改
၈ာ လဧရ	fa⁶ phɛu²	发票
၍ပ်င လၚင	si⁵ nɛ⁶	企业
လၚ်ိၚ်င ၍ပ်ရ	sɛn⁵ siu⁶	铅球
၎ွင လၚ်ိၚ်င	xva⁶ sɛu⁶	华侨
ဗျု ၵွာၚ်	pǎu⁴ kvan⁴	保管
လယ်ိင် တာင	jɤn⁶ ta²	人大
မိုင်ၚ ၍င်ၚ	min⁶ tsin⁴	民警
ၸးၚ်ၚ လၚင	tsɒn⁵ nɛ⁶	专业
ပါၚ် လဘိင	pǎu² sɤ²	报社
ပါၚ် လၚ်ိၚ်င	pǎu² sɛu⁵	报销
၍ုႏ ဘဘိင	su⁵ tsi²	书记
လလၚ်ၚ လလဘၚ်	then⁵ sen²	天线
၀ႊျု ဒျုၚ	vai² xui²	外汇
၀ႊျု ဧာင်	vai² xo⁵	外科
၀ာၚ် ၍ပ်ရ	vaŋ⁴ siu⁶	网球
လပင်ၚ ဧာင်	vɤn⁶ xo⁵	文科
လၚ်ိၚ်င ဘိင်ၚ	sɛn⁵ tsin²	先进
လပ်ဧ လလဘၚ်	je² sɛu²	夜校
ယဘိင ၍ပ်ိင	ji⁵ sɯ⁵	医师
ယိၚ်ၚ ၉ရ	jin⁶ xǎŋ⁶	银行
ၽာၚ် ဘွာၚ်ၚ	taŋ⁴ ʔan²	档案
၍ပ်ိင ကၚ	sɯ⁶ kǎu⁵	石膏
လလတၚ်ၚ ပါၚ်	tɛn² pǎu²	电报
ၿွ်ရၚ ၍ပ်ိင်င	foŋ⁵ sin⁶	风琴
၈ာ လဝိၚ်ၚ	fa⁶ jɛn²	法院

傣文	读音	汉意
ဖုပ ငဘေ	fu² ne⁶	副业
ကုၚ ပျိၼ	kuŋ⁵ pin⁵	工兵
ေၵ၁ၚ ၃ိၼ	tsɛu⁵ tsin⁴	交警
ေတၚ ၼဝ	tɛn² xva²	电话
ကုၚ တိ	kuŋ⁵ ti²	工地
ကုၚ တၢၚ	kuŋ⁵ tɔn²	工段
၃ၚ လိ	tsuŋ⁴ li⁴	总理
၃ၢ ၀ိ	tsa⁶ tsi²	杂技
ပၢၚ ၃ိ	pǎu² tsɯ⁴	报纸
ၜၚ ေယၚ	taŋ⁴ jɛn⁶	党员
င္၃ၚ ယၢၚ	tsoŋ⁵ jaŋ⁵	中央
ကုၚ ေၼိၚ	kuŋ⁵ fɤn⁵	公分
ကုၚၼငိၼဲ	kuŋ² xo⁶ ko⁶	共和国
ယဝ္ ေၸၚ	jiu⁶ phɛu²	邮票
ေတၚ ေပၚ	tɛn² pɛu⁴	电表
ေတၚ ေဝိၚ	tɛn² tɤn⁵	电灯
ေၸၚ ေ၀ၚ	sɛn⁵ tsɤn²	乡镇
၀ိ ၀ိ ၃ိ	tsɯ² tsɯ² si⁵	自治区
ကုၚ ၪၢၚ ၃ိၵ	kuŋ⁵ ʔan⁵ tsiu⁶	公安局
င၀ လၢ ၃ိ	tho⁵ la⁵ tsi⁵	拖拉机
၀ုယ ၀ု ၃ိ	thui⁵ thu⁴ tsi⁵	推土机
ပၢၚ သိ သု	pan² su² su²	办事处
ၾပ ၼုယ ၼၽ	phai² su⁶ so⁴	派出所
ေၸၚ ဟုၚ သိ	tsɛŋ⁴ huŋ⁵ sɯ²	景洪市
ကုၚ ၃ၢၚ တုယ	kuŋ⁵ tsɔ⁶ tui²	工作队
၃ုၚ ဝုယ ၇ုယ	sun⁵ vui⁴ xui²	村委会
ၵၢၚ ၞၚ ၀ိ	kvaŋ⁴ po⁵ tsi²	广播剧

Dai script	Transcription	Chinese
ပုႆ ၌ပႆ ၼွင့်	thu⁶ su⁵ kvan⁴	图书馆
ၷဝႆ ဢွပႆ လေၵင့်	ko⁶ vu² jen²	国务院
ပၢင့် တၢပႆ ထိ	pan² tău² thi⁴	半导体
ၸၢင့် ၸိုဝ် ပုပႆ	taŋ⁴ tsɯ⁵ pu²	党支部
ၸွင့် ၸိုဝ်ၼ် လၸႆ	tsoŋ⁵ siu⁵ tse⁶	中秋节
ၸၢႆ လၸိုႆ တၢပႆ	tsa⁶ tseɯ⁵ tău²	杂交稻
လသပႆ ၶိုဝ် လေၵင့်	sɤ² xo⁵ jen²	科学院
ၸိုပႆ ၸိုပႆ လသၼ့်	tsɯ² tsɯ² sen²	自治县
ၽၢႆ လၵၢင့် ၺိုၼ်	phri² ten² so⁴	配电所
သၼင့် ၸုၸိုပႆ လသပႆ	sin² juŋ² sɤ²	信用社
ၵျိုပႆ ယၼင့် ၸိုပႆ	sɤu⁵ jin⁵ tsi⁵	收音机
ၼုပႆ လတၢင့် ၸၢင့်	sui⁴ ten² tsan²	水电站
ယိုင် လၵၢင့် ၸိုင်	jiu⁶ ten⁵ tsiu⁶	邮电局
ၸွင့် ၸိုင်ၼ် ၵျိုင်	tsoŋ⁵ sɤ⁶ sɤn⁵	中学生
လဝင့် ၶွၢင် ၼွင့်	vɤn⁵ xva² kvan⁴	文化馆
တုင်၊ သၼင့် လသပႆ	thoŋ⁵ sin² sɤ²	通讯社
ယိပႆ ၼွၼင် လၽၢင့်	jɯ⁶ kvaŋ⁵ tɤn⁵	日光灯
ပူ ဢၢင် သၢင့်	phu⁶ thău⁵ thaŋ⁶	葡萄糖
ၸိုပႆ ၸိုပႆ လၵိုင်	tsɯ² tsɯ² tsʏu⁵	自治州
လၵၢင့် သပႆ ၶျၢင်	ten² su² thai⁶	电视机
ၸွၼ်င် ၵၢင့် ပုပႆ	sun⁵ kan² pu²	村干部
ၷုၼင် ၸိုင် ဢၼင်	kuŋ² sin⁵ thon⁶	共青团
ၷုင် လၵျိုင် ၸိုပႆ	kuŋ⁵ sɤŋ⁶ sɯ⁵	工程师
ၸိပႆ တုၼင် လယၼင်	jin² tuŋ² jen⁶	运动员
ဝုႆ လသၼင် လၵၢင့်	vu⁶ sɛn² ten²	无线电
လလင့် လၵၢင့် ၸၢင့်	pɛn² tɛn² tsan²	变电站
လၵၢင့် ၸုၼိုင် လၵျိုင်	ten² pin⁵ sɛŋ⁵	电冰箱

傣文	国际音标转写	汉义
ဗျုၵ ၌ၑ ၃ၸ ၯၹၑၷ	fu² ni⁴ tsu⁴ jɤn²	妇女主任
ၯယၷ ဗၑၷ ၯယၷ	jen⁶ tsiu² jen⁶	研究员
႞ဟ၌ ၌ၭ ၸ ၌ၭၷ	kvaŋ⁴ po⁵ thi⁴ sau⁵	广播体操
ယၑ ယၼ ႞ၭၷ ၌ၑ	ji⁵ jɒ⁶ kuŋ⁵ sɯ⁵	医药公司
၊၊ ၑၭၷ ၌ၭ ၯၑၷ	sip¹ sɒŋ¹ pǎn⁴ na⁴ tsɤu⁵	西双版纳
ၵၭၑ ၌ၭၷ ႞ၭၷ ၌ၑ	xǎŋ⁶ xuŋ⁵ kuŋ⁵ sɯ⁵	航空公司
၌ၑ ဗ၌ၷ ၌ၭၑ ၯၑၷ	sɯ⁵ fan² sɒ⁶ seu²	师范学校
၊၊၌ၷ ၯၷၷ တၷၑ ၯယၷ	sau² sɛn⁵ tui² jen⁶	少先队员
၌ၭၷ ၼ႞ ဗျုၵ ၌ၑ ၯၑ	san⁵ pa⁶ fu² ni⁴ tse⁶	三八妇女节
ၤ၃ ၑ႞ ၯၑၷ တ႞ၷ ၯၑ	ko⁶ tsi² lǎu⁶ tuŋ² tse⁶	国际劳动节
ၑ၌ၷ ၶျၼ ၤ႞ၑ ၃ၸၑ ၯၑၑ	sin² juŋ² xo⁶ tsɒ⁶ sɤ²	信用合作社

三、改革开放后,反映现代生活的汉语借词增多了

随着生活方式的改变和生活水平的提高,一些反映现代生活的词汇逐步进入到傣语中来。我们请西双版纳州少数民族研究所副译审岩贯阅读了2007年全年的西双版纳州傣语周报,并对其中出现的汉语借词进行了统计,他还收集了傣语广播、电视中出现的一些汉语借词,综合情况如表3-26。

表 3-26

傣文	国际音标转写	汉义
ၶၸ ၯၑၷ	pau⁴ sɛn⁴	保险
ၯတၷ ၑၑ	ten² sɯ²	电视
ၯၽၷ ၃ၑ	sɤu⁴ tsi⁵	手机
႞ၷၷ ၯၼၷ	xuŋ⁵ theu⁶	空调
၌ၑ ယၑ ၃ၑ	si⁴ ji⁵ tsi⁵	洗衣机
ၯတၷ ဗၑ	ten² thi⁵	电梯
ၼ၌ၷ ႞ၷၷ	min⁶ kuŋ⁵	民工
၃ၑ ၯၯၷ	tsu⁵ pheu²	支票
၃ၑၷ တၷၷ	tsɒn⁴ tsaŋ²	转账

傣文	国际音标转写	汉义
၆ꩻ ꩺꩻ	xǎŋ⁶ thɛn⁵	航天
ꧡꧤ ꩺပျ ꩡပၝ	jin⁴ sui⁴ tsi⁵	饮水机
လပ ꩻပꩻ လသပ	li⁴ sin⁶ sɣ²	旅行社
ꩡꩻ တျၝ င်ꩻ	tsǎu⁵ tai² so⁴	招待所
꩷ျ² ယꩻပ ꩻပꩻ	thai² jaŋ⁶ nɣn⁶	太阳能
၆ꩻ ꩺꩻ လယꩻ	xǎŋ⁶ thɛn⁵ jɛn⁶	航天员
လယꩻ ပပꩻ ꩻပꩻ	jɛn⁴ tsiu² sɣn⁵	研究生
ꩻပပꩻ ယပꩻ လယꩻ ꩡပၝ	sɣu⁵ jiu⁶ jɛn⁵ tsi⁵	抽油烟机

四、使用汉语借词与年龄有一定的关系

随着社会的发展,社会上出现了许多新事物,从而产生了描述新事物的新词汇。这些新的词汇,以汉语借词的形式融入到傣族语言中,这是汉语强势的一种表现。年轻人能把握时代的脉搏,对新事物最敏感,对这些新词汇的使用率最高,所以一些新时代的汉语借词表现出了明显的年龄特征。例如表3-27。

表 3-27

傣文	国际音标转写	汉义
ဝꩻ ꩻꩻ	vaŋ⁴ pa⁵	网吧
ဝꩻ ပꩻ	vaŋ⁴ tsan²	网站
ဝꩻ ၆လ	vaŋ⁴ lo⁶	网络
ꩻꩻ ꩻပ	sɛn⁵ sɣn⁴	先生
ပꩻ ꩻျပ	vu⁴ xui²	舞会
လတꩻ နꩻ	tɛn² nǎu⁴	电脑
လတꩻ သပꩻ	tɛn² sin²	电讯
ꩻ ပꩻ	phai⁶ tsǎu²	牌照
ြꩻ သပꩻ	tɒn⁴ sin²	短信
ပꩻ ၆ꩻ	pǎu⁵ faŋ⁶	包房
ပပ ꩡပၝ	phi⁶ tsiu⁴	啤酒
သပꩻ ျပꩻ ၆	sin² juŋ² xa⁴	信用卡

ကုၣ် ဝွၤ်ၤ ေလဃၣ်	kuŋ⁵ vu² jen⁶	公务员
၆ာ လၢ၆ ၁ၤ ၆၆	xa⁴ la⁵ ʔo⁵ xe⁵	卡拉OK
၉ၣ် ၆ၤ ၈၆ တၣ်	tsoŋ⁵ ko⁶ ji⁶ tuŋ²	中国移动

  总之,语言是随着社会的发展而变化的,具有动态性和时代性特征。傣族借用汉语词汇,也同样遵循这条语言发展的规律。从范围来讲,汉语借词现象贯穿各个时代,不同时代产生了不同的汉语借词,并且跟人们的生活水平、生产方式一致,表现出一定的层次性;从数量来讲,社会飞速发展,新鲜事物层出不穷,汉语词汇越来越丰富,傣族使用汉语借词的数量也越来越多;从年龄来讲,年轻人接受新事物比较快,汉语水平也越来越高,有些事物直接用汉语表述毫无障碍,所以他们直接借用汉语词汇并流行开来;从态势来看,傣族生活中原本就有的事物、现象,人们还是习惯于用傣语表达,而随着社会发展出现的汉语新词语,则以较强的态势冲击着傣族固有的语言,这种发展趋势很难阻挡。

第四章 景洪市嘎洒镇傣族儿童、青少年语言文字使用情况及其成因

从1953年西双版纳傣族自治州成立至今,傣族社会的政治、经济、文化发生了翻天覆地的变化,傣族的语言使用情况在社会发展过程中的多种因素的相互作用下也有了很大的变化。出现了较多的语言兼用现象,双语人不断生成,傣族的语言文字信息处理能力得到了加强,以傣文为载体的网络信息平台正在建设当中。可见,从语言使用功能的角度来看,傣语承载信息的能力正在逐渐提高。另外,从语言使用范围的角度来看,傣语在西双版纳傣族社会的使用范围比过去有了扩大,政治、经济、文化领域提倡使用傣语,相关的政治、经济、文化的书面材料,尽量做到傣汉文相互对照。但处于儿童、青少年阶段的傣族人,一方面,由于传统寺院教育的衰微,通过入寺诵经学习傣文的男孩儿越来越少,小乘佛教对傣族儿童、青少年语言使用的影响趋于淡化;另一方面,学校作为傣族儿童、青少年第二语言汉语习得的主要场所,在九年义务教育普及的大环境下,对傣族儿童、青少年汉语使用的影响不断加强。总的来看,傣族儿童、青少年母语的使用受到了影响,傣文的习得面临着空前的挑战。现在西双版纳州嘎洒镇的傣族语言文字使用情况也是如此。

第一节 景洪市嘎洒镇傣族儿童、青少年语言文字使用现状

傣语仍是嘎洒镇傣族社区主要的交际工具,在傣族社会的发展过程中仍然起着重要的作用,这是我们从对嘎洒镇傣族语言文字使用情况调查中得出的基本结论。对抽样的嘎洒镇城镇10个机关单位及对10个村寨的调查显示,绝大多数的傣族人在交际中使用傣语,傣语水平处于熟练等级的人占调查总人数的比例相当高,但傣文水平偏低。如,曼回东村全村443个6岁以上(含6岁)、有正常语言功能的人中,99.5%的人傣语熟练(参见表2-1),而傣文属于"熟练"和"一般"等级的人仅占总人数的3.6%(参见表2-21)。另一方面,在调查中我们又看到,傣族儿童、青少年的语言使用情况出现了新的特点。嘎洒镇城镇的傣族儿童、青少年母语使用能力呈明显下降的趋势,有很大一部分的傣族儿童、青少年转用了汉语,他们和本族人在一起时,已经不能用傣语表达自己的想法和需求了,有的能听懂简单的交际对话,有的甚至都听不懂傣语了。虽然在民族归属上是傣族,但从语言使用的方面来看,已经成为汉语单语人。

生活在村寨中的傣族儿童、青少年,汉语的水平有了大幅度的提高,产生了由母语单语人向傣汉双语人过渡的变化。汉文水平虽没有汉语水平提高的幅度大,但较之以前也有所提高。然而,傣文的习得和使用情况令人担忧,他们基本上没有系统地学习过傣文,虽然有一部分人在学校开设的双语课程中学习过傣文,但是由于双语教育的连续性得不到保证,最终还是不能学会傣文。只有少量的和尚学生通过入寺诵经系统地学习了傣文,掌握了傣文。

世界上的语言,从文字的角度来分类,可笼统地分为有文字的语言和无文字的语言。傣语属于有文字的语言。因此我们将从语言(傣语、汉语)、文字(傣文、汉文)两个角度对嘎洒镇傣族儿童、青少年语言文字使用的情况作一个简要的描述,并挖掘影响嘎洒镇傣族儿童、青少年语言文字使用情况的各种因素。

一、景洪市嘎洒镇城镇傣族儿童、青少年母语使用能力呈下降趋势

我们抽查了嘎洒镇10个机关单位的47户傣族家庭,把其中40名6—30岁的傣族儿童、青少年作为分析统计的对象。他们的语言文字使用情况如表4-1。

表 4-1

序号	姓名	年龄(岁)	文化程度	傣语	傣文	汉语	汉文
1	刀子荣	6	上小学	不会	不会	一般	略懂
2	刀婕	7	上小学	不会	不会	一般	一般
3	杨振宇	7	上小学	不会	不会	一般	一般
4	刀世龙	7	上小学	一般	不会	一般	一般
5	岩温叫	8	上小学	一般	不会	一般	一般
6	刀俊杰	9	上小学	不会	不会	一般	一般
7	高翔	9	上小学	不会	不会	一般	一般
8	洪智凯	9	上小学	略懂	不会	一般	一般
9	刀蕊波	11	上小学	不会	不会	熟练	熟练
10	刀杰	12	上小学	一般	不会	熟练	熟练
11	卢伟	15	上初中	不会	不会	熟练	熟练
12	玉喃温	15	初中	熟练	不会	熟练	熟练
13	玉金罕	15	上初中	熟练	熟练	熟练	熟练
14	岩叫罕	15	初中	熟练	不会	熟练	熟练
15	刀莹	16	初中	不会	不会	熟练	熟练
16	玉温而	17	初中	熟练	不会	熟练	熟练
17	岩应叫	17	初中	熟练	不会	熟练	熟练
18	孙婷婷	18	初中	不会	不会	熟练	熟练
19	玉罕凤妓	19	初中	不会	不会	熟练	熟练

20	江宇	20	高中	不会	不会	熟练	熟练
21	刀娜	20	初中	熟练	不会	熟练	熟练
22	易星星	21	初中	不会	不会	熟练	熟练
23	刀光友	21	初中	熟练	不会	熟练	熟练
24	刀俊	21	小学	熟练	不会	熟练	一般
25	刀林	22	初中	熟练	不会	熟练	熟练
26	江莎	24	初中	不会	不会	熟练	熟练
27	杨丽	24	中专	一般	不会	熟练	熟练
28	刀丽丽	26	中专	熟练	不会	熟练	熟练
29	刀丽萍	27	小学	熟练	不会	熟练	一般
30	刀兰英	27	中专(中技)	熟练	一般	熟练	熟练
31	玉旺香	27	中专	熟练	不会	熟练	熟练
32	吴克美	28	高中	不会	不会	熟练	熟练
33	玉罕再	28	中专(中技)	熟练	一般	熟练	熟练
34	玉波罕	29	初中	熟练	不会	熟练	熟练
35	岩罕叫	30	初中	熟练	不会	熟练	熟练
36	玉拉	30	小学	熟练	不会	一般	一般
37	岩罕涛	30	初中	熟练	不会	熟练	熟练
38	依公丙	30	中专	熟练	不会	熟练	熟练
39	曾建惠	30	大专	不会	不会	熟练	熟练
40	罗梅	30	高中	不会	不会	熟练	熟练

数据处理结果如表4-2。

表4-2　　　　　　　　　　　　　　　　　　　　　　（单位：人）

语言文字	熟练		一般		略懂		不会	
	人数	百分比	人数	百分比	人数	百分比	人数	百分比
傣语	19	47.5	4	10	1	2.5	16	40
傣文	0	0	2	5	0	0	38	95
汉语	31	77.5	9	22.5	0	0	0	0
汉文	29	72.5	10	25	1	2.5	0	0

从表4-2可知，总体来看，城镇傣族儿童、青少年傣语水平两极分化的趋势明显。40名被调查者中，傣语熟练的为47.5%，不会傣语的为40%；95%的人都不会傣文，只有27岁的刀兰英和28岁的玉罕再两人傣文水平处于"一般"等级，他们都接受过中等专业技术教育（上个世纪80年代，全国开展了大规模的双语教育实验，与此同时，中等专业技术教育蓬勃发展，当时中等专业技术学校积极配合双语教育实验，双语教学取得了明显的效果）；与此相反，100%的

儿童、青少年都会汉语,集中在"熟练"和"一般"这两个等级上,汉文水平属于"熟练"和"一般"等级的比例之和占97.5%,也达到了较高的水平。

语言文字使用的情况在不同年龄段中存在着差异,按照年龄的不同,我们又把这40人划分为6—14岁(这一年龄段中不仅包括了6—12岁的傣族儿童,而且也包括了13—14岁的傣族少年,原因是这两个年龄段的傣族人在语言的使用上表现出相同的特点;其余的15—30岁的傣族青少年在语言的使用上的特点相同,因此将另一个年龄段确定为15—30岁)、15—30岁两个年龄阶段。其中6—14岁10人,15—30岁30人。下面分别从6—14岁、15—30岁两个年龄阶段来描述。

(一)6—14岁城镇傣族儿童、青少年语言和文字使用情况如下

表4-3

姓名	年龄(岁)	文化程度	傣语	傣文	汉语	汉文
刀子荣	6	上小学	不会	不会	一般	略懂
刀婕	7	上小学	不会	不会	一般	一般
杨振宇	7	上小学	不会	不会	一般	一般
刀世龙	7	上小学	一般	不会	一般	一般
岩温叫	8	上小学	一般	不会	一般	一般
刀俊杰	9	上小学	不会	不会	一般	一般
高翔	9	上小学	不会	不会	一般	一般
洪智凯	9	上小学	略懂	不会	一般	一般
刀蕊波	11	上小学	不会	不会	熟练	熟练
刀杰	12	上小学	一般	不会	熟练	熟练

数据处理结果如表4-4。

表4-4　　　　　　　　　　　　　　　　　　　　　　　(单位:人)

语言文字	熟练		一般		略懂		不会	
	人数	百分比	人数	百分比	人数	百分比	人数	百分比
傣语	0	0	3	30	1	10	6	60
傣文	0	0	0	0	0	0	10	100
汉语	2	20	8	80	0	0	0	0
汉文	2	20	7	70	1	10	0	0

处于该年龄段的城镇傣族儿童、青少年,傣语、傣文水平普遍偏低,有60%的人不会傣语,不会傣文的人为100%;但是汉语、汉文水平明显高于母语水平,集中分布在熟练和一般等级上。

(二) 15—30 岁城镇傣族青少年语言和文字使用情况如下

表 4−5

姓名	年龄(岁)	文化程度	傣语	傣文	汉语	汉文
卢伟	15	上初中	不会	不会	熟练	熟练
玉喃温	15	初中	熟练	不会	熟练	熟练
玉金罕	15	上初中	熟练	不会	熟练	熟练
岩叫罕	15	初中	熟练	不会	熟练	熟练
刀莹	16	初中	不会	不会	熟练	熟练
玉温而	17	初中	熟练	不会	熟练	熟练
岩应叫	17	初中	熟练	不会	熟练	熟练
孙婷婷	18	初中	不会	不会	熟练	熟练
玉罕凤妓	19	初中	不会	不会	熟练	熟练
江宇	20	高中	不会	不会	熟练	熟练
刀娜	20	初中	熟练	不会	熟练	熟练
易星星	21	初中	不会	不会	熟练	熟练
刀光友	21	初中	熟练	不会	熟练	熟练
刀俊	21	小学	熟练	不会	熟练	一般
刀林	22	初中	熟练	不会	熟练	熟练
江莎	24	初中	不会	不会	熟练	熟练
杨丽	24	中专	一般	不会	熟练	熟练
刀丽丽	26	中专	熟练	不会	熟练	熟练
刀兰英	27	中专(中技)	熟练	一般	熟练	熟练
玉旺香	27	中专	熟练	不会	熟练	熟练
刀丽萍	27	小学	熟练	不会	熟练	一般
吴克美	28	高中	不会	不会	熟练	熟练
玉罕再	28	中专(中技)	熟练	一般	熟练	熟练
玉波罕	29	初中	熟练	不会	熟练	熟练
曾建惠	30	大专	不会	不会	熟练	熟练
罗梅	30	高中	不会	不会	熟练	熟练
岩罕叫	30	初中	熟练	不会	熟练	熟练
岩罕涛	30	初中	熟练	不会	熟练	熟练
依公丙	30	中专	熟练	不会	熟练	熟练
玉拉	30	小学	熟练	不会	一般	一般

数据处理结果如表 4−6。

表 4－6 (单位：人)

语言文字	熟练		一般		略懂		不会	
	人数	百分比	人数	百分比	人数	百分比	人数	百分比
傣语	19	63.4	1	3.3	0	0	10	33.3
傣文	0	0	2	6.7	0	0	28	93.3
汉语	29	96.7	1	3.3	0	0	0	0
汉文	27	90	3	10	0	0	0	0

从表4－5和表4－6可知，随着年龄的增长，傣族青少年傣语熟练的人数、汉语熟练的人数、汉文熟练的人数都在增加。该年龄段的人傣语熟练的为63.4%，汉语熟练的为96.7%，汉文熟练的为90%，不会傣文的高达93.3%。傣语水平两极分化的趋势在这一年龄段尤为明显。

二、景洪市嘎洒镇村寨傣族儿童、青少年语言使用的变化情况

我们以选择的10个村寨中的1547名6—30岁傣族儿童、青少年作为分析统计的对象。分别从傣语、傣文、汉语、汉文四个方面来描述村寨傣族儿童、青少年语言文字使用的现状。

(一) 傣语

表 4－7 (单位：人)

调查点	总人口	熟练		一般		略懂		不会	
		人口	百分比	人口	百分比	人口	百分比	人口	百分比
曼景保村	212	209	98.6	3	1.4	0	0	0	0
曼真村	116	116	100	0	0	0	0	0	0
曼凹村	140	140	100	0	0	0	0	0	0
曼景罕村	158	157	99.4	0	0	0	0	1	0.6
曼贺回村	89	89	100	0	0	0	0	0	0
曼达一村	111	111	100	0	0	0	0	0	0
曼播村	148	147	99.3	0	0	0	0	1	0.7
曼湾村	287	287	100	0	0	0	0	0	0
曼回东村	214	214	100	0	0	0	0	0	0
纳板村	72	72	100	0	0	0	0	0	0
合计	1547	1542	99.7	3	0.2	0	0	2	0.1

村寨中的傣族儿童、青少年傣语水平很高，熟练的高达99.7%；不会的2人，为聋哑人；一般的3人，他们来自2个族际婚姻家庭，其家庭成员的具体情况如表4－8。

表 4-8

序号	家庭关系	姓名	年龄(岁)	文化程度	傣语	傣文	汉语	汉文	备注
1	户主	岩傣	45	小学	熟练	熟练	一般	一般	
	妻子	木学芝	41	初中	不会	不会	熟练	熟练	彝族
	长女	玉金	17	初中	一般	不会	熟练	熟练	
	长子	岩温罕	12	上小学	一般	不会	熟练	熟练	
2	户主	花元昌	86	小学	不会	不会	熟练	一般	汉族
	妻子	杨春芬	84	文盲	不会	不会	熟练	不会	汉族
	次子	花宝江	38	初中	不会	不会	熟练	熟练	汉族
	孙女	玉艳罕	7	上小学	一般	不会	一般	一般	

(二) 傣文

表 4-9　　　　　　　　　　　　　　　　　　(单位:人)

调查点	总人口	熟练		一般		略懂		不会	
		人口	百分比	人口	百分比	人口	百分比	人口	百分比
曼景保村	212	13	6.1	8	3.8	1	0.5	190	89.6
曼真村	116	1	0.9	4	3.4	5	4.3	106	91.4
曼凹村	140	2	1.4	0	0	0	0	138	98.6
曼景罕村	158	64	40.5	1	0.6	1	0.6	92	58.3
曼贺回村	89	2	2.2	7	7.9	0	0	80	89.9
曼达一村	111	9	8.1	0	0	0	0	102	91.9
曼播村	148	18	12.1	0	0	1	0.7	129	87.2
曼湾村	287	28	9.8	1	0.3	8	2.8	250	87.1
曼回东村	214	0		0		0		214	100
纳板村	72	25	34.7	0	0	0	0	47	65.3
合计	1547	162	10.5	21	1.4	16	1	1348	87.1

村寨中儿童、青少年的傣文水平偏低,傣文不会的高达87.1%,傣文熟练的仅为10.5%。但相对于城镇傣族儿童、青少年来说,他们的傣文水平还是较高的。只有曼回东村(汉傣(生活习俗及住房与内地汉族相似),不信仰小乘佛教)是特例,6—30岁年龄段的傣族儿童、青少年没有人会傣文。其他村寨中,傣文熟练的人基本上都入过佛寺,有在寺院生活和学习的经历。据调查统计,曼景罕村傣文熟练的64人,其中61人入过佛寺;曼湾村傣文熟练的28人,其中22人入过佛寺;曼景保村傣文熟练的13人,其中1人入过佛寺;曼贺回村有3人入过佛寺,其中2人傣文熟练,1人傣文一般;曼达一村傣文熟练的为9人,曼播村傣文熟练的为18人,纳板村傣文熟练的为25人,他们全都入过佛寺。村寨中傣族儿童、青少年傣文水平的高低与是否经历过寺院教育有直接的关系。

(三) 汉语

表 4-10　　　　　　　　　　　　　　　　　　　　　　　　　　　（单位：人）

调查点	总人口	熟练		一般		略懂		不会	
		人口	百分比	人口	百分比	人口	百分比	人口	百分比
曼景保村	212	125	59	87	41	0	0	0	0
曼真村	116	72	62.1	44	37.9	0	0	0	0
曼凹村	140	63	45	77	55	0	0	0	0
曼景罕村	158	79	50	78	49.4	0	0	1	0.6
曼贺回村	89	53	59.6	36	40.4	0	0	0	0
曼达一村	111	80	72.1	31	27.9	0	0	0	0
曼播村	148	38	25.7	109	73.6	1	0.7	0	0
曼湾村	287	142	49.5	145	50.5	0	0	0	0
曼回东村	214	99	46.3	115	53.7	0	0	0	0
纳板村	72	43	59.7	29	40.3	0	0	0	0
合计	1547	794	51.3	751	48.5	1	0.1	1	0.1

由表 4-10 可知，村寨中傣族儿童、青少年的汉语水平很高，基本上都集中在"熟练"和"一般"这两个等级上，熟练的为 51.3%，一般的为 48.5%。他们汉语水平的高低与他们的文化程度有着密切的关系。文化程度是文盲、小学和正在上小学的低年级的学生，汉语水平主要集中在"一般"的等级上；小学高年级的学生和具有初中或初中以上文化程度的人，汉语水平主要集中在"熟练"的等级上。如表 4-11 所示。

表 4-11　　　　　　　　　　　　　　　　　　　　　　　　　　　（单位：人）

文化程度	总人数	熟练		一般		略懂		不会	
		人数	百分比	人数	百分比	人数	百分比	人数	百分比
文盲	46	1	2.2	44	95.6	0	0	1	2.2
小学	628	143	22.8	485	77.2	0	0	0	0
上小学	296	75	25.4	220	74.3	1	0.3	0	0
初中或初中以上	577	575	99.7	2	0.3	0	0	0	0
合计	1547	794	51.3	751	48.5	1	0.1	1	0.1

(四) 汉文

表 4-12　　　　　　　　　　　　　　　　　　　　　　　　　　　（单位：人）

调查点	总人口	熟练		一般		略懂		不会	
		人口	百分比	人口	百分比	人口	百分比	人口	百分比
曼景保村	212	110	51.9	87	41.1	2	0.9	13	6.1

曼真村	116	63	54.3	34	29.3	3	2.6	16	13.8
曼凹村	140	48	34.3	74	52.9	7	5	11	7.8
曼景罕村	158	78	49.4	74	46.8	4	2.5	2	1.3
曼贺回村	89	53	59.6	33	37.1	2	2.2	1	1.1
曼达一村	111	67	60.4	44	39.6	0	0	0	0
曼播村	148	31	20.9	111	75	4	2.7	2	1.4
曼湾村	287	139	48.4	141	49.1	6	2.1	1	0.4
曼回东村	214	98	45.8	109	50.9	6	2.8	1	0.5
纳板村	72	42	58.3	28	38.9	2	2.8	0	0
合计	1547	729	47.1	735	47.5	36	2.4	47	3

上表4-12中的调查结果显示,村寨中傣族儿童、青少年的汉文水平也很高,且主要集中在"熟练"和"一般"这两个等级上,熟练的为47.1%, 一般的为47.5%。并且与汉语的特点一样,他们汉文水平的高低与他们的文化程度有密切的关系。如表4-13所示。

表4-13　　　　　　　　　　　　　　　　（单位:人）

文化程度	总人数	熟练		一般		略懂		不会	
		人数	百分比	人数	百分比	人数	百分比	人数	百分比
文盲	46	0	0	0	0	0	0	46	100
小学	628	79	12.6	549	87.4	0	0	0	0
上小学	296	75	25.3	184	62.2	36	12.2	1	0.3
初中或初中以上	577	575	99.7	2	0.3				
合计	1547	729	47.1	735	47.5	36	2.4	47	3

上小学的和文化程度为小学的,汉文水平主要集中在"一般"的等级上;文化程度为文盲的,都不会汉文;初中或初中以上文化程度的,汉文水平主要集中在"熟练"的等级上,熟练的高达99.7%。

综上所述,村寨中傣族儿童、青少年的语言兼用现象突出,通过对10个村寨1547名6—30岁的傣族儿童、青少年的调查数据统计,傣语和汉语都熟练的有791人,占调查总人数的51.1%。除两个聋哑人外,其他的1545人都会说汉语且水平较高,熟练的为51.4%,一般的为48.6%。既会汉语又会汉文的高达97.03%,汉语、汉文水平都达到"熟练"等级的占47.12%。

三、影响景洪市嘎洒镇傣族儿童、青少年语言文字使用情况的因素分析

(一) 景洪市嘎洒镇城镇傣族儿童、青少年母语使用能力下降的原因分析

1. 傣语水平下降的原因

生活在嘎洒镇的民族以傣族为主,另外还有汉、基诺、布朗、拉祜、彝、壮、瑶、白等民族。特别是在城镇,各民族生活在一起,打破了单一民族高度聚居的分布格局,各民族分布呈散居状

态,傣族也不例外。嘎洒镇10个机关单位共有216户,傣族家庭仅有47户,其中,傣族族内婚姻家庭27户,族际婚姻家庭20户。族际婚姻家庭占傣族家庭总数的42.6%。216户的人口总数为456人,其中傣族156人、汉族158人、哈尼族70人、彝族40人、拉祜族3人,其他民族29人(参见表1-5)。傣族占调查总人数的33.8%,其他民族占调查总人数的66.2%,其中,汉族占调查总人数的34.6%。傣族与非傣族人口所占比例如图4-1。

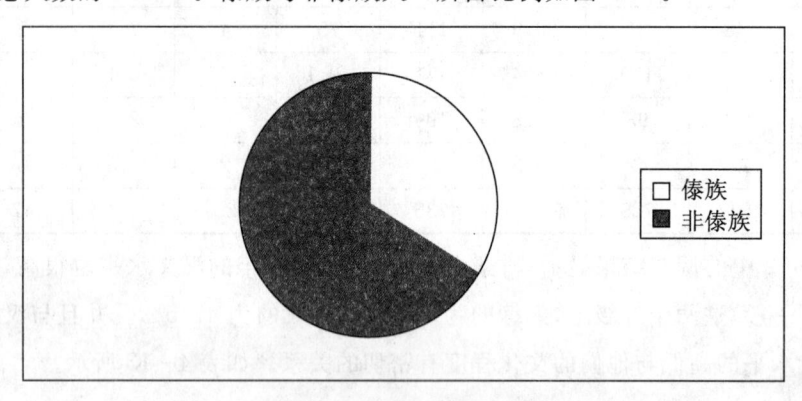

图4-1 10个机关单位中傣族与非傣族人口比例示意图

47户傣族家庭在嘎洒镇10个机关单位的分布如表4-14。

表 4-14

调查点	总户数	傣族户数	百分比
土地所	7	3	42.9
水管站	5	3	60
财政所	5	1	20
十三道班	25	2	8
嘎洒税务所	8	3	37.5
嘎洒工商所	5	0	0
嘎洒供销社	37	12	32.4
嘎洒信用社	4	2	50
嘎洒卫生院	26	5	19.2
嘎洒中心小学	94	16	17
合计	216	47	21.8

从以上的数据分析来看,城镇中的傣族散居分布是显而易见的。因此,不能形成统一的傣语交际环境,傣语在多语的环境中生存,尤其受到主流语言——汉语的影响最大。

家庭是语言传承的一个最重要的场所,6—30岁的傣族儿童、青少年来自31个傣族家庭,傣族族内婚姻家庭有20个,族际婚姻家庭有11个,其中7个为傣族、汉族族际婚姻家庭;两个为傣族、哈尼族族际婚姻家庭;1个为傣族、拉祜族族际婚姻家庭;1个为傣族、回族族际婚姻家庭。47户傣族家庭中傣族与其他民族人口分布如图4-2。

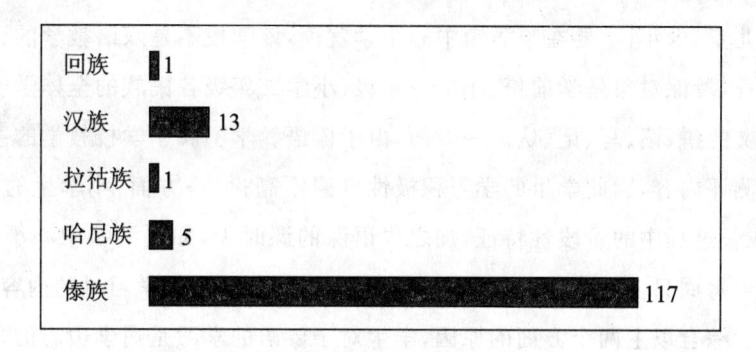

```
回族     1
汉族     13
拉祜族   1
哈尼族   5
傣族     117
```

图4-2　47户傣族家庭中傣族与其他民族人口分布

族际婚姻家庭的增多,一方面,在家庭内形成了傣汉双语的语言环境,成长在这种家庭环境中的傣族儿童、青少年傣语水平整体不高,汉语水平很高,一部分人已成为汉语单语人,特别是父母文化程度较高的族际婚姻家庭中的儿童、青少年,这个特点表现得尤为突出。另一方面,不管是在族内婚姻家庭中还是在族际婚姻家庭中,小学生这一群体基本上不会傣语,属于汉语单语人。这不仅与他们所生活的家庭的婚姻类型、父母受教育程度的高低密切相关,也与其家长的教育观念、语言态度密不可分。如:蒋玉波,傣族,47岁,在嘎洒镇粮管所工作,来自傣族、汉族族际婚姻家庭,她是我们的访谈对象之一。访谈的部分内容如下:

问:您的小孩儿都会说傣语吗？

答:我的两个孩子都会说傣语,而且说得很溜(好)。

问:他们会写傣文吗？

答:我的女儿(高中)会写一些傣文,我的儿子(初中)就不会了。

问:他们的傣语说得那么好,都是您和您的爱人从小教的吗？

答:其实我的两个孩子,是先会说汉语,之后我们才教他们傣语的。他们在上学那会儿,一到假期,我们就把他们送到寨子的亲戚家,寨子里的人都说傣语,慢慢地他们就学会了傣语。

问:也就是说孩子的傣语,是您和您的爱人有意识地让他们学的？

答:是的。

问:您身边的朋友像您这样有意识地让孩子学习傣语的人多吗？

答:谈不上多,但还是有的,我的一个同事,他家的小孩儿,放假的当天就被爷爷接到寨子去了,几个假期下来,傣语就说得很好了。

问:有意识给孩子一个学习傣语的语言环境,孩子学习傣语就会很快、很好,对吗？

答:是这样的,这很重要。但是在城镇,有些家长虽然夫妻双方都是傣族,但是汉语说得多,不太说傣语,再加上没有有意识地去教孩子学习傣语,没有给孩子创造学习傣语的环境,所以孩子就不会说傣语了。

由此可以看出,家长的教育观念和语言态度影响着儿童、青少年语言的学习和使用。

2. 傣文都不会的原因

学校虽然在轰轰烈烈地开展双语教育,但是成效甚微。对于小学生来说,城镇处于小学这一学龄的傣族儿童、少年,主要在嘎洒镇中心小学就读,该学校不是双语教学的试点,但却在开设傣汉双语课程,授课对象是学前班、小学一年级、小学二年级各民族的全体学生;傣文课的教学内容是教傣文的拼、读、写、记、认。一方面,由于傣语教学不属于学校教学的主要任务,不作为升学考试的测评内容,因此学生的学习积极性普遍不高;另一方面,小学生的学习自觉性不高,这是个人成长过程中的阶段性特征,加之傣语课的课时少,如嘎洒镇中心小学小学一年级和二年级的学生每周只上两节傣语课,学习的间隔时间长,学生们学习过的内容不能得到及时的复习和巩固。综合以上两个方面的原因,学生对于傣语的学习是边学边忘的,等到三年级开设了英语课,不再开设傣语课时,他们的学习精力就完全转移到英语学习上了,学习过的傣文也就基本忘光了,最终的结果就是:从小生活在城镇的小学生不会傣文。

另外,城镇缺少学习傣文的大环境,不像在村寨中生活的儿童、青少年那样,男孩儿到了七八岁时就可以到佛寺里当小和尚,在那里诵经、学习傣文。生活在城镇的傣族儿童、青少年,他们几代人都一直生活在城镇,接触汉族、汉语、汉文化的机会多。经过多年的融合,在对孩子的教育上,他们自然而然地让孩子接受正规的学校教育,学说普通话,学写汉文,没有意识去培养孩子的母语能力,更不必说把孩子送到村寨里的寺院,让孩子接受传统的佛寺教育,学习傣文了。如,对蒋玉波的访谈还涉及如下内容:

问:在儿子小的时候,有没有想过要把孩子送到寨子里的寺院去当小和尚,让他在那里学习呢?

答:没有这个意识,因为都是在城镇长大的,根本没有这样的想法,就是在寨子里,去寺院当小和尚的也很少了。

对嘎洒镇农业服务中心副主任岩光进行访谈的部分内容如下:

问:刚刚您提到在寺院受教育能锻炼孩子的独立自主能力,那您打算让您的小孩儿接受寺院教育吗?

答:我还没有小孩儿,等将来有了小孩儿也不太倾向让他去寺院接受教育,我祖父辈、父辈去寺院当和尚的很多,而且都是寨子里的人,城镇的很少。

(二)景洪市嘎洒镇村寨傣族儿童、青少年语言文字使用情况的原因分析

1. 10个村寨中的1547名6—30岁的傣族儿童、青少年傣语熟练的原因

与城镇人口散居分布的状态相比,村寨中的傣族高度聚居,10个村寨人口情况分布如表4-15。

表 4 - 15　　　　　　　　　　　　　　　　　　　　(单位:人)

调查点	总人口	傣	哈尼	拉祜	汉	布朗	彝	其他
曼景保村	535	526		1	7		1	

曼真村	330	326	1		3			
曼凹村	373	369	1		1			2
曼景罕村	424	420		1	2	1		
曼贺回村	224	221			3			
曼达一村	297	296			1			
曼播村	398	394					3	
曼湾村	725	718			7			
曼回东村	460	458			2			
纳板村	182	173	1	7	1			
合计	3948	3901	3	9	28		5	2

人口分布的高度聚居能够形成以傣语为主要交际工具的语言交际环境，为傣语的传承提供了良好的语言环境氛围。这里生活的儿童、青少年，不管是与家庭成员在一起时，还是与本族人在一起时，都把傣语作为唯一的交际工具，只有在汉族人来访时他们才会使用汉语，但是这也仅限于那些会当地汉语方言和普通话的傣族。

2. 傣文的习得

傣族几乎全民信仰小乘佛教，这在村寨中得到了集中的体现，佛寺教育是傣族的传统教育方式。每个村寨都有自己的寺院，一年中除了开门节、关门节等重大的祭祀活动外，大赕小赕的小型宗教祭祀活动不断。一方面，一些家长让自己的孩子接受正规的学校教育，同时也愿意把孩子送到寺院去，有意识地让孩子接受传统的佛寺教育，学习傣文，从而出现了和尚学生。和尚学生出现的另一个原因就是寺院里和尚的经济待遇好，村寨的居民会为他们定期捐资捐物，城镇的机关单位在大型的祭祀活动时也会为他们捐款。和尚们的日常生活消费完全由村寨居民来承担，每逢一些祭祀活动，如开门节、关门节等，会给和尚们发放补助，每次50元到200元不等。在傣文水平方面，和尚学生的傣文水平整体很高，在村寨中会傣文的青少年中占有很大的比例。10个村寨的1547名傣族儿童、青少年中，傣文属于"熟练""一般""略懂"等级的共有199人，其中69.8%（139人）的人有寺院学习和生活的经历（参见表4-9）。另一方面，儿童、青少年在入校初期，由于没有汉语基础，汉语的理解能力有限，老师中汉族老师居多，使用的教材是用汉语编制的教材，在学习过程中，来自村寨的一部分傣族青少年遇到了相当大的困难，直接影响到了学习成绩，成绩低严重挫伤了他们的学习积极性。因此他们更愿意到寺院里去，在寺院里没有了成绩评比的优劣之分，也不必再为成绩不佳而感到有压力和痛苦。除了早晚诵经学习傣文外，在完成打扫等日常的寺院工作后，其余的时间可自由支配，与学校的学习和生活相比，佛寺的生活和学习多了几分安逸。几年下来，这部分儿童、青少年的傣文基本都达到了熟练的水平，能够阅读傣文文章，熟练地书写傣文。

村寨中大部分傣族儿童、青少年是没有传统的佛寺学习和生活经历的，这部分人的傣文水平不及和尚学生的傣文水平高。他们中的一部分人就读的村寨完小是双语教学的试点，这样就有一部分小学生会傣文。如,曼湾村的玉叫,11岁,上小学,傣文略懂;玉应香,11岁,上小学,傣文略懂;岩温香,10岁,上小学,傣文略懂;等等。

另外,村寨中极少数傣族儿童、青少年,在会傣文的家长的影响下,有意识地学会了傣文。如表4-16中的曼景保村的第22户:

表 4-16

序号	家庭关系	姓名	年龄(岁)	文化程度	傣语	傣文	汉语	汉文	备注
22	户主	岩罕广挖	45	文盲	熟练	熟练	一般	不会	
	妻子	玉说	41	文盲	熟练	熟练	一般	不会	
	长女	玉燕	24	小学	熟练	熟练	一般	一般	
	长女婿	岩宽	27	小学	熟练	不会	一般	一般	
	次女	玉论	21	小学	熟练	熟练	一般	一般	
	外孙女	玉章罕	3	学龄前					

再如表4-17中的曼景罕村的第88户:

表 4-17

序号	家庭关系	姓名	年龄(岁)	文化程度	傣语	傣文	汉语	汉文	备注
88	户主	岩康罕	42	小学	熟练	一般	一般	一般	
	妻子	玉罕喃	38	小学	熟练	一般	一般	一般	
	长子	岩温罕	19	大专	熟练	熟练	熟练	熟练	
	次子	岩温捧	17	高中	熟练	熟练	熟练	熟练	

3. 汉语水平

和尚学生随着年龄和学龄的增长,汉语水平也得到了相应的提高。整体来看,据调查数据统计,10个村寨的1547名傣族儿童、青少年中有过寺院学习和生活经历的有139人,汉语熟练的56人,83人的汉语水平为"一般";汉文熟练的51人,汉文一般的88人。他们的普通话水平和汉文水平是比较高的,汉语、汉文处于"熟练"、"一般"水平的都高达100%。

在村寨中,经济因素是影响儿童、青少年语言习得和使用语言文字的最重要的因素。橡胶树是嘎洒镇的主要的经济作物,从2005年到2007年,橡胶经济成了傣族主要的经济来源。另外,第一产业农业(水果、蔬菜)的发展,第三产业旅游业的发展也为傣族人收入的提高作出了贡献,傣族社会的经济得到了空前的发展,傣族的物质生活水平显著提高。经济发展的同时,各村寨出资出力开始改善交通条件。2004年开始修建的景大公路(景洪至大勐龙)途经嘎洒镇,为嘎洒镇的经济、旅游打通了一条快捷的通道。纳板村离嘎洒镇35公里,这次调查是嘎洒镇农业服务中心主任陶建伟开车陪我们去的,他说没有修路之前,他们去纳板村工作,当天是无法返回的,要住在那里,现在路修通了,开车只需要1个半小时左右就到了。

便利的交通为傣族经济的进一步发展打下了良好的基础。第一,经济的繁荣、交通的便捷,使得对外交往日益频繁,傣族村寨与外界有了更多的联系,在与汉族商人、游客等的交往过程中,汉语水平得到了一定的提高,一个开放的语言环境在傣寨中逐渐形成,潜移默化地影响着傣族儿童、青少年这一群体的汉语水平,为他们学习汉语提供了又一渠道。其次,电子媒体的应用是物质生活水平提高的重要标志之一,特别是近年来,电视走进了傣族的家庭,成为傣族主要的休闲娱乐工具,同时更是他们了解外界的窗口。"电视综合覆盖率达到了96.5%",城镇和临近城镇的村寨都已经看上了数字电视,收视频道也增加了,除了具有民族特色的地方频道外,其余的频道都是汉语频道,所有的电视节目都是用普通话播出的,这是傣族儿童、青少年接触汉语的又一渠道。他们会在自己喜欢的电视节目中学到一些汉语。第三,物质生活水平提高的同时,人们并没有放弃对精神生活的追求,尽管精神生活水平提高的幅度远远小于物质生活水平提高的幅度。傣族人的观念发生了一定的变化,家长的教育观念也变了,教育观念变化的直接结果就是,村寨中大部分傣族青少年都能完成九年义务教育,达到初中文化程度。根据我们的调查,上个世纪80年代前期出生的人,文化程度是文盲的占有很大的比例。10个村寨中80年代前期出生的人,有很大一部分人的文化程度还是文盲;而90年代出生的孩子,基本上都能够完成九年义务教育。二者形成了鲜明的对比。由此不难看出,家长的教育观念在转变,青少年文化程度在提高。而出现这些变化最根本的原因就是傣族社会的经济发展了,再加上国家教育方针政策的保证,村寨中傣族儿童、青少年的入学率不断攀升到新的高峰,辍学率大大降低,接受正规学校教育的孩子日益增多。在学校中,汉语是学校教学的主要媒介语言,是教学内容的载体,在学校教育中处于主导地位。因此汉语对青少年语言使用的影响是毋庸置疑的,承载着丰富信息内容的汉语铺天盖地地向傣族儿童、青少年袭来,让他们去理解、去判断。日复一日,年复一年,他们的汉语、汉文水平逐渐提高。根据辩证唯物主义物质决定意识的基本原理,在社会中,经济是基础,它决定着人们的意识形态、思想观念,从而间接地对语言使用产生影响。傣族村寨中儿童、青少年语言使用情况的变化就印证了这一原理。所以我们可以得出这样的结论:经济因素是影响傣寨儿童、青少年语言习得和语言文字使用的深层次的根本性因素。

以上,我们从语言(傣语、汉语)、文字(傣文、汉文)两个角度四个方面,对影响嘎洒镇村寨儿童、青少年语言使用情况和习得的因素作了列举和分析。

综上所述,本节选取了6—30岁的傣族儿童、青少年1587人,其中来自嘎洒镇城镇的40人,其余的1547人来自嘎洒镇的10个村寨,对他们语言文字的使用现状进行了描述,并从傣族社会传统的教育方式、经济发展、家庭、个人等不同的角度进行了分析,结论是:傣族儿童、青少年傣语水平整体很高,傣文水平整体不高,特别是城镇的傣族儿童、青少年,傣语、傣文水平都在下降。无论是城镇,还是村寨,傣族儿童、青少年汉语、汉文水平不断提高,已是大势所趋。

第二节 教育对傣族儿童、青少年语言文字使用的影响

一、小乘佛教对傣族儿童、青少年语言文字的影响

(一) 小乘佛教对傣族儿童、青少年语言的影响趋于淡化

嘎洒镇的傣族和西双版纳其他地区的傣族一样,几乎是全民信仰小乘佛教。隋唐时期,小乘佛教从印度经东南亚的泰国及缅甸传入云南西双版纳等傣族聚居区,至今已有一千多年的历史。随着佛教的传入,出现了佛寺教育,在没有或缺乏学校教育的历史条件下,嘎洒镇傣族的教育是通过佛寺来完成的,佛寺教育是傣族男性接受教育的唯一途径。每个傣族村寨一般都建有一座佛寺,傣族男孩儿到了七八岁,就被送进寺院去当和尚,通过诵读经书来学习傣文。因此,小乘佛教对傣族儿童、青少年的影响主要体现在傣文上。

如果对新中国成立以来嘎洒镇小乘佛教对傣族儿童、青少年语言文字的影响作一个总体的回顾,就可以将其发展过程大体划分为以下四个阶段:

第一阶段是从上个世纪的 1950 年至 1957 年。新中国的成立,嘎洒镇傣族的政治制度、土地制度、生活方式等方面都发生了翻天覆地的变化。在这一阶段,关于西双版纳傣族信仰佛教的情况,马曜先生在《西双版纳傣族社会经济调查总结报告》中写道:"统治阶级一旦意识到宗教的作用,并加以利用之后,政教就合流了","在全民信教和政教合流的西双版纳社会里,家家户户'赕佛'、'斋僧'、送子弟当和尚。""送子弟当和尚,被视为是每个家长对子女抚育应尽的义务。他们认为当了和尚可以学傣文。"① 由此可见,佛寺教育仍然是这一阶段傣族男性接受教育的主要途径,小乘佛教仍然深刻地影响着傣族青少年的语言。我们调查的结果也同样显示,10 个村寨中 56 岁以上(成长在这一时期,当时年龄是七八岁的傣族男孩儿)的傣族男性会傣文的很多。

第二个阶段是从上个世纪的 1958 年到 1977 年。1958 年"大跃进"开始了,"在当时极'左'思想的影响下,嘎洒镇的傣族佛寺教育遭到了严重的破坏。尤其是在'文革'期间,大量的僧侣被逼还俗,大量的佛寺、庙宇被强行拆毁,甚至出现让僧侣学习毛主席语录等令当今世人难以置信的事情。"② 佛寺教育完全消亡。小乘佛教不再是傣文教授和习得的场所,无法再继续发挥传承傣文的作用。我们调查的结果也同样再次显示,10 个村寨中 40—55 岁(成长在这一时期,当时年龄是七八岁的傣族男孩儿)的傣族男性有相当一部分人不会傣文。

---

① 参见《民族问题五种丛书》,云南省编辑委员会编《傣族社会历史调查》(西双版纳之二),云南民族出版社,1983 年 12 月。

② 龚锐《西双版纳傣族宗教生活的世俗化倾向——以嘎洒、勐罕、大勐龙三镇为例》,《民族研究》,2003 年第 2 期。

第三阶段是从上个世纪的 1978 年到 1990 年。这一时期,1978 年,国家实行了改革开放政策,社会的变革,经济的大发展,"出现了建国以来较为宽松的社会文化环境"。① 嘎洒镇傣族的佛寺教育逐渐恢复。还俗的僧侣又纷纷回到佛寺,进入佛寺接受佛寺教育的傣族男童达到了空前的规模。1988 年至 1990 年底,该镇修复的佛寺总数,佛爷与和尚的人数等基本上都接近新中国成立初期的规模。小乘佛教再次成为傣文传承的媒介。

第四阶段是从上个世纪 90 年代初至今。这一阶段是嘎洒镇傣族的佛寺教育发展变化期。政治上的进一步宽松使嘎洒镇傣族在宗教信仰方面得到了空前的自由。"在此期间,各村寨都纷纷改建或重建更大的佛寺。但值得注意的是,大部分村寨中,僧侣的人数以及人们的宗教热情并没有因此而增加。社会经济变迁使嘎洒镇傣族的佛寺教育发生了一系列的变异。虽然传统文化仍十分顽强地固守着宗教的净土,但同时,现代化的生活方式也对僧侣及普通民众造成极大的震撼。"② 在这种情况下,进入佛寺接受佛寺教育的傣族男孩儿越来越少。对嘎洒镇卫生院的 1 名护士(玉罕,女,21 岁,傣族)访谈时,她说:"寨子里还有寺院,但是现在的家长都不送孩子到寺院去了。已经没有小和尚在那里学习了。"对曼掌宰村委会曼景保村波儿老人访谈时,老人也同样提到:"这(现在村里送小孩儿到寺院当小和尚的越来越少)是社会的发展(所带来的问题),人的观念都变了,在寺院的人觉得很寂寞,所以都不愿意去寺院读书。"走访中,我们来到了曼景保佛寺,寺院里只有大佛爷 1 人、小和尚 3 人。偌大的殿堂冷冷清清,与昔日寺院里众多的沙弥在此学习形成了巨大的反差。甚至在曼凹村的佛寺中,寺院内没有和尚了,只有几个小孩儿在殿堂里游戏。村民玉因告诉我们:"村里的年轻人都不愿意入寺当和尚,但是寺院是需要有和尚守着的,所以就从外面的寨子请来和尚为我们'守寺',然而他们嫌弃这儿的生活不好,几天前也走了。"显然,小乘佛教对傣族儿童、青少年语言文字的影响已趋于淡化。

(二) 小乘佛教对傣族儿童、青少年语言文字的影响趋于淡化的成因分析

1. 受经济因素的影响

经济因素是小乘佛教对傣族儿童、青少年语言文字的影响趋于淡化的根本性因素,"2005 年以来,东南亚的泰国遭受台风灾害,橡胶供不应求,于是紧缩出口。而另一个产胶大国印度尼西亚则恰逢橡胶生产替换周期,大批橡胶树被砍倒更替,一时间国际橡胶价格犹如气球飞升,极大地刺激了国内胶价的攀升。"③ 嘎洒镇依靠橡胶产业,经济得到了突飞猛进的发展,我们走访的 10 个村寨,家家户户基本上都住进了别墅式傣族新居,新居内充满着浓郁的现代化生活气息,家用电器应有尽有,卫生间、浴室、暖气等设施配备齐全。对于傣族家庭来说,摩托

---

① 龚锐《西双版纳傣族宗教生活的世俗化倾向——以嘎洒、勐罕、大勐龙三镇为例》,《民族研究》,2003 年第 2 期。
② 同上。
③ 吴振南《橡胶经济与傣泐社会——西双版纳曼村傣泐人的土地利用转换与社会文化变迁》,云南大学贝叶文化研究中心、西双版纳贝叶文化研究中心编《贝叶文化与傣族和谐社会建设》(第 3 届全国贝叶文化研讨会论文集),云南大学出版社,2008。

车已经不再新奇,基本上达到了家家都有的程度,有的家庭甚至每人1辆,轿车也进入了傣族家庭中。在我们到访的曼播村委会的曼播村,全村77户(全村总共有78户,有77户傣族家庭)傣族家庭中拥有轿车的就有40户。傍晚过后,年轻人经常组成车队到景洪市或嘎洒镇游玩。同时,KTV和互联网聊天、游戏等新的消闲娱乐方式的兴起,也对傣族的儿童、青少年产生了极大的诱惑。"外面的世界很精彩",渐渐地,枯燥的寺院学习已经不能满足傣族儿童、青少年对生活和学习的心理诉求,因此出现了适龄的傣族男童不再入寺接受佛寺教育的现象,结果,会傣文的傣族男孩儿越来越少,如:上述的曼凹村全村140名6—30岁的傣族儿童、青少年,傣文熟练的仅有2人,不会傣文的有138人(参见表4-9),不会的比例高达98.6%。

2. 受学校教育的影响

佛寺教育作为傣族地区传统的教育方式,在学校教育出现以后受到了一定的影响。新中国成立之后,国家大力发展少数民族地区的学校教育,学校教育与佛寺教育之间出现了矛盾,一些家长开始意识到佛寺教育的局限性,认为要学习更加系统的文化知识和掌握现代科学技术,就必须让孩子接受正规的学校教育。特别是上个世纪90年代以来,国家加强了"普六""普九"的力度,在西双版纳州内教育事业得到较快发展的大环境下,嘎洒镇的基础教育稳步提高。入学率不断攀升到新的高峰,越来越多的适龄傣族男孩儿涌向学校,极大地冲击了佛寺教育。

二、学校教育对傣族儿童、青少年汉语的影响

(一)学校教育对傣族儿童、青少年汉语的影响日益加强

在新中国成立前漫长的历史时期中,在西双版纳这片神奇、富饶的土地上,学校教育完全是一片空白。中华人民共和国成立之后,国家采取一系列的方针政策,大力发展西双版纳傣族地区的现代教育。由于现代学校推行的是汉语单语教学,因此学校教育对傣族青少年语言的影响主要体现在汉语上。从新中国成立到改革开放以前,嘎洒镇的学校教育在曲折中发展,但是也取得了令人瞩目的成就。傣家人开始接受正规的现代化的学校教育,开始拥有了从幼儿教育到中专教育的较为完整的教育体系,为傣族人学习汉语提供了必要条件。从1978年至1990年,是佛寺教育的恢复时期,全镇出现了一次学生的大流动,适龄的傣族男孩儿纷纷涌向寺院,学校教育面临着前所未有的考验,"州教委在各级党政有关部门、民族宗教界人士的大力支持下,从傣族地区的社会经济、文化发展状况以及民族习俗和宗教信仰的实际出发,对该地区的教育体制进行了大胆改革创新,通过不断总结经验教训,摸索出一种同民族心理状态和文化习俗相适应,能促进民族地区经济文化发展的办学模式,从而使国民义务教育与佛寺的关系逐渐协调。"[①]嘎洒镇内的各学校从校长到一线教师都行动起来,走进村寨头人家中,走进佛寺,做好头人、佛爷的工作,通过头人发动学生,团结佛爷动员学龄和尚入学。适龄和尚的入学率升高,民族教育最终得到了稳步的发展。这一时期,傣族的汉语水平在某种程度上得到了提

---

① 马世雯《义务教育与宗教传承的并存及调适》,《民族教育研究》,2005年第6期。

高,识汉文的人有所增加,但是汉文水平提高的幅度远远小于汉语水平提高的幅度。嘎洒镇上个世纪90年代初至今,国家加强了普及九年义务教育和教育执法的力度,在州教委的配合下,嘎洒镇的"普九"工作开展得有声有色,取得了显著成就。我们的调查结果也同样显示,上世纪90年代出生的傣族孩子绝大多数都能完成九年义务教育,汉语的听、说、读、写能力较强。在曼湾村对玉外进行语言使用情况的调查时,她的汉语水平有限,我们的调查一再中断,后来她把初中刚毕业的女儿玉香旺(17岁)叫来给她当翻译,调查才得以顺利进行。在曼播村对岩香龙(27岁,文化程度:小学)进行语言使用情况的调查时,明显地感觉到,他的汉语不流利,语码转换不自如。显然,从受教育的程度上来看,玉香旺和岩香龙语言使用情况的对比说明了学校教育对傣族青少年汉语的影响在日益加强。此次调查,我们选择了曼迈村委会的曼迈小学、曼播村委会的曼播完小、嘎洒镇中心小学和嘎洒镇职业中学4所学校作为调查点,分析学校教育对傣族儿童、青少年汉语的影响。

1. 学校概况

曼迈小学位于嘎洒镇的傣族聚居地曼迈村委会曼迈村,学校建于1955年,现有12个教学班,共有学生389人,其中傣族241人、汉族62人、哈尼族86人。现有教师24人,其中傣族9人,汉族10人,彝、基诺等其他民族5人。开设傣语课的班级从学前班直到小学六年级。学前班全部用傣语上课,一年级至六年级每班每周两节傣语课。到曼迈小学就读的学生主要来自于附近的曼迈村、曼广龙村、曼乱典村、曼广迈村4个村寨。该校教学的特色是学前班都用傣语、傣文授课,一年级至六年级每年级都有一个教学班开设傣语课,旨在传承、保护傣族文字。

曼播完小位于傣族聚居地曼播村委会曼播村,学校建于1997年,现有7个教学班,共有学生179人,其中傣族153人,汉、哈尼、佤等民族26人。现有教师14人,其中傣族6人,汉、哈尼、白等民族8人。学校附近的曼播村、曼沟村、曼湾村、曼荒村和曼达纠村5个村寨的学生来此就读。2000年,该校增设了傣语课,授课对象是学前班、小学一年级和二年级所有在校学生,授课时间在各年级有所差异,学前班每周上10课时,一年级6课时,二年级4课时。

嘎洒镇中心小学位于嘎洒镇城镇,学校建于1951年,现有22个教学班,学生1056人。其中傣族学生327人,还有哈尼、汉、拉祜和彝等民族。教师74人,其中傣族27人,还有汉、拉祜、哈尼、白和布朗等民族。学校附近的曼景保村、曼洒村、曼醒村、曼倒村、曼占宰村、曼凹村和曼喃村7个村寨的学生来此就读。1985年,该校开始开设傣语课,授课对象是一年级和二年级的所有在校学生,授课时间是每班每周两节傣语课。

在对曼迈小学、曼播完小和嘎洒镇中心小学傣族学生的调查中,我们从一年级到六年级的6个年级中分别选取了1个班级,学生的年龄在5—15岁之间(包括5岁和15岁),男生256人,女生258人。调查总人数514人,非傣族学生175人。发放问卷514份,除非傣族学生的问卷和无效问卷外,最后的样本量(包括局部有效问卷)为339份。各年级民族状况如表4-18。

表 4-18　　　　　　　　　　　　　　　　　　　　　　　　　　（单位：人）

年级	总人数	非傣族人数	傣族人数
一年级	73	24	49
二年级	66	26	40
三年级	100	31	69
四年级	105	38	67
五年级	83	28	55
六年级	87	28	59
总计	514	175	339

嘎洒镇职业中学位于嘎洒镇城镇，分为初中部和高中部，初中部 1976 年成立，高中部 1984 年成立。其中初中在职教师 74 人，傣族 5 人、汉族 60 人、其他民族 9 人。初中各年级教学班均为 9 个。总共有学生 1264 人，其中傣族 659 人、汉族 240 人、其他民族 365 人，和尚学生的总人数为 56 人。所辖学区为景洪市嘎洒镇各村寨及农场。该校没有开设傣语课。

对嘎洒镇职业中学的调查，我们同样从七年级到九年级的 3 个年级的教学班中各选取了 1 个班级，学生的年龄在 12—20 岁之间（包括 12 岁和 20 岁），男生 43 人，女生 77 人。调查总人数 120 人，非傣族学生 81 人。发放问卷 120 份，除非傣族学生的问卷和无效问卷外，最后的样本量（包括局部有效问卷）为 39 份。各年级民族状况如表 4-19。

表 4-19　　　　　　　　　　　　　　　　　　　　　　　　　　（单位：人）

年级	总人数	非傣族人数	傣族人数
七年级	40	26	14
八年级	40	33	7
九年级	40	22	18
总计	120	81	39

2. 调查结果

在诸如医院和集市的公共场合中，汉语是傣族儿童、青少年主要的交际工具，这是学校教育对傣族儿童、青少年汉语的影响日益加强所产生的一个最直接的结果。医院：如表 4-20（调查的一至六年级 339 名在校的傣族学生中，除局部无效问卷，最后的样本量分别为 43、38、68、66、50、51 份，样本总量为 316 份）、表 4-21（调查的七至九年级 39 名在校的傣族学生中，无无效问卷，样本总量为 39 份）；集市：如表 4-22（调查的一至六年级 339 名在校的傣族学生中，除局部无效问卷，最后的样本量分别为 42、38、65、66、52、58 份，样本总量为 321 份）、表 4-23（调查的七至九年级 39 名在校的傣族学生中无无效问卷，样本总量为 39 份）。

表 4-20　傣族小学生医院看病用语　　　　　　　　　　　　　（单位：人）

年级	总人数	傣语		傣汉双语		汉语	
		人数	百分比	人数	百分比	人数	百分比
一年级	49	6	12.2	4	8.2	33	67.4

二年级	40	4	10	2	5	32	80
三年级	69	0	0	6	8.7	62	89.9
四年级	67	4	6	0	0	62	92.5
五年级	55	3	5.4	11	20	36	65.5
六年级	59	0	0	4	6.8	47	79.7
总计	339	17	5	27	8	272	80.2

在医院看病时，傣族小学生主要使用汉语交流。如表4-20所示，在调查的339名小学生中，使用汉语的人数占调查总人数的80.2%。这种情况在不同的年级中差异不大。

表4-21 傣族中学生医院看病用语 （单位：人）

年级	总人数	傣语		傣汉双语		汉语	
		人数	百分比	人数	百分比	人数	百分比
七年级	14	0	0	6	42.9	8	57.1
八年级	7	0	0	0	0	7	100
九年级	18	0	0	4	22.2	14	77.8
总计	39	0	0	10	25.6	29	74.4

在医院看病时，傣族中学生主要使用的语言也是汉语，调查结果如表4-21所示，使用汉语的人数占调查总人数的74.4%。

表4-22 傣族小学生集市交际用语 （单位：人）

年级	总人数	傣语		傣汉双语		汉语	
		人数	百分比	人数	百分比	人数	百分比
一年级	49	8	16.3	11	22.5	23	46.9
二年级	40	9	22.5	10	25	19	47.5
三年级	69	6	8.7	6	8.7	53	76.8
四年级	67	4	6	8	11.9	54	80.6
五年级	55	3	5.5	20	36.4	29	52.7
六年级	59	1	1.7	17	28.8	40	67.8
总计	339	31	9.1	72	21.2	218	64.4

在集市中，傣族小学生购物时主要使用的语言是汉语。同时，也有一部分学生使用傣汉双语，如表4-22所示，使用傣汉双语的人数占调查总人数的21.2%。

表4-23 傣族中学生集市交际用语 （单位：人）

年级	总人数	傣语		傣汉双语		汉语	
		人数	百分比	人数	百分比	人数	百分比
七年级	14	0	0	8	57.1	6	42.9
八年级	7	0	0	3	42.9	4	57.1

| 九年级 | 18 | 0 | 0 | 10 | 55.6 | 8 | 44.4 |
| 总计 | 39 | 0 | 0 | 21 | 53.8 | 18 | 46.2 |

在集市中,傣族中学生购物时主要使用的语言仍然是汉语。但是使用傣汉双语的学生明显多于仅使用汉语的学生,如表 4-23,使用傣汉双语的学生占调查总人数的 53.8%,使用汉语的学生占调查总人数的 46.2%。

总体来看,傣族学生在购物时所使用的语言主要是汉语,但是也不同程度地使用傣汉双语。

另外,傣族小学生在游戏时,如表 4-24 所示,有 52.5% 的人使用汉语,这也是学校教育对傣族儿童、青少年汉语的影响日益加强的一个突出表现。

表 4-24 傣族小学生游戏时用语　　　　　　　　　　　　（单位:人）

年级	总人数	傣语		傣汉双语		汉语	
		人数	百分比	人数	百分比	人数	百分比
一年级	49	3	6.1	16	32.7	23	46.9
二年级	40	19	47.5	6	15	13	32.5
三年级	69	7	10.1	8	11.6	51	73.9
四年级	67	22	32.8	14	20.9	28	41.8
五年级	55	2	3.6	25	45.5	24	43.6
六年级	59	4	6.8	13	22	39	66.1
总计	339	57	16.8	82	24.2	178	52.5

表 4-25 傣族中学生游戏时用语　　　　　　　　　　　　（单位:人）

年级	总人数	傣语		傣汉双语		汉语	
		人数	百分比	人数	百分比	人数	百分比
七年级	14	0	0	8	57.1	6	42.9
八年级	7	0	0	2	28.6	5	71.4
九年级	18	0	0	7	38.9	11	61.1
总计	39	0	0	17	43.6	22	56.4

傣族中学生在游戏时,只使用傣语的占 0,56.4% 的人使用汉语,用傣汉双语的人占 43.6%,因此从表 4-25 不难看出,傣族学生在游戏时,使用的主要语言仍然是汉语。

综上,从学校教育对傣族儿童、青少年汉语的影响所产生的直接结果来分析,能得出这样一个结论:学校教育对傣族儿童、青少年汉语的影响呈现出日益加强的趋势。

(二) 学校教育对傣族儿童、青少年汉语的影响日益加强的成因分析

1. 国家对少数民族地区教育方针政策的制定和实施

1949年10月中华人民共和国成立以后,废除了维护大地主、大资产阶级和国外帝国主义利益的一切法律法规,与新中国法律建设同步,国家加大了教育立法的力度,少数民族地区的教育立法也翻开了崭新的一页。

1949年颁布了《中华人民共和国政治协商会议共同纲领》规定:"中华人民共和国境内各民族一律平等。"1952年颁布了《中华人民共和国民族区域自治实施纲要》。这些法律保证了我国少数民族受教育的权利。1951年,教育部部长马叙伦在政务院第112次会议上作了《关于第一次全国民族教育会议的报告》,报告中进一步明确了我国发展少数民族教育的方针和各项政策。"少数民族地区的教育必须是新民主主义内容,即民族的、科学的、大众的教育,并应采取适合于各民族发展和进步的民族形式,照顾民族特点。"会议还通过了《关于加强少数民族教育工作的指示》《关于建立少数民族教育行政机构的决定》《培养少数民族师资试行方案》和《少数民族学生待遇暂行办法》4个文件。在这次会议精神的指导下,当时的车里人民政府(现在的西双版纳傣族自治州州政府)着手发展学校教育,1951年,在嘎洒街成立了食宿包干的云南省车里小学。1955年设立了宣慰、嘎洒、曼迈3所小学。1956年和平土改后,先后办起了曼校、曼达、曼飞龙、曼播、曼弄枫、曼嘎、曼洒等学校。在学校设立初期,傣族人不了解学校教育,对学校教育存在着疑虑,再加上1958年"大跃进"的影响,学校报名的傣族学生人数不多,经常来学校上课的人数更少,傣族学生大量流失。但是在当时的政府、教育行政部门和广大教师的共同努力下,1963年,镇内傣族学生流失的局面得到了一定的控制,学校教育稳步发展。至1966年,镇内已有小学12所、32个教学班,在校学生1110人。

"文革"之后,国家大力扶持少数民族地区的发展,在国家新的教育方针政策的指导下,少数民族地区的学校教育再次走上了发展道路。1980年中共中央、国务院发布了《关于普及小学教育若干问题的决定》,与此同时,批准了教育部、国家教委《关于加强民族教育工作的意见》,1982年教育部印发了《全日制民族中小学汉语文教学大纲〈试行草案〉》,1986年第六届全国人民代表大会第四次会议通过了《中华人民共和国义务教育法》,1993年《中国教育与发展纲要》对民族教育作了专门的规定。上个世纪90年代,嘎洒镇政府认真贯彻国家的教育方针政策,"八五"期间以来把发展基础教育和普及初等义务教育作为教育工作的方向,采取了一系列措施,减少在校学生流失,同时学校教育也得到了傣族的大力支持,傣族学生的流失现象得到了明显的改善,傣族学生的入学率、升学率、合格率显著提高,学校教育出现了前所未有的发展。1996年,全镇有小学39所(含校点),在校学生3689人,适龄儿童的入学率达到了99.4%,巩固率达96.4%。逐步发展起来的中学,毛入学率达51.6%,初等教育得到发展,傣族的文化程度逐渐提高。至2007年年底,嘎洒镇适龄儿童入学率100%,巩固率100%,毕业率100%。傣族青少年人均受教育年限达到了7年。

2. 学校办学条件的改善,师资水平的提高

改革开放以来,嘎洒镇傣乡经济的发展成就非凡,由此加大了教育投入,办学条件得到了不断的改善,特别是进入新世纪以来,2001年至2006年全镇加大了对教育的资金投入。如表4-26。

表 4-26

指标\年份	教育经费总支出（万元）	人均教育经费总支出(元)	财政对教育的拨款（万元）	比上年增长比例（%）	教育总支出中财政拨款所占比例(%)	财政总支出(万元)	财政对教育的拨款占财政支出的比例(%)	年生均教育事业费（元）	
								小学	初中
2002	8588	231.4	6637	3.9	77.3	24777	26.8	1582.5	1635.3
2003	8669.4	231.7	8669.4	19.6	100	30879	28.1	1870.3	1978.3
2004	10653	280.3	10073.3	16.2	94.6	33053	30.5	2236	2447.1
2005	12476	328.3	10958	8.8	87.8	41836	26.2	2415.7	2438.8
2006	16934.4	445.6	15698	43.3	92.7	53687	29.2	2604.2	2904.1

随着学校教育投入资金的加大和学校教育项目的开展，傣族地区学校的办学条件得到了极大的改善，进入学校，学习现代化的科技文化成了傣家人的自觉要求。

十一届三中全会以来，西双版纳傣族自治州对学校教师的教育工作逐渐恢复，教师的队伍建设受到了高度的重视，1982年成立了职工教育领导小组，全力进行"职工文化补课"和"岗位培训"等工作，嘎洒地区的教师也不例外，参加了这些培训工作，教师的合格率得到了提高。1991年至1995年"八五"期间，西双版纳傣族自治州针对全州的教育培训开始起步。"九五"期间，对州内各个中小学校长、专任教师的全员培训和继续教育全面展开，基本上建立了中小学校长的岗位培训和持证上岗制度，中小学专任教师接受计算机基础知识培训，教师聘任制、竞争上岗及优化组合工作也陆续展开，州内广大教师也积极参加各种形式的培训和进修，教师的整体素质得到了不断的提高。这些工作的开展，使嘎洒镇教师的综合素质更上一层楼。小学教师的学历达标率和初中教师的合格率得到了较大的提高。师资水平的提高保证了学校的教育质量，保证了傣族学生在学校内的学业成果，越来越多的傣族人通过上学，在城镇的机关单位中就业，学校教育的高学业成果对傣族人产生了较大的吸引力。

3. 家长开放的语言态度，孩子自觉的意愿

语言态度是使用语言的集团或个人对某种语言的价值评价和行为倾向，"包括人们对待母语的态度、对待其他语言的态度以及双语态度等"。[①] 在傣族地区经济发展的大潮中，开放的语言态度逐渐形成，傣族家长越来越多地意识到让孩子接受学校教育、学好汉语的重要性。在对嘎洒镇粮管所蒋玉波（傣族，47岁）的访谈时，当提及她的儿子既会傣语又会汉语时，她的脸上洋溢着自豪的表情。

另外，傣族青少年都愿意接受学校教育，在对嘎洒镇卫生院的护士玉罕（傣族，21岁，文化程度：中专）的访谈时，当问到："你当初坚持上学，是出于自己的意愿，还是家长的坚持与督促呢？"她说："我家里人不太管我的学习，还是看我自己的意愿。"同样在对曼回东村岩腊老人（傣

---

① 戴庆厦主编《阿昌族语言使用现状及其演变》，商务印书馆，2008年。

族,60岁,文化程度:文盲)的访谈时,当问到:"寨子里的孩子会不会因为橡胶致富快,想一辈子靠橡胶树为生,不愿意上学呢?"他说:"也不是,还是读书的多,特别是现在上初中的很多,中学毕业的也很多。"在对职业中学已还俗的傣族和尚学生岩糯(傣族,18岁)作傣语常用词汇测试时,当问到:"是否有考取大学,接受高等教育的打算?"他说:"有,我想先到泰国留学,把泰语学会,然后回国参加高考,考入自己心目中的大学。"

综上所述,我们从国家对少数民族地区教育方针政策的制定和实施,学校办学条件的改善、师资水平的提高,家长开放的语言态度和孩子自觉的意愿三个角度分析了学校教育对傣族儿童、青少年汉语的影响是如何日益加强的。

第五章 小结与预测

第一节 傣族语言文字使用情况小结

傣族是我国南方的一个少数民族,"主要聚居于云南省西双版纳傣族自治州、德宏傣族景颇族自治州、孟连傣族拉祜族佤族自治县、景谷傣族彝族自治县、耿马傣族佤族自治县以及景东、镇元、双江、元江、金平等地区"。[①] 我们调查的嘎洒镇在西双版纳地区。傣族是嘎洒镇的主体民族,傣语是该地区的优势语言,保存完好,生命力旺盛;随着社会主义事业的蓬勃发展,全球经济的一体化,傣族地区的发展受到了国内、国际环境双重影响,语言使用情况也必然受到主流语言文化的冲击,打上时代的烙印,出现了汉语的使用率逐渐上升,傣语、汉语共存的局面;傣族有自己的文字,傣文的使用出现了弱化的趋势。傣族语言文字的使用出现目前这种状况是历史的必然,是由我国的基本国情、傣族的社会经济、文化历史、宗教、旅游等特点决定的。傣族语言文字的使用情况是我国少数民族语言使用的一种类型,具有一定的代表性,调查傣族语言文字使用情况对于认识我国少数民族语言文字使用的演变和发展,处理汉族语言与民族语言以及多民族语言之间的关系具有一定的借鉴价值。通过调查我们得出如下结论:

第一,傣族语言保存完好,具有旺盛的生命力。语言是民族的一个重要特征,是民族成员之间交流信息、沟通感情的工具。傣族虽为少数民族,但其小聚居的人口分布特点给傣族语言的使用提供了肥沃的土壤。嘎洒镇的傣族已有三千多年的历史,三千多年来,傣族人在这块土地上劳动耕作、繁衍生息。高度的聚居形式有利于傣族一代又一代地使用、传承着自己的语言。随着社会的发展,全球经济一体化、信息通讯全球化社会的到来,主体民族的强势语言对少数民族语言必然形成包围之势,在不断的接触、冲击下产生影响,这是不以人的意志为转移的客观事实,也是备受专家学者重视的语言演变问题。但不同国家、不同地区、不同民族的情况又会表现出一定的差异性。辩证地、客观地看待语言使用的问题,有助于我们把握语言演变的脉络,看清语言演变的轨迹。傣语与汉语相比是弱势语言,受到汉语的冲击,语言功能衰退是不言而喻的,然而傣族聚居的形式对强势语言的冲击起到了"防范"作用,使汉语冲击的威力

---

① 岩峰主编《傣族文化大观》,云南民族出版社,1999年9月。

大大减小;傣语与当地其他少数民族语言相比又是该地区的强势语言,所以在使用中傣语并没有被取代的迹象,反而表现出强大的生命力,充分发挥着自己的作用,完好地保存了下来。新中国的民族平等、语言平等等政策发挥了不可低估的作用,傣族的民族意识和语言态度也为傣语的使用起到了保驾护航的作用。

第二,傣语与汉语将长期并存。语言的使用受到多种因素的制约,而且因不同民族、不同语言表现出一定的差异。嘎洒镇傣族母语保存的主要条件之一是高度聚居的人口分布形式。嘎洒镇傣族比例高达63.9%,大部分聚居在坝区、山区。聚居区内虽然分布着汉族或其他少数民族,但人数不多,所占比例很小,而且由于长期与傣族生活在一起,很多人已融入傣族社会中,不同程度地使用着傣语。其次,祖祖辈辈形成的语言使用习惯,是嘎洒镇傣族母语保存的另一个条件。这是外力很难改变的。在长期的历史进程中,傣族创造了丰富、灿烂的文化,这些文化的积淀是傣族语言依附的坚实臂膀,使傣族得以延续传统,自如地使用自己的语言,并且会长期坚持。

傣族是当地的主体民族,受汉族的影响较大,较多地接受了汉族的先进思想、技术、文化。有相当多的傣族人使用汉语就是一个最有力的见证。尤其是在城镇化发展过程中,语言受到的影响首当其冲,傣族人使用汉语的广度和深度都将进一步扩大。另一方面,由于居住状态没有大的改变,聚居区的傣族对民族语言的使用也会在相当长的历史时期内保持不变,而且傣语与汉语在不断的交融中实现不同场合、不同领域、不同功能的互补。汉语对傣语的巨大影响,不仅没有削弱傣语的作用,反而使傣语在与汉语的互补中独立发挥自己的作用。这样,嘎洒镇的傣族语言使用就必然形成傣语、汉语长期并存的局面。

第三,傣文的使用、传承令人担忧。傣族有悠久的历史,有传承文化的民族文字,傣文对傣族社会的发展作出了不可磨灭的贡献。学习、掌握傣文主要有两个途径:一是寺院教育,二是学校教育。寺院教育与社会发展密切相关,不同的历史时期,寺院教育表现出不同的特点,经历了几次起落。通过调查我们了解到,目前的状况是寺院教育的功能日趋弱化。虽然村寨依然有寺庙,但和尚的人数越来越少,傣文的学习和传承到了令人担忧的地步。学校教育在傣文的学习和传承方面也不尽如人意。学校主要是学习汉语的阵地,汉语教育的强大势头,使得傣文学习受到冲击。历史上,傣族儿童入学前只掌握傣语,因此,在学校的教学中,傣族儿童需要在傣语的辅助下接受汉语教育,即傣文辅助教学是傣族儿童顺利过渡到汉语学习的桥梁,同时也对傣族学生学习掌握傣文起到了积极作用。但目前的情况是,生活在村寨中的傣族儿童上小学前一般要接受幼儿园、学前班的教育,在幼儿园、学前班就开始接触汉语教育,所以在小学一二年级时稍以傣语作为辅助,就能顺利地进行汉语教学,高年级完全可以直接用汉语教学,所使用的课本也是用汉文编写的全国统一教材,傣文的辅助功能已大大减弱。个别小学开展双语教学,即从小学一年级到三年级开设傣文课,教学生一些基础的傣文。在调查中我们还了解到,开展双语教学比较好的是曼迈小学的双语实验班。曼迈小学每年级有1个班坚持傣文教学,直至六年级。但这些只是个别现象而且开展双语教学的力度也较小,使得傣族儿童学习和掌握傣文的普及率大为降低,傣文文盲越来越多,傣文使用和传承的现状令人担忧。

第四,语言研究必须关注语言使用这一现实问题。对语言的理论研究、本体研究有助于语言理论的丰富与发展,而对语言使用情况的研究,尤其是对少数民族语言使用的研究,则有助于了解各民族的生存状态,是把握其历史进程,促进共同进步,保证社会和谐发展的重要环节。我们的心得是,深入实地弄清语言使用的状况是语言研究的基础,对客观事实作出科学的解释是语言研究的目标,对语言演变的合理预测、对语言发展中的消极因素提出合理的抑制措施是语言研究的目的。只要我们本着实事求是的原则,客观地、科学地对待语言研究、语言使用中的问题,我们的工作就是有益的,就会有成效。

第二节 对未来傣族语言文字使用演变的预测

语言是社会的产物,是随着社会的发展而变化的,语言的交际功能也会在社会的发展中不断改变,因此语言使用状况也将随着社会的变化而不断变化。然而,语言的变化不是杂乱无章的,是有规律可循的,人们可以通过对语言使用情况的历史与现状的分析研究,寻找语言变化的轨迹,从而预测未来语言演变及使用的状况,调整相应措施,使语言使用沿着人们希望的方向发展。

傣族语言经过几千年的发展依然被完好地保存下来,这是多方面的因素形成的,但其中最主要的因素是高度的民族聚居形式,这是傣族语言具有生命力的沃土。尽管我国的城镇化进程在加快,尽管它是历史的必然,但我国是农业大国,短期内很难改变这一现状。只要傣族高度聚居的形式依然存在,傣语就会显现出旺盛的生命力。从主观上讲,国家的民族政策、语言政策又给傣语的长期使用提供了充足的阳光和水分,而傣族人与生俱来的民族观念、语言观念,则是傣语长期使用的牢不可破的防线。所有这一切都毫无疑问地表明,傣语在将来相当长的一段时间内依然是傣族主要的交际工具。我们在与傣族人的交谈中感觉到,傣族无论男女老少,对这一点是没有怀疑的。

同时,傣族也是一个非常宽容的民族,既具有包容性,又具有与时俱进的特点。在社会和谐发展的今天,傣族对汉语、汉文化的认同,必然掀起学习汉语、使用汉语的热潮。而且汉语的影响力会随着社会的发展而不断深入,持久地发挥着作用。这样,傣语、汉语长期共存的局面将是历史的选择。傣族语言使用的这种现状,对傣族的社会经济、文化教育、生活状态等都会产生积极的影响。调查期间我们赶上了一次村寨节日活动,广播里传出的是优美的傣语,人们交谈时也都用傣语,但面对前来祝贺的外族人,他们又都说汉语,有的说普通话,有的说当地汉语方言,语言的转换十分自如。

傣文与傣语的使用状况形成了鲜明的对比。寺院教育与学校教育两条学习傣文的途径对傣文的学习都不是十分有利,这种状况也是历史的必然,是人为因素难以改变的。教育环境、教育条件的改变,使傣族的汉语水平得到了大幅度的提高,人们用于汉语学习的时间越来越多,这就使学习、掌握傣文的人越来越少,尤其是年轻人。另外,随着社会的发展,傣族人的生活方式发生了变化,与外界的接触越来越多,这对傣语的影响是非常大的。傣语中一些传统的词汇与现实生活脱节,逐渐被冷落,而汉语中的一些与现代社会息息相关的词汇,则融入到傣语中,因此在傣语中出现了许多汉语借词,这对傣文也是一个冲击。傣族文字的使用状况出现了危机,尤其是儿童、青少年,其傣文能力下降的问题已经成为不可否认的事实。

如何采取积极措施保护傣族文字的传承,已成为当务之急。从傣文的历史发展过程来看,要想提高傣族人的傣文水平,寺院教育、学校教育都需要加强。我们在调查中了解到,一些有识之士已经注意到傣文目前的使用状况,并提出积极的建议。但目前的情况是,寺院教育无论从内容上,还是从时间上,都难以与社会发展相协调。将来寺院教育能在多大程度上保护、弘扬傣文、傣文化,学者、专家、长者是持悲观态度的。从教育发展的大趋势来看,学校教育更适合社会发展的需要,所以应该从学校教育入手,加大傣文学习的力度,让傣文世代传承下去。

现在嘎洒镇学校教育的情况是,无论是小学教育,还是中学教育,都是以汉语作为主要语言工具,汉语是提高文化水平的媒介语,这是客观存在的事实。而汉语的强化对傣语、傣文的学习无疑会产生一些负面影响。但我们可以从另外一个角度来思考这个问题,即汉语、汉文化水平提高了傣族人对知识、文化的认知程度,进而提高了对本民族语言文字的重视程度,从某种程度上对他们学习和掌握自己民族的文字也起到了促进作用。在这种情况下,学校采取适当的措施加以配合,就会收到很好的效果。

生活在嘎洒镇机关单位的傣族孩子,处于不同民族杂居的生活环境中,习得母语的土壤贫瘠了,尤其是生活在族际婚姻家庭中的傣族孩子,习得语言的小环境也受到了破坏,致使他们中有的人已经不懂傣语了,更不用说傣文了。所以,现在双语教育的重要任务反而变成了学习、掌握傣语、傣文。

我国各民族都有使用和发展自己民族语言的自由,这是我国政府一贯主张的民族平等、语言平等的政策。国家的制度、政策将长期保护傣族自由地使用自己民族的语言。傣语正是在这种有利的环境下健康发展的。傣语在家庭、工作、社会交际中的广泛使用,不仅有益于傣族语言的传承和发展,而且也有益于傣族社会的发展,这是傣族的共同心愿。但愿傣族文字也能在国家政策的保护下,恢复和发展起来,为傣族的繁荣发展助一臂之力。

附 录

一 傣语六百词测试表

序号	词汇			被调查人员的代号及测试等级									
	傣文	国际音标	汉文	1	2	3	4	5	6	7	8	9	10
1	ၸွမႄ	$pɒ^5$	爸爸	A	C	A	A	A	A	A	A	A	A
2	လေမႄ	$mɛ^5$	妈妈	A	C	A	A	A	A	A	A	A	A
3	ဢိၺ်ပု	$ʔi^1\ pu^2$	爷爷	A	D	A	A	A	A	A	A	A	A
4	ဢိၺ်ယႃ	$ʔi^1\ ja^5$	奶奶	A	D	A	A	A	A	A	A	A	A
5	ၽူႈၸၢႆး	$thǎu^3\ tsai^4$	外公	A	D	D	A	A	A	A	A	A	A
6	ၽူႈယိင်း	$thǎu^3\ jiŋ^4$	外婆	A	D	D	A	A	A	A	A	A	A
7	ပီႈၸၢႆး	$pi^5\ tsai^4$	哥哥	A	D	B	A	A	A	A	A	A	A
8	ပီႈယိင်း	$pi^5\ jiŋ^4$	姐姐	A	D	A	A	A	A	A	A	A	A
9	ၼွင်ႉၸၢႆး	$nɒŋ^6\ tsai^4$	弟弟	A	D	B	A	A	A	A	A	A	A
10	ၼွင်ႉယိင်း	$nɒŋ^6\ jiŋ^4$	妹妹	A	D	A	A	A	A	A	A	A	A
11	ၵိၼ်ၶဝ်	$kin^1\ xǎu^3$	吃饭	A	D	B	A	A	A	A	A	A	A
12	လၢင်ႉဝၢၼ်ႇ	$laŋ^6\ van^2$	洗碗	A	D	D	A	A	A	A	A	A	A
13	သၵ်ႉၶူဝ်	$sǎk^5\ xo^4$	洗东西	B	D	D	A	A	A	A	A	A	A
14	ၵိၼ်ၼမ်ႉ	$kin^1\ nǎm^6$	喝水	A	D	A	A	A	A	A	A	A	A
15	ၼွၼ်းလပ်း	$nɒn^4\ lǎp^1$	睡觉	A	A	A	A	A	A	A	A	A	A
16	လုၵ်ႉၼွၼ်း	$luk^5\ nɒn^4$	起床	B	D	D	A	A	A	A	A	A	A

附录一　傣语六百词测试表

17	သစိခြွေ	si¹ xeu³	刷牙	A	D	B	A	A	A	A	B
18	ငြိုျေပြာင	soi⁵ na³	洗脸	A	D	D	A	A	A	A	B
19	ငြိုျေခါ	soi⁵ xa¹	洗脚	A	D	B	A	A	A	A	A
20	ေငှင်တ	hen⁴ to¹	学习	A	C	B	A	A	A	A	A
21	လတမငင်တ	tɛm³ to¹	写字	A	D	B	A	A	A	A	A
22	ခြေငှင်	xǎu³ hen⁴	上学	A	D	D	A	B	A	A	A
23	၁ုကြုပူ	thuŋ¹ pɔp⁵	书包	A	D	D	A	A	A	A	A
24	ပိစတငင်	pi³ tan²	铅笔	A	C	D	A	B	A	A	A
25	ပုပူငငှ	pɔp⁵ hen⁴	课本	A	D	D	A	A	A	A	A
26	ငဟငာရှေပိစ	ho¹ maŋ⁶ pi³	橡笔头	A	D	D	D	B	A	A	B
27	ေပြိုင်းတင်	teu⁴ taŋ⁴	行走	A	D	D	A	A	A	B	B
28	ေလငှ	tsɛn²	站立	A	D	B	D	A	A	A	B
29	ငြင်း	nǎŋ⁵	坐	A	D	B	A	A	A	A	A
30	လုပ်	luk⁵	起	A	D	D	D	A	A	A	A
31	ကငှ	kan⁴	爬	B	D	D	D	A	A	A	A
32	ဘောန်ငင်တ	ʔan² to¹	读书	A	C	D	A	A	A	A	A
33	ငုပတာငှ	nǎp⁵ sɔn²	算数	A	D	D	A	A	A	A	A
34	ကပိုငလတမှေ	kɯt⁵ tɛm³	默写	A	D	D	A	A	A	A	B
35	ငငရှာလတမှေ	fǎŋ⁴ tɛm³	听写	A	D	A	A	A	A	A	A
36	ေငဒုကငှ	het⁵ kan¹	做事	C	D	D	A	A	A	A	A
37	ဘိုငငေင်က	ʔɔi² kǎi²	喂鸡	B	D	D	A	A	B	A	A
38	ငပာငင်ါ	pha² lo¹	劈柴	C	D	D	A	B	A	A	A
39	တကငြူမှေ	tǎk¹ nǎm⁶	挑水	B	D	D	A	B	A	A	A
40	စောငှေခြေ	tsau³ xǎu³	煮饭	D	D	D	A	A	B	A	A
41	လပြေငှငြေ	pɛŋ¹ xǎu³	做饭	D	D	D	A	A	A	A	A
42	လပြေငှငခ	pɛŋ¹ xɛ⁴	煮汤	D	D	D	D	A	A	A	A
43	ငွာဒုပ	kvat² ju⁴	扫地	C	D	D	A	A	A	A	B

序号	傣文	IPA	汉义								
44	ဘွာပုၵ်ႉမႄ	ʔap² nǎm⁶	洗澡	B	D	D	A	A	A	A	A
45	သဝ်ႁေႃ	sǎ¹ ho¹	洗头	B	D	A	A	B	A	A	A
46	ၺွၵ်ႈသိူဝ်	sǎk⁵ sɤ³	洗衣服	A	D	D	A	B	A	A	A
47	ၺွၵ်ႈတႃၼ်	sǎk⁵ teu²	洗裤子	B	D	D	A	A	A	A	A
48	လၢၼ်လိၼ်ႈ	lan¹ jiŋ⁴	孙女	A	C	D	A	A	A	A	A
49	လၢၼ်ၸၢႆး	lan¹ tsai⁴	孙子	A	C	D	A	A	A	A	A
50	ၶုၼ်ႇၻႆး	xɯn³ dǎi¹	楼梯	C	D	D	A	A	A	A	B
51	ၸၢၼ်ႇၵွၼ်ႇ	tsan⁴ kɒn⁴	阳台	D	D	D	D	B	A	A	A
52	တင်ႇၼင်ႈ	tǎŋ² nǎŋ⁵	凳子	C	D	D	A	B	A	A	B
53	ၽႃႇႁူမ်း	pha³ hum²	被子	A	D	D	A	A	A	A	A
54	ၽႃႇသိူဝ်	pha³ sɤ²	垫子	B	D	D	A	A	A	A	A
55	ၽႃႇလွပ်ႇ	pha³ lop¹	床单	D	D	D	D	A	A	A	A
56	ၽႃႇဝ	pha³ bǎi¹	毯子	C	D	D	D	A	A	A	A
57	ၽႃႇမႅၼ်ႇ	pha³ mɛn⁶	棉絮	D	D	D	D	A	A	A	B
58	ၽူႉယိၼ်ႈ	phu³ jiŋ⁴	女人	A	C	B	A	A	A	A	A
59	ၽူႉၸၢႆး	phu³ tsai⁴	男人	A	C	A	A	A	A	A	A
60	ၽူႉၵွၼ်ႉတွၼ်ႇ	phu³ kɒn² ʔɒn¹	领导人	C	D	D	A	A	B	A	A
61	ၽႄႈဢူႇ	phɛ² ʔu³	宣扬	D	D	D	D	B	A	B	B
62	ၽႄႈဢွၵ်ႇ	phɛ² ʔɒk²	发出	D	D	D	D	A	A	A	A
63	ၽႄႈၵႂၢင်ႈ	phɛ² kvaŋ³	扩大	D	D	D	D	A	A	B	A
64	ၽႄႈၶၢႆ	phɛ² xǎi¹	公开	D	D	D	D	A	B	A	A
65	ၽႄႈၼင်ႇ	phɛ² nʏŋ⁴	发扬	D	D	D	B	B	B	A	A
66	ၽႄႈသွၼ်	phɛ² sɒn¹	宣传	D	D	D	D	A	A	B	A
67	ၽႄႈသဵင်	phɛ² seŋ¹	播音	D	D	D	D	A	A	A	A
68	ၽိူဝ်ႇႁွတ်ႈ	phɛu¹ hɒt⁵	到达	C	D	D	A	A	A	A	B
69	ၽိူဝ်ႇပွၼ်း	phɛu¹ pɒn²	抵达	D	D	D	A	B	A	B	A
70	ၽႂိၵ်းဢႃႇ	phʏi¹ ʔa³	开放	D	D	D	D	A	A	A	A

71	ᥘᥥᥰᥙᥤᥳᥟᥩᥐᥱ	phɤi¹ dɒk²	开花	D	D	D	A	A	A	A	B
72	ᥖᥣᥝᥢᥲ	ta¹ văn⁴	太阳	D	B	A	A	A	A	A	A
73	ᥖᥤᥰᥖᥥᥢᥴ	tĭ¹ ten¹	职责	D	D	D	A	A	A	A	A
74	ᥖᥤᥰᥟᥤᥴ	tĭ¹ hĭ⁵	批评	D	C	D	A	A	A	A	B
75	ᥖᥤᥴᥔᥭᥴ	ti¹ sai¹	打电话	C	D	A	B	A	A	A	A
76	ᥖᥤᥰᥜᥨᥒᥴ	ti¹ fɒŋ⁴	击浪	D	D	B	D	B	A	B	A
77	ᥖᥤᥰᥘᥥᥐᥴ	ti¹ lek¹	打铁	D	D	D	A	A	A	A	A
78	ᥖᥧᥰᥟᥨᥭᥳ	tu¹ xɒi³	我们	A	C	D	A	A	A	A	A
79	ᥘᥖᥰᥟᥨᥢᥲ	tɛ² ʔɒn¹	从前	D	D	D	A	A	A	A	A
80	ᥘᥖᥰᥐᥨᥢᥴ	tɛ² kɒn²	古时	C	D	D	A	A	A	A	A
81	ᥗᥝᥠᥢ	tŏ¹ jɒ⁵	引诱	A	D	D	A	B	A	B	A
82	ᥗᥣᥒᥰᥘᥩᥛ	tŏ¹ lom⁴	劝说	C	D	D	B	A	B	A	A
83	ᥓᥢᥴᥘᥥᥢᥲ	tsɯ⁵ seŋ¹	姓名	A	C	A	A	A	A	A	A
84	ᥒᥧᥒᥴᥘᥨᥛᥴ	ʔɒn² jiŋ⁴	女孩	A	C	D	A	C	A	A	A
85	ᥒᥧᥒᥴᥖᥭᥴ	ʔɒn² tsai⁴	男孩	A	C	D	A	A	A	A	A
86	ᥟᥭᥴᥙᥝᥲ	ʔai³ bau²	小伙子	A	D	D	A	A	A	A	A
87	ᥒᥤᥰᥔᥝᥲ	ʔĭ¹ sau¹	姑娘	A	D	D	A	A	A	A	A
88	ᥟᥭᥴᥟᥨᥢᥲ	ʔai¹ ʔun²	暖气	C	D	D	D	B	A	A	A
89	ᥟᥭᥴᥖᥤᥢᥴ	ʔai¹ din¹	雾气	C	D	A	D	B	A	A	B
90	ᥟᥭᥴᥢᥧᥝᥴ	ʔai¹ nɤ⁶	体温	D	D	D	A	B	A	A	A
91	ᥟᥭᥴᥘᥨᥝᥲ	ʔai¹ bɤ²	毒气	D	D	A	D	C	A	B	A
92	ᥟᥭᥴᥒᥨᥢᥲ	ʔai¹ hɒn⁵	热气	C	D	D	D	C	A	A	A
93	ᥟᥭᥴᥘᥨᥛᥲ	ʔai¹ lum⁴	空气	B	D	D	A	A	A	A	A
94	ᥟᥭᥴᥖᥩᥛᥲ	ʔai¹ hɒm¹	香气	D	D	D	A	A	A	A	A
95	ᥟᥭᥴᥙᥤᥢᥴ	ʔai¹ jin¹	冷气	D	D	D	B	A	A	A	A
96	ᥟᥭᥴᥘᥪᥛᥢᥲ	ʔai¹ pɤn⁵	害羞	C	D	D	A	B	A	A	A
97	ᥟᥭᥴᥘᥛᥒᥴ	ʔai¹ paŋ⁵	难堪	D	D	D	D	B	A	A	A

98	ဢၢႆ	ʔai²	关卡	D	D	D	D	B	B	B	A	B
99	ဢၢႆၵုၼ်ၸၢႆး	ʔai³ kun⁴ tsai⁴	男子汉	D	D	D	A	A	A	A	A	A
100	ဢၢႆငေႃ	ʔai³ ŋo⁶	笨人	A	D	D	A	C	A	A	A	B
101	ဢၢႆဝႆး	ʔai³ bǎi³	笨蛋	B	D	D	A	A	A	A	A	A
102	ဢၢႆႁႅင်းလူင်	ʔai³ hɛŋ⁴ loŋ¹	大力士	A	D	D	B	A	A	A	A	A
103	ဢွႆ	ʔɒi³	糖	A	D	A	A	A	A	A	A	A
104	ဢွႆလႅင်	ʔɒi³ dɛŋ¹	红糖	A	D	D	A	A	A	A	A	A
105	ဢွႆၶၢဝ်	ʔɒi³ xau¹	白糖	A	D	D	A	A	A	A	A	A
106	ဢၼ်	ʔău¹	拿	A	D	D	B	B	A	A	A	A
107	ဢဝ်လၢတ်ႇ	ʔɛu¹ xɛu⁶	苗条	A	D	D	B	A	A	A	A	A
108	ဢဝ်လိၼ်း	ʔɛu² lin³	游玩	A	D	D	A	A	A	A	A	A
109	ဢဝ်တႃႈ	ʔɛu² thɤn²	串山①	A	D	D	D	C	A	A	A	A
110	ဢဝ်တွၼ်ႈ	ʔɛu² tǒŋ⁴	参观	B	D	D	D	A	A	A	A	A
111	ဢဝ်ထွႆ	ʔɛu² thoŋ⁶	闲逛	A	D	D	D	A	A	A	A	B
112	ဢဝ်ၼမ်ႉ	ʔɛu² năm⁶	捕鱼	A	C	D	B	B	A	A	A	A
113	ဢဝ်ၼွၵ်ႈ	ʔɛu² nɒk⁵	解手	A	D	D	D	C	A	A	A	A
114	ဢဝ်ပီႈ	ʔɛu² pi⁵	探亲	A	D	D	D	A	A	A	A	A
115	ဢဝ်ၼွင်ႉ	ʔɛu² nɒŋ⁶	访友	A	D	D	D	A	A	A	A	A
116	ဢဝ်လႃႈ	ʔɛu² la⁵	游走	B	D	D	D	B	B	A	C	A	A
117	ဢဝ်လဝ်ႈ	ʔɛu² lɒ⁵	旅游	A	D	D	D	A	A	A	A	A
118	ဢဝ်ဢဵင်တွၼ်ႈ	ʔɛu² phɒ² tǒŋ⁴	观光	D	D	D	D	A	A	A	A	A
119	ဢဝ်သၢဝ်	ʔɛu² sau¹	串姑娘	D	D	D	D	C	A	A	A	A
120	ဢဝ်	ʔɛu³	骄傲	C	D	D	D	C	A	A	A	A
121	ဢဝ်ငၢၼ်	ʔɛu³ ŋan⁴	傲慢	C	D	D	D	A	A	A	B	B
122	ဢဝ်ငၼ်ႇ	ʔɛu³ ŋɒn⁶	高傲	C	D	D	D	B	A	A	B	B
123	ဢၢမ်ႈၸႂ်	ʔăŋ¹ jăŋ¹ tsăi¹	疑心	D	D	D	D	B	A	A	A	B

① 常用傣语词汇,是到山上打猎、采集等的统称。

124	ဢၢၵ်ႈယၢၵ်ႈ	ʔaŋ¹ jɤŋ¹	恶心	B	D	D	D	A	A	A	A	B
125	ဢၢၵ်ႈ	ʔaŋ³	希望	B	D	D	A	B	A	A	A	A
126	ဢိင်ပိုင်	ʔin¹ puɯŋ⁵	依靠	D	D	D	B	A	A	A	A	A
127	ဢုင်ဢၢင်ႈ	ʔuŋ² ʔaŋ³	晃动	B	D	D	D	A	A	A	A	C
128	ဢုင်မိုဝ်း	ʔuŋ³ mɯ⁴	掌心	A	D	D	B	A	A	A	A	A
129	လဢၢင်ႇ	ʔeŋ² kǎn¹	比赛	A	D	D	B	A	A	A	A	A
130	ငူၵ်ႉလဢၢင်ႇ	nok⁵ ʔeŋ³	八哥	D	D	D	D	B	A	A	A	B
131	လဢၢင်ႇၼမ်ႉ	ʔeŋ² năm⁶	瓦盆	D	D	D	B	A	A	A	A	A
132	ဢုင်	ʔɔŋ¹	壳	D	D	D	D	B	A	A	A	A
133	ဢုင်တဝ်ႈ	ʔɔŋ¹ tău²	龟壳	C	D	D	D	A	A	A	A	A
134	ဢုင်ပူ	ʔɔŋ¹ pu¹	蟹壳	D	D	D	C	A	A	B	A	A
135	ဢုင်ႁူဝ်ဢုင်	ʔɔŋ¹ xǎ⁵ mɔŋ¹	头盖骨	D	D	D	D	C	B	A	D	B
136	တုမ်း	tum³	煮	A	D	D	B	A	A	A	B	B
137	ဢုင်ၸႂ်ၽၢင်ႇ	ʔɔŋ² tsăi¹ făŋ⁴	思考	B	D	D	A	A	A	A	A	A
138	ဢၼ်	ʔǎn¹ nɯŋ⁵	一个	D	C	A	A	A	A	A	A	A
139	ဢၢၼ်	ʔan¹	鞍	A	D	D	A	B	A	A	A	A
140	ဢၢၼ်မႃ	ʔan¹ ma⁶	马鞍	A	D	D	A	B	A	A	A	A
141	ဢၢၼ်ပေႃႇပု	ʔan² pɔp⁵	读课本	A	D	D	A	A	A	A	A	A
142	ဢၢၼ်လၢႆ	ʔan² lai⁴	看书信	A	D	D	B	A	A	A	A	A
143	ဢိင်ၽုမ်း	ʔin¹ phum⁴	神仙	A	D	D	A	B	A	A	A	B
144	ဢိင်ၾိုၼ်း	ʔin² fɯn⁶	地震	A	D	D	D	C	A	A	B	B
145	ဢုၼ်	ʔun²	温暖	A	D	D	D	A	A	A	A	A
146	ဢုၼ်ငၢၼ်း	ʔun² ŋǎn⁴	庆祝	A	D	D	D	C	A	A	A	A
147	ဢုၼ်ယၢၵ်း	ʔun² xɛk²	贺喜	A	D	D	D	A	A	A	A	A
148	ဢုၼ်ၸႂ်	ʔun² tsăi¹	安慰	A	D	D	D	A	B	A	A	A
149	ဢုၼ်ၸုမ်း	ʔun² tsɯŋ⁴	祝贺	A	D	D	B	A	A	A	A	B
150	ဢုၼ်တုၼ်း	ʔun² tun⁴	庆贺	B	D	D	D	A	A	A	A	A

151	ဘၟင်ေၢၽ်ၟင်	ʔun² hɤn⁴	贺新房	A	D	D	A	C	A	A	A	A
152	ငဘၟ်ၢၽ်ၟေ	ʔon¹ hɒŋ⁶	大叫	C	D	D	D	A	A	A	B	B
153	ငဘၟ်ေၟၟ်ၟၟ	ʔon³ ʔon²	娇嫩	C	D	D	C	A	A	A	A	B
154	ငဘၟ်ေျါ်င	ʔon³ mɒi⁵	疲劳	D	D	D	B	A	A	A	A	A
155	ငဘၟ်ေယၟပူ	ʔon³ jɒp⁵	软弱	D	D	D	A	A	A	A	A	A
156	ဘၟၟ်ၟ	ʔɒn¹	先前	C	D	D	B	A	A	A	A	A
157	ဘၟၟ်ၟ်ၜ	ʔɒn¹ ho¹	带头	D	D	D	A	A	A	A	A	A
158	ဘၟၟ်ၟေၟၟ	ʔɒn¹ taŋ⁴	开始	D	D	D	A	A	A	A	A	A
159	ဘၟၟ်ၟ်ၟၟ	ʔɒn¹ tsɒm⁴	先后	A	D	D	A	A	A	A	A	A
160	ဘၟၟ်ၟဝၟ	ʔɒn¹ ni⁵	以前	A	D	D	A	A	A	A	A	A
161	ဘၟၟ်ၟဂၟ	ʔɒn¹ na³	前面	A	D	D	A	A	A	A	A	B
162	ဘၟၟ်ၟၟ	ʔɒn¹ năm⁴	带领	A	D	D	B	A	A	A	A	A
163	ဘၟၟ်ၟေေၟ	ʔɒn² dɛŋ¹	婴儿	D	D	D	A	A	A	A	A	A
164	ဘၟၟ်ၟေျ်ၟ	ʔɒn² nɒi⁶	小孩儿	A	C	D	A	A	A	A	A	A
165	ဘၟၟ်ၟေၿၟ	ʔɒn² xɒ¹	请援	C	D	D	B	A	A	A	A	A
166	ဘၟၟ်ၟဝင	ʔɒn² tsăi¹	乞求	D	D	D	A	A	A	A	A	A
167	ဘၟၟ်ၟေၟၟျ	ʔɒn² nɒm⁶	屈服	D	D	D	B	A	A	A	A	A
168	ဘၟၟ်ၟၟၟ	ʔɒn³ ʔɒn²	撒娇	D	D	D	D	C	A	A	A	A
169	ဘၟၟ်လၟၟ	ʔɯn¹ luŋ⁴	咽下	D	D	B	B	C	A	A	A	B
170	ေၟၟ်ၟၢၽ်ၟေ	ʔɤn¹ hɒŋ⁶	喊叫	C	D	D	B	A	A	A	A	A
171	ငၜယၟေၟၟဝၟ	ho¹ jăŋ⁶ ji²	洋芋	D	D	D	A	A	A	A	A	A
172	ဘျၟၟ	ʔăm¹ kăn¹	包庇	D	D	D	A	A	B	C	A	A
173	ဘျၟ	ʔăm²	剁生	B	C	D	A	B	B	A	A	A
174	ဘျၟေၟၟဝၟ	ʔăm³ văi⁶	遮着	D	D	D	D	B	A	A	A	A
175	ဘျ်ၟေၟၟ	ʔim² pɒ⁴	够	D	D	D	B	A	A	A	A	A
176	ဘျ်ၟေျၟ	ʔim² kai⁵	厌恶	D	D	D	B	A	A	A	A	A
177	ဘျ်ၟေဝင	ʔim² tsăi¹	厌倦	C	D	D	A	A	A	A	A	A

178	ဤမှလပင်	ʔim² bɤ²	厌烦	D	D	D	D	C	A	A	A	A
179	ဤမှေနျ	ʔim² nai²	讨厌	D	D	D	D	A	A	A	A	A
180	ဤမှ	ʔum¹	含	D	D	D	D	B	A	A	A	A
181	ဤမှပ	ʔum¹ bǎi¹	含槟榔	B	D	D	A	A	A	A	A	A
182	ဤမှဉမှ	ʔum¹ sum⁴	集中	D	D	D	D	B	A	A	A	A
183	ဤမှခမှ	ʔum² xǎm⁴	镶金	D	D	D	A	A	A	A	A	A
184	ဤမှဟပှ	ʔum³ hɒp²	抱	D	D	D	A	A	A	A	A	A
185	လဤမှဟြ	ʔɛm³ hɤ⁵	鲜艳	D	D	D	A	C	A	A	A	A
186	ဤမှလမှ	ʔɒm¹ lɒm¹	圆圆的	D	C	D	D	B	A	A	A	B
187	ဤမှပိင်	ʔɒm² piŋ³	烧烤	D	D	D	D	B	A	A	B	A
188	ဤမှ	ʔɒm³	包围	D	D	D	D	B	A	A	A	A
189	ဤမှလဤ	ʔɒm³ ʔeu³	围绕	A	D	D	A	C	A	A	A	A
190	ဤပင်လမှ	ʔik² thɛm¹	增添	D	D	D	D	A	A	A	A	A
191	လဤကင်ဟ	ʔɛk² ho¹	脑筋	D	D	D	B	A	A	A	A	A
192	င်ဤက	ʔok¹	胸膛	C	D	D	A	B	A	A	A	A
193	လဤကလဤ	ʔɛk² ʔɛ³	精髓	D	D	D	D	C	A	C	A	A
194	င်ဤကဤမှ	ʔok¹ ʔǎm¹	隐瞒	D	D	D	D	B	A	A	A	A
195	ဤကသဤ	ʔɒk¹ sɒk¹	跳跃	C	D	D	D	A	A	A	A	A
196	ဤကလဤ	ʔɒk¹ lɒk¹	小水坑	A	D	D	A	A	A	A	B	A
197	ဤကလာင်	ʔɒk² kan¹	出事	D	D	D	A	A	A	A	A	A
198	ဤကဤပင်	ʔɒk² tɯn⁴	出资	C	D	D	D	B	A	A	A	A
199	ဤကြအပင်	ʔɒk² ŋɒk⁵	发芽	B	D	D	B	A	A	A	A	B
200	ဤကလပင်	ʔɒk² tsɯ⁵	出名	D	D	D	A	B	A	A	A	A
201	ဤကလပါင်	ʔɒk² taŋ⁴	上路	D	D	D	A	A	A	A	A	A
202	ဤကလာင်	ʔɒk² hɛŋ⁴	出力	D	D	B	A	A	A	A	A	A
203	ဤကင်ပဤင်	ʔɒk² bot²	出家	A	D	C	D	C	A	A	A	A
204	ဤကလပင်	ʔɒk² hɤ⁴	出门	D	D	D	D	B	A	A	A	A

205	ဘွႏၰႃေဝတ်ႃ	ʔɒk² vek⁵	出工	D	C	D	D	A	A	A	A
206	ဘွႏၰႃဝႆႝသႃ	ʔɒk² văt⁵ sa¹	开门节	A	D	D	B	A	A	A	A
207	ဘွႏၰႃၸင်းၰ	ʔɒk² xɒn⁴	冒烟	D	D	D	B	A	A	A	B
208	ဘွႏၰႃႏႃ	ʔɒk² na³	出面	D	D	D	A	A	A	A	A
209	ဘွိတ်ၼွိမူၼ်	ʔit¹ nɒi⁶ nɯŋ⁵	一小点儿	A	D	D	A	A	A	A	A
210	ပႃတ်ယႃင်	pat² jaŋ¹	割胶	D	D	A	D	A	A	A	A
211	ဢွတ်ၸႆႝ	ʔot¹ dăi³	忍耐	D	D	D	D	A	A	A	A
212	ဢွတ်ၼၵ်ႃ	ʔot¹ tok⁵	吃苦	D	D	D	B	A	A	A	B
213	ဢွတ်ဢူ e	ʔot² ʔu³	夸口	D	D	D	B	A	B	A	A
214	ၼုင်းသင်ႃ	nuŋ⁶ saŋ⁴	农场	A	C	D	A	A	A	A	A
215	ဘွိပ်ၸႆႝ	ʔip¹ kăi³	靠近	B	D	D	D	A	B	A	A
216	ဘွပ်ၸႃ	ʔup² tsa¹	谈论	B	D	B	D	B	A	A	B
217	ဘွပ်ၵႃၼ်	ʔup² kan¹	谈工作	B	D	D	A	A	A	A	A
218	ဘွပ်ၸႄၵ်ႃ	ʔup² xɛk²	提亲	B	D	D	A	A	A	A	A
219	ဘွပ်ၵႆ	ʔup² kăn¹	谈话	D	D	D	A	A	A	A	A
220	ဘွပ်ၸူ	ʔup² tso¹	协商	D	D	D	A	A	B	A	A
221	ဘွပ်ၻီ	ʔup² di¹	说服	D	D	D	A	A	A	A	B
222	ဘွပ်ၰႃၼ်း	ʔup² tan³	商谈	D	D	D	C	B	A	B	B
223	ဘွပ်ၰႃတ်ႃ	ʔup² lat⁵	座谈	D	D	D	C	B	B	A	A
224	ဘွပ်ၵႄ	ʔup² hɯ³	告诉	B	D	D	A	A	A	A	A
225	ဘွိပ်ၸႃၵ်	ʔɯp¹ jak²	饥饿	B	D	D	A	B	A	A	A
226	ဘွိပ်ၸႅႃ	ʔɯp¹ xău³	饥荒	B	D	D	B	A	A	A	A
227	ဘဝ်ၵႃၼ်	ʔa⁴ kan¹	情况	D	D	D	A	A	A	A	A
228	ဘဝ်ယူ	ʔa⁴ ju⁴	年龄	A	D	A	B	A	B	A	B
229	ဘဝ်လႃ	ʔa⁴ lă⁵	能干	D	D	D	D	A	A	A	A
230	ဘဝ်ႁႃၼ်	ʔa⁴ han¹	食物	A	C	D	A	A	A	A	A
231	ဘွိၼ်ၻူ	ʔĭ¹ du¹	可怜	D	D	D	C	A	A	A	A

232	ကာ	ka¹	乌鸦	D	D	D	C	A	A	A	A
233	ကာေရွ့	ka² na³	向前	D	D	D	A	A	B	A	A
234	ကာဢွန်ႉ	ka³ ʔɒn²	秧苗	A	C	D	A	A	B	A	A
235	ကုႉ ၼီႈ	ku³ ni³	债务	D	D	D	C	A	A	B	B
236	ကုႉ ယႅမ်	ku³ jɯm¹	借贷	D	D	D	A	A	B	A	A
237	ကေႃဝ်	ke¹ xau¹	芒硝	A	D	D	B	A	A	A	A
238	ကေးၶႆ	ke³ xǎi¹	解答	A	D	D	A	B	A	A	A
239	ကေးသေႃ	ke³ sɤ³	脱衣服	A	D	D	A	A	A	A	A
240	ၵေႃႇဟမ်	ko¹ hem¹	害怕	B	D	D	A	A	A	A	A
241	ၵႄႊၻွၼ်ႉ	kɒ̌¹ dɒn¹	岛屿	C	D	D	A	B	B	C	A
242	ၵႄႊၵဵဝ်ႉ	kɒ̌¹ keu²	收割	C	D	D	B	A	A	A	A
243	ၵႄႊၶတ်ႉ	kɒ̌¹ kɒt²	拥抱	D	D	D	B	A	A	A	A
244	ၵႄႊၶႅၼ်ႇ	kɒ̌¹ xɛn¹	挽手	C	D	D	A	A	A	A	A
245	ၵႄႊဟၢႆႈ	kɒ̌¹ hǎŋ⁴	储存	C	D	D	D	A	A	A	A
246	ၵႄႊမႆႉ	kɒ¹ mǎi⁶	树木	C	C	A	A	A	A	A	A
247	ၵႄႊဢေႃႈ	kɒ¹ ʔɒ³	芦苇	D	D	D	A	A	A	A	A
248	ၵႄႊၵူၺ်	kɒ¹ koi³	芭蕉树	C	C	D	A	C	A	A	A
249	ၵႄႊၸွၵ်း	kɒ¹ tsuk⁵	棕树	C	C	D	A	C	A	A	A
250	ၵႄႊလၢၼ်ႇ	kɒ¹ lan⁴	贝多罗树	C	D	D	A	A	A	A	A
251	ၵႄႊသီႇလီႇ	kɒ¹ si¹ li¹	菩提树	A	D	D	A	A	A	A	A
252	ၵႄႊလႃႊ	kɒ¹ la⁶	茶树	A	C	D	A	A	A	A	A
253	ၵႄႊတႆႆးႈ	kɒ² tǎŋ³	建立	A	D	D	D	B	A	A	A
254	ၵႄႊၵၢၼ်ႉ	kɒ³ kǎn¹	合伙	D	D	D	D	B	A	A	A
255	ၵမ်ႈၵၢၼ်ႉ	kɯ¹ kǎn¹	亲吻	C	D	D	A	A	B	A	A
256	ၵေႃႊလႃႊ	kɤ¹ la⁴	岩盐	D	D	D	D	B	A	A	A
257	ၵေႃႊလေပ်ႉ	kɤ¹ hep¹	海盐	D	D	B	D	C	A	A	A
258	ၵေႃႊဝၢၼ်ႇ	kɤ¹ van¹	味精	A	D	D	D	A	A	A	B

259	ဈက	kǎi¹	远	B	C	D	A	A	A	A	A
260	ဈကြယ်ငှ	kǎi¹ jan¹	遥远	D	D	D	B	A	A	A	A
261	ဈေ	kǎi²	鸡	A	C	A	A	A	A	A	A
262	ဈေပူ e	kǎi² pu⁶	公鸡	A	C	A	A	A	A	A	A
263	ဈေမဲ	kǎi² mɛ⁵	母鸡	A	C	A	A	A	A	A	A
264	ဈေပွန်	kǎi² pɔn⁴	白毛鸡	A	D	D	A	C	A	A	B
265	ဈေဒမ်	kǎi² dǎm¹	黑毛鸡	B	D	D	A	A	A	A	A
266	ဈေထျန်	kǎi² thʏn²	野鸡	D	C	D	A	A	A	A	A
267	ဈက	kǎi³	近	C	D	D	B	A	A	A	A
268	ဈေကန်	kǎi³ kǎn¹	邻近	C	D	D	D	A	A	A	A
269	ကျတင်	kai¹ taŋ⁴	路过	B	D	D	A	A	B	A	A
270	ကျလပိုင်	kai¹ kʏt²	变化	D	D	D	C	A	A	A	B
271	ကျ၊	koi³	芭蕉	A	B	D	A	A	A	A	A
272	ကျ၊ဟမ	koi³ hɔm¹	香蕉	A	B	D	A	A	A	A	A
273	ကွန်ကွန်	kǎu² kɔn²	古代	D	D	D	C	A	B	A	B
274	ကွလိုင်	kau² lǎu⁵	讲述	C	D	D	C	A	A	A	B
275	လွနိုင်	keu¹ nɛn⁴	喧闹	D	D	D	A	A	A	A	A
276	လွ	kɛu²	轿子	D	D	D	B	A	B	A	A
277	လွေတ	keu³ ta¹	眼珠	C	D	D	A	A	A	A	A
278	လွေလသ	keu³ sɛŋ¹	珠宝	D	D	D	B	A	A	A	A
279	လွေဝိဈတွန်	keu³ vǐ⁵ tun⁴	玛瑙	C	D	D	B	C	B	A	A	B
280	ကံဘံ	kǎŋ³ bǎŋ¹	遮挡	D	D	D	D	A	A	A	A
281	ကရလကျ	kaŋ¹ kɛŋ²	露天	D	D	D	B	A	B	A	A
282	ကဂဝိပ်	kaŋ¹ xɯn⁴	中间	C	D	D	D	B	A	A	B
283	ကင်ခန်း	kaŋ¹ xoŋ²	院子	B	D	D	C	A	A	A	A
284	ကင်စဲ	kaŋ¹ tsǎi¹	中心	D	D	D	D	A	A	A	A
285	ကင်စဲဗန်	kaŋ¹ tsǎi¹ ban³	寨中心	C	D	D	D	A	A	A	A

286	ကရျင်ဒွိ	kaŋ¹ dɒi¹	半山腰	C	D	D	B	A	A	A	A	A
287	ကရျင်တင်	kaŋ¹ taŋ⁴	半路	C	D	D	A	A	A	A	A	A
288	ကရျင်နာ	kaŋ¹ na⁴	田间	C	D	D	A	A	A	A	A	A
289	ကရျင်ဝန်	kaŋ¹ văn⁴	白天	A	C	A	A	A	A	A	A	A
290	ကရျင်ခွမ်	kaŋ¹ xɯn⁴	晚上	A	C	A	A	A	A	A	A	A
291	ကရျင်နိုင်	kaŋ¹ nǎi¹	早上	A	C	A	A	A	A	A	A	A
292	ကရျင်လင်	kaŋ¹ lǎŋ¹	背上	A	D	D	D	A	A	A	A	A
293	ကရျင်စျင်	kaŋ¹ tsɒŋ³	打伞	B	D	D	D	A	A	A	A	A
294	ကရျင်ပါ	kaŋ³ pa¹	鱼刺	A	C	D	A	A	A	A	A	A
295	ကဗျင်မဲ	kiŋ² mǎi⁶	树枝	A	D	D	A	A	A	A	A	A
296	ကဗျင်ဟွိ	kiŋ² hɒi³	挂念	D	D	D	B	C	A	A	A	A
297	ကုရျင်ဝန်	kuŋ¹ kven¹	自行车	B	D	D	D	B	A	A	A	A
298	ကုရျင်နု	kuŋ¹ thǎ⁵ nu⁴	神弓	A	D	D	D	A	A	A	A	A
299	ကုရျင်ကုန်	kuŋ² kun⁴	功劳	D	D	D	A	B	A	A	A	A
300	ကုရျင်	kuŋ³	虾	B	D	D	A	A	A	A	A	A
301	ကေရျင်	keŋ¹	草	A	C	D	A	A	A	A	A	A
302	ကေကရျင်	kɛŋ¹	汤	A	D	D	A	A	A	A	A	A
303	ငရျင်	kɒŋ¹	空	B	D	D	A	A	A	A	A	A
304	ငရျင်မဲ	kɒŋ¹ mǎi⁶	空心树	C	D	D	D	A	A	C	A	A
305	ငရျင်မျင်	kɒŋ¹ mɤŋ⁴	地域	D	D	D	D	C	B	A	B	B
306	ငရျင်ခ	kɒŋ² xɒ⁴	项圈	C	D	D	D	B	A	A	A	A
307	ကနရျင်လင်	kɒŋ¹ loŋ¹	大鼓	B	D	D	A	A	A	A	A	A
308	ကနရျင်လ	kɒŋ¹ lo¹	柴堆	B	D	D	A	A	A	A	A	A
309	ကရျင်ပေါ်	kɒŋ³ pǎu²	吹火筒	B	D	D	B	B	A	A	A	A
310	ကရျင်ဖိုင်သတ်	kɒŋ³ fǎi⁴ that⁵	手电筒	B	D	D	A	A	A	A	A	A
311	ကရျင်ဒင်	kɒŋ³ dăŋ⁴	响亮	D	D	D	B	B	A	B	A	A
312	ကဗျင်ကန်	kɯŋ² kǎn¹	相称	D	D	D	D	C	A	A	A	B

№	傣文	读音	词义							
313	ကၢႆသၢ	kǎn¹ ja⁴	少女	A	D	D	A	A	A	A	A
314	ကၢႆၸႆ	kǎn³ tsǎi¹	忍气	D	D	D	D	B	A	A	A
315	ကၢႆၶၢဝ်	kǎn³ xǎu³	忍饥	C	D	D	B	B	A	A	B
316	ကၢႆ	kan¹	事情	C	C	D	B	A	A	A	A
317	ကၢႆတီ	kan¹ di¹	好事	C	D	D	B	A	A	A	A
318	ကၢႆလုၺ်	kan¹ lu⁶	坏事	C	D	D	B	A	A	A	A
319	ကၢႆသွၼ်သွၼ်	kan¹ sǎŋ² son¹	教育事业	D	D	D	D	C	B	A	C	B	B
320	ကၢႆလသိၵ်	kan¹ sɤk¹	战争	D	D	D	D	B	A	B	A
321	ကၢႆပႃၸတ်	kan¹ phǎ¹ tet⁵	国事	D	D	D	D	B	A	A	A
322	ကၢႆႁိူၼ်း	kan¹ hɤn⁴	家事	C	D	D	D	B	A	A	A	B
323	ကၢႆၺိၼ်း	kan¹ xin⁵	私事	C	D	D	D	C	A	B	C	A	B
324	ကၢႆၵႄႇ	kan² kɛ¹	花斑	D	D	D	D	B	B	C	A	B
325	ကၢႆႇ	kan³	叶柄	D	D	D	D	B	A	A	A	B
326	ကၢႆၶႃ	kan³ xɒ⁴	颈	D	D	D	D	C	B	A	A	A
327	ကၢႆေၵႃ	kan³ kɒ¹	单据	D	D	D	D	B	A	A	A	A
328	ကၢႆႇႁူႈႁိူၼ်း	kan³ ho¹ hɤn⁴	户口册	C	D	D	D	B	A	A	A	A
329	ကၢႆၸႃ	kan³ ja¹	药方	D	D	D	D	B	A	B	A	A
330	ကၢႆၺၢၼ်ႉၽိူၼ်ႉ	kan³ ʔǎn⁴ tsɤn⁴	请柬	C	D	D	D	B	A	A	A	A	A
331	ကိၼ်ၸၢင်ႈ	kin¹ tsaŋ³	受雇	D	D	D	D	B	A	A	A	A
332	ကိၼ်ၻၢႆ	kin¹ dai¹	白吃	D	D	D	D	B	A	A	A	A
333	ကိၼ်ၽိၼ်ႈ	kin¹ fin²	吸毒	D	D	D	D	B	A	A	A	A
334	ကိၼ်လေႇၺ်	kin¹ nɛŋ¹	后悔	D	D	D	A	A	A	A	A
335	ကိၼ်လၶူႈ	kin¹ xɛk²	结婚	C	D	D	D	A	A	A	A	A	A
336	ကိၼ်ယၢၼ်း	kin¹ jaŋ⁴	过年	D	D	D	B	A	A	A	A
337	ကိၼ်ႆင်တ	kin¹ ho¹	骗取	D	D	D	D	B	A	C	A	A
338	ကိၼ်ေႁႃးမႈ	kin² hɒm¹	香体味	D	D	D	D	C	A	B	A	B	A
339	ကိၼ်ၼူမ်း	kin² num⁴	奶头	C	D	D	D	A	A	A	A	A

340	ကဗိန်နယ်	kin³ nɯŋ⁵	一斤	C	C	D	A	A	B	A	A
341	လေကွင်ငံ	kɛn² tsăi¹	核心	A	D	D	D	C	B	A	C	A	C
342	လေကွင်တော်ရ	kɛn² taŋ⁴	挡路	A	D	D	D	A	A	A	A
343	လေကွင်ဟွောင်	kɛn² na³	阻击	A	D	D	B	C	B	A	B	A
344	လေကွင်ကာင်	kɛn² ka³	坚强	A	D	D	D	B	A	A	A	A
345	လေကွင်ဟေံင်	kɛn² xɛŋ¹	坚硬	C	D	D	D	A	A	A	A
346	ငကွ	kon¹	棺材	A	D	D	A	A	A	A	A
347	ငကွပမှော်	kon¹ phɯŋ³	蜂箱	A	D	D	D	B	A	A	A
348	ငကွင်မှယ်	kon¹ măi⁶	树洞	A	D	D	A	A	A	A	A
349	ငကွက်ငံ	kon¹ kăn¹	血战	A	D	D	D	B	A	A	B	A
350	ကစကွ်မ္	kɒn¹ kăm⁴	语言	A	D	D	D	A	A	A	A
351	ကစကွ်သာငံ	kɒn¹ san¹	情书	A	D	D	A	A	A	A	A
352	ကစကွ်ဈောန်	kɒn² ʔɒn¹	领导	D	D	A	A	A	A	A	A
353	ကစကွ်နမ္	kɒn² năm⁴	率领	A	D	D	D	B	A	A	A	B
354	ကစကွ်ဟိဝိန်	kɒn³ hin¹	石头	A	C	D	A	A	A	A	A
355	ကစကွ်ဒိဝိန်	kɒn³ din¹	土块	A	C	D	A	A	A	A	A
356	ကစကွ်ကောန်	kɒn³ kɒk¹	果实累累	C	D	D	A	A	A	A	A	A
357	ကစေါင်ရ	kɒ⁴ jaŋ¹	橡胶树	A	A	A	A	A	A	A	A
358	လေဝိန်	kɤn¹	梯子	B	D	D	D	A	A	A	A	A
359	ကမ္	kăm¹	握	A	D	A	D	A	A	B	A	A
360	ကမ္ဂကို	kăm¹ kui⁴	拳头	A	D	D	B	A	A	A	A	A
361	ကမ္ဂဒိဝိန်	kăm¹ dɤn¹	坐月子	B	D	D	A	A	A	B	A	A
362	ကမ္ဂလေဒု	kăm¹ tsɛt¹	处决	D	D	D	D	B	A	A	A	A
363	ကမ္ဂလဝ်	kăm¹ vɛn⁴	姻缘	D	D	D	D	C	A	A	A	A
364	ကမ္ဂင်သပု	kăm¹ sop¹	忌嘴	A	D	D	D	A	A	A	A	A
365	ကမ္ဂတော	kăm¹ tai¹	死命	D	D	D	D	A	A	A	A	A
366	ကမ္န	kăm²	黑	B	D	D	A	A	A	B	A	A

序号	傣文	拼音	汉义								
367	ကမှသောဝ့ေ	kǎm² sǎu³	乌黑	A	D	D	B	A	A	A	A
368	ကမှေလ္ၚာ္ဂ်	kǎm² pɛŋ⁴	城墙	D	D	D	A	A	A	A	B
369	ကမှေတာဝ	kǎm² pha⁶	孤儿	D	D	A	A	B	A	A	A
370	ကမှေလ့ၚ	kǎm² lǎŋ⁴	力量	C	D	D	A	A	A	A	A
371	ကမှေလ့ၚ္ဟေ့ၚ	kǎm² lǎŋ⁴ hɛŋ⁴	威力大	C	D	D	B	A	A	A	A
372	ကမှေလ့ၚ္ဖိုင်	kǎm² lǎŋ⁴ fǎi⁴	火力	B	D	D	B	A	A	A	A
373	ကမှေလ့ၚ္တာဝ့	kǎm² lǎŋ⁴ that⁵	电力	C	D	D	B	A	A	B	A
374	ကမှေလ့ၚ္လုမ့	kǎm² lǎŋ⁴ lum⁴	风力	C	D	B	A	A	B	A	A
375	ကမှေ့	kǎm³	方向	C	D	B	B	A	A	A	A
376	ကမှေ့ၚုိေ	kǎm³ sai⁶	左边	A	D	D	B	A	A	B	A	A
377	ကမှေ့ခွာ	kǎm³ xva¹	右边	B	D	D	B	A	A	A	A
378	ကမှေ့ၚာဝ	kǎm³ na³	前边	A	D	D	B	A	A	A	A
379	ကမှေ့လ့ၚ	kǎm³ lǎŋ¹	后边	A	D	D	B	A	A	A	B
380	ကမှေလေွးေ	kǎm³ beŋ²	偏斜	A	D	D	B	A	A	B	A
381	ကမှၯှတာဝ့	kǎm¹ mǎ⁵ kan¹	房事	A	D	D	B	A	A	A	A
382	ကာမှေဒိ့	kam² di¹	好运	A	D	A	A	A	A	A	A
383	ကာမှေဘွုၚ	kam² bun¹	福气	C	D	A	A	A	A	A	A
384	ကာမှ	kam²	运气	C	D	D	A	A	A	A	A
385	ကာမှ့ခိုင္	kam³ xǎi²	蛋白	A	D	D	D	A	B	A	A
386	ကုံမှ	kum¹	烧	B	D	D	A	A	A	A	A
387	ကိမှေခိုင္	kim² kǎi³	附近	A	D	D	A	A	A	A	A
388	ကုံမှ့ၚာဝ့	kum¹ than²	烧炭	A	D	B	A	A	A	A	A
389	ကုမှေခိုင္	kum² kǎi²	鸡笼	A	C	D	A	A	A	A	A
390	ကုမှ့ကိၚ္	kum³ kin¹	温饱	C	D	A	B	A	A	A	A
391	ကုမှ့လေို့	kum³ ʔeu¹	弯腰	B	D	D	D	A	A	B	A
392	လလမှတာဝ့	kɛm¹ kǎn¹	掺杂	D	D	D	D	C	A	A	A
393	ကာက္ဒံ	kǎk¹ tǎ⁵	阻止	D	D	D	D	A	A	A	A

394	ကတ်ဟမ်	kăk¹ ham³	禁止	D	D	D	A	A	A	A	A
395	ကတ်ကမ်	kak² kăm⁴	讲稿	D	D	D	C	B	A	A	A
396	ကေက	kɛk¹	假	B	C	D	A	A	A	A	A
397	ကွက်ကေု	kɒk¹ kɛu³	杯子	A	C	B	A	A	A	A	A
398	ကွက်ခိယ	kɒk¹ xi³ ja¹	烟灰缸	A	D	D	A	A	A	A	A
399	ကွက်ဟော	kɒk¹ ho¹	脑袋	B	D	D	A	A	A	A	A
400	ကွက်ယဘု	kɒk¹ ja¹ bău³	烟斗	B	D	D	A	A	A	A	A
401	ကက်တော်	kɤk² tau⁵	倒下	A	D	D	A	A	A	A	A
402	ကတ်	kăt¹	冷	A	D	D	A	A	A	A	A
403	ကတ်နော်	kăt¹ nau¹	寒冷	A	D	D	A	A	A	A	A
404	ကတ်ဒင်	kăt¹ daŋ³	冰冷	D	D	B	A	A	A	A	A
405	ကတ်လင်	kăt¹ lăŋ²	寒流	D	D	D	B	A	A	A	A
406	ကတ်ဇိန်	kăt¹ jin¹	清凉	D	D	D	A	A	A	A	A
407	ကွတ်ကေု	kɒt² keu³	缠绕	D	D	D	B	A	A	A	A
408	ကတ်နွိ	kat² nɒi⁶	小街	A	C	D	B	A	A	A	A
409	ကတ်လောင်	kat² loŋ¹	大街	A	C	D	B	A	A	A	A
410	ကတ်ဆဲ	kat² sai⁴	嘎洒	A	C	A	A	A	A	A	A
411	ကိတ်	kit²	拥挤	D	D	D	A	A	A	A	A
412	ကိတ်ခွင်	kit² xɒŋ³	拦绊	D	D	B	A	A	A	A	A
413	ကိတ်ကင်	kit² kɤŋ⁴	阻碍	D	D	D	C	A	B	A	A
414	ကိတ်တိန်	kit² tin¹	绊脚	D	D	D	A	A	A	A	A
415	ကိတ်မု	kit² mɯ⁴	绊手	D	D	D	A	A	A	A	A
416	ကုတ်	kut¹	断	D	D	D	A	A	A	A	A
417	ကုတ်	kut²	蕨菜	C	D	D	A	A	A	A	A
418	ကေတ်တုံ	ket¹ tum²	疮痂	D	D	D	A	A	A	A	A
419	ကေတ်ပ	ket¹ pa¹	鱼鳞	A	D	D	A	A	A	A	A
420	ကေတ်	ket²	病害	D	D	D	A	C	A	A	A

421	ေကာ့ပဥ္ရှူ	ket² buŋ³	病虫	D	D	D	B	A	A	A	A
422	ေကာ့ေကဒ	ket² ka³	凶恶	D	D	D	B	A	A	A	A
423	ငကဒ္ဒျဖိန	kot¹ tsɯ⁵	签名	D	D	D	D	C	B	A	B	B
424	ငကဒ္ေတမှေ	kot¹ tɛm³	写作	C	D	A	D	C	B	A	B	B
425	ငကဒ္ဘျန	kot¹ phai⁵	编辑	D	D	D	D	C	B	A	C	C
426	ငကဒ္ဟရှန	kot¹ haŋ⁵	素描	D	D	D	D	C	B	A	C	A
427	ငကဒ္မျ	kot¹ mai¹	登记	D	D	D	D	B	A	A	B	A
428	ငကဒ္ေလ	kot² nɯŋ⁵	一亿	D	C	D	D	A	A	A	A	A
429	ငကဒ္ေဒရှ	kot² tɒŋ⁴	检查	D	D	D	D	B	A	B	A	A
430	ငကဒ္ေဘးယာဒ	kot² phǎ⁵ jat⁵	诊断	D	D	D	B	A	A	C	A	A
431	ကဒ္ဒ	kɒt¹	短	C	D	D	D	A	A	B	B	A	A
432	ကဒ္ဒန	kɒt²	抱	A	D	D	A	A	A	A	A	A
433	ကဒ္ဒေကဒ္	kɒt² kǎn¹	搂抱	A	D	D	A	A	A	B	A	A
434	ကဒ္ဒေလျှန	kɒt² keu³	缠住	D	D	D	D	A	A	B	A	A
435	ကဒ္ဒေမျှိ	kɒt² mɯ⁴	抱手	D	D	D	D	A	A	B	A	A
436	ေလဖဒ္	kɤt¹	停留	D	D	D	A	A	A	B	A	A
437	ေလဖဒ္နမှ	kɤt¹ xǎm¹	耽搁	D	D	D	B	A	A	B	A	A
438	ေလဖဒ္ဝိဝဧ	kɤt¹ vǎi⁶	剩下	D	D	D	D	A	A	B	A	A
439	ေလဖဒ္ယရှ	kɤt¹ jǎŋ⁴	剩余	D	D	D	D	A	A	B	A	A
440	ဒျဖိကျှရေဒ္	dɯk¹ hen⁴	停学	D	D	D	D	A	A	A	A	A
441	ေလဖဒ္	kɤt²	出生	B	C	A	A	A	A	A	A	A
442	ေလဖဒ္ေအားက္ငဒ္	kɤt² ʔɒk²	生出	B	D	D	A	B	A	A	A	A
443	ေလဖဒ္ေကဒ္	kɤt² kan¹	出岔子	B	D	D	A	A	A	A	A	A
444	ေလဖဒ္ေမျိ	kɤt² mi⁴	发生	B	D	D	A	A	A	A	A	A
445	ေလဖဒ္ေယာျ	kɤt² jak⁵	难产	C	D	D	B	A	A	B	A	A
446	ကဂ္	kǎp¹	盒子	A	D	D	A	A	A	B	A	A
447	ကဂ္ဗိေဒ္	kǎp¹ ten⁴	蜡条盒	A	D	D	A	A	A	B	A	A

448	ကပ်ပိဿ	kăp¹ pi³	文具盒	A	D	B	D	A	A	B	A	A
449	ကပ်ဖိုင်	kăp¹ făi⁴	火柴盒	A	D	D	A	A	A	B	A	A
450	ကပ်မဲ့	kăp¹ măi⁶	嫁接	D	D	D	C	B	A	A	A	B
451	ကပ်တမ်	kăp¹ tam¹	随从	C	D	D	A	B	A	A	A	A
452	ဒေန်ဒင်	dɛn¹ din¹	边境	C	D	B	D	A	A	A	A	A
453	ကပ်ဟျ	kăp¹ hai¹	消失	D	D	D	A	A	A	A	A	A
454	ကပ်ဆို	kăp¹ tso⁵	终生	D	D	B	C	B	A	A	A	A
455	ကပ်လော့	kăp¹ lok⁵	天然	D	D	D	D	C	A	A	A	A
456	ကပ်လီဟသီပဗမာ	kăp¹ lɯp⁵ sɯp¹ ma⁴	传统	D	D	D	D	B	A	A	A	A
457	ကပ်	kap²	苞片	D	D	D	D	A	B	A	B	A
458	ကပ်လပီ	kap² pɤ³	蝴蝶	D	C	D	A	A	A	A	A	A
459	ကပ်ကေ	kap² kɛ³	飞蜥	D	D	D	D	A	A	A	A	A
460	ကိပ်	kip²	剪	B	D	D	D	A	A	A	A	A
461	ကိပ်မု	kip² mu¹	猪蹄	A	C	D	D	A	A	A	C	A	A
462	ကုပ်	kup¹	斗笠	A	D	D	A	A	A	A	A	A
463	ကုပ်ဖိုင်	kup¹ fɤŋ⁴	草帽	A	C	B	D	A	A	A	A	B
464	ကုပ်သိုင်	kup² săi²	拥向	A	D	D	B	A	A	A	A	A
465	ကေပ်ဒို	kep¹ dăi³	拾到	D	D	C	D	A	A	A	A	A
466	ကေပ်လျင်	kep¹ leŋ⁶	收养	C	D	D	D	C	A	A	A	A
467	ကောပ်	kop¹	牛蛙	A	C	D	D	A	A	A	A	A
468	ကပ်ဆမ်	kɯp¹ xăm⁴	钻研	A	D	D	D	C	A	B	B	B	B
469	ခပ်ဒုံ	xăp³ doŋ¹	包谷	A	D	D	D	B	A	A	A	A
470	ကပ်	kɯp²	强占	A	D	D	D	A	A	A	A	A
471	ကပ်စိုင်	kɯp² tsiŋ⁴	争夺	A	D	D	D	B	A	A	A	A
472	ခါ	xa¹	腿	A	C	A	A	A	A	A	A	A
473	ခါခေန်	xa¹ xɛŋ⁵	小腿	C	C	B	A	A	A	A	A	A
474	ခါလုံ	xa¹ loŋ¹	大腿	A	C	B	A	A	A	A	A	A

编号	傣文	读音	词义								
475	ခွင်ၸႂ်	xa¹ jo¹	人字架	D	D	D	A	A	A	A	A
476	ခွင်ၸဲ	xa¹ tsăi¹	折磨	D	D	D	A	B	A	A	A
477	ခွင်ၽၵ်း	xa² păk⁵	南瓜架	D	D	D	A	A	A	A	B
478	ခွင်ၾႆး	xa² făi⁴	火架	D	D	D	A	A	A	A	A
479	ခွင်ၵပ်	xa² kăp¹	支架	D	D	D	A	A	A	A	A
480	ခွင်ၶၢႆ	xa² xai¹	买卖	B	D	A	A	A	A	A	A
481	ခွင်ၵဲ့	xa² păi⁶	嫁姑娘	B	D	D	A	A	A	A	A
482	ခွင်ၶိုၺ်	xa² xɤi¹	招女婿	B	D	D	A	A	A	A	A
483	ခွင်တၢႆ	xa³ tai¹	杀死	D	D	D	A	A	A	A	A
484	ခွင်ၸႆ့	xa³ tsăi⁶	佣人	D	D	D	A	A	A	A	A
485	ခွင်ႁိူၼ်း	xa³ hɤn⁴	家奴	D	D	D	B	A	A	A	B
486	ခွင်သိုၵ်း	xa³ sɤk¹	敌人	C	D	B	A	A	A	A	A
487	ခွင်လၢမ်း	xa³ hɛm¹	屠杀	D	D	D	D	C	A	A	A
488	ၶီႈၶေႃႈ	xi¹ xeu³	审问	D	D	D	D	B	A	B	B	A
489	ၶီႈမွၵ်ႇ	xi¹ mɔŋ¹	悲伤	D	D	D	A	A	A	A	A
490	ၶီႈၵိၼ်း	xi¹ kɤŋ⁴	担心	D	D	B	A	A	A	A	A
491	ၶီႈၸႂ်	xi¹ tsăi¹	担忧	C	D	D	A	A	A	A	A
492	ၶီႈယၢၵ်ႈ	xi¹ jak⁵	畏难	D	D	D	A	C	B	A	A	B
493	ၶီႈ	xi²	骑	A	C	D	A	A	A	A	A
494	ၶီႈမႃႉ	xi² ma⁶	骑马	A	C	B	A	A	A	A	A
495	ၶီႈၸၢင်ႉ	xi² tsaŋ⁶	骑象	A	C	B	A	A	A	A	A
496	ၶီႈလူတ်ႉ	xi² lot⁵	乘车	B	D	D	A	A	A	A	A
497	ၶီႈ	xi³	大便	A	C	D	A	A	A	A	A
498	ၶီႈတႃ	xi³ ta¹	眼屎	B	D	D	A	A	A	A	A
499	ၶီႈၽိုင်ႈ	xi³ phɯŋ³	蜂蜡	A	D	D	B	A	A	A	A
500	ၶီႈလိ	xi³ li²	利息	D	D	D	A	A	A	A	A
501	ၶီႈဢႆ	xi³ ʔai¹	腘腆	C	D	D	A	A	A	A	A

502	ခုမေဘၣုe	xi³ ʔu³	好吹牛	A	D	D	A	A	A	A	A	A
503	ခုမေလော့ဇ္	xi³ ʔɛu²	贪玩	A	D	B	A	A	A	A	A	A
504	ခုမေခ်ိခ္	xi³ xo¹	爱笑	A	C	D	A	A	A	A	A	B
505	ခုမေတ့ဇ္	xi³ lǎu³	酒鬼	B	D	D	A	A	A	A	A	A
506	ခုမေတ့ပ္	xi³ lǎp¹	贪睡	B	D	B	A	A	A	A	A	A
507	ခုမေဟ်ာဇ္	xi³ xan⁶	懒惰	D	D	D	A	A	A	A	A	A
508	ေခ္လိုခုစျာဇ္	xe¹ lin⁶ tsaŋ⁶	仙人掌	C	D	D	D	A	A	B	A	A
509	ေခ္လိုခုစ္မ	xe¹ lin⁶ ma¹	金刚钻	D	D	D	A	A	B	A	B	B
510	ေခ္ခါစ္	xɛ² ka⁵	付款	A	D	D	A	C	A	A	B	A	A
511	ေခ္ခိုင္	xɛ¹ fǎi⁴	灭火	A	D	D	A	A	A	A	A	A
512	ခို	xo¹	桥	A	C	D	A	A	A	A	A	A
513	ခိုင္ခဉ္	xo¹ xoŋ¹	拱桥	A	D	D	C	A	A	A	A	A
514	ခိုေခ္ဇ္	xo¹ xɛn¹	吊桥	A	D	D	D	A	A	A	A	A
515	ခိုလုံမ္ဖုေဒု	xo¹ lim³ deu¹	独木桥	D	D	D	D	A	A	A	A	A
516	ခိုဟ္ိန္	xo¹ hin¹	石桥	A	D	D	A	A	A	A	A	A
517	ခိုေလ္က္	xo¹ lek¹	铁桥	A	D	D	A	A	A	A	A	A
518	ခိုဆ္ယ္	xo¹ sǎi²	嘲笑	B	D	D	A	A	A	A	A	A
519	ခိုဟ္ယ္န္	xo¹ hɣn²	大笑	A	C	D	D	A	A	A	A	A
520	ခိုေခ္က္	xo³ phǎk¹	炒菜	A	D	A	A	A	A	A	A	A
521	ခု	xɒ¹	锄头	A	D	D	A	A	A	A	A	A
522	ခုင္ဇ္	xɒ¹ ŋɒ⁴	钩子	A	D	D	A	A	A	A	A	A
523	ခုေစ္ဇ္	xɒ¹ tsaŋ⁶	象钩	A	D	D	A	A	A	B	A	A
524	ခုေလ္ဘ္	xɒ¹ bet¹	鱼钩	B	D	B	A	A	A	A	A	A
525	ခု	xɒ¹	请求	A	D	B	A	A	A	A	A	A
526	ခုေလ္ဒ္	xɒ¹ dɛ²	乞援	D	D	D	A	B	A	A	A	A
527	ခုေလ္ဇု္	xɒ¹ neu²	委托	D	D	D	C	A	A	A	A	A
528	ခုဇ္	xɒ²	灰烬	C	D	D	A	A	A	A	A	A

529	ခွေးခဲ့ချေ	xɒ³ mǎi⁶	竹节	A	C	B	A	A	A	A	A
530	ခွေးကောင့်	xɒ³ kan¹	事项	B	D	B	D	A	A	A	A
531	ခွေးခမ့်	xɒ³ kǎm⁴	句子	D	D	D	A	B	A	A	A
532	ခွေးတယ်	xɒ³ tai¹	要点	D	D	D	C	A	B	A	B
533	ချမင်းလှော်	xɯ² loŋ¹	大梁	C	C	D	A	B	A	A	A
534	ခေမိခေ	xɣ¹ xa³	你们	A	D	A	A	A	A	A	A
535	ခိုင့်ကောင့်	xǎi¹ kau²	告诉	A	D	A	D	A	A	A	A
536	ခိုင့်လောင့်	xǎi¹ lǎu⁵	叙述	D	D	D	D	B	A	A	A
537	ခိုင့်ခိုင်း	xǎi² kǎi²	鸡蛋	A	C	A	A	A	A	A	A
538	ခိုင့်ပဲ့	xǎi² pet¹	鸭蛋	A	C	D	A	A	A	A	A
539	ခိုင့်နောက်	xǎi² nok⁵	鸟蛋	A	D	D	A	A	A	A	A
540	ခိုင့်မုတ်	xǎi² mot⁵	蚁卵	B	D	D	A	A	A	A	A
541	ခိုင့်	xǎi³	生病	A	D	B	A	A	A	A	A
542	ခိုင့်တယ်	xǎi³ tai¹	病死	B	D	D	A	A	A	A	A
543	ခိုင့်ခဲ့	xǎi³ mǎi³	发烧	B	C	A	A	A	A	A	A
544	ခိုင့်ဝတ်	xǎi³ vǎt¹	感冒	A	C	A	A	A	A	A	A
545	ခိုက်ခန့်	xai¹ kǎn¹	出卖	D	C	D	D	A	A	B	A
546	ခိုက်တို	xai¹ to¹	卖淫	D	D	D	A	B	A	A	A
547	ခိုက်မုံ	xai¹ mon⁴	批发	C	D	D	A	B	A	A	B
548	ခိုက်ယွိ	xai¹ jɒi⁵	零售	C	D	D	A	C	B	A	A
549	ခိုက်နာ	xai¹ na³	出丑	B	D	A	A	A	A	A	B
550	ခုသုံ	xǎu¹ suŋ¹	高山	A	C	B	D	A	A	A	A
551	ခုသာလွယ်လ	xǎu¹ sǎ¹ne¹ lo⁴	须弥山	D	D	D	D	A	A	B	A
552	ခုဆွဲ	xǎu¹ xvai⁴	牛角	C	D	D	A	A	A	A	A
553	ခုတန့်	xǎu¹ tan⁵	他们	A	C	A	A	A	A	A	A
554	ခုသာန်	xǎu³ san¹	大米	A	D	B	A	A	A	A	A
555	ခုအန်	xǎu³ ʔan¹	米饭	A	C	A	A	A	A	B	A

556	ꧦꦴꦸꦵꦾ	xǎu³ no¹	糯米	A	D	A	A	A	A	A	A
557	ꧦꦴꦸꦵꦾꦸꦃ	xǎu³ ʔɒk²	进出	D	D	A	A	A	A	A	A
558	ꧦꦴꦸꦵꦾꦃ	xǎu³ kat²	上街	C	D	B	A	A	A	A	A
559	ꧦꦴꦸꦵꦾꦃ	xǎu³ kǎm⁴ fǎn¹	托梦	D	D	D	A	B	A	A	A
560	ꧦꦴꦸꦵꦾ	xǎu³ kum⁴	进犯	D	D	D	A	C	A	A	A
561	ꧦꦴꦸꦵꦾ	xǎu³ tsǎi¹	领会	D	D	D	A	C	B	A	A	C
562	ꧦꦴꦸꦵꦾꦃ	xǎu³ tha⁴ han¹	参军	C	D	D	A	C	B	A	A
563	ꧦꦴꦸꦵꦾꦃ	xǎu³ sɤk¹	参战	D	D	D	A	C	B	B	A	A
564	ꧦꦴꦸꦵꦾ	xau¹ pɒn⁴	洁白	D	D	D	A	A	A	A	A
565	ꧦꦴꦸꦵꦾ	xau² san¹	消息	C	D	A	A	A	A	A	A
566	ꧦꦴꦸꦵ	xiu²	凶恶	B	D	D	A	A	A	A	B	A
567	ꧦꦴꦸꦵ	xeu¹	绿	A	C	B	A	A	A	A	A
568	ꧦꦴꦸꦵꦾ	xeu¹ nǎi⁴	内奸	D	D	D	A	C	B	B	A	A
569	ꧦꦴꦸꦵꦾ	xeu¹ ʔɒn²	嫩绿	D	D	D	A	A	A	A	A
570	ꧦꦴꦸꦵꦾ	xeu¹ mɒ⁵	浅绿	D	D	D	A	A	A	A	A
571	ꧦꦴꦸꦵ	xeu³	牙齿	B	C	A	A	A	A	A	A
572	ꧦꦴꦸꦵꦾ	xeu³ mɛŋ⁴	虫牙	C	D	D	A	A	A	A	A
573	ꧦꦴꦸꦵꦾ	xeu³ tot⁵	问罪	D	D	D	A	C	B	A	A	C
574	ꧦꦴꦸꦵꦾ	xǎŋ¹ xɒk⁵	坐牢	D	D	D	C	B	B	A	A	B
575	ꧦꦴꦸꦵꦾ	xǎŋ³ tǎ⁵	阻拦	D	D	D	C	A	A	A	A
576	ꧦꦴꦸ	xaŋ¹	生铁	D	D	D	A	C	B	A	A	A
577	ꧦꦴꦸ	xaŋ³	肋	D	D	A	B	A	A	A	A
578	ꧦꦴꦸꦵꦾ	xiŋ¹ xam¹	忧虑	D	D	D	B	A	A	A	A
579	ꧦꦴꦸꦵꦾ	xuŋ¹ xet²	区域	D	D	D	C	B	B	A	B	B
580	ꧦꦴꦸꦵꦾ	xuŋ² ha¹	思念	C	D	D	A	B	A	A	A	A
581	ꧦꦴꦸꦵꦾ	xɛŋ² kǎn¹	交锋	D	D	D	D	C	C	B	A	B
582	ꧦꦴꦸꦵꦾ	xɛŋ¹ tsǎi¹	坚持	D	D	D	A	A	A	A	A

583	လရှုရုယ်ဉင်	xɛŋ² fun¹	淋雨	A	D	D	A	A	A	A	A
584	၌ခုင်လဒ္	xoŋ² lot⁵	车站	A	D	B	A	A	A	B	B
585	၌ခုယဥ်ပိင်	xoŋ² jun⁴ bin¹	飞机场	A	C	D	A	A	A	A	A
586	နုရုင်င်	xɒŋ¹ xo⁴	货物	A	D	D	A	A	A	A	A
587	နုရုလပိရု	xoŋ³ kiŋ²	想念	D	D	D	A	A	A	A	A
588	လပိရုင်နှုင်	xɤŋ³ xot²	愤怒	D	D	D	A	B	A	A	A
589	ခဉ်လင်	xǎn¹ ka⁵	价格	C	D	B	C	A	A	A	A
590	နုဒ္ပင်ယ	xvɒn¹ ho¹	灵魂	D	D	D	A	A	A	A	A
591	ဉုဒ္တုပု	xan¹ tɒp²	回答	C	D	D	A	A	A	A	A
592	နုပိဉ်ပ	xin¹ tsǎi¹	刁难	D	D	D	A	C	A	A	A
593	ခဉ်ဟဉ်	xun¹ han¹	勇士	D	D	D	C	A	A	A	A
594	လနဝ်လတုပု	xen¹ tɛm³	刻写	D	D	D	A	A	A	A	A
595	နုဒ္သဉ်င်	xɒn¹ sak⁵	尸体	D	D	D	D	A	A	A	A
596	နုပိဟပုပု	xɯn² hɒm¹	芬芳	D	D	D	A	A	A	B	A
597	သလယ်င်	pha⁴ sa¹ tǎi⁴	傣族	C	D	D	A	A	A	A	A
598	၏ရ်စရ်	xǎm² xɒ¹	恳求	D	D	D	B	A	A	A	A
599	ဉဉ်ပု၌ယ	xam² tok⁵	耐劳	C	D	D	A	C	B	A	B
600	ဉဉ်ပုယပု	xam² jap²	刻苦	D	D	D	A	A	A	A	A

参加词汇测试人员的基本信息

1. 姓名:玉应罕欢

   性别:女

   年龄:7岁

   文化程度:上小学(曼迈小学,一年级)

   傣文:略懂①

---

① "熟练""一般""略懂""不会"等级标准参见第一章第二节。

学习途径:就读的曼迈小学在学前班开设傣语课

居住地:曼乱点村

2. 姓名:玉应罕

性别:女

年龄:10岁

文化程度:上小学(嘎洒镇中心小学,三年级)

傣文:略懂

学习途径:就读的嘎洒镇中心小学在学前班、一年级和二年级开设傣语课

居住地:嘎洒镇曼景罕村委会曼景罕村

其他信息:虽然在所就读的学校上过傣语课,但是到三年级学习过的傣文基本都忘光了,只会拼读"爸爸""妈妈"等简单的词语。

3. 姓名:岩应叫

性别:男

年龄:14岁

文化程度:上初中(嘎洒镇职业中学,初二)

傣文:新傣文一般,老傣文一般

学习途径:寺院

居住地:嘎洒镇曼景罕村委会曼景罕村

其他信息:入寺一年多,在接受学校教育的同时接受传统的佛寺教育,是和尚学生。

4. 姓名:岩糯

性别:男

年龄:18岁

文化程度:上高中(嘎洒镇职业中学,高二)

傣文:新傣文和老傣文都熟练

学习途径:寺院

居住地:曼迈村委会曼广龙村

其他信息:12岁入寺,18岁还俗。在学龄前使用的语言为傣语,7岁入学后在学校开始学习汉语。

5. 姓名:岩罕温

性别:男

年龄:22岁

文化程度:初中

傣文:新傣文一般,老傣文熟练

学习途径:寺院

居住地：纳板村委会纳板村

其他信息：14岁入寺，20岁还俗，在寺院生活、学习6年，学的是老傣文。老傣文熟练，新傣文一般。汉语一般，汉文一般。

6. 姓名：岩恩

   性别：男

   年龄：35岁

   文化程度：小学

   傣文：熟练

   学习途径：寺院

   居住地：曼播村委会曼湾村

   其他信息：13岁入寺，15岁还俗，在寺院生活、学习了两年。汉语熟练，汉文一般。

7. 姓名：岩罕龙

   性别：男

   年龄：43岁

   文化程度：小学

   傣文：熟练

   学习途径：寺院

   居住地：曼景罕村委会曼景罕村

   其他信息：15岁入寺，22岁还俗，当了5年和尚，两年大佛爷。现在是村里的波章（管理村寨寺院日常生活、组织村寨祭祀活动的人），汉语略懂，汉文略懂。

8. 姓名：玉为

   性别：女

   年龄：45岁

   文化程度：文盲

   傣文：熟练

   学习途径：民办扫盲学校

   居住地：曼达村委会曼达一村

9. 姓名：岩扁坝

   性别：男

   年龄：54岁

   文化程度：小学

   傣文：熟练

   学习途径：民办扫盲学校

   居住地：曼达村委会曼达一村

其他信息:汉语一般,汉文略懂。

10. 姓名:岩腊

性别:男

年龄:61 岁

文化程度:文盲

傣文:熟练

学习途径:跟老人学

居住地:南帕村委会曼回东村

其他信息:做过村里的傣语老师,汉语略懂,汉文不会。

二 调查表及调查问卷

（一）个人语言使用情况调查表（一）

受 访 人：蒋玉玲（户主）
调查地点：景洪市嘎洒镇农业服务中心
调查时间：2009年1月7日
调查对象：蒋玉玲老师及其家人

代际		姓名	年龄(岁)	民族	籍贯	文化程度	第一语言及熟练程度	第二语言及熟练程度	备注
第一代	母亲	玉囡龙	66	傣族	景洪	文盲	傣语 熟练	汉语 略懂	
第二代	户主	蒋玉玲	47	傣族	景洪	中专	傣语 一般	汉语 熟练	
	丈夫	孙建一	48	汉族	景洪	初中	汉语 熟练	傣语 略懂	
第三代	长子	孙彪	22	傣族	景洪	大专	汉语 熟练	傣语 一般	
	次子	孙权	18	傣族	景洪	上高中	汉语 熟练	傣语 一般	

（二）个人语言使用情况调查表（二）

受 访 人：三温（户主）
调查地点：景洪市嘎洒镇曼回东村
调查时间：2009年1月21日
调查对象：三温及其家人

代际		姓名	年龄(岁)	民族	籍贯	文化程度	第一语言及熟练程度	第二语言及熟练程度	备注
第一代	父亲	三保	69	傣族	曼回东村	文盲	傣语 熟练	汉语 不会	
	母亲	燕保旺	67	傣族	曼回东村	文盲	傣语 熟练	汉语 不会	
第二代	户主	三温	42	傣族	曼回东村	小学	傣语 熟练	汉语 一般	
	妻子	叫尖	41	傣族	曼回东村	文盲	傣语 熟练	汉语 一般	

第三代	长女	也罕树	25	傣族	曼回东村	高中	傣语 熟练	汉语 熟练	
	次女	玉娟	23	傣族	曼回东村	小学	傣语 熟练	汉语 一般	
	长子	岩温香	21	傣族	曼回东村	高中	傣语 熟练	汉语 熟练	

（三） 个人文字使用情况调查表（一）

受 访 人：岩伦（户主）

调查地点：景洪市嘎洒镇曼景保村

调查时间：2009 年 1 月 19 日

调查对象：岩伦及其家人

代际		姓名	年龄（岁）	民族	籍贯	文化程度	第一语言及熟练程度	第二语言及熟练程度	备注
第一代	户主	岩伦	59	傣族	嘎洒镇	小学	傣文 熟练	汉文 一般	哈尼语 熟练
	妻子	玉涛香	57	傣族	嘎洒镇	小学	傣文 熟练	汉文 一般	
第二代	长女	玉罕比	39	傣族	嘎洒镇	小学	傣文 熟练	汉文 一般	
	长女婿	岩温	40	傣族	嘎洒镇	小学	傣文 熟练	汉文 一般	
第三代	长外孙子	岩温罕	18	傣族	嘎洒镇	初中	傣文 不会	汉文 熟练	
	次外孙子	岩温叫	16	傣族	嘎洒镇	初中	傣文 不会	汉文 熟练	

（四） 个人文字使用情况调查表（二）

受 访 人：岩温（户主）

调查地点：景洪市嘎洒镇纳板村

调查时间：2009 年 1 月 23 日

调查对象：岩温及其家人

代际		姓名	年龄（岁）	民族	籍贯	文化程度	第一语言及熟练程度	第二语言及熟练程度	备注
第一代	户主	岩温	63	傣族	纳板村	文盲	傣文 不会	汉文 不会	
	妻子	玉香囡	65	傣族	纳板村	文盲	傣文 不会	汉文 不会	

第二代	次子	岩罕香	32	傣族	纳板村	初中	傣文 熟练	汉文 熟练	
	次儿媳	玉香旺	30	傣族	纳板村	初中	傣文 不会	汉文 熟练	
第三代	孙女	玉香应	8	傣族	纳板村	上小学	傣文 不会	汉文 一般	
	孙子	岩空香	4	傣族	纳板村	学龄前			

（五） 家庭内部语言使用情况调查表（一）

受 访 人：玉罕（36岁，来计生办领补贴）
调查地点：景洪市嘎洒镇政府计生办
调查时间：2009年1月13日
调查对象：玉罕及其家人

请按要求在表中空白处画"√"

	交际双方	傣语	汉语	傣汉双语
长辈对晚辈	父母对子女	√		
	爷爷奶奶对孙子孙女	√		
	公婆对儿媳	√		
晚辈对长辈	子女对父母			√
	孙子孙女对爷爷奶奶	√		
	儿媳对公婆	√		
同辈之间	爷爷与奶奶	√		
	父亲与母亲	√		
	子女之间			√
	儿子与儿媳			√
主人对客人	对傣族客人	√		
	对傣族干部			√
	对汉族干部		√	
	对汉族客人		√	
	对傣族老师			√
	对汉族老师		√	

（六） 家庭内部语言使用情况调查表（二）

受 访 人：岩公(47岁)
调查地点：景洪市嘎洒镇曼景罕村委会曼景罕村
调查时间：2009年1月21日
调查对象：岩公及其家人

请按要求在表中空白处画"√"

交际双方		傣语	汉语	傣汉双语
长辈对晚辈	父母对子女	√		
	爷爷奶奶对孙子孙女	√		
	公婆对儿媳	√		
晚辈对长辈	子女对父母	√		
	孙子孙女对爷爷奶奶	√		
	儿媳对公婆	√		
同辈之间	爷爷与奶奶	√		
	父亲与母亲	√		
	子女之间	√		
	儿子与儿媳	√		
主人对客人	对傣族客人	√		
	对傣族干部	√		
	对汉族干部		√	
	对汉族客人		√	
	对傣族老师	√		
	对汉族老师		√	

（七） 不同时期、不同场合语言使用情况调查表（一）

受 访 人：玉坦马(50岁)
调查地点：景洪市嘎洒镇曼播村委会曼播村

调查时间：2009 年 1 月 14 日

请根据要求，在表中空白处填入所使用的语言

时间 交际场合		改革开放前 （1949—1978 年）	改革开放后 （1978 年以后）
见面打招呼		傣语，偶尔也使用汉语	傣语或汉语
日常聊天		傣语	傣语
生产劳动		傣语	傣族
生活用语		傣语	傣语
买卖		傣语，偶尔也说汉语	傣语或汉语
看病		傣语	傣语或汉语
开会	主持人用语	傣语	傣语或汉语
	传达上级指示	傣语	傣语或汉语
	讨论、发言	傣语	傣语或汉语
公务用语		傣语	傣语或汉语
广播用语		傣语	傣语或汉语
学校	课堂用语	傣语	汉语
	课外用语	傣语	傣语或汉语
民族节日、集会		傣语	傣语
婚嫁		傣语	傣语
丧葬		傣语	傣语

（八）不同时期、不同场合语言使用情况调查表（二）

受 访 人：岩香罕（42 岁）

调查地点：景洪市嘎洒镇曼真村

调查时间：2009 年 1 月 20 日

请根据要求，在表中空白处填入所使用的语言

时间 交际场合	改革开放前 （1949—1978 年）	改革开放后 （1978 年以后）
见面打招呼	傣语，偶尔也使用汉语	傣语或汉语
日常聊天	傣语	傣语

生产劳动		傣语	傣语
生活用语		傣语	傣语
买卖		傣语,偶尔也说汉语	傣语或汉语
看病		傣语	傣语或汉语
开会	主持人用语	傣语	傣语
	传达上级指示	傣语	傣语
	讨论、发言	傣语	傣语
公务用语		傣语	傣语或汉语
广播用语		傣语	傣语或汉语
学校	课堂用语	傣语	汉语
	课外用语	傣语	傣语或汉语
民族节日、集会		傣语	傣语
婚嫁		傣语	傣语
丧葬		傣语	傣语

（九） 不同时期、不同场合语言使用情况调查表（三）

受 访 人：波儿（78岁）

调查地点：景洪市嘎洒镇曼景保村

调查时间：2009年1月19日

请根据要求,在表中空白处填入所使用的语言

时间 交际场合		新中国成立前 （1949年以前）	改革开放前 （1949—1978年）	改革开放后 （1978年以后）
见面打招呼		傣语	傣语	傣语
日常聊天		傣语	傣语	傣语
生产劳动		傣语	傣语	傣语
生活用语		傣语	傣语	傣语
买卖		傣语	傣语	傣语
看病		傣语	傣语	傣语
开会	主持人用语	傣语	傣语	傣语
	传达上级指示	傣语	傣语	傣语
	讨论、发言	傣语	傣语	傣语

公务用语		傣语	傣语	傣语
广播用语		傣语	傣语	傣语
学校	课堂用语			
	课外用语			
民族节日、集会		傣语	傣语	傣语
婚嫁		傣语	傣语	傣语
丧葬		傣语	傣语	傣语

（十） 傣族语言观念调查问卷（一）

受 访 人：岩明（43 岁）

调查地点：景洪市嘎洒镇曼景保村

调查时间：2009 年 1 月 19 日

文化程度：初中

职 业：曼景保村治保、保管

请在您所选答案前的拉丁字母下画横线。例如："<u>A</u>"。

1. 您怎样看待傣族学习和掌握汉语的作用？
   <u>A</u>. 很有用　　B. 有些用　　C. 没有用
2. 您认为学好汉语的目的是：（按重要程度排序）<u>ACB</u>
   A. 找到好的工作，得到更多的收入　　B. 升学的需要
   C. 便于与外族人交流　　D. 了解汉族文化
3. 您怎么看待傣族掌握傣语的作用？
   <u>A</u>. 很有用　　B. 有些用　　C. 没有用
4. 您认为掌握傣语的目的是什么？（按重要程度排序）　<u>B</u>
   A. 找到好的工作，得到更多的收入　　B. 便于与本族人交流
   C. 了解和传承本族的历史传统文化
5. 您对傣族人都成为"傣语—汉语"双语人持什么态度？
   <u>A</u>. 迫切希望　　B. 顺其自然　　C. 无所谓　　D. 不希望
6. 如果傣族人成为汉语单语人，您的态度怎么样？
   A. 迫切希望　　B. 顺其自然　　C. 无所谓　　<u>D</u>. 不希望

7. 如果有人在外地学习或工作几年后回到家乡,不再说傣语,而是说普通话,您如何看待?
   A. 可以接受　　　B. 反感　　　　C. 听着别扭　　D. 不习惯　　E. 无所谓
8. 您希望后代最好会说什么语言?
   A. 普通话　　　　B. 傣语　　　　C. 当地汉语方言
   D. 普通话和傣语　F. 当地汉语方言和傣语　　E. 无所谓
9. 您愿意把子女送到什么学校学习?
   A. 用汉语授课的学校　　　　B. 用傣语授课的学校
   C. 用汉语和傣语授课的学校　D. 用汉语和英语授课的学校
10. 您希望本地广播站使用什么语言播音?
    A. 傣语　　　　B. 普通话　　　C. 当地汉语方言
    D. 普通话和傣语　F. 当地汉语方言和傣语　　E. 无所谓
11. 如果有机会学习其他民族语言,您的态度是什么?
    A. 非常愿意　　B. 愿意　　　　C. 无所谓　　　D. 不愿意
12. 请您按照重要程度将以下语言进行排序:BAC
    A. 普通话　　　B. 傣语　　　　C. 当地汉语方言　D. 英语
13. 如果家里的孩子不会说傣语,您的态度是什么?
    A. 同意　　　　B. 无所谓　　　C. 反对
14. 如果您家里的孩子不肯说傣语,您的态度是什么?
    A. 同意　　　　B. 无所谓　　　C. 反对
15. 您家的孩子学说话时,您最先教给他的是哪种语言?
    A. 普通话　　　B. 傣语　　　　C. 当地汉语方言
16. 干部在村里开会发言时,您希望他们说什么语言?
    A. 普通话　　　B. 傣语　　　　C. 当地汉语方言

(十一)　傣族语言观念调查问卷(二)

受 访 人:岩光(34岁)
调查地点:景洪市嘎洒镇农业服务中心
调查时间:2009年1月21日
文化程度:中专
职　　业:景洪市嘎洒镇农业服务中心副主任

请在您所选答案前的拉丁字母下画横线。例如:"A"。

1. 您怎样看待傣族学习和掌握汉语的作用?
   A. 很有用　　　B. 有些用　　　C. 没有用
2. 您认为学好汉语的目的是:(按重要程度排序)DC
   A. 找到好的工作,得到更多的收入　　B. 升学的需要
   C. 便于与外族人交流　　　　　　　　D. 了解汉族文化
3. 您怎么看待傣族掌握傣语的作用?
   A. 很有用　　　B. 有些用　　　C. 没有用
4. 您认为掌握傣语的目的是什么?(按重要程度排序)CB
   A. 找到好的工作,得到更多的收入　　B. 便于与本族人交流
   C. 了解和传承本族的历史传统文化
5. 您对傣族人都成为"傣语—汉语"双语人持什么态度?
   A. 迫切希望　　B. 顺其自然　　C. 无所谓　　D. 不希望
6. 如果傣族人成为汉语单语人,您的态度怎么样?
   A. 迫切希望　　B. 顺其自然　　C. 无所谓　　D. 不希望
7. 如果有人在外地学习或工作几年后回到家乡,不再说傣语,而是说普通话,您如何看待?
   A. 可以接受　　B. 反感　　C. 听着别扭　　D. 不习惯　　E. 无所谓
8. 您希望后代最好会使用什么语言?
   A. 普通话　　　B. 傣语　　　　C. 当地汉语方言
   D. 普通话和傣语　F. 当地汉语方言和傣语　　E. 无所谓
9. 您愿意把子女送到什么学校学习?
   A. 用汉语授课的学校　　　　　B. 用傣语授课的学校
   C. 用汉语和傣语授课的学校　　D. 用汉语和英语授课的学校
10. 您希望本地广播站使用什么语言播音?
    A. 傣语　　B. 普通话　　C. 当地汉语方言　D. 普通话和傣语
    F. 当地汉语方言和傣语　　E. 无所谓
11. 如果有机会学习其他民族语言,您的态度是什么?
    A. 非常愿意　　B. 愿意　　C. 无所谓　　D. 不愿意
12. 请您按照重要程度将以下语言进行排序:CBA
    A. 普通话　　B. 傣语　　C. 当地汉语方言　D. 英语
13. 如果家里的孩子不会说傣语,您的态度是什么?
    A. 同意　　　B. 无所谓　　　C. 反对

14. 如果您家里的孩子不肯说傣语,您的态度是什么?
    A. 同意　　　　B. 无所谓　　　　C. 反对
15. 您家的孩子学说话时,您最先教给他的是哪种语言?
    A. 普通话　　　B. 傣语　　　　　C. 当地汉语方言
16. 干部在村里开会发言时,您希望他们使用什么语言?
    A. 普通话　　　B. 傣语　　　　　C. 当地汉语方言

三 访谈录

（一） 陶建伟访谈录

受 访 人：陶建伟（44岁，傣族）
访谈时间：2009年1月7日
访谈地点：景洪市嘎洒镇农业服务中心
文化程度：中专
职　　业：嘎洒镇农业服务中心主任

问：请问您怎么看待孩子的教育问题？
答：在大的社会环境下，在学校受教育的孩子越来越多，但是由于学校的文化课程有一定的深度，而家长自身的文化程度不高，所以不能有效地辅导孩子的学习。

问：请问您觉得影响孩子受教育的因素有哪些？
答：在农村由于经济条件较差，从小形成的观念就是想生存、想挣钱。另外，以前老师的教学不能激发起孩子的学习兴趣，从一开始就没有打好学习基础。而现在城市孩子的家庭经济条件较为优越，不管家庭、学校还是社会都给孩子提供了较好的教育环境，因此孩子的教育起步很早，教育的基础也很牢固，并且越来越多的孩子享受到高等教育。

问：那也就是说，您觉得经济因素、教师自身素质的因素、家长文化程度的因素、社会的因素是决定孩子是否受到良好教育的主要因素，是吗？
答：是这样的。

采访心得：受访人从农村与城市的对比中看到影响孩子受教育的因素。

（二） 岩光访谈录

受 访 人：岩光（34岁，傣族）

访谈时间：2009年1月7日
访谈地点：景洪市嘎洒镇农业服务中心
文化程度：本科
职　　业：嘎洒镇农业服务中心副主任

问：请问您这个年龄段的人接受寺院教育的人多不多，您是否也接受过寺院教育？

答：十几岁的时候，与我年龄差不多的一批小孩儿都去寺院当了小和尚，唯独我没有去，我的父母主要看我自己的态度，我那时候不愿意去，所以就去学校读书了。

问：那您对寺院教育了解吗？在寺院里只学傣语吗？对傣文有要求吗？

答：了解一些，在寺院里，"康郎"不仅要教授傣语，而且教授傣文，基本上是每天要写1页。但是同时"康郎"也要教授汉语。还有就是在寺院里除了学习之外，很大程度上能锻炼孩子的独立自主的能力。

问：刚刚您提到在寺院受教育能锻炼孩子的独立自主能力，那您打算让您的小孩儿接受寺院教育吗？

答：我还没有小孩儿，等将来我有了小孩儿也不太倾向让他去寺院接受教育。我祖父、我父亲都上寺院当过和尚，而且都是寨子里的人去，城镇的人当和尚的很少。

问：我知道过去傣族接受寺院教育是一种很传统的教育方式，但是现在去接受寺院教育的人越来越少了，而且我知道寺院教育对传承傣语和傣文起到了不可忽视的作用。一个民族的语言文字是这个民族的标志，寺院教育的日益衰落，您不觉得可惜吗？

答：嗯，当然，所以现在有专门的机构来研究如何保存傣族的语言文字。比如说民族文化研究所，他们就把贝叶文翻译成汉文加以保存。

问：您从小接受的是学校教育，您觉得在接受学校教育的过程中老师的因素会影响您对汉语的学习吗？

答：会，我们上小学的时候，一开始对汉语接触很少，当时我们的老师是傣族，他会傣语，他在教授语文的过程中，遇到我们不能很好理解的汉语，就用傣语给我们解释，我们就更容易接受汉语，那时傣语帮助我们理解学习汉语，但是随着学校教育的深化，我们对傣语学习日趋淡化，最后汉语成了强势语言。

问：那您会不会写傣文呢？

答：我不会写傣文，只会说傣语，而且会说的和能听懂的也只是简单的、基本的一些日常交际用语，深奥的就既听不懂也不会说了。

问：您的家里人都是傣族吗？在家里说话时用的都是傣语吗？

答：我的父母、爱人都是傣族人，平时在家里和父母说话时用的都是傣语，我父母他们能听懂汉语，但是仅限于生活用语。我和我爱人说话时，也不是全说傣语，也会用到汉语。其实媒体对傣族家庭使用哪一种语言有很大的影响，比如说电视，虽然也有使用傣语的地方频道，但我们经常看汉语的频道。

采访心得: 随着社会的发展,汉语的渗透,傣语与汉语出现并存之势,而傣文则呈现不断弱化的趋势。

(三) 蒋玉玲访谈录

受 访 人: 蒋玉玲(47岁,傣族)
访谈时间: 2009年1月7日
访谈地点: 景洪市嘎洒镇农业服务中心
文化程度: 大专
职　　业: 嘎洒镇农业服务中心农业教师

问: 您和您的家人都是傣族吗?
答: 不是,我的父亲是汉族,母亲是傣族,我爱人是汉族,我的两个儿子都是傣族。
问: 那您会说傣语吗?您的孩子会说吗?你们都会写傣文吗?
答: 我从小和我的母亲学了一些傣语,仅会一些简单的日常用语。我的孩子也会讲一些简单的傣语,我和我的孩子都不会写傣文。
问: 您在家平时说话的时候用傣语吗?
答: 我的母亲不会讲汉语,我和我母亲讲话的时候要用傣语,平时和我父亲、我爱人、我儿子讲话时用汉语的时候多。
问: 您的家庭属于汉族与傣族族际婚姻家庭,那您是不是既要过傣族节日,又要过汉族节日?
答: 是这样的,不管是傣族的节日,还是汉族的节日,我们都过。汉族的节日,如春节、中秋节、端午节等我们都过;傣历年是傣族的主要节日,傣族过年时有一系列活动,如泼水、划龙舟、放孔明灯等都很热闹。

采访心得: 汉族描述节日的词汇渗透到了傣语中,从一个侧面反映出汉语在傣语语言发展进程中的渗透作用。

（四）　玉罕访谈录

受 访 人：玉罕[①]（21岁，傣族）
访谈时间：2009年1月13日
访谈地点：景洪市嘎洒镇卫生院
文化程度：中专
职　　业：护士

问：你从小是在城镇长大的，还是在寨子长大的？
答：我家是寨子里的，我是在寨子里长大的。
问：家人也都是傣族吗？
答：是的，我的爷爷、奶奶、爸爸、妈妈都是傣族。
问：平时在家里说话都用傣语吗？
答：是的，全用傣语。
问：你们都会写傣文吗？
答：只有爸爸会，其他人都只会说，不会写。
问：你在上小学的时候，学校有没有开傣语课？
答：我上学时没有开，但我爸爸（44岁）上学那会儿，学校是开傣语课的。
问：你的寨子里像你这样，出来读书，然后有了一份稳定的工作的同龄人多不多？
答：不多，现在为止就我自己。有两个人上大学。
问：那你当初坚持上学，是出于自己的意愿，还是家长的坚持与督促呢？
答：家里人不太管我的学习，还是看我自己的意愿。
问：你的寨子里有没有寺院？现在还有小和尚在那里学习吗？
答：还有寺院，但是现在的家长都不送孩子到寺院去了。已经没有小和尚在那里学习了，我的爷爷、爸爸都没当过小和尚。
问：寨子里80年代出生的人都上过初中吗？
答：基本上都上过初中。
问：你上了这么多年的学，在学校里你觉得汉语对傣语的冲击大不大？
答：很大，我上初中的时候，班里有40多人，10多名傣族学生。上中专的时候，班里有50

[①]　附录数据统计截止到2007年，玉罕是2008年参加工作的，还未登记入册，故附录表格中没有此人。

多人,有10多名傣族学生。我平时和傣族同学在一起时,讲的是傣语,和其他(非傣族的)同学在一起说当地汉语方言或者普通话。当所有的同学都在一起时,说的就是当地汉语方言或者普通话。所以我认为汉语对傣语的影响是很大的。

问:学校里傣族老师多吗?平时和他们交谈时用什么语言呢?

答:不多,上小学的时候,有两名傣族老师,上中学的时候教我们的老师只有1人是傣族,平时我们和老师说话的时候大多数用普通话或当地汉语方言,很少用傣语。

采访心得:从小在村寨长大的傣族孩子,即使长大后离开村寨到其他地方生活或工作,依然能熟练使用傣语。

(五) 蒋玉波访谈录

受 访 人:蒋玉波(48岁,傣族)
访谈时间:2009年1月13日
访谈地点:景洪市嘎洒镇粮管所
文化程度:初中
职 业:粮管所工人

问:您是傣族,您的家人也都是傣族吗?
答:我的父亲是汉族,母亲是傣族,我爱人也是傣族。
问:您是在城镇长大的吗?
答:是的,但是寨子里还有亲戚。
问:您的小孩儿都会说傣语吗?
答:我的两个孩子都会说傣语,而且说得很溜(很好)。
问:他们会写傣文吗?
答:我的女儿(高中)会写一些傣文,我的儿子(初中)就不会了。
问:他们的傣语说得那么好,都是您和您的爱人从小教的吗?
答:其实我的两个孩子,是先会说汉语,之后我们教他们傣语,他们在上学那会儿,一到假期,我们就把他们送到寨子里的亲戚家,寨子里的人都说傣语,慢慢地他们就学会了傣语。
问:也就是说孩子的傣语,是您和您的爱人有意识地让他们学的?
答:是的。
问:您身边的朋友像您这样有意识地让孩子学习傣语的人多吗?

答:谈不上多,但还是有的,我的一个同事,他家的小孩儿,放假的当天就被爷爷接到寨子去了,几个假期下来,傣语就说得很好了。

问:有意识给孩子一个学习傣语的环境,孩子学习傣语就会很快、很好,对吗?

答:是这样的,这很重要。但是在城镇,有些家长虽然夫妻双方都是傣族,但是汉话说得多,不太说傣语,再加上没有教孩子学习傣语的意识,没有给孩子创造学习傣语的环境,所以孩子就不会说傣语了。

问:在儿子小的时候,有没有想过要把他送到寨子里的寺院去当小和尚,让他在那里学习呢?

答:没有这个意识,因为都是在城镇长大的,根本没有这样的想法,就是在寨子里,去寺院当小和尚的也很少了。

问:孩子上学时,您到学校开家长会和老师交谈,用什么语言呢?

答:这个就看具体的情况了,如果老师是傣族,既用汉语也用傣语;如果老师是其他民族的话,就要用汉语了。

问:我知道在咱们这个地方,电视频道既有汉语频道,又有傣语频道。您在看电视的时候,这两个频道都看吗?您觉得电视对您孩子学习语言有影响吗?

答:两种频道都看,对孩子学习语言还是有影响的,因为我们的孩子先会说的是汉语,所以我们就有意识地让他们看傣语频道。寨子里的情况正好相反,孩子在上学之前是不会说汉语的,从小就和父母说傣语,家庭条件好一点儿的买了电视的,孩子最开始是从电视的汉语频道节目中接触汉语的。

问:在工作的时候用的是傣语呢,还是汉语呢?

答:基本上是我们当地的不太标准的汉语(当地汉语方言)。

问:去市场买菜的时候呢?

答:因为做买卖的傣族人还是很多的,所以用傣语比较多。其实也要看具体的情况,如果卖东西的是别的民族的,就用当地汉语方言。

问:您知道现在寨子里的小学还开傣语课吗?城镇的学校还开傣语课吗?

答:寨子里小学一二年级还是开傣语课的,从三年级开始就开英语课了。城镇的情况(课程设置)我不太了解。

问:寨子里孩子的早期教育情况您了解吗?

答:了解一点儿,现在生活好了,寨子里有好多人都把孩子送到城镇的幼儿园,现在是放假期间,你见不到那种情况,学校上课期间,在放学的时候,你会看到在幼儿园门口排满了骑摩托车的人,他们是来接孩子的家长,他们都是寨子里的。

问:孩子的早期教育好了,又有在幼儿园学习汉语的过渡,孩子以后学习汉语也就不那么困难了,是吗?

答:是的。

问：还有一个问题想问您,您家里是汉族节日和傣族节日都过吗?

答：是的,过汉族节日的时候就把寨子里的亲戚请来一起过,让他们也过汉族的节日。过傣族节日的时候就把单位的汉族同事请来一起过,让他们也过过傣族的节日,大家在一起热闹。

采访心得：在嘎洒镇工作的傣族,有些人意识到了保护傣语的重要性,采取措施,把孩子送回村寨学习傣语;有些人没有意识到傣语的重要性,顺其自然,孩子就不会说傣语了。

(六) 波儿访谈录[①]

受 访 人：波儿(78岁,傣族)
访谈时间：2009年1月19日
访谈地点：景洪市嘎洒镇曼掌宰村委会曼景保村
文化程度：文盲

问：老大爷,您身体可好啊?您这么大年纪了还要把您请来接受我们的采访,真是非常感谢!

答：身体还好,也不必客气,有什么问题你尽管问吧。

问：您会不会说汉语呢?我说的话您能听懂吗?

答：我不会说汉语,听懂的也很少。

问：您上过学吗?

答：没有,我11岁就去村里的佛寺当了和尚,25岁才还俗,在寺院里待了14年。

问：我对寺院教育了解一点儿,我知道在寺院教傣文,那您肯定会写傣文了?

答：那是肯定的。

问：现在村里送小孩儿到寺院当小和尚的越来越少,相应的会写傣文的人也越来越少,您能谈谈自己的看法吗?

答：这是社会的发展(所带来的问题),人的观念都变了,在寺院的人觉得很寂寞,所以都不愿意去寺院读书了。

问：这样的情况对傣族语言文化的传承是很不利的,对此能谈谈您的看法吗?

答：我感到很遗憾,但是(面对这种情况)无能为力。

---

① 岩丙为本次访谈作翻译。

问：那您是否有意识送您的晚辈去寺院读书和教他们傣文呢？

答：有，我的儿子和孙子都去寺院当过和尚，学习过傣文，我也会教我的孙子和亲戚家的小孩儿学写傣文。

问：现在村子里出去打工的人多吗？

答：还是有的。

问：他们回来后会说一些汉语吗？

答：会。

问：那您有没有反感呢？

答：不反感。这是社会发展的需要，不生气也不反感。

问：对于汉语对傣语的冲击，您的看法是什么？

答：时代不同了，一个时代比一个时代先进，也只能接受。

问：贝叶经是傣族语言文化传承的载体，现在西双版纳州少数民族研究所正把贝叶经翻译成汉语，您对这项工作怎么看？

答：这是一件好事，很支持，这样我们的语言文字就能得到很好的保存了。

问：您对学校教育了解吗？

答：不了解，我没有上过学。

问：就我前面了解的一些村寨信息来看，一些村寨的村民普遍文化程度不高，80年代出生的还有一部分是文盲，您觉得上学有用吗？

答：有用，学历越高越好，还是要上学的。

问：您不会汉语，那您到嘎洒镇时怎么认路呢？怎么到您想去的地方呢？

答：城镇各个地方都有路标，标牌上同时标有傣文和汉文。我就看傣文。

问：您的做法太聪明了！您每天在家里都做什么事情呢？

答：我是村老龄协会的会员，我经常参加老龄协会的活动。

问：活动时都是说傣语吗？

答：是的，我们老人会汉语的很少。

问：您在家看汉语电视节目吗？

答：看的，我每天都看新闻联播。

问：那您都能听懂吗？

答：因为有图像，借助图像还是能理解的。

问：您还是很关心国家大事的。大爷您觉得国家对少数民族地区的政策怎么样？

答：很好。很感激政府对我们的扶持，以前生活很苦，现在政策好了，生活富裕了，家里有电话，还有各种电器，而且有的我也会用。

问：大爷，您能对我们调查嘎洒镇傣族语言文字使用现状提一些建议吗？

答：我们的傣语能走出去最好，让更多的人了解傣语、傣族。

问：大爷,那我告诉您一个好消息,西双版纳州少数民族研究所为了保护、传承傣族语言文化的载体——贝叶经,正在把 100 卷的贝叶经翻译成汉语。

答：那很好啊,我不仅希望傣族人掌握傣文,更希望越来越多的人了解学习我们的傣语、傣文。就像汉语一样,能出国。还有就是对自己年轻的时候没有学会汉语,很后悔,现在想学了,但是年纪又大了,力不从心了。

采访心得：一方面,老人的语言观念比较开放,能够接受汉语言文化；另一方面,也希望傣族的下一代能掌握自己的民族语言。

（七） 岩腊访谈记录

受 访 人：岩腊(60 岁,傣族)
访谈时间：2009 年 1 月 21 日
访谈地点：景洪市嘎洒镇曼回东村
文化程度：文盲
职　　业：教师(曾经在村子里当过傣语老师)

问：大爷,您好！您在家和家人说话都使用傣语吗？
答：是的。
问：我知道咱们寨子里居住的人都是汉傣,寨子里也不像水傣那样有自己的佛寺,能在那里学习到傣文。那我想向您了解一下,咱们寨子以什么方式来学习传承傣文？
答：寨子里有一些人会从上了年纪的老人那里学习傣文,这样上一代人教,下一代人学,傣文就这样一代一代地传承下来了。现在寨子里的学校也教傣语、傣文。另外,政府提倡寨子以民办的形式定期组织会傣文的老人教愿意学习傣文的晚辈学习傣文。
问：我们进村的时候,从我们的合作人那里了解到我们寨子是种橡胶致富的。寨子是从什么时候开始富裕起来的？
答：大概 4 年前吧,也就是从 2005 年开始富裕的。
问：以前村里的经济状况是怎样的？
答：没有现在这么好,刚吃饱饭的那种(经济状况),不像现在,有钱盖新房,买轿车,收入很高。
问：那时与外界的接触是不是也很少呢？
答：是啊,几辈人都生活在寨子里,不出去。

问:那时说汉语的人是不是也很少呢?

答:不是的,说汉语的人还是很多的。

问:为什么呢?

答:因为我们是汉傣。

问:现在这个寨子除了橡胶收入外,还有其他的经济收入来源吗?

答:有的,多余的谷子可以拿去卖些钱,但是大部分收入还是靠橡胶的。

问:现在经济条件好了,上学的人是不是越来越多了呢?

答:是比过去多了,现在村里有自己的小学,基础教育办得很好。

问:上中专、大专、大学的人多不多呢?

答:就有两个上技校的,现在都已经毕业参加工作了,没有上大学的。

问:寨子里的孩子会不会因为橡胶致富快,想一辈子靠橡胶树为生,不愿意上学呢?

答:也不是,还是读书的多,特别是现在上初中的很多,中学毕业的也很多。

问:大爷,还想向您了解一下,我们这个寨子除了过春节,还过其他的节日吗?

答:跟汉族一样过年、过节。

问:都以什么方式来庆贺节日呢?

答:也没有什么特别的方式,过春节的方式和汉族差不多,寨子里每家基本上都要杀年猪,请亲戚朋友热闹一下。

问:过节聚会时人们说的是汉语还是傣语?

答:都是傣语。

问:如果哪家有喜事,在婚礼上大家使用的都是什么语言呢?

答:傣语啦。

问:寨子里到外面打工的、经商的人多吗?

答:有一些,在景洪市或其他一些城镇,但是没有到省外去的。

问:村里来的陌生人多不多呢?

答:有一些。

问:寨子里的人与陌生人讲话时用的是什么语言?

答:那要看对方了,对方说汉语就用汉语与他们交流,对方说傣语就用傣语与他们交流,但是像我们这样60多岁的人,汉语只能听懂,大部分人是不会讲的。

问:可不可以说村子是同时使用傣语和汉语的双语村呢?

答:还是可以的,现在35岁以下的年轻人汉语说得还是很好的。

问:现在寨子里会写傣文的年轻人是不是越来越少了呢?

答:是的,虽然小学开傣语课,但是每周只有两节课,而且寨子里组织教傣文的活动也越来越少了,其实对于年轻人来说,如果有人教,他们还是愿意学的。

问:大爷,如果傣文有一天消失了,怎么办呢?

答：会派寨子里的人到有傣文的地方去学习，学会后教寨子里的人，再一代一代地传承下去。其实现在就应该想办法，要不然傣文真的会失传。与我们的长辈相比，现在的年轻人会傣文的真是太少了。

问：大爷，谢谢您了，打扰您太久了。

答：不用，有更多的人知道我们傣族，了解我们傣族的语言，我们感到非常高兴。

采访心得：民间组织的傣文学习班对保护、传承傣族文字起到了积极的作用。

四 个案调查材料

(一) 景洪市嘎洒镇10个傣族村寨语言、文字使用情况

1. 景洪市嘎洒镇曼景保村语言、文字使用情况

(1) 概况

曼景保村隶属于嘎洒镇曼掌宰村委会,属于坝区。地理位置在嘎洒镇东边,距离曼掌宰村委会2.5公里,距离嘎洒镇2.5公里。曼景保村是曼掌宰村委会里人口最多、傣族高度聚居的村寨,全村有120户535人,其中傣族526人,约占全村总人口的98.3%,汉族7人,约占全村总人口的1.3%,拉祜族和彝族均为1人,分别占0.2%。

曼景保村在经济发展上采取种植业、畜牧业、渔业、林业共同发展的策略,随着近几年橡胶的引入,橡胶收入在2007年达到119.2万,占全村总收入的49.8%,村民生活因此得到了很大的改善。此外,据统计数据,2007年种植业收入81.4万元,占总收入的34%;畜牧业收入4.6万元,占总收入的1.9%;渔业收入7.5万元,占总收入的3.3%;第二三产业收入22.2万元,占总收入的9.3%。村民人均纯收入已经达到3437元。

该村至2007年底,已实现五通(通水、通电、通路、通电视、通电话),手机的使用率达到了83.3%,119户装有太阳能,进村道路为水泥路,拥有拖拉机19辆、摩托车120辆。

此外,农家乐旅游业也是曼景保村的一大特色产业,每年到西双版纳的中外游客慕名而来,品尝傣家风味,不亦乐乎。2007年该产业总收入达到20.6万元,占全村经济总收入的8.6%。

(2) 语言使用的基本特点

A. 曼景保村村民以傣语为主要的交际工具

从调查的情况来看,曼景保村村民基本上都能熟练地使用傣语。无论在村寨内部还是在家庭内部,无论在农忙时还是在闲暇时,无论男女老少,都是使用傣语作为人与人间交流的主要工具。本次调查全村120户521人(不包括6岁以下儿童)的语言和文字使用情况。

表 1 不同年龄段的人傣语使用情况统计表 （单位：人）

年龄段	总人口	熟练		一般		略懂		不会	
		人口	百分比	人口	百分比	人口	百分比	人口	百分比
6—12 岁	32	30	93.8	2	6.2	0	0	0	0
13—18 岁	69	68	98.6	1	1.4	0	0	0	0
19—30 岁	112	111	99.1	0	0	0	0	1	0.9
31—39 岁	82	79	96.4	0	0	1	1.2	2	2.4
40—55 岁	137	136	99.3	0	0	0	0	1	0.7
56 岁以上	89	86	96.6	1	1.1	0	0	2	2.3
合计	521	510	97.9	4	0.8	1	0.2	6	1.1

表 2 不同年龄段的人傣文使用情况统计表 （单位：人）

年龄段	总人口	熟练		一般		略懂		不会	
		人口	百分比	人口	百分比	人口	百分比	人口	百分比
6—12 岁	32	0	0	0	0	0	0	32	100
13—18 岁	69	3	4.3	0	0	0	0	66	95.7
19—30 岁	112	10	8.9	8	7.1	1	0.9	93	83.1
31—39 岁	82	17	20.7	12	14.6	3	3.7	50	61
40—55 岁	137	37	27	31	22.6	7	5.1	62	45.3
56 岁以上	89	22	24.7	11	12.4	0	0	56	62.9
合计	521	89	17.1	62	11.9	11	2.1	359	68.9

从表1可知，在曼景保村，不同年龄段的村民都能熟练掌握傣语，其中熟练掌握傣语的有510人，占调查总人口的97.9%；而不会傣语的仅有6人，占调查总人口的1.1%，这6位分别是花元昌(户主,86岁,汉族)、杨春芬(户主花元昌的妻子,84岁,汉族)、花宝江(户主花元昌的次子,38岁,汉族)、木学芝(户主岩傣的妻子,41岁,彝族)、张秀英(户主岩对的儿媳,29岁,拉祜族)、李拥军(户主玉保龙的次女婿,32岁,汉族)，他们有的生活在汉族家庭，有的生活在族际婚姻家庭，家庭内部主要是使用汉语进行交流。

从表1和表2的对比来看，总体上，懂傣文和懂傣语的人数不成正比。曼景保村除6个其他民族的村民不会傣语外，傣族居民100%的会说傣语，而在521个村民实际的傣文使用的调查中，不懂傣文的人数达359人，占调查总人数的68.9%，而熟练使用傣文的人数仅占调查总人数的17.1%。傣文达到"一般"和"熟练"等级的人共有151人，占调查总人数的29%。

由此可见，曼景保村村民在普遍使用傣语的情况下，傣文的掌握情况远远达不到傣语的掌握和使用程度。

表 3　不同年龄段的人汉语使用情况统计表　　　　　　　　　　（单位：人）

年龄段	总人口	熟练		一般		略懂		不会	
		人口	百分比	人口	百分比	人口	百分比	人口	百分比
6—12 岁	32	8	25	24	75	0	0	0	0
13—18 岁	69	69	100	0	0	0	0	0	0
19—30 岁	112	49	43.8	63	56.2	0	0	0	0
31—39 岁	82	10	12.2	72	87.8	0	0	0	0
40—55 岁	137	10	7.3	125	91.2	2	1.5	0	0
56 岁以上	89	3	3.4	37	41.5	16	18	33	37.1
合计	521	149	28.6	321	61.6	18	3.5	33	6.3

B. 曼景保村村民绝大多数都能掌握汉语

曼景保村的傣族家庭在村寨和家庭内部都使用傣语交流，同时，曼景保村村民绝大多数都能听、说汉语。熟练掌握汉语的有 149 人，占调查总人数的 28.6%，且集中在 13—18 岁和 19—30 岁这两个年龄阶段，这说明九年义务教育使青少年接受汉语教育，能熟练地说一口普通话已经是一件很正常的事情了。汉语水平达到"一般"等级的人数为 321 人，占调查总人数的 61.6%。汉语水平属于"熟练"和"一般"等级的人，都能用汉语交流，合计人数为 470 人，合计比例达 90.2%（见表 3）。

从统计的数据来看，汉语水平处于"一般"水平的人主要是两类：(1) 6—12 岁年龄阶段，通过基础教育掌握了汉语，并达到了较好的程度；(2) 19—55 岁年龄阶段，这是由于曼景保村临近城镇，处于交通便利的公路沿线，该村大力发展农家乐旅游业，村民广泛地与外界交流，因此能较好地使用汉语。不会说汉语的有 33 人，他们都是 56 岁以上年龄段的老人，由于很少外出，与外界接触少，所以不会说汉语，日常交流都说傣语。

表 4　曼景保村家庭语言、文字使用一览表

序号	家庭关系	姓名	年龄（岁）	文化程度	傣语	傣文	汉语	汉文	备注
1	户主	岩崩	47	小学	熟练	熟练	熟练	一般	
	妻子	玉罕儿	46	小学	熟练	熟练	一般	一般	
	次子	岩罕龙	26	初中	熟练	不会	熟练	熟练	
2	户主	岩宰倒	69	小学	熟练	不会	一般	一般	
	妻子	玉囡	66	小学	熟练	不会	一般	一般	
	长子	岩罕论	45	初中	熟练	不会	熟练	熟练	
	长儿媳	玉儿勇	38	小学	熟练	不会	熟练	一般	
	孙子	岩温	19	小学	熟练	不会	熟练	一般	
3	户主	岩囡	42	小学	熟练	一般	一般	一般	
	妻子	玉罕囡	38	文盲	熟练	一般	一般	不会	
	孙女	玉罕	17	初中	熟练	不会	熟练	熟练	

	孙子	岩温罕	15	上初中	熟练	不会	熟练	熟练	
	母亲	玉甩	82	文盲	熟练	不会	不会	不会	
4	户主	岩怕达	65	文盲	熟练	不会	略懂	不会	
	妻子	玉落	59	文盲	熟练	一般	略懂	不会	
	长子	岩宰	39	文盲	熟练	不会	一般	不会	
	次子	岩香	32	文盲	熟练	不会	一般	不会	
	次儿媳	玉应香	28	小学	熟练	一般	熟练	一般	
	孙女	玉应罕	8	上小学	熟练	不会	一般	一般	
5	户主	岩宰因	58	文盲	熟练	不会	一般	不会	
	妻子	玉吨海	50	文盲	熟练	一般	一般	不会	
	长子	岩宰海	35	文盲	熟练	不会	一般	不会	
	长儿媳	玉罕儿	32	初中	熟练	略懂	熟练	熟练	
	长孙女	玉罕	12	上小学	熟练	不会	熟练	熟练	
	次孙女	玉光论	9	上小学	熟练	不会	一般	一般	
6	户主	岩罕丙	44	小学	熟练	熟练	一般	一般	
	妻子	玉力	46	小学	熟练	熟练	一般	一般	
	长子	岩温	20	初中	熟练	不会	熟练	熟练	
	长女	玉燕	20	初中	熟练	不会	熟练	熟练	
7	户主	岩枫	26	初中	熟练	不会	熟练	熟练	
	妻子	玉香	25	小学	熟练	一般	熟练	一般	
8	户主	岩腊烟	35	文盲	熟练	不会	一般	不会	
	妻子	玉论	35	文盲	熟练	不会	一般	不会	
	长女	玉香烟	13	上初中	熟练	不会	熟练	熟练	
	长子	岩罕吨	8	上小学	熟练	不会	一般	一般	
	岳父	岩香罕	73	文盲	熟练	不会	略懂	不会	
	岳母	玉儿	73	文盲	熟练	不会	略懂	不会	
	侄子	岩香烟	12	上小学	熟练	不会	熟练	熟练	
9	户主	康朗因	72	文盲	熟练	熟练	略懂	不会	
	妻子	玉燕	73	文盲	熟练	不会	略懂	不会	
	次子	岩养	43	文盲	熟练	略懂	一般	不会	
	次儿媳	玉进	40	文盲	熟练	略懂	一般	不会	
	孙女	玉罕养	18	初中	熟练	不会	熟练	熟练	
	孙子	岩燕	16	初中	熟练	不会	熟练	熟练	
10	户主	岩光广	47	文盲	熟练	熟练	一般	不会	
	妻子	玉罕凹	44	文盲	熟练	熟练	一般	不会	
	长子	岩温	25	初中	熟练	不会	熟练	熟练	

11	户主	岩扁	41	小学	熟练	熟练	一般	一般	
	长子	岩温	21	初中	熟练	不会	熟练	熟练	
	父亲	岩香	81	文盲	熟练	不会	不会	不会	
	母亲	玉双	78	文盲	熟练	不会	不会	不会	
12	户主	岩罕光	41	小学	熟练	略懂	一般	一般	
	妻子	玉论	35	小学	熟练	略懂	一般	一般	
	长女	玉光论	17	高中	熟练	不会	熟练	熟练	
	祖父	岩香猛	60	小学	熟练	一般	一般	一般	
	祖母	玉吨	59	文盲	熟练	一般	一般	不会	
13	户主	岩朗参	65	文盲	熟练	熟练	一般	不会	
	妻子	玉腊	66	文盲	熟练	一般	一般	不会	
	长子	岩爱	38	小学	熟练	熟练	一般	一般	
	长儿媳	玉的	38	小学	熟练	不会	一般	一般	
	孙子	岩丙	18	初中	熟练	不会	熟练	熟练	
	孙女	玉罕	16	初中	熟练	不会	熟练	熟练	
14	户主	岩宰凹	42	文盲	熟练	不会	一般	不会	
	妻子	玉腊崩	42	小学	熟练	不会	一般	一般	
	长子	岩香	21	小学	熟练	不会	一般	一般	
15	户主	玉猛嘎	72	文盲	熟练	不会	不会	不会	
	长女	玉旺叫	32	小学	熟练	不会	一般	一般	
	长女婿	岩香	35	小学	熟练	不会	一般	一般	
	孙女	玉温	23	大专	熟练	不会	熟练	熟练	
	外孙女	玉香叫	11	上小学	熟练	不会	熟练	熟练	
16	户主	岩罕么和	55	文盲	熟练	一般	一般	不会	
	妻子	玉张	53	文盲	熟练	略懂	一般	不会	
	次子	岩叫	32	小学	熟练	不会	一般	一般	
	次儿媳	玉间	30	小学	熟练	不会	一般	一般	
	孙女	玉香叫	8	上小学	熟练	不会	一般	一般	
17	户主	岩罕香	45	小学	熟练	略懂	一般	一般	
	妻子	玉罕	41	小学	熟练	一般	一般	一般	
	长子	岩燕	22	小学	熟练	不会	一般	一般	
	长女	玉叫	19	初中	熟练	不会	熟练	熟练	
18	户主	岩论令	37	文盲	熟练	不会	一般	不会	
	妻子	玉腊	37	小学	熟练	略懂	一般	一般	
	长女	玉儿	15	初中	熟练	不会	熟练	熟练	
	次女	玉丙	11	上小学	熟练	不会	熟练	熟练	
	母亲	玉罕醒	62	文盲	熟练	不会	略懂	不会	

19	户主	岩养迈	49	小学	熟练	略懂	一般	一般	
	妻子	玉金	42	小学	熟练	熟练	一般	一般	
	长女	玉温	21	小学	熟练	不会	一般	一般	
	长子	岩罕	19	初中	熟练	不会	熟练	熟练	
20	户主	岩丙龙	40	小学	熟练	熟练	一般	一般	
	妻子	玉光洒	39	小学	熟练	不会	一般	一般	
	长女	玉温	22	高中	熟练	不会	熟练	熟练	
	次子	岩罕	20	初中	熟练	不会	熟练	熟练	
	次儿媳	玉儿	21	初中	熟练	不会	熟练	熟练	
	岳母	玉保洒	64	文盲	熟练	不会	略懂	不会	
21	户主	康朗罕	70	小学	熟练	熟练	一般	一般	
	妻子	咪涛满	53	文盲	熟练	不会	一般	不会	
	长子	岩恩满	29	小学	熟练	不会	一般	一般	
	长儿媳	玉香罕	27	小学	熟练	不会	一般	一般	
	孙女	玉罕	4	学龄前					
22	户主	岩罕广挖	45	文盲	熟练	熟练	一般	不会	
	妻子	玉说	41	文盲	熟练	熟练	一般	不会	
	长女	玉燕	24	小学	熟练	熟练	一般	一般	
	长女婿	岩宽	27	小学	熟练	不会	一般	一般	
	次女	玉论	21	小学	熟练	熟练	一般	一般	
	外孙女	玉章罕	3	学龄前					
23	户主	咪玉社	75	文盲	熟练	不会	不会	不会	
	次女	玉罕香	27	小学	熟练	不会	一般	一般	
	次女婿	岩罕香	28	文盲	熟练	不会	一般	不会	
	外孙女	玉光叫	6	上小学	熟练	不会	一般	略懂	
24	户主	岩糯香	74	文盲	熟练	一般	不会	不会	
	妻子	玉论	73	文盲	熟练	不会	不会	不会	
	长女	玉香论	37	文盲	熟练	不会	一般	不会	
	长女婿	黑嘎	41	小学	熟练	不会	一般	一般	
	外孙女	玉波	16	初中	熟练	不会	熟练	熟练	
	外孙	岩温香	8	上小学	熟练	不会	一般	一般	
25	户主	花元昌	86	小学	不会	不会	熟练	一般	汉族
	妻子	杨春芬	84	文盲	不会	不会	熟练	不会	汉族
	次子	花宝江	38	初中	不会	不会	熟练	熟练	汉族
	孙女	玉艳罕	7	上小学	一般	不会	一般	一般	

26	户主	岩论	43	小学	熟练	不会	一般	一般	
	妻子	玉叫	38	小学	熟练	不会	一般	一般	
	长女	玉温	16	初中	熟练	不会	熟练	熟练	
27	户主	岩张	74	文盲	熟练	不会	不会	不会	
	妻子	玉张	54	文盲	熟练	不会	一般	不会	
	长女	玉香	18	初中	熟练	不会	熟练	熟练	
28	户主	岩爹	49	小学	熟练	不会	一般	一般	
	妻子	玉罕	49	小学	熟练	略懂	一般	一般	
	长女	玉燕	27	小学	熟练	不会	一般	一般	
	长女婿	岩叫	26	小学	熟练	不会	一般	一般	
	外孙	岩罕囡	4	学龄前					
29	户主	岩温香景罕	38	文盲	熟练	不会	一般	不会	
	妻子	玉单	38	小学	熟练	不会	一般	一般	
	儿媳	玉儿	26	初中	熟练	不会	熟练	熟练	
	次子	岩燕	18	初中	熟练	不会	熟练	熟练	
	长女	玉温	16	初中	熟练	不会	熟练	熟练	
30	户主	岩宰广	54	文盲	熟练	不会	一般	不会	
	妻子	玉光香	52	文盲	熟练	不会	一般	不会	
	次子	岩论	27	小学	熟练	不会	一般	一般	
	次儿媳	玉儿	24	小学	熟练	不会	一般	一般	
	孙女	玉涛论	4	学龄前					
31	户主	岩班	63	文盲	熟练	熟练	略懂	不会	章哈
	长女	玉叫	40	小学	熟练	不会	一般	一般	
	外孙女	玉儿	19	初中	熟练	不会	熟练	熟练	
	岳父	岩宰龙	80	文盲	熟练	不会	不会	不会	
32	户主	玉香	44	小学	熟练	一般	一般	一般	
	丈夫	岩光	47	小学	熟练	不会	一般	一般	
	长子	岩温罕	26	文盲	熟练	不会	一般	不会	
	长儿媳	玉儿	22	小学	熟练	不会	一般	一般	
	孙子	岩罕勒	4	学龄前					
	父亲	波勒	73	小学	熟练	熟练	一般	一般	
33	户主	岩丙	57	小学	熟练	熟练	一般	一般	
	妻子	玉香	57	小学	熟练	熟练	一般	一般	
	长女	玉帮	34	小学	熟练	熟练	一般	一般	
	长女婿	岩温	37	小学	熟练	熟练	一般	一般	

	长外孙	岩温罕	13	上初中	熟练	不会	熟练	熟练	
	次外孙	岩罕香	10	上小学	熟练	不会	一般	一般	
34	户主	岩香社	43	小学	熟练	熟练	一般	一般	
	妻子	玉烟	40	小学	熟练	不会	一般	一般	
	长女	玉香烟	18	初中	熟练	熟练	熟练	熟练	
35	户主	岩俸	45	小学	熟练	熟练	一般	一般	
	妻子	木学芝	41	初中	不会	不会	熟练	熟练	彝族
	长女	玉金	17	初中	一般	不会	熟练	熟练	
	长子	岩温罕	12	上小学	一般	不会	熟练	熟练	
36	户主	岩香	38	小学	熟练	不会	一般	一般	
	妻子	玉罕别	34	小学	熟练	一般	一般	一般	
	长子	岩宰	17	初中	熟练	不会	熟练	熟练	
	次子	岩光	15	上初中	熟练	不会	熟练	熟练	
37	户主	岩罕贡	57	文盲	熟练	熟练	一般	不会	
	妻子	玉燕	55	文盲	熟练	熟练	一般	不会	
	长子	岩别	30	文盲	熟练	不会	不会	不会	
38	户主	岩罕良	56	小学	熟练	熟练	一般	一般	
	妻子	玉应香	56	小学	熟练	熟练	一般	一般	
	长子	岩罕	32	文盲	熟练	不会	不会	不会	
39	户主	岩罕乱龙	47	小学	熟练	一般	一般	一般	
	妻子	玉光叫	43	文盲	熟练	不会	一般	一般	
	长子	岩帮	22	小学	熟练	不会	一般	一般	
	长女	玉喃丙	20	初中	熟练	不会	熟练	熟练	
40	户主	岩坦	71	文盲	熟练	熟练	不会	不会	
	妻子	玉勇	69	文盲	熟练	不会	不会	不会	
	长子	岩温	47	小学	熟练	熟练	一般	一般	
	长儿媳	玉香	45	小学	熟练	不会	一般	一般	
	长孙女	玉儿	24	中专	熟练	不会	熟练	熟练	
	长孙女婿	岩温	23	小学	熟练	不会	一般	一般	
	次孙女	玉罕	22	小学	熟练	不会	一般	一般	
	重外孙	岩庄尖	1	学龄前					
41	户主	岩宰嘎	45	小学	熟练	熟练	一般	一般	
	妻子	玉涛香	45	文盲	熟练	熟练	一般	不会	
	长子	岩罕	24	中专	熟练	不会	熟练	熟练	
	长女	玉应罕	22	小学	熟练	不会	一般	一般	

42	户主	岩涛	48	初中	熟练	熟练	熟练	熟练	
	妻子	玉温	46	小学	熟练	熟练	一般	一般	
	长子	岩丙	25	小学	熟练	不会	一般	一般	
	次子	岩罕香	23	小学	熟练	不会	一般	一般	
	次儿媳	玉应	23	中专	熟练	不会	熟练	熟练	
	孙女	玉光叫	2	学龄前					
43	户主	岩腊	60	文盲	熟练	不会	一般	不会	
	妻子	玉金	55	文盲	熟练	不会	一般	不会	
	长女	玉罕	35	文盲	熟练	熟练	一般	不会	
	长女婿	岩罕香	40	文盲	熟练	熟练	一般	不会	
	长外孙	岩罕	18	初中	熟练	不会	熟练	熟练	
	次外孙	岩论	16	初中	熟练	不会	熟练	熟练	
44	户主	岩三	32	文盲	熟练	熟练	一般	不会	
	妻子	玉温	26	小学	熟练	不会	一般	一般	
	长子	岩罕	9	上小学	熟练	不会	一般	一般	
	母亲	玉旺	46	小学	熟练	熟练	一般	一般	
	妹妹	玉夯	22	小学	熟练	不会	一般	一般	
45	户主	岩坦	45	文盲	熟练	不会	一般	不会	
	妻子	玉罕儿	44	文盲	熟练	不会	一般	不会	
	次女	玉香	19	初中	熟练	不会	熟练	熟练	
46	户主	岩少真	54	小学	熟练	熟练	一般	一般	
	妻子	玉叫	52	小学	熟练	不会	一般	一般	
	长女	玉罕	36	小学	熟练	熟练	一般	一般	
	长女婿	岩宰	48	小学	熟练	熟练	一般	一般	
	长外孙女	玉燕	18	初中	熟练	不会	熟练	熟练	
	长外孙女婿	岩广迈	22	小学	熟练	熟练	一般	一般	
	次外孙女	玉香叫	16	初中	熟练	不会	熟练	熟练	
47	户主	嘿占宰	59	文盲	熟练	熟练	一般	不会	
	妻子	玉轰	57	文盲	熟练	熟练	一般	不会	
	长女	玉叫	36	小学	熟练	熟练	一般	一般	
	长女婿	岩论	37	文盲	熟练	熟练	一般	不会	章哈
	次女	玉波	16	高中	熟练	不会	熟练	熟练	
48	户主	岩罕猛	71	文盲	熟练	一般	略懂	不会	
	妻子	玉夯罕	70	文盲	熟练	不会	略懂	不会	

49	户主	嘿曼面	60	小学	熟练	熟练	一般	一般	
	妻子	玉药	53	文盲	熟练	不会	一般	不会	
	长子	岩罕	33	文盲	熟练	熟练	一般	不会	
	长儿媳	玉香	28	小学	熟练	不会	一般	一般	
	长孙女	玉香烟	10	上小学	熟练	不会	一般	一般	
	次孙女	玉应	9	上小学	熟练	不会	一般	一般	
50	户主	玉叫达	71	文盲	熟练	不会	不会	不会	
	孙女	玉夯罕	25	初中	熟练	不会	熟练	熟练	
	孙女婿	岩温真	25	小学	熟练	不会	一般	一般	
	重孙	岩罕	3	学龄前					
51	户主	岩庄扁	41	小学	熟练	熟练	一般	一般	
	妻子	玉香药	41	文盲	熟练	不会	一般	不会	
	长子	岩温香	17	初中	熟练	不会	熟练	熟练	
	次子	岩光罕	15	上初中	熟练	不会	熟练	熟练	
	父亲	嘿醒龙	88	文盲	熟练	不会	不会	不会	
	母亲	玉罕囡	83	文盲	熟练	不会	不会	不会	
52	户主	岩温真	33	小学	熟练	不会	一般	一般	
	妻子	玉罕囡	32	文盲	熟练	不会	一般	不会	
	长子	岩罕燕	11	上小学	熟练	不会	熟练	熟练	
53	户主	岩温香	20	小学	熟练	不会	熟练	熟练	
	妻子	玉儿	20	小学	熟练	不会	熟练	熟练	
54	户主	岩甩	47	小学	熟练	不会	一般	一般	
	妻子	玉儿	44	小学	熟练	不会	一般	一般	
	长女	玉温儿	27	小学	熟练	不会	一般	一般	
	长女婿	岩罕吨	28	小学	熟练	熟练	一般	一般	
	长子	岩温罕	22	小学	熟练	不会	一般	一般	
	外孙	岩洪罕	6	上小学	熟练	不会	一般	略懂	
55	户主	岩乱	64	小学	熟练	不会	一般	一般	
	妻子	玉叫	63	小学	熟练	一般	一般	一般	
	长女	玉香论	38	小学	熟练	不会	一般	一般	
	长女婿	岩三	44	文盲	熟练	一般	一般	不会	
	长外孙	岩罕	17	初中	熟练	不会	熟练	熟练	
	次外孙	岩扁	15	上初中	熟练	不会	熟练	熟练	
56	户主	岩温香	43	初中	熟练	一般	熟练	熟练	
	长女	玉罕	23	小学	熟练	不会	一般	一般	
	次女	玉香	21	小学	熟练	不会	一般	一般	

	次女婿	岩恩	28	小学	熟练	不会	一般	一般	
	外孙女	玉应进	2	学龄前					
57	户主	岩温列	48	小学	熟练	一般	一般	一般	
	妻子	玉养	42	小学	熟练	一般	一般	一般	
	长子	岩温香	10	上小学	熟练	不会	一般	一般	
58	户主	岩甩	43	小学	熟练	熟练	一般	一般	
	妻子	玉罕	39	文盲	熟练	熟练	一般	不会	
	长子	岩香	20	小学	熟练	不会	熟练	熟练	
	次子	岩光	16	初中	熟练	不会	熟练	熟练	
59	户主	岩针	51	小学	熟练	不会	一般	一般	
	妻子	玉论	53	小学	熟练	不会	一般	一般	
	次子	岩毛	21	小学	熟练	不会	一般	一般	
60	户主	岩温夯	64	小学	熟练	不会	一般	一般	
	长女	玉香	34	文盲	熟练	不会	一般	不会	
	长女婿	岩庄	37	小学	熟练	熟练	一般	一般	
	长外孙	岩香	15	上初中	熟练	不会	熟练	熟练	
	次外孙	岩罕论	11	上小学	熟练	不会	熟练	熟练	
61	户主	波儿	76	文盲	熟练	熟练	不会	不会	
	妻子	玉夯	76	文盲	熟练	不会	不会	不会	
	长子	岩论	34	小学	熟练	熟练	熟练	一般	
	长儿媳	玉过	32	小学	熟练	不会	熟练	一般	
	孙女	玉香论	14	上初中	熟练	不会	熟练	熟练	
	孙子	岩亮	8	上小学	熟练	不会	一般	一般	
	侄子	岩洪	35	小学	熟练	不会	熟练	一般	
62	户主	岩甩	44	文盲	熟练	不会	一般	不会	
	妻子	玉庄	47	文盲	熟练	熟练	一般	不会	
	长子	岩温	24	文盲	熟练	不会	一般	不会	
	次子	岩罕胆	22	小学	熟练	不会	熟练	一般	
63	户主	玉腊约	65	文盲	熟练	不会	略懂	不会	
	丈夫	岩叫	69	文盲	熟练	熟练	略懂	不会	
	长女	玉叫	40	文盲	熟练	不会	一般	不会	
	长女婿	岩参	42	文盲	熟练	熟练	一般	不会	
	长外孙女	玉旺	21	小学	熟练	不会	熟练	一般	
	外孙	岩罕	19	文盲	熟练	不会	一般	不会	
	次外孙女	玉应罕	8	上小学	熟练	不会	一般	一般	

64	户主	岩伍	40	文盲	熟练	不会	一般	不会	
	妻子	玉甩	36	文盲	熟练	不会	一般	不会	
	长女	玉波	13	上初中	熟练	不会	熟练	熟练	
	次女	玉香炎	10	上小学	熟练	不会	一般	一般	
65	户主	岩温罕	39	小学	熟练	一般	一般	一般	
	妻子	玉儿	38	小学	熟练	不会	一般	一般	
	长女	玉叫	18	大专	熟练	不会	熟练	熟练	
	长子	岩香	16	初中	熟练	不会	熟练	熟练	
	母亲	玉烟	80	文盲	熟练	不会	不会	不会	
66	户主	岩丙嘎	41	小学	熟练	一般	一般	一般	
	妻子	玉香	39	文盲	熟练	不会	一般	不会	
	长女	玉嘎	18	初中	熟练	不会	熟练	熟练	
	次女	玉爱	15	上初中	熟练	不会	熟练	熟练	
67	户主	岩明	41	文盲	熟练	不会	不会	不会	
	妻子	玉令	41	文盲	熟练	不会	不会	不会	
	长子	岩温	21	小学	熟练	一般	一般	一般	
	长女	玉燕	20	文盲	熟练	一般	一般	不会	
68	户主	玉章	43	文盲	熟练	一般	一般	不会	
	长子	岩温香	25	初中	熟练	熟练	熟练	熟练	
	长女	玉儿	23	高中	熟练	不会	熟练	熟练	
	岳母	玉腊	79	文盲	熟练	不会	不会	不会	
69	户主	岩囡	63	文盲	熟练	熟练	一般	不会	
	妻子	玉香	53	文盲	熟练	不会	一般	不会	
	长女	玉光香	35	小学	熟练	不会	一般	一般	
	长女婿	岩罕	34	文盲	熟练	不会	一般	不会	
	长外孙女	玉儿	19	文盲	熟练	不会	熟练	不会	
	次外孙女	玉叫	17	初中	熟练	不会	熟练	熟练	
70	户主	岩论广	41	小学	熟练	不会	一般	一般	
	妻子	玉喃凹	38	文盲	熟练	熟练	熟练	不会	
	长子	岩广	18	初中	熟练	熟练	熟练	熟练	
	长女	玉罕	17	初中	熟练	不会	熟练	熟练	
	次女	玉温	17	初中	熟练	不会	熟练	熟练	
	母亲	玉吨	65	文盲	熟练	熟练	不会	不会	
71	户主	岩香广迈	47	小学	熟练	不会	一般	一般	
	妻子	玉单	48	文盲	熟练	不会	一般	不会	
	长子	岩井罕	26	小学	熟练	熟练	一般	一般	
	岳母	玉应香	74	文盲	熟练	不会	不会	不会	

72	户主	岩烟	46	文盲	熟练	一般	一般	不会	
	妻子	玉波	43	文盲	熟练	不会	一般	不会	
	长子	岩香	20	文盲	熟练	熟练	一般	不会	
73	户主	岩罕便	77	小学	熟练	不会	一般	一般	
	妻子	玉拉罕	54	文盲	熟练	不会	一般	不会	
	孙子	岩扁	17	初中	熟练	不会	熟练	熟练	
74	户主	岩胜	74	小学	熟练	一般	一般	一般	
	妻子	玉叫	72	文盲	熟练	不会	不会	不会	
	长女	玉腊	34	初中	熟练	一般	熟练	熟练	
	长女婿	岩勒	36	文盲	熟练	不会	一般	不会	
	长外孙	岩温罕	16	初中	熟练	不会	熟练	熟练	
	次外孙	岩罕香	11	上小学	熟练	不会	熟练	熟练	
75	户主	岩光	44	小学	熟练	熟练	一般	一般	
	妻子	玉论囡	42	小学	熟练	一般	一般	一般	
	长子	岩温叫	20	初中	熟练	不会	熟练	熟练	
	长女	玉香	18	初中	熟练	不会	熟练	熟练	
76	户主	岩叫些	58	小学	熟练	不会	一般	一般	
	妻子	玉怕	56	小学	熟练	不会	一般	一般	
	次女	玉论	33	小学	熟练	不会	一般	一般	
	次女婿	岩温罕	34	小学	熟练	不会	一般	一般	
	外孙	岩温香	17	小学	熟练	不会	熟练	熟练	
77	户主	岩参扁	39	小学	熟练	不会	一般	一般	
	次子	岩光	16	小学	熟练	不会	熟练	一般	
78	户主	岩宰龙	47	小学	熟练	不会	一般	一般	
	妻子	玉罗	40	小学	熟练	不会	一般	一般	
	次子	岩恩	19	小学	熟练	不会	熟练	一般	
79	户主	岩广	29	小学	熟练	不会	熟练	一般	
	妻子	玉单	30	文盲	熟练	不会	一般	不会	
	长女	玉香叫	8	上小学	熟练	不会	一般	一般	
80	户主	岩温醒	45	小学	熟练	一般	一般	一般	
	妻子	玉烟	43	文盲	熟练	一般	一般	不会	
	长女	玉儿	25	中专	熟练	不会	熟练	熟练	
	长女婿	岩罕温	28	小学	熟练	不会	一般	一般	
	外孙	岩扁	7	上小学	熟练	不会	一般	一般	
	岳母	玉章	77	文盲	熟练	不会	不会	不会	

81	户主	岩朗	50	小学	熟练	熟练	一般	一般	
	妻子	玉旺叫	49	小学	熟练	一般	一般	一般	
	次子	岩养	26	文盲	熟练	一般	一般	不会	
	次儿媳	玉温丙	27	小学	熟练	一般	熟练	一般	
	孙女	玉温儿	4	学龄前					
82	户主	玉丙醒	50	小学	熟练	不会	一般	一般	
	丈夫	嘿曼勐	54	小学	熟练	熟练	一般	一般	
	长子	岩温香	28	小学	熟练	熟练	一般	一般	
	长儿媳	玉罕	20	初中	熟练	不会	熟练	熟练	
83	户主	嘿巴过	37	文盲	熟练	不会	一般	不会	
	妻子	玉香	35	文盲	熟练	不会	一般	不会	
	长女	玉旺叫	14	上初中	熟练	不会	熟练	熟练	
	长子	岩温罕	9	上小学	熟练	不会	一般	一般	
	父亲	嘿倒	64	文盲	熟练	不会	略懂	不会	
	妹妹	玉论	23	文盲	熟练	不会	一般	不会	
84	户主	岩罕香	40	文盲	熟练	一般	一般	不会	
	妻子	玉罕计	37	初中	熟练	一般	熟练	熟练	
	长子	岩罕旺	18	初中	熟练	不会	熟练	熟练	
	次女	玉万那	16	初中	熟练	不会	熟练	熟练	
	母亲	玉罕亮	74	文盲	熟练	不会	不会	不会	
85	户主	岩宰乱龙	57	小学	熟练	一般	一般	一般	
	妻子	玉波	61	小学	熟练	不会	一般	一般	
	长女	玉论	37	小学	熟练	不会	一般	一般	
	长女婿	岩伦	39	小学	熟练	一般	一般	一般	
	长外孙女	玉旺叫	18	初中	熟练	不会	熟练	熟练	
	次外孙女	玉罕	15	上初中	熟练	不会	熟练	熟练	
86	户主	岩庄香	35	小学	熟练	一般	一般	一般	
	妻子	玉儿海	34	小学	熟练	不会	一般	一般	
	长女	玉温	16	初中	熟练	不会	熟练	熟练	
	次女	玉光香	15	初中	熟练	不会	熟练	熟练	
87	户主	岩拉	40	小学	熟练	一般	一般	一般	
	妻子	玉爹	37	小学	熟练	不会	一般	一般	
	长子	岩罕乐	21	高中	熟练	不会	熟练	熟练	
	次子	岩况	18	初中	熟练	不会	熟练	熟练	
	母亲	玉康	72	小学	熟练	不会	一般	一般	

88	户主	玉涛囡	46	文盲	熟练	不会	一般	不会	
	长子	岩罕	24	小学	熟练	不会	一般	一般	
	长儿媳	康松	26	小学	熟练	不会	一般	一般	
	长女	玉儿	22	小学	熟练	不会	一般	一般	
89	户主	岩罕伦	46	小学	熟练	不会	一般	一般	
	妻子	玉开	45	初中	熟练	一般	熟练	熟练	
	长子	岩温罕	22	小学	熟练	不会	熟练	一般	
	长儿媳	玉波	20	小学	熟练	不会	熟练	一般	
	岳母	玉罕嘎	81	文盲	熟练	不会	不会	不会	
90	户主	岩对	55	文盲	熟练	一般	一般	不会	
	妻子	玉庄	54	文盲	熟练	不会	一般	不会	
	次子	岩香龙	32	文盲	熟练	一般	一般	不会	
	次儿媳	张秀英	29	小学	不会	不会	熟练	一般	拉祜族
	孙子	岩罕枫	1	学龄前					
91	户主	玉保龙	64	文盲	熟练	一般	略懂	不会	
	丈夫	岩涛	66	文盲	熟练	一般	略懂	不会	
	长子	岩温广	43	文盲	熟练	一般	一般	不会	
	长儿媳	玉说	43	文盲	熟练	一般	一般	不会	
	次女	玉罕	21	小学	熟练	不会	熟练	一般	
	次女婿	李拥军	32	初中	不会	不会	熟练	熟练	汉族
92	户主	波玉喃	68	小学	熟练	熟练	一般	一般	
	妻子	玉腊	51	文盲	熟练	不会	一般	不会	
	次女	玉香罕	34	小学	熟练	不会	一般	不会	
	次女婿	岩温	36	小学	熟练	一般	一般	一般	
	外孙	岩温罕	16	初中	熟练	不会	熟练	熟练	
93	户主	岩伟	47	小学	熟练	熟练	一般	一般	
	妻子	玉香叫	36	小学	熟练	熟练	一般	一般	
	长女	玉波罕	13	上初中	熟练	不会	熟练	熟练	
94	户主	岩烟	40	文盲	熟练	熟练	一般	不会	
	妻子	玉论	40	小学	熟练	熟练	一般	一般	
	长女	玉香烟	19	初中	熟练	不会	熟练	熟练	
	长女婿	岩温罕	22	文盲	熟练	不会	一般	不会	
	长子	岩里	17	初中	熟练	不会	熟练	熟练	
95	户主	玉儿	69	文盲	熟练	不会	不会	不会	
	长女	玉香约	37	文盲	熟练	不会	一般	不会	
	长女婿	岩温	38	文盲	熟练	一般	一般	不会	
	长外孙	岩香	17	初中	熟练	不会	熟练	熟练	
	次外孙	岩光	15	上初中	熟练	熟练	熟练	熟练	

96	户主	岩温龙	43	小学	熟练	不会	一般	一般	
	妻子	玉单	42	初中	熟练	不会	熟练	熟练	
	长女	玉波枫	24	文盲	熟练	不会	一般	不会	
	外孙女	玉波罕	3	学龄前					
	岳父	易祥配	75	文盲	一般	不会	熟练	不会	汉族
	岳母	玉的	77	文盲	熟练	不会	不会	不会	
97	户主	岩烟庄些	42	文盲	熟练	一般	一般	不会	
	妻子	玉拉罕	40	文盲	熟练	不会	一般	不会	
98	户主	岩罕论龙	49	小学	熟练	一般	一般	一般	
	妻子	玉怕	46	小学	熟练	一般	一般	一般	
	长子	岩温罕	27	小学	熟练	熟练	一般	一般	
	长儿媳	玉叫	25	小学	熟练	不会	一般	一般	
	次子	岩罕香	24	小学	熟练	熟练	一般	一般	
	孙子	岩宏罕	7	上小学	熟练	不会	一般	一般	
	孙女	玉涛罕	2	学龄前					
	岳母	玉甩	78	文盲	熟练	不会	不会	不会	
99	户主	玉扁	50	小学	熟练	不会	一般	一般	
	长子	岩温	29	小学	熟练	一般	一般	一般	
	次子	岩论	27	小学	熟练	一般	一般	一般	
100	户主	嘿飞龙	73	小学	熟练	熟练	一般	一般	
	妻子	玉喃	71	文盲	熟练	不会	不会	不会	
	长女	玉叫	45	文盲	熟练	不会	一般	不会	
	次女	玉香	39	文盲	熟练	不会	一般	不会	
	长子	刀海洪	23	高中	熟练	不会	熟练	熟练	
101	户主	岩班	56	小学	熟练	不会	一般	一般	
	妻子	玉燕	54	小学	熟练	不会	一般	一般	
	母亲	玉波	66	文盲	熟练	不会	不会	不会	
102	户主	岩伦	57	小学	熟练	熟练	一般	一般	
	妻子	玉涛香	55	小学	熟练	熟练	一般	一般	
	长女	玉罕比	37	小学	熟练	熟练	一般	一般	
	长女婿	岩温	38	小学	熟练	熟练	一般	一般	
	长外孙	岩温罕	16	初中	熟练	不会	熟练	熟练	
	次外孙	岩温叫	14	上初中	熟练	不会	熟练	熟练	
103	户主	岩旺	43	小学	熟练	一般	一般	一般	
	妻子	玉庄香	42	初中	熟练	一般	熟练	熟练	
	长子	岩温	22	小学	熟练	不会	熟练	一般	

	长儿媳	玉旺	22	小学	熟练	不会	熟练	一般	
	长女	玉罕	21	高中	熟练	不会	熟练	熟练	
104	户主	嘿曼留	62	小学	熟练	不会	一般	一般	
	妻子	玉儿	57	小学	熟练	不会	一般	一般	
	次子	岩论	38	小学	熟练	不会	一般	一般	
	孙子	岩温	18	初中	熟练	不会	熟练	熟练	
105	户主	岩勒	49	文盲	熟练	不会	一般	不会	
106	户主	岩便	49	小学	熟练	不会	一般	一般	
	妻子	玉光	48	小学	熟练	不会	一般	一般	
	次子	岩叫	24	小学	熟练	不会	一般	一般	
	次儿媳	玉应海	22	小学	熟练	不会	一般	一般	
	孙女	玉儿叫	1	学龄前					
107	户主	岩猛	49	文盲	熟练	一般	一般	不会	
	妻子	玉丙	48	文盲	熟练	一般	一般	不会	
	长女	玉温	27	小学	熟练	略懂	一般	一般	
	长女婿	岩甩	43	小学	熟练	不会	一般	一般	
	外孙	岩温猛	16	初中	熟练	不会	熟练	熟练	
	外孙女	玉章枫	9	上小学	熟练	不会	一般	一般	
108	户主	岩囡猛	54	文盲	熟练	不会	略懂	不会	
	妻子	玉喃囡	53	文盲	熟练	一般	略懂	不会	
	长子	岩罕	36	小学	熟练	不会	一般	一般	
	长儿媳	玉夯	27	小学	熟练	不会	一般	一般	
	长孙女	玉叫双	8	上小学	熟练	不会	一般	一般	
	次孙女	玉温儿	8	上小学	熟练	不会	一般	一般	
	父亲	岩香	81	文盲	熟练	不会	不会	不会	
109	户主	岩宰遮	49	文盲	熟练	不会	一般	不会	
	妻子	玉怕	48	文盲	熟练	不会	一般	不会	
	长女	玉帮	16	初中	熟练	不会	熟练	熟练	
	岳父	岩养囡	76	文盲	熟练	熟练	不会	不会	
	母亲	玉香拉	72	文盲	熟练	不会	不会	不会	
	哥哥	岩罕	52	小学	熟练	不会	一般	一般	
110	户主	岩祥	45	初中	熟练	不会	熟练	熟练	
	妻子	玉光	44	文盲	熟练	不会	一般	不会	
	长子	岩叫	21	小学	熟练	不会	一般	一般	
	次子	岩光罕	18	初中	熟练	不会	熟练	熟练	

序号	关系	姓名	年龄	文化程度	傣语	傣文	汉语	汉文	备注
111	户主	岩罕	34	小学	熟练	不会	一般	一般	
	妻子	李中美	35	文盲	略懂	不会	熟练	不会	汉族
	长子	岩旺	7	上小学	熟练	不会	一般	一般	
112	户主	玉罕	37	小学	熟练	不会	一般	一般	
	丈夫	岩温	34	小学	熟练	熟练	一般	一般	
	长女	玉香	17	初中	熟练	不会	熟练	熟练	
113	户主	玉香囡	40	初中	熟练	熟练	熟练	熟练	
	丈夫	岩棒	43	小学	熟练	一般	一般	一般	
	长子	岩温罕	14	上初中	熟练	不会	熟练	熟练	
	母亲	玉金	72	文盲	熟练	不会	不会	不会	
114	户主	玉香比	35	小学	熟练	不会	一般	一般	
	丈夫	阿强	37	小学	一般	不会	一般	一般	汉族
	长子	岩温香	16	初中	熟练	不会	熟练	熟练	
115	户主	岩喃	34	小学	熟练	不会	一般	一般	
	妻子	玉罕	37	小学	熟练	不会	一般	一般	
	长女	玉香	17	初中	熟练	不会	熟练	熟练	
116	户主	玉罕	64	小学	熟练	不会	一般	一般	
	丈夫	波涛飞龙	66	小学	熟练	不会	一般	一般	
117	户主	岩叫贡	47	小学	熟练	熟练	一般	一般	
	妻子	玉拉达	45	文盲	熟练	熟练	一般	不会	
	长女	玉叫	27	大专	熟练	不会	熟练	熟练	
118	户主	岩温	29	初中	熟练	不会	熟练	熟练	
119	户主	玉涛	28	小学	熟练	不会	一般	一般	
	长女	玉燕	15	上初中	熟练	不会	熟练	熟练	
120	户主	岩叫囡	46	小学	熟练	不会	一般	一般	

2. 景洪市嘎洒镇曼真村语言、文字使用情况

(1) 概况

曼真村隶属于嘎洒镇曼掌宰村委会，属于坝区。地理位置在嘎洒镇东北边，距离曼掌宰村委会3公里，距离嘎洒镇3公里。全村有73户330人，其中傣族326人，占总人数的98.8%，此外，汉族3人，哈尼族1人。

曼真村的主要经济作物是橡胶、西瓜、水稻。据统计，2007年橡胶产业全村销售总收入27.5万元，占农村经济总收入的28%。同时，该村特色产业——小型西瓜种植，2007年创收达11.6万元，占全村经济总收入的11.8%。

随着全村经济总收入的提高，全村73户都通了自来水、电和有线电视，并且都拥有电视机，都安装了固定电话。全村共拥有汽车1辆、拖拉机8辆、摩托车200辆。

该村建有曼真小学,距离曼真村0.5公里。目前该村接受义务教育的在校学生有42人,其中小学生28人、中学生14人。

(2) 语言使用的基本特点

A. 曼真村村民以傣语为主要的交际工具

在村寨里,日常交流均使用傣语,只有与外族交谈时才使用汉语。不论是在家庭成员之间,还是在村民之间,都使用傣语进行交流。几乎所有人的第一语言都是傣语,懂傣语的人达到了100%。

在对曼真村73户316人进行的穷尽式调查(不包括6岁以下儿童)中发现,熟练使用傣语的有312人,占全村总数的98.7%,即使是外来的3个汉族和1个哈尼族,在长期的村寨生活中,也达到"略懂"傣语的水平。

与此同时,本次调查的全村73户316人中,熟练使用傣文的只有14人,仅占调查总人数的4.5%。他们依次是岩温和(户主,75岁)、岩罕伦(户主,38岁)、岩温罕(户主,59岁)、岩罕拉(户主,59岁)、康南扁(户主,77岁)、岩硬(户主,65岁)、岩叫(户主,53岁)、岩伦(户主,53岁)、岩罕真(户主,63岁)、岩温香(户主岩叫的长子,37岁)、岩拉图(户主,70岁)、岩香(户主岩罕的长子,22岁)、岩真(户主,59岁)、岩兰么(岩真的女婿,40岁)。调查中发现,这14人熟练掌握傣文大多与早年的入寺教育有关。"一般"和"略懂"傣文的共114人,占调查总人数的36%,而不会傣文的有188人,占调查总数的59.5%。

表5 不同年龄段的人傣语使用情况统计表 (单位:人)

年龄段	总人口	熟练		一般		略懂		不会	
		人口	百分比	人口	百分比	人口	百分比	人口	百分比
6—12岁	29	29	100	0	0	0	0	0	0
13—18岁	34	34	100	0	0	0	0	0	0
19—30岁	54	53	98.1	0	0	1	1.9	0	0
31—39岁	69	66	95.7	0	0	3	4.3	0	0
40—55岁	82	82	100	0	0	0	0	0	0
56岁以上	48	48	100	0	0	0	0	0	0
合计	316	312	98.7	0	0	4	1.3	0	0

表6 不同年龄段的人傣文使用情况统计表 (单位:人)

年龄段	总人口	熟练		一般		略懂		不会	
		人口	百分比	人口	百分比	人口	百分比	人口	百分比
6—12岁	29	0	0	0	0	0	0	29	100
13—18岁	34	0	0	0	0	0	0	34	100

19—30 岁	54	1	1.9	4	7.4	5	9.3	44	81.4
31—39 岁	69	2	2.9	27	39.1	13	18.8	27	39.2
40—55 岁	82	3	3.7	40	48.8	14	17.1	25	30.4
56 岁以上	48	8	16.7	10	20.8	1	2.1	29	60.4
合计	316	14	4.5	81	25.6	33	10.4	188	59.5

表 7　不同年龄段的人汉语使用情况统计表　　　　　　　　　　（单位：人）

年龄段	总人口	熟练		一般		略懂		不会	
		人口	百分比	人口	百分比	人口	百分比	人口	百分比
6—12 岁	29	7	24.1	22	75.9	0	0	0	0
13—18 岁	34	33	97.1	1	2.9	0	0	0	0
19—30 岁	54	32	59.3	22	40.7	0	0	0	0
31—39 岁	69	6	8.7	63	91.3	0	0	0	0
40—55 岁	82	3	3.7	78	95.1	1	1.2	0	0
56 岁以上	48	0	0	9	18.7	20	41.7	19	39.6
合计	316	81	25.7	195	61.7	21	6.6	19	6

B. 汉语是曼真村村民的另一个主要的交际工具

在村寨内部和村民家庭中，傣语基本能满足本村居民的交流需要。但曼真村地处公路沿线，距离嘎洒镇仅 3 公里。优越的地理位置，快速发展的经济，使村民与外界交流的机会增多，意识到学习汉语的必要性的村民也越来越多。表 7 中对该村的不同年龄段村民汉语水平的统计数据表明，曼真村调查的总人数为 316 人（不包括 6 岁以下儿童），其中 276 人不仅能听懂汉语，还能说汉语，即属于"熟练"和"一般"等级的人，占调查总人数的 87.4%；其中，熟练掌握汉语的有 81 人，占调查总人数的 25.7%；汉语程度达到"一般"等级的有 195 人，占调查总人数的 61.7%；而"略懂"汉语的有 21 人，占调查总人数的 6.6%；"不会"汉语的仅有 19 人，主要集中在 56 岁以上年龄段的老年人。

表 8　曼真村家庭语言、文字使用一览表

序号	家庭关系	姓名	年龄（岁）	文化程度	傣语	傣文	汉语	汉文	备注
1	户主	岩温和	75	文盲	熟练	熟练	不会	不会	
	妻子	玉香	58	文盲	熟练	不会	略懂	不会	
	长子	岩罕	39	文盲	熟练	不会	一般	不会	
	长儿媳	玉喃	38	小学	熟练	不会	一般	一般	
	长孙女	玉庄香	17	初中	熟练	不会	熟练	熟练	
	次孙女	玉罕	9	上小学	熟练	不会	一般	一般	

2	户主	岩甩	74	文盲	熟练	略懂	不会	不会	
	次女	玉囡	38	小学	熟练	一般	一般	一般	
	次女婿	岩温叫	40	文盲	熟练	一般	一般	不会	
	外孙	岩温	19	初中	熟练	不会	熟练	熟练	
	外孙女	玉罕	17	初中	熟练	不会	熟练	熟练	
3	户主	岩硬	39	文盲	熟练	一般	一般	不会	
	妻子	玉罕丙	41	文盲	熟练	一般	一般	不会	
	长女	玉罕	22	小学	熟练	不会	熟练	一般	
	次女	玉砖	20	小学	熟练	不会	熟练	一般	
	外孙	岩硬	2	学龄前					
	母亲	玉艳	78	文盲	熟练	不会	不会	不会	
	姐姐	玉罕	61	文盲	熟练	不会	略懂	不会	
4	户主	岩罕伦	38	小学	熟练	熟练	一般	一般	
	妻子	玉伦	34	小学	熟练	一般	一般	一般	
	长女	玉金开	16	初中	熟练	不会	熟练	熟练	
	长子	岩罕	15	上初中	熟练	不会	熟练	熟练	
5	户主	岩叫	66	文盲	熟练	不会	略懂	不会	
	妻子	玉香囡	65	文盲	熟练	不会	略懂	不会	
	长子	岩甩	38	文盲	熟练	略懂	一般	不会	
	长儿媳	玉光	34	小学	熟练	略懂	一般	一般	
	长孙	岩温罕	16	初中	熟练	不会	熟练	熟练	
	次孙	岩光	11	上小学	熟练	不会	熟练	熟练	
6	户主	岩温罕	59	文盲	熟练	熟练	略懂	不会	
	妻子	玉香么	50	文盲	熟练	不会	略懂	不会	
	长子	岩香	34	文盲	熟练	一般	一般	不会	
	长儿媳	玉叫	33	小学	熟练	一般	一般	一般	
	长孙女	玉应罕	12	上小学	熟练	不会	熟练	熟练	
	次孙女	玉光香	7	上小学	熟练	不会	一般	一般	
	父亲	岩三	77	文盲	熟练	不会	不会	不会	
7	户主	岩丙囡	48	小学	熟练	一般	一般	一般	
	妻子	玉娜更	42	文盲	熟练	一般	一般	不会	
	长子	岩香	23	初中	熟练	不会	熟练	熟练	
	次子	岩庄	20	初中	熟练	不会	熟练	熟练	
	孙女	玉应罕	2	学龄前					
8	户主	岩罕拉	59	文盲	熟练	熟练	略懂	不会	
	妻子	玉吨	62	文盲	熟练	不会	略懂	不会	

	长女	玉香	41	小学	熟练	略懂	一般	一般	
	长女婿	岩罕因	42	文盲	熟练	不会	一般	不会	
	外孙	岩罕	20	初中	熟练	不会	熟练	熟练	
9	户主	玉罕	34	小学	熟练	不会	熟练	一般	
	长女	玉罕	17	初中	熟练	不会	熟练	熟练	
	次女	玉夯罕	15	初中	熟练	不会	熟练	熟练	
10	户主	康南扁	77	文盲	熟练	熟练	不会	不会	
	妻子	玉光罕	74	文盲	熟练	不会	不会	不会	
	长子	岩扁	44	小学	熟练	一般	一般	一般	
	长儿媳	白树英	33	小学	略懂	不会	熟练	一般	汉族
	孙女	玉应罕	9	上小学	熟练	不会	一般	一般	
11	户主	岩光	37	小学	熟练	不会	一般	一般	
	妻子	玉罕	34	小学	熟练	不会	一般	一般	
	长子	岩温	17	初中	熟练	不会	熟练	熟练	
	次子	岩温叫	15	初中	熟练	不会	熟练	熟练	
12	户主	岩庄	55	文盲	熟练	一般	一般	不会	
	妻子	玉养	51	文盲	熟练	不会	一般	不会	
	长子	岩香	35	文盲	熟练	一般	一般	不会	
	长儿媳	玉光罕	34	文盲	熟练	不会	一般	不会	
	孙子	岩罕	14	上初中	熟练	不会	熟练	熟练	
	孙女	玉应罕	10	上小学	熟练	不会	一般	一般	
13	户主	岩罕	47	小学	熟练	不会	一般	一般	
	妻子	玉丙	37	小学	熟练	不会	一般	一般	
	次子	岩庄	20	初中	熟练	不会	熟练	熟练	
14	户主	岩温罕	46	文盲	熟练	一般	一般	不会	
	妻子	玉香	43	文盲	熟练	不会	一般	不会	
	次女	玉光罕	27	初中	熟练	不会	熟练	熟练	
	外孙	岩温罕	4	学龄前					
15	户主	岩罕胆	59	文盲	熟练	一般	一般	不会	
	妻子	玉药	53	文盲	熟练	不会	一般	不会	
	长子	岩罕光	28	小学	熟练	不会	熟练	一般	
	长儿媳	玉香应	37	小学	熟练	不会	一般	一般	
	长女	玉香	27	文盲	熟练	不会	一般	不会	
	孙女	玉罕	9	上小学	熟练	不会	一般	一般	
	姐姐	玉叫	67	文盲	熟练	不会	不会	不会	

16	户主	岩罕龙	53	小学	熟练	不会	一般	一般	
	妻子	玉拉养	48	小学	熟练	不会	一般	一般	
	长子	岩温罕	30	小学	熟练	一般	一般	一般	
	孙子	岩温叫	4	学龄前					
17	户主	岩香罕	40	小学	熟练	一般	一般	一般	
	妻子	玉涛	39	文盲	熟练	一般	一般	不会	
	长子	岩扁	20	初中	熟练	不会	熟练	熟练	
	岳母	玉立	68	文盲	熟练	不会	略懂	不会	
18	户主	岩罕燕	63	小学	熟练	一般	一般	一般	
	妻子	玉喃丙	60	文盲	熟练	不会	略懂	不会	
	长子	岩章	38	小学	熟练	一般	一般	一般	
	长女	玉旺	35	文盲	熟练	不会	一般	不会	
	次孙女	玉叫	6	上小学	熟练	不会	一般	略懂	
19	户主	岩硬	65	文盲	熟练	熟练	略懂	不会	
	妻子	玉光	59	文盲	熟练	不会	略懂	不会	
	长子	岩香	36	文盲	熟练	一般	一般	一般	
	长儿媳	玉应	33	小学	熟练	一般	一般	一般	
	长孙	岩温罕	14	上初中	熟练	不会	熟练	熟练	
	次孙	岩庆香	10	上小学	熟练	不会	一般	一般	
20	户主	岩叫东	53	文盲	熟练	不会	一般	不会	
	妻子	玉波罕	51	文盲	熟练	不会	一般	不会	
	长子	岩罕叫	32	文盲	熟练	不会	一般	不会	
	长儿媳	玉叫	26	小学	熟练	不会	熟练	一般	
	次子	岩广	31	文盲	熟练	一般	一般	不会	
	次儿媳	玉光罕	32	小学	熟练	不会	熟练	一般	
	长孙	岩温罕	9	上小学	熟练	不会	一般	一般	
	次孙	岩来	5	学龄前					
	母亲	玉罕多	74	文盲	熟练	不会	不会	不会	
21	户主	岩温叫	49	初中	熟练	一般	熟练	熟练	
	妻子	玉温	48	文盲	熟练	不会	一般	不会	
	长女	玉枫	29	小学	熟练	不会	熟练	一般	
	外孙	岩罕丙	7	上小学	熟练	不会	一般	一般	
22	户主	玉喊囡	69	文盲	熟练	不会	不会	不会	
	次子	岩香	41	小学	熟练	不会	一般	一般	
	次儿媳	玉罕	30	小学	熟练	略懂	一般	一般	
	长孙女	玉应香	9	上小学	熟练	不会	一般	一般	
	次孙女	玉喊囡	5	学龄前					

23	户主	岩叫	53	文盲	熟练	熟练	一般	不会	
	妻子	玉金	54	文盲	熟练	一般	一般	不会	
	长子	岩罕	34	小学	熟练	一般	一般	一般	
	长儿媳	玉罕	34	小学	熟练	不会	一般	一般	
	次子	岩罕硬	32	文盲	熟练	不会	一般	不会	
	次儿媳	麦种	28	文盲	略懂	不会	一般	不会	哈尼族
	孙女	玉罕囡	8	上小学	熟练	不会	一般	一般	
24	户主	岩坦	43	小学	熟练	一般	一般	一般	
	妻子	玉甩	43	小学	熟练	一般	一般	一般	
	长女	玉温儿	22	中专	熟练	不会	熟练	熟练	
	次女	玉香	19	初中	熟练	不会	熟练	熟练	
	父亲	岩扁	73	文盲	熟练	一般	不会	不会	
	母亲	玉温	70	文盲	熟练	不会	不会	不会	
25	户主	岩罕	41	小学	熟练	一般	一般	一般	
	妻子	玉涛	38	小学	熟练	一般	一般	一般	
	长子	岩广罕	27	小学	熟练	不会	熟练	一般	
	次子	岩专香	14	上初中	熟练	不会	熟练	熟练	
26	户主	岩洪	45	文盲	熟练	一般	一般	不会	
	妻子	玉张	47	文盲	熟练	不会	一般	不会	
	次子	岩专	27	初中	熟练	不会	熟练	熟练	
27	户主	岩香	51	文盲	熟练	略懂	一般	不会	
	妻子	玉拉缅	48	文盲	熟练	不会	一般	不会	
	长子	岩宰万	31	文盲	熟练	略懂	一般	不会	
	长儿媳	玉香勒	22	初中	熟练	略懂	熟练	熟练	
	孙女	玉应罕	4	学龄前					
28	户主	岩伦	53	小学	熟练	熟练	一般	一般	
	妻子	玉涛	52	文盲	熟练	一般	一般	不会	
	长女	玉光香	35	小学	熟练	略懂	一般	一般	
	长女婿	岩叫	37	小学	熟练	略懂	一般	一般	
	外孙女	玉庄香	23	小学	熟练	不会	熟练	一般	
29	户主	岩罕真	63	文盲	熟练	熟练	略懂	不会	
	妻子	玉罕	63	文盲	熟练	不会	略懂	不会	
	长女	玉香	42	文盲	熟练	一般	一般	不会	
	长女婿	岩温龙	44	文盲	熟练	一般	一般	不会	
	长子	岩吨	32	文盲	熟练	一般	一般	不会	
	长外孙女	玉应罕	20	初中	熟练	不会	熟练	熟练	
	次外孙女	玉尖达	18	初中	熟练	不会	熟练	熟练	

30	户主	南应	55	文盲	熟练	不会	一般	不会	
	丈夫	岩叫多	54	文盲	熟练	一般	一般	不会	
	长女	玉光	33	文盲	熟练	不会	一般	不会	
	长外孙	岩罕光	9	上小学	熟练	不会	一般	一般	
31	户主	玉单	36	小学	熟练	不会	一般	一般	
	长子	岩罕旺	15	上初中	熟练	不会	熟练	熟练	
	母亲	玉万	72	文盲	熟练	不会	不会	不会	
32	户主	岩丙	52	小学	熟练	一般	一般	一般	
	妻子	玉落	48	文盲	熟练	不会	一般	不会	
	长女	玉应罕	27	初中	熟练	不会	熟练	熟练	
	外孙	岩罕应	6	上小学	熟练	不会	一般	略懂	
33	户主	玉香	66	文盲	熟练	不会	略懂	不会	
	长子	岩温香	37	小学	熟练	熟练	一般	一般	
	长儿媳	玉儿	32	小学	熟练	不会	一般	一般	
	孙女	玉香儿	5	学龄前					
34	户主	岩拉因	70	小学	熟练	熟练	一般	一般	
	妻子	玉波	68	文盲	熟练	不会	略懂	不会	
	四女	玉香因	34	小学	熟练	不会	一般	一般	
	四女婿	岩专	41	文盲	熟练	一般	一般	不会	
	外孙女	玉温儿	10	上小学	熟练	不会	一般	一般	
35	户主	岩罕达	49	小学	熟练	不会	一般	一般	
	妻子	玉而	47	小学	熟练	一般	一般	一般	
	长子	岩温罕	24	初中	熟练	不会	熟练	熟练	
	长女	玉应	23	初中	熟练	不会	熟练	熟练	
36	户主	岩叫	50	小学	熟练	一般	一般	一般	
	妻子	玉罕	49	文盲	熟练	不会	一般	不会	
	长子	岩罕	32	初中	熟练	略懂	熟练	熟练	
	孙子	岩罕应	7	上小学	熟练	不会	一般	一般	
37	户主	岩罕	42	文盲	熟练	略懂	一般	不会	
	妻子	玉喃	42	小学	熟练	略懂	一般	一般	
	长女	玉罕	24	初中	熟练	不会	熟练	熟练	
	长子	岩香	22	初中	熟练	熟练	熟练	熟练	
38	户主	岩坦	61	小学	熟练	一般	一般	一般	
	妻子	玉并	60	小学	熟练	不会	一般	一般	
	长女	玉约	34	小学	熟练	略懂	一般	一般	
	外孙	岩罕温	16	初中	熟练	不会	熟练	熟练	

	外孙女	玉应罕	12	上小学	熟练	不会	熟练	熟练	
	侄子	岩罕论	35	小学	熟练	一般	一般	一般	
39	户主	玉帕	74	文盲	熟练	不会	不会	不会	
	长女	玉金罕	47	文盲	熟练	一般	一般	不会	
	长女婿	岩光	46	文盲	熟练	不会	一般	不会	
	外孙女	玉罕蚌	24	文盲	熟练	不会	一般	不会	
	外孙	岩叫	22	文盲	熟练	不会	一般	不会	
	重外孙	岩温罕	5	学龄前					
40	户主	岩章	75	文盲	熟练	一般	不会	不会	
	长子	岩朋	38	小学	熟练	一般	一般	一般	
	长儿媳	玉应叫	37	小学	熟练	一般	一般	一般	
	长孙女	玉旺香	17	初中	熟练	不会	熟练	熟练	
	次孙女	玉叫	16	初中	熟练	不会	熟练	熟练	
41	户主	岩庄	40	小学	熟练	一般	一般	一般	
	妻子	玉囡	36	小学	熟练	略懂	一般	一般	
	长子	岩温罕	17	初中	熟练	不会	熟练	熟练	
	次子	岩庄	15	上初中	熟练	不会	熟练	熟练	
42	户主	岩香	52	文盲	熟练	一般	一般	不会	
	妻子	玉陆	47	文盲	熟练	不会	一般	不会	
	长女	玉罕保	32	小学	熟练	略懂	一般	一般	
	长女婿	岩罕恩	35	小学	熟练	略懂	一般	一般	
	外孙女	玉罕儿	11	上小学	熟练	不会	熟练	熟练	
43	户主	玉所囡	47	小学	熟练	略懂	一般	一般	
	长女	玉应罕	21	高中	熟练	不会	熟练	熟练	
	次女	玉康	18	初中	熟练	不会	熟练	熟练	
44	户主	岩轰	43	文盲	熟练	一般	一般	不会	
	妻子	玉涛香	43	文盲	熟练	一般	一般	不会	
	长女	玉波	24	小学	熟练	不会	一般	一般	
45	户主	岩勐	53	文盲	熟练	不会	一般	不会	
	妻子	玉彭	52	文盲	熟练	不会	一般	不会	
	次子	岩香	32	文盲	熟练	一般	一般	不会	
	孙女	玉罕儿	3	学龄前					
46	户主	岩尖	43	文盲	熟练	一般	一般	不会	
	妻子	玉丙	43	小学	熟练	一般	一般	一般	
	长子	岩尖	24	高中	熟练	不会	熟练	熟练	
	次子	岩温	21	文盲	熟练	不会	一般	不会	

47	户主	岩甩	75	文盲	熟练	一般	不会	不会	
	妻子	玉罕	75	文盲	熟练	不会	不会	不会	
	长子	岩叫	43	文盲	熟练	一般	一般	不会	
	长儿媳	玉温	38	文盲	熟练	一般	一般	不会	
	孙子	岩温	18	小学	熟练	不会	熟练	熟练	
	孙女	玉罕	12	上小学	熟练	不会	熟练	熟练	
48	户主	岩伦广迈	43	文盲	熟练	略懂	一般	不会	
	妻子	玉罕	42	文盲	熟练	略懂	一般	不会	
	长女	玉香	22	文盲	熟练	不会	一般	不会	
	次女	玉尖	20	文盲	熟练	不会	一般	不会	
49	户主	岩伦	34	小学	熟练	略懂	一般	一般	
	妻子	玉香	37	小学	熟练	略懂	一般	一般	
	次女	玉胆罕	13	上初中	熟练	不会	熟练	熟练	
50	户主	岩叫	44	小学	熟练	略懂	一般	一般	
	妻子	玉拉	41	小学	熟练	略懂	一般	一般	
	长女	玉应罕	23	中专	熟练	不会	熟练	熟练	
	长子	岩温罕	21	文盲	熟练	不会	一般	不会	
51	户主	岩光丙	43	小学	熟练	略懂	一般	一般	
	妻子	玉地	41	小学	熟练	略懂	一般	一般	
	长子	岩温罕	20	文盲	熟练	不会	一般	不会	
	次子	岩香	18	文盲	熟练	不会	一般	不会	
52	户主	岩宰共	59	小学	熟练	一般	一般	一般	
	妻子	玉叫	56	文盲	熟练	不会	一般	不会	
	长子	岩叫	35	小学	熟练	一般	一般	一般	
	长儿媳	玉罕	32	文盲	熟练	不会	一般	不会	
	孙子	岩温罕	11	上小学	熟练	不会	熟练	熟练	
53	户主	岩真	59	小学	熟练	熟练	一般	一般	
	妻子	玉叫	60	文盲	熟练	不会	略懂	不会	
	长女	玉应香	44	小学	熟练	略懂	一般	一般	
	长女婿	岩兰么	40	初中	熟练	熟练	熟练	熟练	
	外孙	岩应	15	上初中	熟练	不会	熟练	熟练	
54	户主	岩温	39	小学	熟练	不会	一般	一般	
	妻子	周绍波	35	初中	略懂	不会	熟练	熟练	汉族
	长女	玉罕儿	14	上初中	熟练	不会	熟练	熟练	
	长子	岩罕应	10	上小学	熟练	不会	一般	一般	

55	户主	岩在拉	47	文盲	熟练	一般	一般	不会	
	妻子	玉康罕	44	初中	熟练	一般	熟练	熟练	
	长女	玉罕	26	文盲	熟练	不会	一般	不会	
	次女	玉光香	20	小学	熟练	不会	熟练	一般	
	外孙女	玉温儿	6	上小学	熟练	不会	一般	略懂	
	父亲	岩温	84	文盲	熟练	一般	不会	不会	
	母亲	玉温	80	文盲	熟练	不会	不会	不会	
56	户主	岩温	85	文盲	熟练	一般	不会	不会	
	长子	岩空	47	文盲	熟练	一般	一般	不会	
	长儿媳	玉拉	47	小学	熟练	不会	一般	一般	
	孙子	岩温罕	25	文盲	熟练	不会	一般	不会	
	重孙	岩罕论	4	学龄前					
57	户主	咪者	50	文盲	熟练	一般	一般	不会	
	长女	玉叫	30	初中	熟练	不会	熟练	熟练	
	次女	玉庄	28	初中	熟练	不会	熟练	熟练	
	外孙女	玉应军	7	上小学	熟练	不会	一般	一般	
58	户主	岩尖	44	文盲	熟练	不会	一般	不会	
	妻子	玉涛	40	文盲	熟练	一般	一般	不会	
	长女	玉儿	22	文盲	熟练	不会	一般	不会	
	次女	玉庄	20	高中	熟练	不会	熟练	熟练	
59	户主	岩宰龙	52	小学	熟练	一般	一般	一般	
	妻子	玉论	43	小学	熟练	略懂	一般	一般	
	长子	岩温叫	21	文盲	熟练	一般	一般	不会	
	长女	玉金	21	小学	熟练	不会	熟练	一般	
	孙女	玉香罕	1	学龄前					
60	户主	岩香万	37	小学	熟练	不会	一般	一般	
	长子	岩庄香	19	文盲	熟练	一般	一般	不会	
	次子	岩香罕	17	初中	熟练	不会	熟练	熟练	
61	户主	岩涛	38	小学	熟练	一般	一般	一般	
	妻子	玉养	38	小学	熟练	一般	一般	一般	
	长女	玉罕比	17	初中	熟练	不会	熟练	熟练	
	次女	玉庄香	15	上初中	熟练	不会	熟练	熟练	
62	户主	岩罕叫	34	小学	熟练	不会	一般	一般	
	妻子	玉南约	33	小学	熟练	一般	一般	一般	
	长女	玉香论	10	上小学	熟练	不会	一般	一般	

63	户主	岩吨	38	小学	熟练	一般	一般	一般	
	妻子	玉旺	38	小学	熟练	一般	一般	一般	
	长女	玉应罕	17	初中	熟练	不会	熟练	熟练	
	次女	玉尖	15	上初中	熟练	不会	熟练	熟练	
64	户主	玉康	77	文盲	熟练	不会	略懂	不会	
	长子	岩温	32	文盲	熟练	不会	一般	不会	
65	户主	岩拉	64	文盲	熟练	不会	略懂	不会	
	妻子	玉香拉	60	文盲	熟练	不会	略懂	不会	
	长子	岩宰	36	文盲	熟练	不会	一般	不会	
66	户主	黑庄些	47	文盲	熟练	一般	一般	不会	
	妻子	玉香甩	46	文盲	熟练	一般	一般	不会	
	长子	岩温香	27	文盲	熟练	一般	一般	不会	
	次子	岩轰罕	25	文盲	熟练	不会	一般	不会	
	次儿媳	玉罕胆	24	小学	熟练	略懂	一般	一般	
	孙子	岩温叫	4	学龄前					
67	户主	岩温景	43	文盲	熟练	不会	一般	不会	
	妻子	玉丙	43	小学	熟练	不会	一般	一般	
	长子	岩温罕	17	初中	熟练	不会	熟练	熟练	
	次子	岩罕尖	14	上初中	熟练	不会	熟练	熟练	
68	户主	岩罕叫	32	文盲	熟练	一般	一般	不会	
	妻子	玉喃应	29	小学	熟练	略懂	一般	一般	
	长女	玉应罕	9	上小学	熟练	不会	一般	一般	
69	户主	玉香	39	小学	熟练	不会	一般	一般	
	长女	玉甩	16	初中	熟练	不会	熟练	熟练	
	长子	岩傣	11	上小学	熟练	不会	熟练	熟练	
70	户主	岩丙	66	小学	熟练	一般	一般	一般	
71	户主	玉喃海	41	文盲	熟练	略懂	一般	不会	
	长子	岩温罕	14	上初中	熟练	不会	熟练	熟练	
72	户主	玉尖香	49	文盲	熟练	不会	一般	不会	
	长子	岩香贺	34	小学	熟练	一般	一般	一般	
	长儿媳	玉旺叫	27	小学	熟练	略懂	一般	一般	
	长孙女	玉香旺	8	上小学	熟练	不会	一般	一般	
	次孙女	玉罕	3	学龄前					

73	户主	玉而	60	文盲	熟练	不会	略懂	不会	
	次子	岩光	38	文盲	熟练	略懂	一般	不会	
	次儿媳	罗桂英	31	小学	略懂	不会	熟练	一般	汉族
	孙子	岩温罕	8	上小学	熟练	不会	一般	一般	

3. 景洪市嘎洒镇曼凹村语言、文字使用情况

(1) 概况

曼凹村隶属于嘎洒镇曼掌宰村委会,属于坝区。地理位置在嘎洒镇东北边,距离曼掌宰村委会2.5公里,距离嘎洒镇2.5公里。根据2007年统计,全村共有83户373人,以傣族为主,其中傣族369人,占98.9%,白族2人,哈尼族1人,汉族1人。

该村的主要产业为种植业,主要销往本市。2007年蔬菜、甜玉米两大主产业销售总收入17.4万元,占农村经济总收入的24.6%。农民收入以种植业(蔬菜)为主,人均纯收入1331元。到2007年底,全村83户已实现通水、电、路、电视、电话,全村76户装有太阳能,21户住上了砖混结构住房。此外,拥有移动电话的农户数也达到100%。全村共拥有汽车12辆、拖拉机12辆、摩托车95辆、农用车15辆。

该村2007年被嘎洒镇评为"遵纪守法模范村"。

(2) 语言使用的基本特点

A. 傣语是该村村民最主要的交际工具

在村寨内部和家庭成员之间以及与其他的傣族村寨成员之间,傣语是最主要的交际工具。从表9的傣语使用情况数据统计来看,曼凹村能熟练掌握傣语的人高达359人,占调查总人数的99.2%。该村其他少数民族傣语使用情况统计如下:王正斌(户主玉伦的女婿,32岁,白族,傣语略懂)、王正红(户主,35岁,白族,傣语略懂)、罗顺荣(户主波南拉(已去世)的女婿,38岁,哈尼族,傣语略懂)、杨琼(户主岩温洒的妻子,38岁,汉族,傣语熟练),他们4人在傣族村寨生活都能用傣语进行日常的交流,只是少数人说得不太流利。高度的聚居和强烈的民族认同感是傣语成为最主要的交际工具的首要原因。

表9 不同年龄段的人傣语使用情况统计表 (单位:人)

年龄段	总人口	熟练		一般		略懂		不会	
		人口	百分比	人口	百分比	人口	百分比	人口	百分比
6—12岁	33	33	100	0	0	0	0	0	0
13—18岁	32	32	100	0	0	0	0	0	0
19—30岁	75	75	100	0	0	0	0	0	0
31—39岁	70	67	95.7	0	0	3	4.3	0	0
40—55岁	93	93	100	0	0	0	0	0	0

56 岁以上	59	59	100	0	0	0	0	0	0
合计	362	359	99.2	0	0	3	0.8	0	0

但是,在傣语几乎100%的成为人们最主要的交际工具的同时,曼凹村83户362人中,只有78人懂傣文,占调查总人数的21.5%,而不懂傣文的人比例偏高,占到78.5%。在整个调查中,傣文"略懂"部分调查结果为0,同时,傣文水平"熟练"和"一般"的人数主要集中在31岁以上的三个年龄段上,出现这样的结果的原因是,极少数男性有过入寺经历,接受过入寺教育,绝大多数傣文水平"一般"的村民是中老年人,在日常生活中常看傣文报纸、唱傣文歌曲。

表10　不同年龄段的人傣文使用情况统计表　　　　　　　　　　（单位:人）

年龄段	总人口	熟练		一般		略懂		不会	
		人口	百分比	人口	百分比	人口	百分比	人口	百分比
6—12岁	33	0	0	0	0	0	0	33	100
13—18岁	32	0	0	0	0	0	0	32	100
19—30岁	75	2	2.7	0	0	0	0	73	97.3
31—39岁	70	5	7.1	9	12.9	0	0	56	80
40—55岁	93	33	35.5	0	0	0	0	60	64.5
56岁以上	59	9	15.2	20	33.9	0	0	30	50.9
合计	362	16	4.4	62	17.1	0	0	284	78.5

表11　不同年龄段的人汉语使用情况统计表　　　　　　　　　　（单位:人）

年龄段	总人口	熟练		一般		略懂		不会	
		人口	百分比	人口	百分比	人口	百分比	人口	百分比
6—12岁	33	8	24.2	25	75.8	0	0	0	0
13—18岁	32	32	100	0	0	0	0	0	0
19—30岁	75	23	30.7	52	69.3	0	0	0	0
31—39岁	70	3	4.3	67	95.7	0	0	0	0
40—55岁	93	2	2.2	85	91.4	6	6.4	0	0
56岁以上	59	1	1.7	14	23.7	40	67.8	4	6.8
合计	362	69	19.1	243	67.1	46	12.7	4	1.1

B. 曼凹村是"傣语—汉语"双语型语言社区

从表11数据情况可以看出,曼凹村能使用汉语与人交流的达到86.2%,而不会汉语的都是56岁以上的老年人,他们大多是高龄老人,很少与外界交往;汉语水平属于"略懂"等级的人,能听懂日常生活中的部分傣语,但不用傣语交流,这部分人也集中在40—55岁和56岁以上这两个年龄段。

本村寨的双语型使用现象的出现主要有以下三方面的原因:

a. 优越的地理位置。临近城镇,交通便利,在橡胶经济的带动下,绝大部分村民在本村内以傣语为最主要交际工具的同时,都能用汉语与外界交流。

b. 九年义务教育的推广。九年义务教育加强了青少年的汉语学习,同时在很大程度上弱化了青少年早期对傣文的学习。自九年义务教育开始以来,学校重视培养青少年的汉语"听""说""读""写"能力,而不再学习傣文,与老师和同学的交流也多以汉语为主。而傣语也往往是在家庭中耳濡目染地熏陶下掌握的,一般在村寨内部和家庭中使用,有些父母为了更好地培养孩子学好汉语,在家庭中也会用汉语和孩子交流,从而更加忽视对傣文的学习。

c. 汉语和傣语在使用上相互补充。傣语作为曼凹村最主要的交际语言,在本村寨和家庭内部均被傣族人广泛地使用。汉语是一种因人而异、因场合而异的与外族人打交道的必不可少的交流工具,有时傣族村民之间也会偶尔转用汉语交流,可见二者的使用并不冲突。

表12 曼凹村家庭语言、文字使用一览表

序号	家庭关系	姓名	年龄(岁)	文化程度	傣语	傣文	汉语	汉文	备注
1	户主	岩论	58	小学	熟练	一般	一般	一般	
	妻子	玉棒	56	小学	熟练	不会	一般	一般	
	长子	岩温叫	35	小学	熟练	一般	一般	一般	
	长儿媳	玉金罕	28	小学	熟练	不会	一般	一般	
	孙子	岩温光	2	学龄前					
2	户主	玉论	46	文盲	熟练	不会	一般	不会	
	丈夫	岩明	39	小学	熟练	不会	一般	一般	
	长女	玉儿	25	小学	熟练	不会	一般	一般	
	长女婿	王正斌	32	初中	略懂	不会	熟练	熟练	白族
	外孙女	玉章枫	6	上小学	熟练	不会	一般	略懂	
3	户主	玉专	55	文盲	熟练	不会	不会	不会	
4	户主	岩轰	49	文盲	熟练	不会	一般	不会	
	妻子	玉香丢	47	小学	熟练	不会	一般	一般	
	次子	岩光扁	25	文盲	熟练	不会	一般	不会	
	孙子	岩温罕	4	学龄前					
5	户主	岩庄	58	文盲	熟练	一般	略懂	不会	
	妻子	玉温	52	文盲	熟练	不会	略懂	不会	
	长女	玉香儿	32	文盲	熟练	不会	一般	不会	
	外孙女	玉香儿	10	上小学	熟练	不会	一般	一般	
6	户主	岩罕	33	小学	熟练	不会	一般	一般	
	妻子	玉尖香	33	小学	熟练	不会	一般	一般	
	长子	岩温香	11	上小学	熟练	不会	熟练	熟练	
	长女	玉波	5	学龄前					

7	户主	王正红	35	初中	略懂	不会	熟练	熟练	白族
	妻子	玉应罕	37	文盲	熟练	不会	一般	不会	
	长女	玉温	13	上初中	熟练	不会	熟练	熟练	
	次女	玉冬玛	8	上小学	熟练	不会	一般	一般	
8	户主	岩温	54	文盲	熟练	一般	一般	不会	
	妻子	玉张	52	文盲	熟练	不会	一般	不会	
	长子	岩温	32	小学	熟练	不会	一般	一般	
	长儿媳	玉引	32	小学	熟练	不会	一般	一般	
	孙子	岩温叫	12	上小学	熟练	不会	熟练	熟练	
9	户主	岩光罕	66	文盲	熟练	一般	略懂	不会	
	妻子	玉进	64	文盲	熟练	不会	略懂	不会	
	长子	岩香	36	小学	熟练	不会	一般	一般	
	长儿媳	玉叫	37	文盲	熟练	不会	一般	不会	
	长孙女	玉光香	15	上初中	熟练	不会	熟练	熟练	
	次孙女	玉香	9	上小学	熟练	不会	一般	一般	
10	户主	岩真	79	文盲	熟练	熟练	略懂	不会	
	妻子	玉约	69	文盲	熟练	不会	略懂	不会	
	长女	玉硬	40	文盲	熟练	不会	一般	不会	
	长女婿	岩温	37	小学	熟练	熟练	一般	一般	
	长外孙	岩罕叫	20	小学	熟练	不会	熟练	熟练	
	次外孙	岩罕光	19	小学	熟练	不会	熟练	熟练	
11	户主	岩硬	72	文盲	熟练	熟练	略懂	不会	
	妻子	玉种	72	文盲	熟练	熟练	略懂	不会	
	长子	岩温罕	44	初中	熟练	一般	熟练	熟练	
	长儿媳	玉喃金	41	文盲	熟练	不会	一般	不会	
	孙子	岩罕恩	21	小学	熟练	不会	一般	一般	
12	户主	岩香养	47	小学	熟练	一般	一般	一般	
	妻子	玉应香	46	小学	熟练	不会	一般	一般	
	长女	玉章枫	26	文盲	熟练	不会	一般	不会	
	次女	玉叫	23	小学	熟练	不会	一般	一般	
	外孙女	玉罕	3	学龄前					
13	户主	岩的	58	文盲	熟练	熟练	略懂	不会	
	妻子	玉叫	54	文盲	熟练	不会	略懂	不会	
	次女	玉香叫	33	小学	熟练	不会	一般	一般	
	次女婿	岩论	35	文盲	熟练	不会	一般	不会	
	外孙女	玉章	12	上小学	熟练	不会	熟练	熟练	
	外孙	岩温香	6	上小学	熟练	不会	一般	略懂	

14	户主	玉伦	59	文盲	熟练	一般	略懂	不会
	长女	玉们	38	小学	熟练	不会	一般	一般
	长女婿	岩桶	39	文盲	熟练	不会	一般	不会
	长外孙	岩罕贡	21	小学	熟练	不会	一般	一般
	次外孙	岩罕	19	小学	熟练	不会	熟练	一般
15	户主	玉并	54	文盲	熟练	不会	一般	不会
	丈夫	岩乱	54	文盲	熟练	不会	一般	不会
16	户主	岩光	82	文盲	熟练	熟练	略懂	不会
	妻子	玉尖	80	文盲	熟练	不会	略懂	不会
	次子	岩坦	44	文盲	熟练	一般	一般	不会
	次儿媳	玉香	42	小学	熟练	不会	一般	一般
	长孙女	玉旺	23	小学	熟练	不会	一般	一般
	次孙女	玉叫	21	小学	熟练	不会	一般	一般
17	户主	岩温罕	75	文盲	熟练	熟练	略懂	不会
	妻子	咪玉叫	74	文盲	熟练	不会	略懂	不会
	长子	岩罕朋	30	文盲	熟练	不会	一般	不会
	孙子	岩温叫	6	上小学	熟练	不会	一般	略懂
18	户主	岩罕思	51	文盲	熟练	一般	一般	不会
	妻子	玉烟	47	文盲	熟练	不会	一般	不会
	长子	岩温	27	文盲	熟练	不会	一般	不会
	次子	岩光	21	小学	熟练	不会	熟练	一般
19	户主	玉钟	61	文盲	熟练	不会	略懂	不会
	长女	玉张	40	文盲	熟练	不会	一般	不会
	长女婿	岩轰	42	文盲	熟练	一般	一般	不会
	外孙	岩香	21	小学	熟练	不会	熟练	一般
	外孙女	玉波	18	初中	熟练	不会	熟练	熟练
20	户主	岩温	21	小学	熟练	熟练	熟练	一般
	父亲	岩张龙	80	文盲	熟练	一般	略懂	不会
	母亲	玉叫	79	文盲	熟练	不会	略懂	不会
21	户主	玉恩	61	文盲	熟练	一般	略懂	不会
	长子	岩温香	35	文盲	熟练	不会	一般	不会
	长儿媳	玉罕	35	小学	熟练	不会	一般	一般
	长孙女	玉烟	15	上初中	熟练	不会	熟练	熟练
	次孙女	玉罕炳	8	上小学	熟练	不会	一般	一般
22	户主	岩老	77	文盲	熟练	一般	略懂	不会
	妻子	玉甩	61	文盲	熟练	不会	略懂	不会

	次子	岩双	25	小学	熟练	不会	一般	一般	
	次儿媳	玉尖香	25	小学	熟练	不会	一般	一般	
	孙女	玉香班	5	学龄前					
23	户主	岩三扁	41	文盲	熟练	一般	一般	不会	
	妻子	玉金	42	文盲	熟练	不会	一般	不会	
	次子	岩罕光	19	初中	熟练	不会	熟练	熟练	
24	户主	岩宽	36	小学	熟练	一般	一般	一般	
	妻子	玉光罕	33	文盲	熟练	不会	一般	不会	
	长女	玉光香	14	上初中	熟练	不会	熟练	熟练	
	长子	岩温罕	9	上小学	熟练	不会	一般	一般	
	父亲	岩拉	74	文盲	熟练	熟练	略懂	不会	
	母亲	玉章	58	文盲	熟练	不会	略懂	不会	
25	户主	岩应	51	文盲	熟练	一般	一般	不会	
	妻子	玉香	54	文盲	熟练	不会	一般	不会	
	长女	玉嫩	35	小学	熟练	不会	一般	一般	
	外孙	岩温罕	15	上初中	熟练	不会	熟练	熟练	
26	户主	岩捧听	46	小学	熟练	一般	一般	一般	
	妻子	玉说	49	小学	熟练	不会	一般	一般	
	长子	岩罕	26	小学	熟练	不会	一般	一般	
	次子	岩罕香	23	小学	熟练	不会	一般	一般	
27	户主	岩罕叫	45	文盲	熟练	一般	一般	不会	
	妻子	玉罕儿	54	文盲	熟练	不会	一般	不会	
	三女	玉香囡	20	小学	熟练	不会	熟练	一般	
28	户主	岩坦	39	文盲	熟练	不会	一般	不会	
	妻子	玉金	34	文盲	熟练	不会	一般	不会	
	长女	玉应叫	14	上初中	熟练	不会	熟练	熟练	
	次女	玉波宽	11	上小学	熟练	不会	熟练	熟练	
29	户主	岩甩	54	文盲	熟练	一般	一般	不会	
	妻子	玉燕	53	文盲	熟练	不会	一般	不会	
	长子	岩叫	34	文盲	熟练	不会	一般	不会	
	次子	岩硬	26	小学	熟练	不会	一般	一般	
30	户主	岩章	36	文盲	熟练	一般	一般	不会	
	妻子	玉金	36	小学	熟练	不会	一般	一般	
	长子	岩温香	12	上小学	熟练	不会	熟练	熟练	
	父亲	岩糯	77	文盲	熟练	一般	略懂	不会	

31	户主	岩光	46	文盲	熟练	一般	一般	不会
	妻子	玉香伦	45	小学	熟练	不会	一般	一般
	长子	岩温	25	文盲	熟练	不会	一般	不会
	长女	玉儿	23	小学	熟练	不会	一般	一般
	养子	岩罕	16	小学	熟练	不会	熟练	熟练
32	户主	岩温	65	高中	熟练	一般	熟练	熟练
	妻子	玉香班	59	文盲	熟练	不会	一般	不会
	长子	岩温罕	35	文盲	熟练	一般	一般	不会
	次子	岩香	31	小学	熟练	不会	一般	一般
	次儿媳	玉香	34	小学	熟练	不会	一般	一般
	孙子	岩香	15	上初中	熟练	不会	熟练	熟练
33	户主	岩罕双	41	文盲	熟练	不会	一般	不会
	妻子	玉保	43	小学	熟练	不会	一般	一般
	长女	玉应香	17	初中	熟练	不会	熟练	熟练
	次女	玉叫	15	上初中	熟练	不会	熟练	熟练
34	户主	岩燕	45	文盲	熟练	一般	一般	不会
	妻子	玉而	44	文盲	熟练	不会	一般	不会
	长子	岩寿	27	初中	熟练	不会	熟练	熟练
	长女	玉章枫	22	中专	熟练	不会	熟练	熟练
35	户主	岩枫	60	文盲	熟练	一般	略懂	不会
	妻子	玉章	57	文盲	熟练	不会	略懂	不会
	长子	岩晃	36	文盲	熟练	熟练	一般	不会
	长儿媳	玉扁	33	文盲	熟练	不会	一般	不会
	长孙	岩温罕	13	上初中	熟练	不会	熟练	熟练
	次孙	岩温叫	9	上小学	熟练	不会	一般	一般
36	户主	岩温囡	58	小学	熟练	一般	一般	一般
	妻子	玉郎	57	文盲	熟练	不会	一般	不会
	长女	玉儿	36	小学	熟练	不会	一般	一般
	长女婿	岩养	38	小学	熟练	熟练	一般	一般
	外孙女	玉燕	14	上初中	熟练	不会	熟练	熟练
	外孙	岩光罕	8	上小学	熟练	不会	一般	一般
37	户主	岩温倒	45	文盲	熟练	不会	一般	不会
	妻子	玉单	44	文盲	熟练	不会	一般	不会
	长子	岩罕吨	23	小学	熟练	不会	一般	一般

38	户主	岩光	65	文盲	熟练	熟练	略懂	不会	
	三子	岩三甩	38	小学	熟练	不会	一般	一般	
	三儿媳	玉儿	36	文盲	熟练	不会	一般	不会	
	长孙	岩温丙	17	小学	熟练	不会	熟练	熟练	
	次孙	岩罕叫	15	上初中	熟练	不会	熟练	熟练	
39	户主	岩章因	73	文盲	熟练	一般	略懂	不会	
	妻子	玉捧班	69	文盲	熟练	不会	略懂	不会	
	次女	玉轰	39	文盲	熟练	不会	一般	不会	
	次女婿	岩温	32	小学	熟练	不会	一般	一般	
	长孙女	玉光	28	小学	熟练	不会	一般	一般	
	次孙女	玉光叫	9	上小学	熟练	不会	一般	一般	
	长外孙女	玉香和	15	上初中	熟练	不会	熟练	熟练	
	次外孙女	玉金罕	13	上初中	熟练	不会	熟练	熟练	
40	户主	岩罕香	47	小学	熟练	不会	一般	一般	
	妻子	玉罕	46	文盲	熟练	不会	一般	不会	
	长女	玉旺	28	文盲	熟练	不会	一般	不会	
	次女	玉金	21	小学	熟练	不会	一般	一般	
41	户主	岩香拉	47	小学	熟练	一般	一般	一般	
	妻子	玉香旺	46	文盲	熟练	不会	一般	不会	
	长子	岩罕勒	27	小学	熟练	不会	一般	一般	
	次子	岩哈	26	小学	熟练	不会	一般	一般	
	次儿媳	玉叫	26	小学	熟练	不会	一般	一般	
	孙子	岩温	6	上小学	熟练	不会	一般	略懂	
42	户主	岩光叫	58	文盲	熟练	一般	一般	不会	
	妻子	玉温	53	文盲	熟练	不会	一般	不会	
	次女	玉珊	32	小学	熟练	不会	一般	一般	
	外孙	岩永	14	上初中	熟练	不会	熟练	熟练	
	外孙女	玉温叫	10	上小学	熟练	不会	一般	一般	
43	户主	岩留	50	文盲	熟练	一般	一般	不会	
	妻子	玉罕	51	文盲	熟练	不会	一般	不会	
	长女	玉罕	35	小学	熟练	不会	一般	一般	
	长女婿	岩香宰	41	文盲	熟练	不会	一般	不会	
	长子	岩温叫	28	小学	熟练	熟练	一般	一般	
	外孙	岩拍	17	小学	熟练	不会	熟练	熟练	

44	户主	岩管	32	小学	熟练	一般	一般	一般	
	妻子	玉伦	32	小学	熟练	不会	一般	一般	
	长女	玉应罕	13	上初中	熟练	不会	熟练	熟练	
	长子	岩罕凹	8	上小学	熟练	不会	一般	一般	
	母亲	玉而	63	文盲	熟练	不会	略懂	不会	
45	户主	岩宰龙	54	文盲	熟练	一般	略懂	不会	
	妻子	玉喃硬	49	文盲	熟练	不会	略懂	不会	
	长女	玉绣	24	小学	熟练	不会	一般	一般	
	外孙女	玉香嫩	6	上小学	熟练	不会	一般	略懂	
46	户主	岩罕	46	文盲	熟练	一般	一般	不会	
	妻子	玉论	46	文盲	熟练	不会	一般	不会	
	长女	玉章	27	文盲	熟练	不会	一般	不会	
	次女	玉班	23	小学	熟练	不会	一般	一般	
	外孙	岩罕应	4	学龄前					
	父亲	岩香	83	文盲	熟练	不会	略懂	不会	
47	户主	岩囡	54	文盲	熟练	一般	一般	不会	
	妻子	玉喃温	53	文盲	熟练	不会	一般	不会	
	长女	玉香	32	文盲	熟练	不会	一般	不会	
	长女婿	岩对	31	小学	熟练	不会	一般	一般	
	外孙女	玉波地	10	上小学	熟练	不会	一般	一般	
48	户主	岩建	45	文盲	熟练	一般	略懂	不会	
	妻子	玉香儿	45	文盲	熟练	不会	略懂	不会	
	长子	岩叫	25	小学	熟练	不会	一般	一般	
	次子	岩罕罗	22	文盲	熟练	不会	一般	不会	
	孙子	岩罕	8	上小学	熟练	不会	一般	一般	
	孙女	玉香扁	4	学龄前					
49	户主	岩班	49	文盲	熟练	一般	一般	不会	
	妻子	玉丙	47	文盲	熟练	不会	一般	不会	
	长女	玉罕	28	小学	熟练	不会	一般	一般	
	长子	岩温扁	25	小学	熟练	不会	一般	一般	
50	户主	岩罕梗	68	文盲	熟练	不会	略懂	不会	
	妻子	玉香	71	文盲	熟练	不会	略懂	不会	
	孙女	玉香拉	4	学龄前					
51	户主	岩论	59	小学	熟练	一般	一般	一般	
	妻子	玉帕	51	小学	熟练	不会	一般	一般	
	次女	玉叫	25	小学	熟练	不会	一般	一般	

	次女婿	岩温罕	24	小学	熟练	不会	一般	一般
	外孙	岩罕风	2	学龄前				
	母亲	玉而	86	文盲	熟练	不会	不会	不会
52	户主	岩温	57	小学	熟练	一般	一般	一般
	妻子	玉喃罕	59	文盲	熟练	不会	略懂	不会
	次子	岩罕枫	34	小学	熟练	熟练	一般	一般
	次儿媳	玉温儿	28	文盲	熟练	不会	一般	一般
	孙女	玉当罕	7	上小学	熟练	不会	一般	一般
53	户主	岩捧	54	文盲	熟练	一般	一般	不会
	妻子	玉拉	51	文盲	熟练	不会	一般	不会
	长子	岩温	27	小学	熟练	不会	一般	一般
	长儿媳	玉温因	30	文盲	熟练	不会	一般	不会
	长孙女	玉罕丙	16	初中	熟练	不会	熟练	熟练
	次孙	岩罕乱	5	学龄前				
54	户主	岩温罕	42	文盲	熟练	一般	一般	不会
	妻子	玉硬	42	文盲	熟练	不会	一般	不会
	长女	玉旺	24	小学	熟练	不会	一般	一般
	长子	岩叫	22	小学	熟练	不会	一般	一般
55	户主	岩温迈	39	小学	熟练	一般	一般	一般
	妻子	玉香嫩	39	文盲	熟练	不会	一般	不会
	长子	岩叫	12	上小学	熟练	不会	熟练	熟练
	母亲	玉金	68	文盲	熟练	不会	略懂	不会
56	户主	岩温	43	小学	熟练	一般	一般	一般
	妻子	玉叫	43	小学	熟练	不会	一般	一般
	长女	玉罕喃	19	小学	熟练	不会	熟练	一般
	长子	岩温扁	17	初中	熟练	不会	熟练	熟练
	父亲	岩罕龙	85	小学	熟练	熟练	一般	一般
57	户主	玉光	55	文盲	熟练	不会	一般	不会
	长子	岩温	37	文盲	熟练	熟练	一般	不会
	长儿媳	玉软	36	文盲	熟练	不会	一般	不会
	孙子	岩罕温	15	上初中	熟练	不会	熟练	熟练
	孙女	玉香远	11	上小学	熟练	不会	熟练	熟练
58	户主	岩香宰	39	小学	熟练	一般	一般	一般
	妻子	玉喃	38	小学	熟练	不会	一般	一般
	长子	岩轰罕	15	上初中	熟练	不会	熟练	熟练
	母亲	玉喃丙	87	文盲	熟练	不会	略懂	不会
	岳母	玉涛	65	文盲	熟练	不会	略懂	不会

59	户主	岩拉论	47	文盲	熟练	一般	一般	不会
	妻子	玉香	46	文盲	熟练	不会	一般	不会
	长子	岩罕	24	小学	熟练	不会	一般	一般
	次子	岩思	20	小学	熟练	不会	熟练	一般
60	户主	岩扁	46	小学	熟练	一般	一般	一般
	妻子	玉香	46	文盲	熟练	不会	一般	不会
	次女	玉罕龙	23	小学	熟练	不会	一般	一般
	长子	岩温香	21	小学	熟练	不会	熟练	一般
	孙子	岩温罕	4	学龄前				
	父亲	岩扁	83	文盲	熟练	不会	不会	不会
61	户主	岩洪	60	文盲	熟练	一般	不会	不会
	三女	玉伦	38	文盲	熟练	不会	一般	不会
	三女婿	岩香囡	41	文盲	熟练	不会	一般	不会
	外孙	岩温罕	21	小学	熟练	不会	熟练	熟练
	外孙女	玉旺叫	18	小学	熟练	不会	熟练	熟练
62	户主	岩论	63	文盲	熟练	一般	略懂	不会
	妻子	玉香应	62	文盲	熟练	不会	略懂	不会
	长子	岩香	34	小学	熟练	不会	一般	一般
	长儿媳	玉罕	27	小学	熟练	不会	一般	一般
	孙女	玉罕儿	6	上小学	熟练	不会	一般	略懂
63	户主	玉恩	50	文盲	熟练	不会	一般	不会
	丈夫	岩罕龙	54	文盲	熟练	一般	一般	不会
	长子	岩香	24	小学	熟练	不会	一般	一般
64	户主	玉南	38	小学	熟练	不会	一般	一般
	丈夫	岩香	38	文盲	熟练	不会	一般	不会
	长子	岩温香	16	初中	熟练	不会	熟练	熟练
65	户主	玉香甩	67	文盲	熟练	不会	略懂	不会
	长子	岩张	43	文盲	熟练	不会	一般	不会
	长儿媳	玉论	43	文盲	熟练	不会	一般	不会
	孙女	玉章	23	小学	熟练	不会	熟练	一般
	孙子	岩罕枫	20	小学	熟练	不会	熟练	一般
66	户主	岩甩	43	文盲	熟练	不会	一般	不会
	妻子	玉丙叫	43	文盲	熟练	不会	一般	不会
	长子	岩罕光	24	初中	熟练	不会	熟练	熟练
	次子	岩温叫	23	初中	熟练	不会	熟练	熟练

67	户主	岩甩	58	文盲	熟练	一般	一般	不会	
	妻子	玉香拉	48	文盲	熟练	不会	一般	不会	
	长子	岩东	34	小学	熟练	不会	一般	一般	
	长儿媳	玉罕	33	文盲	熟练	不会	一般	不会	
	孙女	玉罕喃	14	上初中	熟练	不会	熟练	熟练	
68	户主	岩应	49	文盲	熟练	一般	一般	不会	
	妻子	玉拉	47	文盲	熟练	不会	一般	不会	
	长女	玉应香	27	小学	熟练	不会	一般	一般	
	外孙女	玉香挖	10	上小学	熟练	不会	一般	一般	
69	户主	岩温	49	文盲	熟练	一般	一般	不会	
	妻子	玉约	48	文盲	熟练	不会	一般	不会	
	长女	玉香	26	小学	熟练	不会	一般	一般	
	长女婿	岩挖	28	文盲	熟练	不会	一般	不会	
	外孙女	玉罕	7	上小学	熟练	不会	一般	一般	
70	户主	岩糯	43	小学	熟练	一般	一般	一般	
	妻子	玉囡	47	文盲	熟练	不会	一般	不会	
	长子	岩宰	23	小学	熟练	不会	一般	一般	
	长女	玉硬	19	小学	熟练	不会	熟练	一般	
	母亲	玉光	69	文盲	熟练	不会	略懂	不会	
	外祖母	玉粘	88	文盲	熟练	不会	略懂	不会	
71	户主	岩用	39	小学	熟练	一般	一般	一般	
	妻子	玉香	40	文盲	熟练	不会	一般	不会	
	长子	岩温香	19	小学	熟练	不会	熟练	一般	
	长女	玉罕儿	17	初中	熟练	不会	熟练	熟练	
72	户主	岩温罕	58	小学	熟练	一般	一般	一般	
	妻子	玉罕	57	小学	熟练	不会	一般	一般	
	长子	岩燕	34	小学	熟练	不会	一般	一般	
	长儿媳	玉叫达	33	小学	熟练	不会	一般	一般	
	长孙女	玉而	14	上初中	熟练	不会	熟练	熟练	
	次孙女	玉粘	9	上小学	熟练	不会	一般	一般	
73	户主	岩叫	36	小学	熟练	一般	一般	一般	
	妻子	玉罕	34	小学	熟练	不会	一般	一般	
	长女	玉旺	16	初中	熟练	不会	熟练	熟练	
74	户主	玉旺	63	文盲	熟练	不会	不会	不会	
	长女	玉光罕	40	小学	熟练	不会	一般	一般	
	长女婿	罗顺荣	38	小学	略懂	不会	一般	一般	哈尼族

编号	关系	姓名	年龄	文化程度	傣语	傣文	汉语	汉文	备注
	长外孙女	玉波罕	19	小学	熟练	不会	熟练	一般	
	次外孙女	玉香叫	16	初中	熟练	不会	熟练	熟练	
	外孙	罗春德	14	上初中	熟练	不会	熟练	熟练	
75	户主	岩罕枫	44	小学	熟练	一般	一般	一般	
	妻子	玉甩	41	小学	熟练	不会	一般	一般	
	长子	岩罕真	22	小学	熟练	不会	熟练	一般	
	次子	岩光	20	小学	熟练	不会	熟练	一般	
76	户主	岩坦	54	文盲	熟练	一般	一般	不会	
	妻子	玉乱	51	文盲	熟练	不会	一般	不会	
	长子	岩香	26	小学	熟练	不会	一般	一般	
	孙子	岩罕温	7	上小学	熟练	不会	一般	一般	
77	户主	岩轰罕	53	小学	熟练	一般	一般	一般	
	妻子	玉章	51	文盲	熟练	不会	一般	不会	
	长子	岩温	34	小学	熟练	不会	一般	一般	
	长儿媳	玉也	31	小学	熟练	不会	一般	一般	
	孙女	玉旺香	11	上小学	熟练	不会	熟练	熟练	
78	户主	岩温洒	45	初中	熟练	不会	熟练	熟练	
	妻子	杨琼	38	初中	熟练	不会	熟练	熟练	汉族
79	户主	岩拉	64	小学	熟练	一般	一般	一般	
	妻子	玉香	62	小学	熟练	不会	一般	一般	
	长子	岩温香	38	小学	熟练	不会	一般	一般	
	长儿媳	玉软	30	小学	熟练	不会	一般	一般	
	孙子	岩温罕	6	上小学	熟练	不会	一般	略懂	
80	户主	玉单	44	小学	熟练	不会	一般	一般	
81	户主	岩乐	37	小学	熟练	不会	一般	一般	
82	户主	岩温罕	27	小学	熟练	不会	一般	一般	
	妻子	玉旺	27	小学	熟练	不会	一般	一般	
	长女	玉罕	8	上小学	熟练	不会	一般	一般	
83	户主	岩轰	35	小学	熟练	不会	一般	一般	
	妻子	玉罕	34	中学	熟练	不会	一般	一般	

4．景洪市嘎洒镇曼景罕村语言、文字使用情况

(1) 概况

曼景罕村是曼景罕村委会所在地，属于坝区，距离嘎洒镇2公里。曼景罕村是傣族聚居的村寨，全村共有91户，现有人口424人。其中，傣族人口420人，占总人口的99.1%，另有其他民族4人，其中拉祜族1人、汉族2人、彝族1人。

全村的耕地总面积510亩(水田),人均耕地高达1.2亩,主要种植水稻、蔬菜等作物;拥有林地616亩,主要种植橡胶;水面面积16亩,其中养殖面积16亩。该村紧紧围绕"大春抓粮食、小春抓经济"的发展思路,利用冬闲农田种植香瓜,发展起自己的特色产业——香瓜种植,成为了嘎洒镇独一无二的"香瓜村",形成了"一村一品"化生产模式。此外,橡胶作为全村的主要产业,2007年橡胶销售总收入88万元,占农村经济总收入的47.9%,村民的人均纯收入4231元。

该村至2007年底,已全部实现91户通水、电、路、电视、电话。固定电话农户覆盖率97.8%,移动电话农户拥有率76.9%。全村共拥有汽车9辆、拖拉机80辆、摩托车140辆。65户装有太阳能。

目前,该村着手完善村道路及水利等基础设施建设,加强村容村貌整治,加大招商引资力度,依托"重点旅游村"建设,发展有民族特色的旅游产业,强化种养殖培训力度,引导扩大养殖业,拓宽农民增收渠道。

(2) 语言使用的基本特点

A. 傣语是曼景罕村傣族的主要交际工具

由于全村99.1%的村民都是傣族,所以不论是在家庭内部,还是在村寨内部,村民们都使用傣语进行交流。根据调查数据统计,曼景罕村的傣族村民傣语水平均为"熟练"等级,他们都能使用傣语进行交际(见表13)。同时,4个其他民族的村民,有的能与村民和家人进行日常的傣语交流,如许美清(户主岩应的妻子,35岁,汉族,傣语熟练),有的可以听懂简单的傣族日常用语,如石金刚(户主,35岁,汉族,傣语略懂)、罗金跃(户主岩甩的女婿,24岁,拉祜族,傣语略懂)、李忠会(户主岩章的儿媳,26岁,彝族,傣语略懂)。

表13 不同年龄段的人傣语使用情况统计表 (单位:人)

年龄段	总人口	熟练		一般		略懂		不会	
		人口	百分比	人口	百分比	人口	百分比	人口	百分比
6—12岁	25	25	100	0	0	0	0	0	0
13—18岁	42	42	100	0	0	0	0	0	0
19—30岁	92	90	97.8	0	0	2	2.2	0	0
31—39岁	64	63	98.4	0	0	1	1.6	0	0
40—55岁	116	116	100	0	0	0	0	0	0
56岁以上	71	71	100	0	0	0	0	0	0
合计	410	407	99.3	0	0	3	0.7	0	0

B. 与大多数的傣族村寨相比,曼景罕村的傣文水平明显较高

全村调查的410人中,熟练使用傣文的有99人,占调查总人数的24.1%;一般掌握傣文的有78人,占调查总人数的19%。此外每个年龄阶段均有熟练掌握傣文的人,而且熟练掌握

傣文的人数也呈现由少年、老年两个年龄段逐渐向中青年集中的特点。据调查统计,99 个熟练掌握傣语的人中有 89 人在青少年时期有过入寺教育的经历,在接受寺院教育的过程中学习了傣文。

表 14　不同年龄段的人傣文使用情况统计表　　　　　　　　　（单位:人)

年龄段	总人口	熟练		一般		略懂		不会	
		人口	百分比	人口	百分比	人口	百分比	人口	百分比
6—12 岁	25	4	16	0	0	0	0	21	84
13—18 岁	42	19	45.2	0	0	0	0	23	54.8
19—30 岁	92	41	44.6	1	1.1	1	1.1	49	53.2
31—39 岁	64	17	26.6	10	15.6	1	1.6	36	56.2
40—55 岁	116	6	5.2	49	42.2	0	0	61	52.6
56 岁以上	71	12	16.9	18	25.4	0	0	41	57.7
合计	410	99	24.1	78	19	2	0.5	231	56.4

表 15　不同年龄段的人汉语使用情况统计表　　　　　　　　　（单位:人)

年龄段	总人口	熟练		一般		略懂		不会	
		人口	百分比	人口	百分比	人口	百分比	人口	百分比
6—12 岁	25	6	24	19	76	0	0	0	0
13—18 岁	42	42	100	0	0	0	0	0	0
19—30 岁	92	33	35.9	59	64.1	0	0	0	0
31—39 岁	64	6	9.4	58	90.6	0	0	0	0
40—55 岁	116	7	6	108	93.1	1	0.9	0	0
56 岁以上	71	0	0	42	59.1	9	12.7	20	28.2
合计	410	94	22.9	286	69.8	10	2.4	20	4.9

C. 曼景罕村是一个兼用"傣语—汉语"的双语村寨

根据表 15 调查数据统计,曼景罕村汉语水平达到"熟练"和"一般"等级的人数为 380 人,都能使用汉语进行交流,占调查总人数的 92.7%。由于所调查的(除 6 岁以下儿童和 1 个聋哑人)曼景罕村民 90.5% 的人都接受了小学和小学以上的文化教育,青少年和中年人的汉语水平普遍较高,能进行流利的汉语交流。56 岁以上的老年人会说汉语的有 42 人,能进行简单的汉语交流。4 个其他民族的曼景罕村居民能熟练地用汉语与人交流,在村寨和家庭里与人交流也多使用汉语。

表 16　曼景罕村家庭语言、文字使用一览表

序号	家庭关系	姓名	年龄(岁)	文化程度	傣语	傣文	汉语	汉文	备注
1	户主	岩庄	49	小学	熟练	熟练	一般	一般	
	妻子	玉罕儿	47	小学	熟练	一般	一般	一般	
	次女	玉夯叫	27	小学	熟练	不会	一般	一般	
	外孙女	玉应罕	3	学龄前					
2	户主	岩夯罕	30	小学	熟练	熟练	一般	一般	
	妻子	玉艳	31	文盲	熟练	不会	一般	不会	
	长子	岩温罕	10	上小学	熟练	熟练	一般	一般	
3	户主	岩约	65	小学	熟练	熟练	一般	一般	
	妻子	玉温坦	62	小学	熟练	熟练	一般	一般	
	长女	玉应	37	小学	熟练	一般	一般	一般	
	长女婿	岩温因	39	小学	熟练	熟练	一般	一般	
	外孙	岩糯香	16	初中	熟练	熟练	熟练	熟练	
	外孙女	玉旺扁	14	上初中	熟练	不会	熟练	熟练	
4	户主	岩章	39	小学	熟练	熟练	一般	一般	
	儿媳	李忠会	26	初中	略懂	不会	熟练	熟练	彝族
	次女	玉香软	19	小学	熟练	不会	一般	一般	
	孙女	西丽罕	5	学龄前					
5	户主	岩香在	60	小学	熟练	熟练	一般	一般	
	妻子	玉光香	60	文盲	熟练	一般	略懂	不会	
	长女	玉罕担	30	小学	熟练	不会	一般	一般	
	长女婿	岩温香	32	小学	熟练	熟练	一般	一般	
	外孙女	玉罕应	8	上小学	熟练	不会	一般	一般	
6	户主	岩温因	50	小学	熟练	熟练	一般	一般	
	妻子	玉涛龙	50	小学	熟练	一般	一般	一般	
	长子	岩温香	26	小学	熟练	熟练	一般	一般	
	长女	玉旺	23	小学	熟练	不会	一般	一般	
	外孙	岩罕捧	1	学龄前					
7	户主	岩叫	42	小学	熟练	一般	一般	一般	
	妻子	玉儿	39	小学	熟练	一般	一般	一般	
	长女	玉香拉	18	中专	熟练	不会	熟练	熟练	
	次女	玉喃恩	15	高中	熟练	不会	熟练	熟练	
8	户主	岩望	54	小学	熟练	一般	一般	一般	
	妻子	玉书	50	小学	熟练	不会	一般	一般	
	长子	岩应	27	小学	熟练	熟练	一般	一般	
	孙子	岩罕旺	6	上小学	熟练	不会	一般	略懂	

9	户主	岩罕香	48	小学	熟练	一般	一般	一般	
	妻子	玉涛香	48	小学	熟练	不会	一般	一般	
	次子	岩罕论	25	小学	熟练	略懂	一般	一般	
	岳父	康朗龙	81	文盲	熟练	熟练	不会	不会	
10	户主	岩涛	53	小学	熟练	熟练	一般	一般	
	妻子	玉金	51	小学	熟练	一般	一般	一般	
	长子	岩温囡	32	小学	熟练	熟练	一般	一般	
	长儿媳	玉罕儿	30	初中	熟练	不会	熟练	熟练	
	孙子	岩温罕	7	上小学	熟练	不会	一般	一般	
11	户主	岩丙养	53	小学	熟练	一般	一般	一般	
	妻子	玉教	50	文盲	熟练	不会	不会	不会	
	长子	岩温	31	小学	熟练	熟练	一般	一般	
	长女	玉叫	26	高中	熟练	不会	熟练	熟练	
12	户主	岩扁	52	小学	熟练	一般	一般	一般	
	妻子	玉罕亮	49	小学	熟练	不会	一般	一般	
	长女	玉燕	31	小学	熟练	不会	一般	一般	
	长女婿	岩温海	29	小学	熟练	熟练	一般	一般	
	次女	玉罕恩	29	小学	熟练	不会	一般	一般	
	外孙	岩罕艳	7	上小学	熟练	不会	一般	一般	
	父亲	岩伦	82	文盲	熟练	熟练	不会	不会	
	母亲	玉理	77	文盲	熟练	不会	不会	不会	
13	户主	岩丙	45	小学	熟练	一般	一般	一般	
	妻子	玉燕	41	小学	熟练	不会	一般	一般	
	长子	岩温罕	24	小学	熟练	熟练	一般	一般	
	次子	岩罕丙	22	小学	熟练	熟练	一般	一般	
14	户主	岩罕香	59	小学	熟练	一般	一般	一般	
	妻子	玉叫养	56	文盲	熟练	不会	一般	不会	
	次子	岩罕	35	小学	熟练	熟练	一般	一般	
	次儿媳	玉叫	37	小学	熟练	不会	一般	一般	
	孙子	岩温香	15	上初中	熟练	熟练	熟练	熟练	
15	户主	岩恩	43	小学	熟练	一般	一般	一般	
	妻子	玉光	41	小学	熟练	不会	一般	一般	
	长女	玉叫	21	初中	熟练	不会	熟练	熟练	
	长子	岩温香	19	初中	熟练	熟练	熟练	熟练	

16	户主	岩香	57	小学	熟练	不会	一般	一般	
	妻子	玉丙	55	小学	熟练	不会	一般	一般	
	长子	岩温	32	小学	熟练	不会	一般	一般	
	长儿媳	玉叫	27	小学	熟练	不会	一般	一般	
	孙女	玉应罕	5	学龄前					
17	户主	岩香在	53	小学	熟练	一般	一般	一般	
	妻子	玉儿应	51	小学	熟练	不会	一般	一般	
	孙女	玉应波	10	上小学	熟练	不会	一般	一般	
	岳母	玉涛	76	文盲	熟练	不会	不会	不会	
18	户主	岩康	47	小学	熟练	不会	一般	一般	
	妻子	玉光	44	小学	熟练	不会	一般	一般	
	长子	岩应	21	小学	熟练	熟练	熟练	一般	
	长女	玉香儿	19	初中	熟练	不会	熟练	熟练	
19	户主	玉光香	73	小学	熟练	不会	一般	一般	
	长女	玉康	33	小学	熟练	不会	一般	一般	
	长女婿	岩温叫	43	小学	熟练	一般	一般	一般	
	长外孙女	玉拉	25	小学	熟练	不会	一般	一般	
	次外孙女	玉香叫	23	初中	熟练	不会	熟练	熟练	
	重外孙	岩燕罕	1	学龄前					
20	户主	岩香在	51	小学	熟练	一般	一般	一般	
	妻子	玉罕胆	50	小学	熟练	不会	一般	一般	
	长子	岩温	29	初中	熟练	熟练	熟练	熟练	懂泰语
	长女	玉官	26	小学	熟练	不会	一般	一般	
	长女婿	岩罕硬	29	小学	熟练	熟练	一般	一般	
	外孙女	玉香罕	7	上小学	熟练	不会	一般	一般	
	母亲	玉坦	85	文盲	熟练	不会	不会	不会	
21	户主	岩叫	45	小学	熟练	一般	一般	一般	
	妻子	玉儿	46	小学	熟练	不会	一般	一般	
	长子	岩温海	27	小学	熟练	熟练	熟练	熟练	
	次子	岩罕香	25	小学	熟练	熟练	熟练	熟练	
22	户主	岩罕丙	43	小学	熟练	一般	一般	一般	
	妻子	玉约	43	初中	熟练	一般	熟练	熟练	
	长子	岩温扁	25	小学	熟练	熟练	一般	一般	
	次子	岩罕乐	20	大专	熟练	不会	熟练	熟练	
	岳父	岩罕论	67	小学	熟练	熟练	一般	一般	
	岳母	玉病	64	小学	熟练	不会	一般	一般	

23	户主	岩丙	44	小学	熟练	不会	一般	一般	
	妻子	玉罕	38	小学	熟练	不会	一般	一般	
	长子	岩温香	15	上初中	熟练	熟练	熟练	熟练	
	父亲	岩班	77	文盲	熟练	一般	不会	不会	
	母亲	玉应糯	73	文盲	熟练	不会	不会	不会	
24	户主	岩温	42	小学	熟练	一般	一般	一般	
	妻子	玉种	42	文盲	熟练	一般	一般	不会	
	长女	玉应香	24	大专	熟练	熟练	熟练	熟练	
	次女	玉嘎叫	21	大专	熟练	一般	熟练	熟练	
	母亲	玉丙	60	文盲	熟练	不会	略懂	不会	
25	户主	岩温叫	51	小学	熟练	一般	一般	一般	
	妻子	玉叫儿	50	小学	熟练	不会	一般	一般	
	长子	岩温	29	小学	熟练	熟练	一般	一般	
	长儿媳	玉罕	31	小学	熟练	不会	一般	一般	
	长女	玉儿	27	小学	熟练	不会	一般	一般	
	孙女	玉燕丙	11	上小学	熟练	不会	一般	一般	
26	户主	岩庄	44	小学	熟练	不会	一般	一般	
	妻子	玉香	39	小学	熟练	不会	一般	一般	
	长子	岩燕	16	初中	熟练	熟练	熟练	熟练	
	长女	玉应扁	14	上初中	熟练	不会	熟练	熟练	
	岳母	玉丙	61	小学	熟练	不会	一般	一般	
27	户主	岩印	50	小学	熟练	一般	一般	一般	
	妻子	玉教	49	小学	熟练	不会	一般	一般	
	长子	岩罕硬	28	小学	熟练	熟练	一般	一般	
	次子	岩香宰	26	小学	熟练	熟练	一般	一般	
28	户主	岩应	34	小学	熟练	一般	一般	一般	
	妻子	玉罕甩	34	小学	熟练	不会	一般	一般	
	长女	玉应罕	12	上初中	熟练	不会	熟练	熟练	
	母亲	玉夯	57	小学	熟练	不会	一般	一般	
	祖母	玉光	85	文盲	熟练	不会	不会	不会	
29	户主	岩庄龙	52	小学	熟练	一般	一般	一般	
	妻子	玉罕	52	小学	熟练	不会	一般	一般	
	次子	岩香宰	26	小学	熟练	熟练	一般	一般	
	孙女	玉金罕	5	学龄前					

30	户主	岩轰	47	小学	熟练	一般	一般	一般	
	妻子	玉应	47	小学	熟练	一般	一般	一般	
	长女	玉应罕	25	小学	熟练	不会	一般	一般	
	次女	玉光伦	21	中专	熟练	不会	熟练	熟练	
	外孙女	玉万香	6	上小学	熟练	不会	一般	略懂	
	父亲	岩叫达	67	小学	熟练	熟练	一般	一般	
	母亲	玉叫囡	64	小学	熟练	不会	一般	一般	
31	户主	岩罕迈	47	小学	熟练	一般	一般	一般	
	妻子	玉吨	47	小学	熟练	不会	一般	一般	
	长女	玉应罕	25	小学	熟练	不会	一般	一般	
	外孙	岩温罕	5	学龄前					
	父亲	岩香宰	83	文盲	熟练	熟练	不会	不会	
	母亲	玉叫乱	77	文盲	熟练	不会	不会	不会	
32	户主	岩温罕	49	小学	熟练	不会	一般	一般	
	妻子	玉温	50	小学	熟练	不会	一般	一般	
	长女	玉叫	34	小学	熟练	不会	一般	一般	
	长女婿	岩怀	37	小学	熟练	熟练	一般	一般	
	外孙女	玉燕罕	13	上初中	熟练	不会	熟练	熟练	
33	户主	岩温	25	小学	熟练	熟练	一般	一般	
	母亲	玉罕	43	小学	熟练	不会	一般	一般	
	弟弟	岩罕叫	22	小学	熟练	熟练	一般	一般	
34	户主	岩温	46	小学	熟练	一般	一般	一般	
	妻子	玉罕	43	小学	熟练	不会	一般	一般	
	长子	岩温罕	26	文盲					聋哑人
	长儿媳	玉章	27	小学	熟练	不会	一般	一般	
	孙子	岩温叫	5	学龄前					
35	户主	岩温	41	小学	熟练	一般	一般	一般	
	妻子	玉康	41	文盲	熟练	不会	一般	不会	
	长子	岩燕	18	初中	熟练	熟练	熟练	熟练	
36	户主	岩说广	53	小学	熟练	一般	一般	一般	
	妻子	玉病	52	小学	熟练	不会	一般	一般	
	长子	刀永太	33	小学	熟练	不会	一般	一般	
	长儿媳	玉罕恩	27	小学	熟练	不会	一般	一般	
	长女	玉旺	33	小学	熟练	不会	一般	一般	
	次子	岩应	29	小学	熟练	熟练	一般	一般	

37	户主	岩温因	73	小学	熟练	熟练	一般	一般	
	妻子	玉罕应	63	小学	熟练	不会	一般	一般	
	长子	岩温罕	43	初中	熟练	不会	熟练	熟练	
	长儿媳	玉罕	37	小学	熟练	不会	一般	一般	
	孙女	玉应波	16	中专	熟练	不会	熟练	熟练	
	孙子	岩万香	14	上初中	熟练	熟练	熟练	熟练	
38	户主	岩香在	65	小学	熟练	熟练	一般	一般	
	妻子	玉张	60	小学	熟练	不会	一般	一般	
	长子	岩坦	34	小学	熟练	不会	一般	一般	
39	户主	岩坦	59	小学	熟练	一般	一般	一般	
	妻子	玉庄香	59	文盲	熟练	不会	一般	不会	
	长子	岩论	45	初中	熟练	熟练	熟练	熟练	
	长儿媳	玉应叫	39	小学	熟练	不会	一般	一般	
	孙女	玉应罕	20	小学	熟练	不会	熟练	熟练	
40	户主	岩甩	41	小学	熟练	不会	一般	一般	
	妻子	玉种	41	小学	熟练	不会	一般	一般	
	长女	玉应罕	24	小学	熟练	不会	一般	一般	
	长女婿	罗金跃	24	初中	略懂	不会	熟练	熟练	拉祜族
	次女	玉光叫	22	初中	熟练	不会	熟练	熟练	
	外孙	岩轰罕	1	学龄前					
41	户主	玉温	29	小学	熟练	不会	一般	一般	
	丈夫	岩罕应	31	小学	熟练	一般	一般	一般	
	长女	玉应香	10	上小学	熟练	不会	一般	一般	
	母亲	玉儿因	65	小学	熟练	不会	一般	一般	
42	户主	岩罕	62	小学	熟练	一般	一般	一般	
	妻子	玉香	59	小学	熟练	不会	一般	一般	
	长子	岩康	37	小学	熟练	熟练	一般	一般	
	长儿媳	玉光香	35	小学	熟练	不会	一般	一般	
	孙子	岩旺香	12	上初中	熟练	熟练	熟练	熟练	
43	户主	岩罕因	73	小学	熟练	一般	一般	一般	
	妻子	玉药	61	文盲	熟练	不会	略懂	不会	
	次女	玉光	36	小学	熟练	不会	一般	一般	
	长外孙	岩应叫	12	上小学	熟练	熟练	熟练	熟练	
	次外孙	岩罕官	5	学龄前					

44	户主	岩温因	45	初中	熟练	一般	熟练	熟练	
	妻子	玉应罕	40	小学	熟练	一般	一般	一般	
	长子	岩罕	19	高中	熟练	不会	熟练	熟练	
45	户主	岩腊	59	小学	熟练	一般	一般	一般	
	妻子	玉应	56	小学	熟练	一般	一般	一般	
	长子	岩燕	34	小学	熟练	熟练	一般	一般	
	长儿媳	玉罕	35	初中	熟练	略懂	熟练	熟练	
	孙子	岩温丙	13	上初中	不会	不会	熟练	熟练	
46	户主	岩帮	58	小学	熟练	一般	一般	一般	
	妻子	玉喃	62	小学	熟练	不会	一般	一般	
	女婿	岩温罕	30	小学	熟练	不会	一般	一般	
	长子	岩温	29	小学	熟练	熟练	一般	一般	
	长儿媳	玉庄	27	小学	熟练	不会	一般	一般	
	孙子	岩温罕	6	上小学	熟练	不会	一般	略懂	
47	户主	岩轰	44	小学	熟练	一般	一般	一般	
	妻子	玉叫	43	小学	熟练	不会	一般	一般	
	长子	岩叫	24	小学	熟练	熟练	一般	一般	
	长女	玉应叫	23	小学	熟练	不会	一般	一般	
	孙女	玉波罕	1	学龄前					
	岳母	玉光	67	文盲	熟练	不会	略懂	不会	
48	户主	岩恩	37	小学	熟练	一般	一般	一般	
	妻子	玉约	36	小学	熟练	不会	一般	一般	
	长女	玉应叫	17	高中	熟练	不会	熟练	熟练	
	岳母	玉拉	59	文盲	熟练	不会	略懂	不会	
49	户主	岩在温	97	文盲	熟练	熟练	不会	不会	
	妻子	玉香	72	文盲	熟练	不会	不会	不会	
	长子	岩帕	43	小学	熟练	不会	一般	一般	
50	户主	岩帮	50	小学	熟练	一般	一般	一般	
	妻子	玉床	48	小学	熟练	不会	一般	一般	
	长女	玉温	29	小学	熟练	不会	一般	一般	
	长子	岩叫	25	小学	熟练	熟练	一般	一般	
	孙女	玉应的	6	上小学	不会	不会	一般	略懂	
	母亲	玉罕	93	文盲	熟练	一般	不会	不会	
51	户主	岩温丙	55	小学	熟练	一般	一般	一般	
	妻子	玉温	56	小学	熟练	不会	一般	一般	
	长子	岩应因	29	小学	熟练	熟练	一般	一般	

	孙女	玉应罕	10	上小学	熟练	不会	一般	一般	
	母亲	玉伦	84	文盲	熟练	一般	不会	不会	
52	户主	玉旺	34	小学	熟练	不会	一般	一般	
	丈夫	岩香药	34	小学	熟练	熟练	一般	一般	
	长女	玉旺香	13	上初中	熟练	不会	熟练	熟练	
53	户主	岩伦勉	44	小学	熟练	不会	一般	一般	
	妻子	玉站	43	小学	熟练	不会	一般	一般	
	长女	玉应叫	24	小学	熟练	不会	一般	一般	
	长子	岩罕夯	22	中专	熟练	不会	熟练	熟练	
	岳父	岩养	75	文盲	熟练	一般	不会	不会	
54	户主	岩宰喃	39	小学	熟练	一般	一般	一般	
	妻子	玉罕	38	小学	熟练	不会	一般	一般	
	长子	岩燕罕	20	初中	熟练	熟练	熟练	熟练	
	次子	岩罕光	18	初中	熟练	熟练	熟练	熟练	
55	户主	岩宰养	56	小学	熟练	不会	一般	一般	
	妻子	玉但	50	小学	熟练	一般	一般	一般	
	长子	岩温	29	小学	熟练	熟练	一般	一般	
	长儿媳	玉光罕	29	小学	熟练	不会	一般	一般	
	孙女	玉罕儿	8	上小学	熟练	不会	一般	一般	
56	户主	岩燕	49	小学	熟练	一般	一般	一般	
	妻子	玉罕南	48	小学	熟练	不会	一般	一般	
	长子	岩温丙	30	小学	熟练	熟练	一般	一般	
	次子	岩罕嫩	27	小学	熟练	熟练	一般	一般	
	孙女	玉应轰	10	上小学	熟练	不会	一般	一般	
57	户主	岩涛	46	小学	熟练	不会	一般	一般	
	妻子	玉香	47	小学	熟练	不会	一般	一般	
	长子	岩温香	24	小学	熟练	熟练	一般	一般	
	次子	岩硬	20	初中	熟练	不会	熟练	熟练	
58	户主	岩香丙	43	小学	熟练	不会	一般	一般	
	妻子	玉旺教	41	小学	熟练	不会	一般	一般	
	长女	玉香应	19	中专	熟练	不会	熟练	熟练	
	长子	岩温丙	17	初中	熟练	熟练	熟练	熟练	
	母亲	咪扁	78	文盲	熟练	不会	不会	不会	
59	户主	岩真	48	小学	熟练	一般	一般	一般	
	妻子	玉康罕	44	小学	熟练	不会	一般	一般	
	长女	玉应罕	18	高中	熟练	不会	熟练	熟练	

60	户主	岩朋	54	小学	熟练	不会	一般	一般	
	妻子	玉扁	51	文盲	熟练	不会	一般	不会	
	长子	岩罕叫	28	小学	熟练	熟练	一般	一般	
	孙女	玉罕儿	7	上小学	熟练	不会	一般	一般	
61	户主	岩胆	44	初中	熟练	一般	熟练	熟练	
	妻子	玉康	36	小学	熟练	不会	一般	一般	
	长子	岩温丙	14	小学	熟练	熟练	熟练	熟练	
62	户主	岩温	75	文盲	熟练	一般	不会	不会	
	妻子	玉儿	72	文盲	熟练	不会	不会	不会	
	三女	玉香	38	小学	熟练	不会	一般	一般	
	三女婿	岩兰	40	初中	熟练	一般	熟练	熟练	
	外孙女	玉波香	18	中专	熟练	不会	熟练	熟练	
	外孙	岩罕涛	15	初中	熟练	熟练	熟练	熟练	
63	户主	岩留	43	小学	熟练	一般	一般	一般	
	妻子	玉香	41	小学	熟练	不会	一般	一般	
	长子	岩温	21	初中	熟练	熟练	熟练	熟练	
	长女	玉应香	18	高中	熟练	不会	熟练	熟练	
64	户主	岩香	67	文盲	熟练	一般	不会	不会	
	妻子	玉张	55	文盲	熟练	不会	略懂	不会	
	次女	玉南温	34	初中	熟练	不会	熟练	熟练	
	次女婿	岩伍	32	高中	熟练	不会	熟练	熟练	
	外孙女	玉旺香	9	上小学	熟练	不会	一般	一般	
65	户主	岩丙	52	小学	熟练	一般	一般	一般	
	妻子	玉光叫	50	小学	熟练	不会	一般	一般	
	长女	玉温	28	小学	熟练	不会	一般	一般	
66	户主	岩应	45	小学	熟练	不会	一般	一般	
	妻子	许美清	35	初中	熟练	不会	熟练	熟练	汉族
	长子	岩糯香	14	上初中	熟练	熟练	熟练	熟练	
67	户主	岩罕景康	40	小学	熟练	不会	一般	一般	
	妻子	玉庄	39	小学	熟练	一般	一般	一般	
	长子	岩罕旺	19	大专	熟练	熟练	熟练	熟练	
	次子	岩叫罕	16	初中	熟练	熟练	熟练	熟练	
	岳母	玉丙	78	小学	熟练	不会	一般	一般	
	姐姐	玉康	43	小学	熟练	不会	一般	一般	

68	户主	岩公	45	小学	熟练	不会	一般	一般	
	妻子	玉温儿	44	小学	熟练	不会	一般	一般	
	长子	岩温叫	27	小学	熟练	熟练	一般	一般	
	次子	岩罕夯	22	小学	熟练	不会	一般	一般	
69	户主	岩罕康	43	小学	熟练	一般	一般	一般	
	妻子	玉烟	42	小学	熟练	一般	一般	一般	
	长子	岩温罕	20	初中	熟练	不会	熟练	熟练	
	次子	岩罕恩	18	高中	熟练	不会	熟练	熟练	
70	户主	玉应	65	小学	熟练	不会	一般	一般	
	三子	岩罕香	38	小学	熟练	熟练	一般	一般	
	三儿媳	玉夯罕	35	小学	熟练	不会	一般	一般	
	长孙女	玉应扁	14	上初中	熟练	不会	熟练	熟练	
	次孙女	玉光罕	11	上小学	熟练	不会	熟练	熟练	
71	户主	岩罕叫	68	小学	熟练	熟练	一般	一般	
	妻子	玉腊坦	70	小学	熟练	不会	一般	一般	
	次子	岩罕恩	42	初中	熟练	一般	熟练	熟练	
	次儿媳	玉罕喃	36	初中	熟练	不会	熟练	熟练	
	孙女	玉应罕	15	上初中	熟练	不会	熟练	熟练	
72	户主	岩罕	40	小学	熟练	一般	一般	一般	
	妻子	玉康罕	43	小学	熟练	一般	一般	一般	
	长女	玉应罕	21	大专	熟练	不会	熟练	熟练	
	次女	玉光香	18	大专	熟练	熟练	熟练	熟练	
73	户主	玉南旺	50	小学	熟练	不会	一般	一般	
	长女	玉罕贯	30	小学	熟练	不会	一般	一般	
	长女婿	岩奔	33	小学	熟练	一般	一般	一般	
	外孙女	玉燕	9	上小学	熟练	不会	一般	一般	
	姐姐	玉教	65	文盲	熟练	不会	略懂	不会	
74	户主	岩扁	41	小学	熟练	不会	一般	一般	
	妻子	玉儿	41	小学	熟练	不会	一般	一般	
	长女	玉叫	24	小学	熟练	不会	一般	一般	
	次女	玉罕甩	17	小学	熟练	不会	熟练	熟练	
	母亲	玉况	63	文盲	熟练	不会	略懂	不会	
75	户主	岩龙	43	小学	熟练	熟练	一般	一般	
	妻子	玉香	40	小学	熟练	不会	一般	一般	
	长女	玉波罕	20	大专	熟练	不会	熟练	熟练	懂泰语
	次女	玉波	20	文盲	熟练	不会	一般	不会	

	长子	岩轰罕	18	初中	熟练	熟练	熟练	熟练	
	岳母	玉单	70	小学	熟练	不会	一般	一般	
76	户主	岩温	41	小学	熟练	不会	一般	一般	
	妻子	玉光香	39	小学	熟练	不会	一般	一般	
	长子	岩温香	18	高中	熟练	熟练	熟练	熟练	
	长女	玉金罕	16	初中	熟练	不会	熟练	熟练	
77	户主	岩温香	41	小学	熟练	不会	一般	一般	
	妻子	玉罕恩	37	小学	熟练	一般	一般	一般	
	长女	玉应叫	18	高中	熟练	不会	熟练	熟练	
78	户主	岩坦	45	文盲	熟练	不会	一般	不会	
	妻子	玉温	43	小学	熟练	不会	一般	一般	
	长子	岩温罕	25	小学	熟练	熟练	一般	一般	
	次子	岩罕扁	21	初中	熟练	熟练	熟练	熟练	
79	户主	岩宰达	62	小学	熟练	一般	一般	一般	
	妻子	玉罕嘎	60	小学	熟练	不会	一般	一般	
	长子	岩温	34	小学	熟练	熟练	一般	一般	
	长女	玉况	31	小学	熟练	不会	一般	一般	
	孙子	岩温丙	2	学龄前					
80	户主	岩甩	64	小学	熟练	一般	一般	一般	
	妻子	玉香湾	57	小学	熟练	一般	一般	一般	
	次子	岩香哩	34	小学	熟练	熟练	一般	一般	
	次儿媳	玉应	34	小学	熟练	不会	一般	一般	
	孙子	岩罕养	15	初中	熟练	熟练	熟练	熟练	
81	户主	玉养	60	文盲	熟练	不会	略懂	不会	
	次女	玉乱	36	小学	熟练	不会	一般	一般	
	次女婿	岩嘎叫	42	小学	熟练	不会	一般	一般	
	外孙女	玉旺	16	小学	熟练	不会	熟练	熟练	
	外孙	岩温叫	14	上初中	熟练	熟练	熟练	熟练	
82	户主	玉叫	63	文盲	熟练	不会	略懂	不会	
	长子	岩温	38	小学	熟练	熟练	一般	一般	
	长儿媳	玉叫	36	小学	熟练	不会	一般	一般	
	孙女	玉万	16	上初中	熟练	不会	熟练	熟练	
	孙子	岩温扁	14	上初中	熟练	熟练	熟练	熟练	
83	户主	玉应叫	52	小学	熟练	不会	一般	一般	
	长子	岩叫罕	29	高中	熟练	熟练	熟练	熟练	
	长女	玉拉	26	小学	熟练	不会	一般	一般	

	长女婿	岩温香	27	小学	熟练	熟练	一般	一般	
	外孙女	玉旺扁	8	上小学	熟练	不会	一般	一般	
84	户主	岩丙占宰	60	小学	熟练	不会	一般	一般	
	妻子	玉罕甩	59	小学	熟练	不会	一般	一般	
	长子	岩香	36	小学	熟练	熟练	一般	一般	
	长儿媳	玉叫在	34	小学	熟练	不会	一般	一般	
	孙女	玉艳叫	13	上初中	熟练	不会	熟练	熟练	
85	户主	岩罕香	45	小学	熟练	一般	一般	一般	
	妻子	玉罕囡	42	小学	熟练	不会	一般	一般	
	长子	岩温罕	22	大专	熟练	熟练	熟练	熟练	
	长女	玉香应	21	初中	熟练	不会	熟练	熟练	
86	户主	岩温	37	小学	熟练	熟练	一般	一般	
	妻子	玉丙	39	小学	熟练	不会	一般	一般	
	长女	玉罕滇	14	上初中	熟练	不会	熟练	熟练	
87	户主	石金刚	35	小学	略懂	不会	熟练	熟练	汉族
	妻子	玉烟	41	小学	熟练	不会	一般	一般	
	长女	玉应罕	12	上小学	熟练	不会	熟练	熟练	
88	户主	岩康罕	42	小学	熟练	一般	一般	一般	
	妻子	玉罕喃	38	小学	熟练	不会	一般	一般	
	长子	岩温罕	19	大专	熟练	熟练	熟练	熟练	
	次子	岩温捧	17	高中	熟练	熟练	熟练	熟练	
89	户主	岩伦	51	小学	熟练	一般	一般	一般	
	妻子	玉夯罕	50	小学	熟练	不会	一般	一般	
	长女	玉叫	29	小学	熟练	不会	一般	一般	
	长女婿	岩罕叫	33	小学	熟练	一般	一般	一般	
	外孙	岩温罕	11	上小学	熟练	熟练	熟练	熟练	
90	户主	玉光香	75	文盲	熟练	不会	不会	不会	
	长女	玉康叫	47	小学	熟练	不会	一般	一般	
	长女婿	岩温叫	47	小学	熟练	一般	一般	一般	
	长外孙女	玉拉	25	小学	熟练	不会	一般	一般	
	次外孙女	玉香叫	23	初中	熟练	不会	熟练	熟练	
	重外孙	岩燕罕	1	学龄前					
91	户主	岩恩	71	小学	熟练	一般	一般	一般	
	妻子	玉光	66	小学	熟练	不会	一般	一般	
	长子	岩养	40	小学	熟练	熟练	一般	一般	
	长儿媳	玉儿应	38	小学	熟练	不会	一般	一般	
	孙子	岩应叫	19	初中	熟练	熟练	熟练	熟练	
	孙女	玉应波	16	高中	熟练	不会	熟练	熟练	

5. 景洪市嘎洒镇曼贺回村语言、文字使用情况

(1) 概况

曼贺回村属于嘎洒镇曼勉村委会,属于坝区,距离曼勉村委会 6 公里,距离嘎洒镇 9 公里。全村共有居民 53 户,总人口 224 人,其中傣族 221 人,占总人口的 98.7%,此外,还有汉族 3 人。

全村的耕地总面积 48 亩,全部是水田,人均耕地仅 0.2 亩,主要种植水稻;拥有林地 1180 亩,主要种植橡胶。

该村充分利用林地优势大力发展橡胶产业,在 2007 年创下高达 232 万元的销售总收入,占全村经济总收入的 88.6%。目前,该村从"加强橡胶管理,提高橡胶产量,增加农民收入"入手,正在发展壮大橡胶产业。2007 年年底村民人均纯收入高达 4853 元。

目前全村已实现通水、电、路、电视、电话(固定电话或移动电话)的户数均为 53 户,覆盖率均占农户总数的 100%;全村共拥有汽车 37 辆、拖拉机 3 辆、摩托车 76 辆,装有太阳能的农户 49 户,46 户住上了砖混结构住房,此外,该村有 3 个业余文娱宣传队,丰富村民的生活。

(2) 语言使用的基本特点

A. 曼贺回村的居民主要以傣语作为日常生活最重要的交流工具

在日常的相互交流中都使用傣语。只有与外族交际时才使用汉语。即使是全村仅有的 3 个汉族:李建明(户主,52 岁)、孔佑传(户主岩药的女婿,32 岁)、李小龙(户主玉温的丈夫,37 岁),傣语的水平也分别达到了"一般""略懂""一般"的程度,都不同程度地掌握了傣语,李建明、李小龙都能使用傣语与村寨内部村民和家庭成员交流。这在一定程度上说明,即使是外族人在傣语的语言环境中也会受到傣语的同化。

表 17　不同年龄段的人傣语使用情况统计表　　　　　　　（单位:人）

年龄段	总人口	熟练		一般		略懂		不会	
		人口	百分比	人口	百分比	人口	百分比	人口	百分比
6—12 岁	17	17	100	0	0	0	0	0	0
13—18 岁	22	22	100	0	0	0	0	0	0
19—30 岁	50	50	100	0	0	0	0	0	0
31—39 岁	37	35	94.6	1	2.7	1	2.7	0	0
40—55 岁	59	58	98.3	1	1.7	0	0	0	0
56 岁以上	34	34	100	0	0	0	0	0	0
合计	219	216	98.6	2	0.9	1	0.5	0	0

B. 曼贺回村的居民懂傣文的只有 52 人,仅占 23.7%

据调查统计,熟练掌握傣文的 7 人中 4 人曾当过和尚,3 人少年时曾当过大佛爷,接受了

严格的寺院教育,学会了傣文,懂得新、老傣文,并能熟练地书写;其余45人能用傣文书写和阅读。从表18中看到,会傣文的人数主要在19岁以上的年龄段。

表18 不同年龄段的人傣文使用情况统计表　　　　　　　　（单位:人）

年龄段	总人口	熟练		一般		略懂		不会	
		人口	百分比	人口	百分比	人口	百分比	人口	百分比
6—12岁	17	0	0	0	0	0	0	17	100
13—18岁	22	0	0	0	0	0	0	22	100
19—30岁	50	2	4	7	14	0	0	41	82
31—39岁	37	2	5.4	7	18.9	1	2.7	27	73
40—55岁	59	2	3.3	23	39	0	0	34	57.7
56岁以上	34	1	2.9	8	23.5	0	0	25	73.6
合计	219	7	3.2	45	20.5	1	0.5	166	75.8

表19 不同年龄段的人汉语使用情况统计表　　　　　　　　（单位:人）

年龄段	总人口	熟练		一般		略懂		不会	
		人口	百分比	人口	百分比	人口	百分比	人口	百分比
6—12岁	17	5	29.4	12	70.6	0	0	0	0
13—18岁	22	21	95.5	1	4.5	0	0	0	0
19—30岁	50	27	54	23	46	0	0	0	0
31—39岁	37	3	8.1	34	91.9	0	0	0	0
40—55岁	59	2	3.4	56	94.9	1	1.7	0	0
56岁以上	34	0	0	9	26.5	6	17.6	19	55.9
合计	219	58	26.5	135	61.6	7	3.2	19	8.7

C. 汉语是曼贺回村村民对外交际的重要工具

曼贺回村88.1%的村民都能用汉语与村寨以外的人进行语言交流,与外界的交流很方便(见表19)。该村傣族221人,除26人汉语水平属于"略懂"和"不会"等级以外,其他人均能用汉语与人交流。26人中基本上都是56岁以上的老年人,由于很少走出村寨,与外界交往很少,所以仅仅是略懂或根本就不会汉语。我们注意到,不同年龄段的人对汉语的掌握程度存在差异,13—18岁和19—30岁两个年龄段的水平最高,56岁以上年龄段的水平最低,而6—12岁年龄段的人均是正在接受小学教育的儿童,经过学习,汉语达到了"一般"水平。此外,31—39岁和40—55岁这两个年龄段的中年人都是小学文化程度的村民,经过小学汉语教育,汉语水平达到"一般"。

表 20　曼贺回村家庭语言、文字使用一览表

序号	家庭关系	姓名	年龄(岁)	文化程度	傣语	傣文	汉语	汉文	备注
1	户主	岩光	65	文盲	熟练	一般	不会	不会	
	妻子	玉甩	62	文盲	熟练	不会	不会	不会	
	长子	岩罕	41	小学	熟练	不会	一般	一般	
	三子	岩庄香	34	小学	熟练	不会	一般	一般	
2	户主	岩扁井罕	41	小学	熟练	一般	一般	一般	
	妻子	玉温	40	小学	熟练	一般	一般	一般	
	长子	岩温罕	18	初中	熟练	不会	熟练	熟练	
	次子	岩罕吊	16	初中	熟练	不会	熟练	熟练	
3	户主	岩腊	64	文盲	熟练	不会	不会	不会	
	妻子	玉吨	70	文盲	熟练	不会	不会	不会	
	四子	岩坦	41	小学	熟练	不会	一般	一般	
	四儿媳	玉香	37	小学	熟练	不会	一般	一般	
	孙子	岩温香	14	小学	熟练	不会	熟练	熟练	
	孙女	玉温儿	11	上小学	熟练	不会	熟练	熟练	
4	户主	玉叫	58	文盲	熟练	不会	一般	不会	
	长女	玉应香	30	小学	熟练	不会	一般	一般	
	长女婿	岩应海	30	小学	熟练	不会	一般	一般	
	外孙女	玉燕	11	上小学	熟练	不会	熟练	熟练	
5	户主	岩香永	45	小学	熟练	一般	一般	一般	
	妻子	玉坦	41	小学	熟练	不会	一般	一般	
	长女	玉应罕	23	初中	熟练	不会	熟练	熟练	
	外孙女	玉香叫	4	学龄前					
	岳母	玉吨	75	文盲	熟练	不会	不会	不会	
6	户主	岩腊因	46	小学	熟练	一般	一般	一般	
	妻子	玉甩海	44	文盲	熟练	不会	一般	不会	
	长女	玉儿海	28	小学	熟练	不会	一般	一般	
	长子	岩硬	25	小学	熟练	不会	一般	一般	
7	户主	岩宰真	39	文盲	熟练	不会	一般	不会	
	妻子	玉香胆	40	文盲	熟练	不会	不会	不会	
	长子	岩香	24	初中	熟练	一般	熟练	熟练	
	长女	玉温	20	初中	熟练	不会	熟练	熟练	
	长孙	岩罕思	9	上小学	熟练	不会	一般	一般	
	次孙	岩温香	9	上小学	熟练	不会	一般	一般	
	孙女	玉康罕	5	学龄前					

8	户主	岩况	50	小学	熟练	一般	一般	一般	
	妻子	玉香论	46	小学	熟练	一般	一般	一般	
	长女	玉旺	29	小学	熟练	不会	一般	一般	
	长女婿	岩罕勉	32	小学	熟练	不会	一般	一般	
	外孙	岩罕旺	10	上小学	熟练	不会	一般	一般	
9	户主	岩康	48	小学	熟练	不会	一般	一般	
	妻子	玉乱	46	小学	熟练	不会	一般	一般	
	长子	岩罕囡	27	小学	熟练	不会	一般	一般	
	次子	岩夯罕	25	小学	熟练	不会	一般	一般	
10	户主	岩药	50	小学	熟练	一般	一般	一般	
	妻子	玉儿	45	文盲	熟练	不会	一般	不会	
	长女	玉叫	30	小学	熟练	一般	一般	一般	懂泰语
	长女婿	孔佑传	32	初中	略懂	不会	熟练	熟练	汉族
	外孙	孔贤	7	上小学	熟练	不会	一般	一般	
11	户主	玉温	45	文盲	熟练	不会	一般	不会	
	丈夫	李小龙	37	小学	一般	不会	熟练	熟练	汉族
	长子	岩温	29	小学	熟练	不会	一般	一般	
	长女	玉康罕	22	初中	熟练	不会	熟练	熟练	
	三子	岩罕	13	文盲	熟练	不会	一般	不会	
12	户主	岩伦	41	小学	熟练	不会	一般	一般	
	妻子	玉香	40	小学	熟练	不会	一般	一般	
	长子	岩温醒	20	初中	熟练	不会	熟练	熟练	
	长女	玉应香	18	初中	熟练	不会	熟练	熟练	
	母亲	玉香胆	79	文盲	熟练	不会	不会	不会	
13	户主	岩光扁	35	文盲	熟练	不会	一般	不会	
	妻子	玉香	36	小学	熟练	不会	一般	一般	
	长子	岩应叫	15	上初中	熟练	不会	熟练	熟练	
	次子	岩香	13	上初中	熟练	不会	熟练	熟练	
	父亲	岩温洒	55	文盲	熟练	不会	一般	不会	
	母亲	玉喃罕	53	文盲	熟练	不会	一般	不会	
14	户主	玉香喃	75	文盲	熟练	不会	不会	不会	
	长女	玉夯	44	初中	熟练	不会	熟练	熟练	
15	户主	岩香在	58	文盲	熟练	一般	一般	不会	
	妻子	玉香	53	文盲	熟练	不会	一般	不会	
	长子	岩温	32	小学	熟练	不会	一般	一般	
	次子	岩叫	27	小学	熟练	不会	一般	一般	
	孙女	玉旺丙	5	学龄前					

16	户主	岩三	41	小学	熟练	一般	一般	一般
	妻子	玉涛	42	文盲	熟练	不会	一般	不会
	长女	玉叫	18	大专	熟练	不会	熟练	熟练
	岳母	玉康	78	文盲	熟练	不会	不会	不会
17	户主	岩吨	41	文盲	熟练	一般	一般	不会
	妻子	玉甩	39	文盲	熟练	不会	一般	不会
	长女	玉应叫	20	大专	熟练	不会	熟练	熟练
	次女	玉康罕	19	初中	熟练	不会	熟练	熟练
	外孙女	玉罕凤	1	学龄前				
	岳父	岩温罕	75	文盲	熟练	不会	不会	不会
	岳母	玉罕	65	文盲	熟练	不会	不会	不会
18	户主	岩用	43	小学	熟练	一般	一般	一般
	妻子	玉光罕	39	文盲	熟练	不会	一般	不会
	长子	岩罕温	20	初中	熟练	不会	熟练	熟练
	长女	玉应罕	18	初中	熟练	不会	熟练	熟练
	岳父	岩温囡	74	文盲	熟练	不会	不会	不会
19	户主	岩庄	42	小学	熟练	不会	一般	一般
	妻子	玉丹	41	小学	熟练	一般	一般	一般
	长子	岩温香	21	初中	熟练	不会	熟练	熟练
	长女	玉儿丙	20	初中	熟练	不会	熟练	熟练
	岳父	岩但	72	文盲	熟练	不会	不会	不会
20	户主	岩吨	40	文盲	熟练	熟练	一般	不会
	妻子	玉论	38	小学	熟练	不会	一般	一般
	长女	玉旺香	18	初中	熟练	不会	熟练	熟练
	次女	玉康罕	16	小学	熟练	不会	熟练	熟练
	父亲	岩香种	70	文盲	熟练	一般	不会	不会
	母亲	玉金	65	文盲	熟练	不会	不会	不会
	侄子	岩罕	22	小学	熟练	不会	一般	一般
21	户主	岩香	46	小学	熟练	不会	一般	一般
	妻子	玉扁	45	小学	熟练	不会	一般	一般
	长女	玉香	21	初中	熟练	不会	熟练	熟练
	次女	玉叫	19	初中	熟练	不会	熟练	熟练
22	户主	岩罕凤	44	小学	熟练	一般	一般	一般
	妻子	玉遍	44	小学	熟练	不会	一般	一般
	长子	岩罕燕	25	初中	熟练	不会	熟练	熟练
	次子	岩光	23	初中	熟练	不会	熟练	熟练

23	户主	岩香	44	小学	熟练	一般	一般	一般
	妻子	玉喃儿	44	小学	熟练	一般	一般	一般
	长子	岩温香	23	初中	熟练	不会	熟练	熟练
	长女	玉罕恩	21	大专	熟练	不会	熟练	熟练
	父亲	岩吨	76	文盲	熟练	不会	不会	不会
24	户主	岩药	39	文盲	熟练	不会	一般	不会
	妻子	玉罕	38	小学	熟练	不会	一般	一般
25	户主	岩温但	52	小学	熟练	不会	一般	一般
	妻子	玉喃	41	小学	熟练	不会	一般	一般
	长女	玉香	26	小学	熟练	不会	一般	一般
	长子	岩专香	22	初中	熟练	一般	熟练	熟练
26	户主	岩甩	65	文盲	熟练	不会	略懂	不会
	妻子	玉香论	62	文盲	熟练	一般	略懂	不会
	长子	岩涛	23	小学	熟练	一般	一般	一般
	长女	玉拉养	22	初中	熟练	不会	熟练	熟练
27	户主	岩甩	57	小学	熟练	一般	一般	一般
	妻子	玉说	54	小学	熟练	不会	一般	一般
	长女	玉张	32	小学	熟练	不会	一般	一般
	外孙女	玉光叫	3	学龄前				
28	户主	岩叫	51	文盲	熟练	不会	一般	不会
	长子	岩温香	25	小学	熟练	不会	一般	一般
	长女	玉罕	22	小学	熟练	不会	一般	一般
29	户主	岩药	63	小学	熟练	一般	一般	一般
	妻子	玉约	61	小学	熟练	不会	一般	一般
	长孙	岩温罕	17	初中	熟练	不会	熟练	熟练
30	户主	岩恩	49	小学	熟练	不会	一般	一般
	妻子	玉庄香	40	小学	熟练	不会	一般	一般
	长女	玉罕	20	初中	熟练	不会	熟练	熟练
31	户主	玉论	53	文盲	熟练	一般	略懂	不会
32	户主	岩远	46	小学	熟练	一般	一般	一般
	妻子	玉香种	44	小学	熟练	一般	一般	一般
	长子	岩文庄	29	大专	熟练	一般	熟练	熟练
	长女	玉波	20	初中	熟练	不会	熟练	熟练
	母亲	玉书	76	文盲	熟练	不会	不会	不会
33	户主	岩香才	71	文盲	熟练	一般	不会	不会
	妻子	玉腊	69	文盲	熟练	不会	不会	不会

	长子	岩罕香	41	小学	熟练	一般	一般	一般	
	长儿媳	玉勒	44	小学	熟练	不会	一般	一般	
	长孙	岩温香	27	初中	熟练	熟练	熟练	熟练	
	次孙	岩恩	25	大专	熟练	不会	熟练	熟练	
34	户主	岩温	43	文盲	熟练	不会	一般	不会	
	妻子	玉康叫	45	小学	熟练	一般	一般	一般	
	长女	玉叫	23	初中	熟练	不会	熟练	熟练	
	次女	玉光罕	21	初中	熟练	不会	熟练	熟练	
35	户主	岩恩	42	文盲	熟练	不会	一般	不会	
	妻子	玉叫	39	文盲	熟练	不会	一般	不会	
	长女	玉叫	20	初中	熟练	不会	熟练	熟练	
	长子	岩罕	16	小学	熟练	不会	熟练	熟练	
36	户主	岩罕香广	57	文盲	熟练	不会	一般	不会	
	妻子	玉光香	50	文盲	熟练	不会	一般	不会	
	长女	玉儿	28	小学	熟练	不会	一般	一般	
	外孙女	玉温	8	上小学	熟练	不会	一般	一般	
37	户主	岩温	36	小学	熟练	不会	一般	一般	
	长女	玉波香	8	上小学	熟练	不会	一般	一般	
38	户主	岩叫	49	小学	熟练	不会	一般	一般	
	妻子	玉香坦	48	小学	熟练	不会	一般	一般	
	次子	岩康	30	小学	熟练	不会	一般	一般	
39	户主	岩叁	44	小学	熟练	一般	一般	一般	
	妻子	玉旺	43	小学	熟练	不会	一般	一般	
	长子	岩温叫	24	小学	熟练	不会	一般	一般	
	次子	岩罕恩	22	大专	熟练	不会	熟练	熟练	
	岳母	玉哈	75	文盲	熟练	不会	不会	不会	
40	户主	岩温罕	38	小学	熟练	一般	一般	一般	
	妻子	玉香	35	小学	熟练	不会	一般	一般	
	长子	岩温香	16	初中	熟练	不会	熟练	熟练	
	长女	玉应叫	14	上初中	熟练	不会	熟练	熟练	
41	户主	岩康到	63	文盲	熟练	不会	略懂	不会	
	妻子	玉到	59	文盲	熟练	不会	略懂	不会	
	长子	岩罕锋	34	初中	熟练	一般	熟练	熟练	
	长儿媳	玉旺	32	小学	熟练	不会	一般	一般	
	长孙女	玉儿	10	上小学	熟练	不会	一般	一般	
	次孙女	玉光叫	6	上小学	熟练	不会	一般	略懂	

42	户主	岩罕	37	文盲	熟练	不会	一般	不会
	妻子	玉罕	37	小学	熟练	不会	一般	一般
	长子	岩温囡	16	初中	熟练	不会	熟练	熟练
	长女	玉香叫	14	上初中	熟练	不会	熟练	熟练
	父亲	岩营养	60	文盲	熟练	一般	略懂	不会
	母亲	玉仕	59	文盲	熟练	不会	略懂	不会
43	户主	岩香囡	58	小学	熟练	熟练	一般	一般
	妻子	玉但	56	小学	熟练	不会	一般	一般
	长子	岩温胆	32	小学	熟练	不会	一般	一般
	长儿媳	玉喃并	32	小学	熟练	不会	一般	一般
	次子	岩硬	25	小学	熟练	不会	一般	一般
44	户主	岩优	49	小学	熟练	熟练	一般	一般
	妻子	玉喃万	52	小学	熟练	不会	一般	一般
	次子	岩叫	26	小学	熟练	熟练	一般	一般
45	户主	岩总软	66	小学	熟练	不会	一般	一般
	长子	岩应	34	小学	熟练	不会	一般	一般
	长儿媳	玉燕	32	小学	熟练	一般	一般	一般
	孙女	玉旺	14	上初中	熟练	不会	熟练	熟练
46	户主	岩罕囡	31	小学	熟练	一般	一般	一般
	妻子	玉论	30	小学	熟练	一般	一般	一般
	长女	玉应香	10	上小学	熟练	不会	一般	一般
47	户主	岩叫	36	小学	熟练	熟练	一般	一般
	妻子	玉罕并	31	小学	熟练	不会	一般	一般
	长子	岩温罕	11	上小学	熟练	不会	熟练	熟练
	长女	玉旺叫	10	上小学	熟练	不会	一般	一般
48	户主	岩罕	31	小学	熟练	熟练	一般	一般
	妻子	玉丹	32	小学	熟练	一般	一般	一般
	长子	岩温叫	11	上小学	熟练	不会	熟练	熟练
	次子	岩罕罗	8	上小学	熟练	不会	一般	一般
49	户主	岩捧	55	小学	熟练	一般	一般	一般
	妻子	玉吨	55	小学	熟练	不会	一般	一般
	儿媳	玉香腰	38	小学	熟练	一般	一般	一般
	孙女	玉应罕	11	上小学	熟练	不会	熟练	熟练
50	户主	玉康	28	小学	熟练	不会	一般	一般
	长女	玉燕罕	6	上小学	熟练	不会	一般	略懂

51	户主	李建明	52	小学	一般	不会	熟练	熟练	汉族
	妻子	玉罕	38	文盲	熟练	不会	一般	不会	
	长女	玉光香	14	上初中	熟练	不会	熟练	熟练	
52	户主	岩吨	38	小学	熟练	一般	一般	一般	
	妻子	玉儿	29	小学	熟练	不会	一般	一般	
	长女	玉香	15	上初中	熟练	不会	熟练	熟练	
53	户主	岩尖	36	小学	熟练	略懂	一般	一般	
	妻子	玉儿	36	小学	熟练	不会	一般	一般	
	长子	岩温香	16	初中	熟练	不会	熟练	熟练	
	长女	玉光叫	14	上初中	熟练	不会	熟练	熟练	

6. 景洪市嘎洒镇曼达一村语言、文字使用情况

(1) 概况

曼达一村是傣族聚居的村寨,隶属于嘎洒镇曼达村委会,属于坝区,距离曼达村委会 0.8 公里,距离嘎洒镇 4 公里。全村 66 户 297 人,其中只有 1 个汉族,傣族占全村总人口的 99.7%。

全村有耕地总面积 306 亩,全部为水田,主要种植水稻、蔬菜等作物;拥有林地 797 亩,主要种植橡胶等经济作物;近几年,曼达一村充分利用自己的林地优势发展橡胶,2007 年为村民直接带来 138 万元的经济收益,占全村经济总收入的 75%,带动全村的发展。此外,西瓜种植作为本村的特色产业,2007 年销售总收入也达到 15 万元。村民人均纯收入高达 4771 元。

目前,全村仅有 3 户饮用井水,其他 63 户通自来水,家家户户都通电了,使用有线电视、安装固定电话或拥有移动电话的农户数也达到了 100%。此外,全村装有太阳能的农户有 40 户,占全村总户数的 60.6%,30 户住上了砖混结构住房,占全村总户数的 45.5%。全村共拥有汽车 5 辆、拖拉机 1 辆、摩托车 100 辆。

该村建有曼达一社小学。目前该村受义务教育的学生有 30 人,其中小学生 20 人,中学生 10 人。

(2) 语言使用的基本特点

A. 曼达一村的居民普遍使用傣语

在调查的曼达一村的 282 个村民中,除 1 个汉族居民傣语"略懂"外,傣族居民傣语的熟练使用率达到 100%,不论是与家庭成员,还是村寨内部,村民均能熟练地使用傣语进行交流。这与该村傣族高度的聚居密切相关,良好的傣语氛围,不仅使本村居民普遍说傣语,而且也影响并带动了汉族居民学习傣语。

表 21 不同年龄段的人傣语使用情况统计表　　　　　　　　　　（单位：人）

年龄段	总人口	熟练		一般		略懂		不会	
		人口	百分比	人口	百分比	人口	百分比	人口	百分比
6—12 岁	21	21	100	0	0	0	0	0	0
13—18 岁	25	25	100	0	0	0	0	0	0
19—30 岁	65	65	100	0	0	0	0	0	0
31—39 岁	40	39	97.5	0	0	1	2.5	0	0
40—55 岁	85	85	100	0	0	0	0	0	0
56 岁以上	46	46	100	0	0	0	0	0	0
合计	282	281	99.6	0	0	1	0.4	0	0

B.该村傣文使用情况统计（见表22）与傣语使用情况存在很大的差异

该村会傣文的人仅占总人数的23.1%，且主要分布在19岁以上，这在很大的程度上说明，九年义务教育的推广对于青少年的傣文的学习产生了重要的影响。青少年由于在校更多地接触和学习汉语，培养汉语的各项技能，大量的时间和精力都用在了汉语的学习上，导致更多的青少年不重视掌握本民族文字，在他们的意识里只存在傣语和汉语，没有学习傣文的意识。在调查中，19岁以下，只有岩况（户主岩留的次子，18岁）1人傣文熟练，他早年在寺院学习过傣文，傣文书写熟练。19岁到55岁所包含的三个年龄段，每个年龄段傣文属于"熟练"程度的人数呈现上升的趋势。

表 22 不同年龄段的人傣文使用情况统计表　　　　　　　　　　（单位：人）

年龄段	总人口	熟练		一般		略懂		不会	
		人口	百分比	人口	百分比	人口	百分比	人口	百分比
6—12 岁	21	0	0	0	0	0	0	21	100
13—18 岁	25	1	4	0	0	0	0	24	96
19—30 岁	65	8	12.3	0	0	0	0	57	87.7
31—39 岁	40	12	30	2	5	1	2.5	25	62.5
40—55 岁	85	20	23.5	9	10.6	6	7.1	50	58.8
56 岁以上	46	9	19.6	4	8.7	3	6.5	30	65.2
合计	282	50	17.8	15	5.3	10	3.5	207	73.4

表 23 不同年龄段的人汉语使用情况统计表　　　　　　　　　　（单位：人）

年龄段	总人口	熟练		一般		略懂		不会	
		人口	百分比	人口	百分比	人口	百分比	人口	百分比
6—12 岁	21	9	42.9	12	57.1	0	0	0	0
13—18 岁	25	25	100	0	0	0	0	0	0
19—30 岁	65	46	70.8	19	29.2	0	0	0	0
31—39 岁	40	4	10	36	90	0	0	0	0

40—55岁	85	1	1.2	80	94.1	3	3.5	1	1.2
56岁以上	46	0	0	3	6.5	20	43.5	23	50
合计	282	85	30.1	150	53.2	23	8.2	24	8.5

C. 曼达一村村民大多数都具有"傣语—汉语"的双语交际能力

傣语和汉语同为曼达一村傣族人的交际工具,相互补充。如表21和表23所示,曼达一村83.3%的傣族人都具有"傣语—汉语"的双语交际能力,青少年段和中年段的傣族作为村寨内部和村寨外部交际的主体,215人中211人能用汉语很好地与人交流。这与该村地处公路沿线有很大的关系。临近城镇,便利的交通,更多与外界接触的机会,又较早地接触到汉族文化氛围和学校教育,使得学习汉语的意识更明确,尤其是6—39岁间的四个年龄段,有151人汉语水平都达到了"熟练"或"一般"等级。而40—55岁间的两个年龄段汉语掌握情况主要是处于"一般"的水平,极少数达到"熟练"水平。56岁以上年龄段有3位傣族老人汉语水平是"一般",这与他们的小学文化程度相关。还有20位老人汉语水平属于"略懂"等级。

表24 曼达一村家庭语言、文字使用一览表

序号	家庭关系	姓名	年龄(岁)	文化程度	傣语	傣文	汉语	汉文	备注
1	户主	岩旺龙	47	小学	熟练	略懂	一般	一般	
	妻子	玉儿	46	小学	熟练	略懂	一般	一般	
	长女	玉丙	25	初中	熟练	不会	熟练	熟练	
	次女	玉罕	23	初中	熟练	不会	熟练	熟练	
	外孙	岩温罕	1	学龄前					
2	户主	岩种	45	小学	熟练	熟练	一般	一般	
	妻子	玉光香	44	小学	熟练	不会	一般	一般	
	长女	玉旺	24	中专	熟练	不会	熟练	熟练	
	长子	岩温	22	小学	熟练	不会	熟练	一般	
	父亲	岩香	80	文盲	熟练	不会	不会	不会	
3	户主	岩拉囡	43	小学	熟练	不会	一般	一般	
	妻子	玉恩共	39	小学	熟练	不会	一般	一般	
	长子	岩温	20	小学	熟练	不会	熟练	熟练	
	次子	岩罕	18	小学	熟练	不会	熟练	熟练	
4	户主	岩罕兰	39	小学	熟练	熟练	一般	一般	
	妻子	玉罕凹	37	小学	熟练	不会	一般	一般	
	长女	玉儿叫	17	上高中	熟练	不会	熟练	熟练	
	次女	玉罕贯	14	上初中	熟练	不会	熟练	熟练	
	父亲	岩涛	64	文盲	熟练	不会	略懂	不会	
	母亲	玉专香	60	文盲	熟练	不会	略懂	不会	

5	户主	岩叫	41	小学	熟练	熟练	一般	一般	
	妻子	玉约	42	小学	熟练	不会	一般	一般	
	长女	玉叫	21	初中	熟练	不会	熟练	熟练	
	长子	岩温	19	初中	熟练	不会	熟练	熟练	
	父亲	岩帕	65	文盲	熟练	不会	不会	不会	
6	户主	岩扁利	51	小学	熟练	熟练	一般	一般	
	妻子	玉如	46	文盲	熟练	一般	一般	不会	
	长子	岩香	28	初中	熟练	不会	熟练	熟练	
	长儿媳	玉光	28	小学	熟练	不会	熟练	一般	
	孙子	岩务罕	9	上小学	熟练	不会	一般	一般	
	孙女	玉香院	3	学龄前					
7	户主	岩光	42	小学	熟练	不会	一般	一般	
	妻子	玉夯罕	41	小学	熟练	不会	一般	一般	
	长女	玉旺叫	21	初中	熟练	不会	熟练	熟练	
	次女	玉光	20	初中	熟练	不会	熟练	熟练	
	父亲	岩应	69	文盲	熟练	略懂	不会	不会	
	母亲	玉香因	64	文盲	熟练	不会	不会	不会	
8	户主	岩吨	68	小学	熟练	熟练	略懂	一般	
	妻子	玉腊丙	65	小学	熟练	不会	略懂	一般	
	长子	岩光	46	初中	熟练	不会	熟练	熟练	
9	户主	岩应	45	小学	熟练	略懂	一般	一般	
	妻子	玉应罕	42	小学	熟练	略懂	一般	一般	
	长女	玉香	24	小学	熟练	不会	熟练	熟练	
	长子	岩罕	21	小学	熟练	不会	熟练	熟练	
	岳父	岩温罕	72	文盲	熟练	熟练	不会	不会	
	岳母	玉扁	62	文盲	熟练	不会	不会	不会	
10	户主	岩朗	46	小学	熟练	不会	一般	一般	
	妻子	玉夯	44	小学	熟练	略懂	一般	一般	
	长女	玉温	25	小学	熟练	不会	一般	一般	
	长子	岩罕	23	初中	熟练	不会	熟练	熟练	
	孙女	玉波柳	2	学龄前					
	父亲	岩比	77	文盲	熟练	不会	不会	不会	
	母亲	玉种	76	文盲	熟练	不会	不会	不会	
11	户主	岩温罕	43	小学	熟练	熟练	一般	一般	
	妻子	玉香	43	小学	熟练	不会	一般	一般	
	长子	岩温香	20	初中	熟练	不会	熟练	熟练	
	次子	岩罕勒	18	初中	熟练	不会	熟练	熟练	

12	户主	岩叫	54	小学	熟练	熟练	一般	一般	
	妻子	玉万	51	小学	熟练	不会	一般	一般	
	长女	玉叫达	31	高中	熟练	不会	熟练	熟练	
	外孙	岩温西里	7	上小学	熟练	不会	一般	一般	
13	户主	岩论	32	小学	熟练	不会	一般	一般	
	妻子	玉章	28	小学	熟练	不会	一般	一般	
	长子	岩温香	8	上小学	熟练	不会	一般	一般	
	次子	岩罕叫	2	学龄前					
	岳母	玉甩	53	文盲	熟练	不会	略懂	不会	
	外祖父	波应香	93	文盲	熟练	不会	不会	不会	
14	户主	岩叫	44	文盲	熟练	一般	一般	不会	
	妻子	玉燕囡	41	小学	熟练	不会	一般	一般	
	长子	岩温叫	24	初中	熟练	不会	熟练	熟练	
	次子	岩罕恩	21	初中	熟练	不会	熟练	熟练	
15	户主	岩叫囡	52	小学	熟练	熟练	一般	一般	
	妻子	玉喃应	50	小学	熟练	不会	一般	一般	
	次女	玉光罕	29	初中	熟练	不会	熟练	熟练	
	次女婿	岩罕囡	31	小学	熟练	熟练	一般	一般	
	外孙	岩温美	10	上小学	熟练	不会	一般	一般	
	外孙女	玉罕罗	2	学龄前					
16	户主	岩香宰	38	小学	熟练	不会	一般	一般	
	妻子	玉叫	37	小学	熟练	一般	一般	一般	
	长女	玉罕儿	15	初中	熟练	不会	熟练	熟练	
	次女	玉光罕	11	上小学	熟练	不会	熟练	熟练	
17	户主	岩扁康	53	小学	熟练	熟练	一般	一般	
	妻子	玉香	51	文盲	熟练	熟练	一般	不会	
	长女	玉旺叫	31	高中	熟练	不会	熟练	熟练	
	次女	玉金开	28	小学	熟练	不会	熟练	一般	
	次女婿	岩恩	29	小学	熟练	不会	熟练	一般	
	外孙	岩罕拍	9	上小学	熟练	不会	一般	一般	
	外孙女	玉丙的	4	学龄前					
	母亲	玉叫	74	文盲	熟练	不会	不会	不会	
18	户主	玉香甩	64	文盲	熟练	熟练	略懂	不会	
	长子	岩扁	41	小学	熟练	不会	一般	一般	
	孙女	玉应扁	10	上小学	熟练	不会	一般	一般	

19	户主	岩空	40	小学	熟练	不会	一般	一般
	妻子	玉光丢	39	小学	熟练	不会	一般	一般
	长子	岩温罕	19	小学	熟练	熟练	熟练	一般
	次子	岩罕叫	17	小学	熟练	不会	熟练	一般
20	户主	岩罕恩	37	小学	熟练	不会	一般	一般
	妻子	玉叫兰	34	小学	熟练	略懂	一般	一般
	长女	玉叫	16	上初中	熟练	不会	熟练	熟练
	长子	岩温罕	13	上初中	熟练	不会	熟练	熟练
	母亲	玉光	61	文盲	熟练	不会	不会	不会
21	户主	岩胆戈	52	小学	熟练	不会	一般	一般
	妻子	玉香腊	55	小学	熟练	不会	一般	一般
	长子	岩罕	35	小学	熟练	熟练	一般	一般
	长儿媳	玉罕儿	32	小学	熟练	不会	一般	一般
	长孙女	玉并罕	13	上初中	熟练	不会	熟练	熟练
	次孙女	西旺	12	上初中	熟练	不会	熟练	熟练
22	户主	岩空宰	53	小学	熟练	不会	一般	一般
	妻子	玉炳	51	小学	熟练	不会	一般	一般
	长子	岩章	28	小学	熟练	不会	一般	一般
	岳父	召曼	92	小学	熟练	熟练	一般	一般
23	户主	岩温	35	小学	熟练	不会	一般	一般
	妻子	玉应罕	34	小学	熟练	不会	一般	一般
	长女	玉光罕	12	上小学	熟练	不会	熟练	熟练
	次女	玉罕	11	上小学	熟练	不会	熟练	熟练
	长子	岩应	10	上小学	熟练	不会	一般	一般
	母亲	玉光保	55	文盲	熟练	不会	不会	不会
24	户主	岩涕	51	小学	熟练	不会	一般	一般
	妻子	玉吨	47	小学	熟练	熟练	一般	一般
	长子	岩温香	28	初中	熟练	不会	熟练	熟练
	长女	玉应叫	26	小学	熟练	不会	一般	一般
	长女婿	岩温叫	28	小学	熟练	不会	一般	一般
	外孙女	玉婉丽	3	学龄前				
	母亲	玉香糯	80	文盲	熟练	不会	不会	不会
25	户主	岩棒龙况	58	文盲	熟练	不会	略懂	不会
	妻子	玉拉	57	文盲	熟练	不会	略懂	不会
	长子	岩罕宽	35	小学	熟练	熟练	一般	一般
	孙女	玉应香	1	学龄前				

26	户主	岩罕养	47	小学	熟练	熟练	一般	一般	
	妻子	玉香	46	小学	熟练	不会	一般	一般	
	长女	玉应罕	24	中专	熟练	不会	熟练	熟练	
	长子	岩丙	23	初中	熟练	熟练	熟练	熟练	
	孙子	岩应叫	4	学龄前					
27	户主	岩宰养	45	小学	熟练	不会	一般	一般	
	妻子	玉香儿	43	小学	熟练	不会	一般	一般	
	次女	玉罕夯	21	初中	熟练	不会	熟练	熟练	
28	户主	岩应	39	文盲	熟练	不会	一般	不会	
	妻子	玉儿	37	小学	熟练	不会	一般	一般	
	长女	玉叫	20	初中	熟练	不会	熟练	熟练	
	次女	玉康	18	小学	熟练	不会	熟练	一般	
	岳父	岩三养	59	文盲	熟练	熟练	略懂	不会	
	岳母	玉温炳	57	文盲	熟练	熟练	略懂	不会	
29	户主	岩罕比	42	文盲	熟练	不会	一般	不会	
	妻子	玉香总	41	文盲	熟练	不会	一般	不会	
	长子	岩香	21	小学	熟练	不会	熟练	一般	
	长女	玉罕朵	20	初中	熟练	不会	熟练	熟练	
	母亲	玉应叫	65	文盲	熟练	略懂	略懂	不会	
30	户主	岩涛	45	小学	熟练	不会	一般	一般	
	妻子	玉燕	43	小学	熟练	不会	一般	一般	
	长女	玉温儿	25	初中	熟练	不会	熟练	熟练	
	长女婿	岩罕宰	25	初中	熟练	不会	熟练	熟练	
	外孙	岩温新	4	学龄前					
	岳父	岩温叫	73	文盲	熟练	不会	不会	不会	
	岳母	玉庄	69	文盲	熟练	不会	不会	不会	
31	户主	岩留	43	文盲	熟练	不会	一般	不会	
	妻子	玉喃为	39	小学	熟练	不会	一般	一般	
	次子	岩况	18	小学	熟练	熟练	熟练	一般	
	母亲	玉喃燕	76	文盲	熟练	不会	不会	不会	
32	户主	岩香扁	55	小学	熟练	不会	一般	一般	
	妻子	玉汉	52	小学	熟练	不会	一般	一般	
	次女	玉光香	30	小学	熟练	不会	一般	一般	
	外孙	岩温叫	7	上小学	熟练	不会	一般	一般	

序号	称谓	姓名	年龄	文化程度				
33	户主	岩叫迈	45	小学	熟练	不会	一般	一般
	妻子	玉叫	43	小学	熟练	不会	一般	一般
	长子	岩温香	20	小学	熟练	不会	熟练	一般
	岳母	玉应罕	67	小学	熟练	不会	一般	一般
34	户主	玉喃温	47	文盲	熟练	熟练	一般	不会
	长子	岩罕香	28	小学	熟练	熟练	一般	一般
35	户主	岩温叫	35	小学	熟练	熟练	一般	一般
	妻子	玉罕	32	小学	熟练	不会	一般	一般
	长子	岩罕黑	12	上初中	熟练	不会	熟练	熟练
	次子	岩硬	9	上小学	熟练	不会	一般	一般
	父亲	岩胆	64	文盲	熟练	略懂	略懂	不会
36	户主	岩院	44	小学	熟练	不会	一般	一般
	妻子	玉香	42	小学	熟练	一般	一般	一般
	长女	玉燕	24	小学	熟练	不会	一般	一般
	长子	岩香	22	小学	熟练	不会	熟练	一般
37	户主	岩宰	57	小学	熟练	一般	一般	一般
	妻子	玉章	50	小学	熟练	一般	一般	一般
	长女	玉应香	27	小学	熟练	不会	一般	一般
	长子	岩温扁	25	小学	熟练	不会	一般	一般
38	户主	岩扁康	46	小学	熟练	不会	一般	一般
	妻子	玉为	42	文盲	熟练	熟练	一般	不会
	长女	玉香应	24	中专	熟练	不会	熟练	熟练
	外孙	岩温香	2	学龄前				
	岳父	岩香宰	61	文盲	熟练	熟练	略懂	不会
	岳母	玉光	60	文盲	熟练	不会	略懂	不会
39	户主	岩温叫	47	小学	熟练	熟练	一般	一般
	妻子	玉喃留	46	小学	熟练	熟练	一般	一般
	次子	岩康	23	小学	熟练	不会	一般	一般
40	户主	岩叫	46	小学	熟练	不会	一般	一般
	妻子	玉涛	44	小学	熟练	一般	一般	一般
	长女	玉扁	14	上初中	熟练	不会	熟练	熟练
	长子	岩叫因	11	上初中	熟练	不会	熟练	熟练
41	户主	玉而	41	小学	熟练	不会	一般	一般
	长女	玉波开	20	高中	熟练	不会	熟练	熟练
	次女	玉庄茜丽婉	16	上初中	熟练	不会	熟练	熟练

42	户主	岩胆东	58	文盲	熟练	不会	略懂	不会	
	妻子	玉喃	57	文盲	熟练	不会	略懂	不会	
	长子	岩香	36	小学	熟练	不会	一般	一般	
	长儿媳	玉扁	34	小学	熟练	不会	一般	一般	
	孙子	岩罕	15	小学	熟练	不会	熟练	熟练	
43	户主	岩拉	44	小学	熟练	熟练	一般	一般	
	妻子	玉药	42	小学	熟练	熟练	一般	一般	
	长子	岩叫	25	小学	熟练	熟练	一般	一般	
	长女	玉应	23	小学	熟练	不会	一般	一般	
	外孙女	玉波罕	1	学龄前					
44	户主	岩罕药	38	小学	熟练	熟练	一般	一般	
	妻子	玉叫	37	小学	熟练	不会	一般	一般	
	长子	岩温叫	18	小学	熟练	不会	熟练	熟练	
	次子	岩罕光	16	小学	熟练	不会	熟练	熟练	
45	户主	岩香	25	小学	熟练	不会	一般	一般	
46	户主	岩硬康	45	小学	熟练	一般	一般	一般	
	妻子	玉香叫	41	小学	熟练	不会	一般	一般	
	长子	岩温胆	21	小学	熟练	不会	一般	一般	
	长女	玉叫	19	初中	熟练	不会	熟练	熟练	
47	户主	岩罕丙	46	小学	熟练	不会	一般	一般	
	妻子	玉罕亮	38	小学	熟练	熟练	一般	一般	
	长子	岩温香	20	初中	熟练	不会	熟练	熟练	
	长女	玉应香	19	初中	熟练	不会	熟练	熟练	
	岳父	岩坦	77	文盲	熟练	熟练	不会	不会	
48	户主	岩香	50	小学	熟练	熟练	一般	一般	
	妻子	玉坦	48	小学	熟练	不会	一般	一般	
	次子	岩光	26	小学	熟练	熟练	一般	一般	
	次儿媳	玉罕恩	25	初中	熟练	不会	熟练	熟练	
	孙子	岩温西利	4	学龄前					
49	户主	岩温香	35	小学	熟练	熟练	一般	一般	
	妻子	玉夯过	34	小学	熟练	熟练	一般	一般	
	长女	玉罕应	14	上初中	熟练	不会	熟练	熟练	
	次子	岩温勒	10	上小学	熟练	不会	一般	一般	
	父亲	岩燕	56	文盲	熟练	熟练	略懂	不会	
	母亲	玉书	53	文盲	熟练	一般	略懂	不会	

50	户主	岩香	40	小学	熟练	熟练	一般	一般	
	妻子	玉罕儿	36	小学	熟练	不会	一般	一般	
	长女	玉香	16	初中	熟练	不会	熟练	熟练	
	长子	岩温罕	11	上初中	熟练	不会	熟练	熟练	
51	户主	岩班	58	文盲	熟练	一般	略懂	不会	
	妻子	玉为	55	文盲	熟练	一般	略懂	不会	
	次女	玉金	33	高中	熟练	不会	熟练	熟练	
	次女婿	彭俊	31	初中	略懂	不会	熟练	熟练	汉族
	外孙	岩罕贡	8	上小学	熟练	不会	一般	一般	
52	户主	岩响	80	文盲	熟练	不会	不会	不会	
	妻子	玉丙	69	文盲	熟练	不会	不会	不会	
53	户主	岩吨	44	文盲	熟练	一般	一般	不会	
	妻子	玉金	42	小学	熟练	不会	一般	一般	
	长子	岩旺	11	上初中	熟练	不会	熟练	熟练	
54	户主	岩庄扁	44	小学	熟练	不会	一般	一般	
	母亲	玉甩	80	文盲	熟练	不会	不会	不会	
55	户主	岩香海	47	小学	熟练	不会	一般	一般	
	妻子	玉甩囡	46	小学	熟练	不会	一般	一般	
	长子	岩温	25	初中	熟练	不会	熟练	熟练	
56	户主	岩温	38	文盲	熟练	不会	一般	不会	
	妻子	玉应	36	小学	熟练	熟练	一般	一般	
	长女	玉旺叫	17	初中	熟练	不会	熟练	熟练	
	次女	玉夯叫	14	初中	熟练	不会	熟练	熟练	
	岳母	玉叫过	58	文盲	熟练	一般	略懂	不会	
57	户主	岩香药	41	小学	熟练	不会	一般	一般	
	妻子	玉旺	40	小学	熟练	不会	一般	一般	
	长女	玉应香	22	初中	熟练	不会	熟练	熟练	
	次女	玉光罕	20	初中	熟练	不会	熟练	熟练	
	父亲	岩思	70	文盲	熟练	一般	不会	不会	
	母亲	玉燕	71	文盲	熟练	不会	不会	不会	
58	户主	岩香	47	小学	熟练	不会	一般	一般	
	妻子	玉床	44	小学	熟练	略懂	一般	一般	
	长女	玉燕	24	小学	熟练	不会	一般	一般	
	长子	岩温香	22	小学	熟练	不会	一般	一般	
	孙子	岩温罕	3	学龄前					

59	户主	岩罕温	42	小学	熟练	不会	一般	一般	
	妻子	玉罕劳	38	小学	熟练	不会	一般	一般	
	长子	岩罕朋	20	初中	熟练	不会	熟练	熟练	
	长女	玉叫	18	初中	熟练	不会	熟练	熟练	
	父亲	岩罕应	49	小学	熟练	熟练	一般	一般	
	母亲	玉温	62	文盲	熟练	不会	略懂	不会	
60	户主	岩三	43	文盲	熟练	不会	一般	不会	
	妻子	玉金	39	小学	熟练	一般	一般	一般	
	长子	岩温香	21	小学	熟练	熟练	熟练	一般	
	次子	岩罕恩	18	初中	熟练	不会	熟练	熟练	
	母亲	玉书	67	文盲	熟练	不会	略懂	不会	
61	户主	玉光香	35	小学	熟练	不会	一般	一般	
	长子	岩叫	16	小学	熟练	不会	熟练	熟练	
	长女	玉奇利碟	5	学龄前					
62	户主	玉打	64	文盲	熟练	不会	不会	不会	
	次子	岩叫	37	小学	熟练	熟练	一般	一般	
	次儿媳	玉尖	35	小学	熟练	不会	一般	一般	
	孙子	岩保	15	初中	熟练	不会	熟练	熟练	
	孙女	玉应叫	11	上初中	熟练	不会	熟练	熟练	
63	户主	玉康罕	41	小学	熟练	不会	一般	一般	
	长子	岩温扁	23	初中	熟练	不会	熟练	熟练	
	次子	岩罕恩	20	小学	熟练	熟练	熟练	熟练	
64	户主	玉旺叫	30	小学	熟练	不会	一般	一般	
	长子	岩温香	10	上小学	熟练	不会	一般	一般	
	外祖母	咪罕香	73	文盲	熟练	不会	不会	不会	
	弟弟	岩罕夯	28	小学	熟练	熟练	一般	一般	
65	户主	岩扁	40	小学	熟练	不会	一般	一般	
	妻子	玉罕拉	41	小学	熟练	不会	一般	一般	
	长女	玉燕叫	16	初中	熟练	不会	熟练	熟练	
66	户主	岩光	31	小学	熟练	熟练	一般	一般	

7. 景洪市嘎洒镇曼播村语言、文字使用情况

(1) 概况

曼播村是一个傣族高度聚居的村寨,属于坝区,是村委会所在地,距离嘎洒镇18公里。全村共有78户,总人口398人,其中傣族394人、汉族1人、彝族3人。

全村有耕地总面积419亩,其中水田406亩、旱地13亩,人均耕地高达1亩,主要种植水

稻；拥有林地 1440 亩，主要种植橡胶。90 年代，该村凭借广阔的林地大力发展橡胶产业，是率先利用橡胶发展农村经济致富的成功典范。2007 年，橡胶主产业销售总收入达到 261.2 万元，占全村经济总收入的 70.3%。目前，该村利用本地出产酸笋的优势，正着手开发酸笋加工业。2007 年，农民人均纯收入 4939 元。

目前全村 78 户全部实现通水、电、路、电视、电话，安装固定电话和拥有移动电话的农户数已达 77 户，占总数的 98.7%。全村共拥有汽车 40 辆、拖拉机 62 辆、摩托车 180 辆。

全村装有太阳能农户 75 户，占总户数的 96.2%；73 户住上了砖混结构的住房，占到总户数的 93.6%，仅有 5 户住上砖木结构的住房。

该村建有曼播小学。目前义务教育在校学生 39 人，其中小学生 25 人、中学生 14 人。

2007 年该村被嘎洒镇评为"遵纪守法模范村"。

(2) 语言使用的基本特点

A. 傣语是曼播村村民最主要的交际工具之一

在村寨内部和家庭内部，傣语是曼播村傣族人的唯一交际工具。据调查统计，该村列为调查对象的傣族村民为 369 人，除了 1 名 6 岁聋哑儿童外，其他人都熟练掌握傣语。另外还有 4 人不会说傣语，其中汉族 1 人、彝族 3 人，他们生活在一个族际婚姻的家庭里，平时在家主要用汉语进行交流。

表 25　不同年龄段的人傣语使用情况统计表① 　　　　　　（单位：人）

年龄段	总人口	熟练		一般		略懂		不会	
		人口	百分比	人口	百分比	人口	百分比	人口	百分比
6—12 岁	32	31	96.9	0	0	0	0	1	3.1
13—18 岁	27	25	92.6	0	0	0	0	2	7.4
19—30 岁	91	91	100	0	0	0	0	0	0
31—39 岁	54	54	100	0	0	0	0	0	0
40—55 岁	106	104	98.1	0	0	0	0	2	1.9
56 岁以上	63	63	100	0	0	0	0	0	0
合计	373	368	98.7	0	0	0	0	5	1.3

表 26　不同年龄段的人傣文使用情况统计表 　　　　　　（单位：人）

年龄段	总人口	熟练		一般		略懂		不会	
		人口	百分比	人口	百分比	人口	百分比	人口	百分比
6—12 岁	32	0	0	0	0	0	0	32	100
13—18 岁	27	0	0	0	0	0	0	27	100

---

① 此表格包括 1 名 6 岁聋哑儿童，因上聋哑学校，故被列入调查对象。

年龄段	总人口	熟练 人口	百分比	一般 人口	百分比	略懂 人口	百分比	不会 人口	百分比
19—30 岁	91	18	19.8	0	0	1	1.1	72	79.1
31—39 岁	54	8	14.8	2	3.7	15	27.8	29	53.7
40—55 岁	106	5	4.7	1	0.9	78	73.6	22	20.8
56 岁以上	63	6	9.5	2	3.2	18	28.6	37	58.7
合计	373	37	10	5	1.3	112	30	219	58.7

B. 该村的傣文掌握情况不同于其他村寨,表现出自己的特点(见表26)

在表26中,熟练掌握傣文的37人,只占调查总人数的10%;不会傣文的219人,占调查总人数的58.7%;而"略懂"傣文的人数多达112人,占到调查总人数的30%,仅次于不会傣文的人数,也远远大于"熟练"和"一般"等级的人数。此外,会傣文的人数在18岁以上的各个年龄段均有分布,而熟练掌握傣文的大多数是青年人和中年人,在上个世纪80年代末开始推行义务教育之前,都曾接受过寺院教育,认真学习过傣文。

表 27　不同年龄段的人汉语使用情况统计表　　　　　　　　（单位:人）

年龄段	总人口	熟练		一般		略懂		不会	
		人口	百分比	人口	百分比	人口	百分比	人口	百分比
6—12 岁	32	6	18.8	25	78.1	1	3.1	0	0
13—18 岁	27	23	85.2	4	14.8	0	0	0	0
19—30 岁	91	11	12.1	80	87.9	0	0	0	0
31—39 岁	54	1	1.9	53	98.1	0	0	0	0
40—55 岁	106	2	1.9	100	94.3	4	3.8	0	0
56 岁以上	63	0	0	17	27	18	28.6	28	44.4
合计	373	43	11.5	279	74.8	23	6.2	28	7.5

C. 曼播村大多数村民是"傣语—汉语"双语人

从表27可以看出,除13—18岁年龄段的人汉语水平"熟练"等级的人数多于"一般"等级的人数外,其他各年龄段都是"一般"等级的人所占比例更大。汉语水平"熟练"等级的人数为43人,占调查总人数的11.5%,"一般"等级的人数为279人,占调查总人数的74.8%,"一般"等级的百分比远远高于"熟练"等级的。但这两个等级的人,在日常生活中都可以用汉语交流,合计人数为322人,合计百分比达86.3%。汉语水平属于"不会"等级的,仅占调查总人数的7.5%,而且都是56岁以上的老年人。该村的汉语水平属于"熟练"等级的人数比例比前6个村寨都低,而"一般"等级的比例比较高,整体的汉语水平不高,这有其客观原因:(1)该村虽属坝区,但远离城镇,交通较其他村寨不是非常便利,村民与外界的接触和交流无法与交通便利、地理位置优越的其他村寨相比,熟练掌握汉语的人数较少。(2)近十年来,随着公路沿线主干线的建设和橡胶种植业的发展,该村与外界的交流渐渐多起来,一部分青年人和中年人开始学习汉语,汉语水平能够达到"一般"等级的人比较多。(3)老年人由于很少走出村寨,与外界的沟通很少,所以有一些接受过小学教育的老人汉语水平能够达到"一般";有一些老人受环境影响,能够听懂一些简单的汉语,但不会说;近半数的老人不会说汉语,占老人总人数的44.4%,他们在日常生活中只能用傣语交流。

表28 曼播村家庭语言、文字使用一览表

序号	家庭关系	姓名	年龄(岁)	文化程度	傣语	傣文	汉语	汉文	备注
1	户主	普云	44	小学	不会	不会	熟练	一般	彝族
	妻子	李德会	41	初中	不会	不会	熟练	熟练	汉族
	长子	普景	17	小学	不会	不会	熟练	熟练	彝族
	长女	普洪	15	上初中	不会	不会	熟练	熟练	彝族
2	户主	岩种	67	小学	熟练	略懂	一般	一般	
	妻子	玉老	64	小学	熟练	不会	一般	一般	
3	户主	岩燕	40	文盲	熟练	略懂	一般	不会	
	妻子	玉单	39	文盲	熟练	略懂	一般	不会	
	次女	玉光香	19	小学	熟练	不会	一般	一般	
	父亲	岩罕温	63	文盲	熟练	略懂	略懂	不会	
	母亲	玉旺	63	文盲	熟练	不会	略懂	不会	
4	户主	岩香	42	小学	熟练	一般	一般	一般	
	妻子	玉喂	39	小学	熟练	略懂	一般	一般	
	长子	岩罕温	22	小学	熟练	不会	一般	一般	
	次子	岩罕叫	19	小学	熟练	不会	熟练	一般	
	岳母	玉帕	86	文盲	熟练	不会	不会	不会	
5	户主	玉光香	38	小学	熟练	略懂	一般	一般	
	长女	玉而	20	小学	熟练	不会	熟练	一般	
	长子	岩罕叫	18	小学	熟练	不会	一般	一般	
	父亲	岩罕胆龙	77	小学	熟练	一般	一般	一般	
	母亲	玉香应	72	文盲	熟练	不会	不会	不会	
6	户主	岩帕	51	小学	熟练	略懂	一般	一般	
	妻子	玉算	48	小学	熟练	略懂	一般	一般	
	长女	玉叫	30	小学	熟练	不会	一般	一般	
	长女婿	岩罕	32	小学	熟练	熟练	一般	一般	
	长外孙女	玉应罕	8	上小学	熟练	不会	一般	一般	
	次外孙女	玉康叫	4	学龄前					
	母亲	玉香	79	文盲	熟练	不会	不会	不会	
7	户主	岩伦	63	小学	熟练	熟练	一般	一般	
	妻子	玉甩	59	小学	熟练	略懂	一般	一般	
	长女	玉香万	36	小学	熟练	不会	一般	一般	
	长女婿	岩香宰	36	小学	熟练	略懂	一般	一般	

	外孙女	玉庄香	16	上初中	熟练	不会	熟练	熟练	
	外孙	岩温罕	12	上初中	熟练	不会	熟练	熟练	
8	户主	岩温	48	小学	熟练	略懂	一般	一般	
	长女	玉旺	23	小学	熟练	不会	一般	一般	
	长子	岩叫	21	小学	熟练	不会	一般	一般	
9	户主	玉旺贺	68	文盲	熟练	不会	不会	不会	
	长子	岩温	40	小学	熟练	略懂	一般	一般	
	长儿媳	玉香	39	小学	熟练	不会	一般	一般	
	次子	岩罕	34	文盲	熟练	不会	一般	不会	
	孙子	岩旺	21	小学	熟练	不会	一般	一般	
10	户主	岩夯	58	小学	熟练	一般	一般	一般	
	妻子	玉总	53	文盲	熟练	不会	一般	不会	
	长子	岩罕万	35	小学	熟练	一般	一般	一般	
	长儿媳	玉韦	33	小学	熟练	不会	一般	一般	
	长孙	岩旺	17	上高中	熟练	不会	熟练	熟练	
	次孙	岩光	10	上小学	熟练	不会	一般	一般	
11	户主	岩叫	62	小学	熟练	熟练	一般	一般	
	妻子	玉甩	57	文盲	熟练	不会	略懂	不会	
	三女	玉香甩	34	小学	熟练	不会	一般	一般	
	三女婿	岩甩	36	小学	熟练	熟练	一般	一般	
	外孙女	玉庄香	17	上高中	熟练	不会	熟练	熟练	
	外孙子	岩温叫	10	上小学	熟练	不会	一般	一般	
	母亲	玉光	88	文盲	熟练	不会	不会	不会	
12	户主	岩温海	49	文盲	熟练	略懂	一般	不会	
	妻子	玉光	48	文盲	熟练	略懂	一般	不会	
	长女	玉旺	27	小学	熟练	不会	一般	一般	
	长子	岩硬叫	23	小学	熟练	不会	一般	一般	
	岳母	玉留	72	文盲	熟练	不会	不会	不会	
13	户主	岩涛	49	文盲	熟练	略懂	一般	不会	
	妻子	玉旺	46	文盲	熟练	略懂	一般	不会	
	长子	岩温香	23	小学	熟练	熟练	一般	一般	
14	户主	岩丙	53	文盲	熟练	熟练	一般	不会	
	妻子	玉香	49	文盲	熟练	略懂	一般	不会	
	次子	岩温叫	29	小学	熟练	熟练	一般	一般	
	次儿媳	玉儿	30	小学	熟练	不会	一般	一般	
	孙子	岩温罕	8	上小学	熟练	不会	一般	一般	

15	户主	岩燕	49	文盲	熟练	略懂	一般	不会	
	妻子	玉尖	48	小学	熟练	略懂	一般	一般	
	长女	玉应	17	小学	熟练	不会	熟练	熟练	
16	户主	岩罕温	49	文盲	熟练	熟练	一般	不会	
	妻子	玉南弯	47	文盲	熟练	略懂	一般	不会	
	次女	玉光	30	小学	熟练	不会	一般	一般	
	次女婿	岩应老	37	小学	熟练	不会	一般	一般	
	外孙	岩罕的	8	上小学	熟练	不会	一般	一般	
	外孙女	玉燕叫	4	学龄前					
17	户主	岩罕燕	60	文盲	熟练	熟练	略懂	不会	
	妻子	玉朗	57	文盲	熟练	不会	略懂	不会	
	长子	岩温	37	小学	熟练	略懂	一般	一般	
	长儿媳	玉约	36	文盲	熟练	不会	一般	不会	
	孙女	玉罕	14	上初中	熟练	不会	熟练	熟练	
18	户主	岩甩	50	小学	熟练	略懂	一般	一般	
	妻子	玉光	48	文盲	熟练	不会	一般	不会	
	长子	岩温香	30	小学	熟练	熟练	一般	一般	
	长女	玉叫	26	小学	熟练	不会	一般	一般	
	长女婿	岩涛	25	小学	熟练	不会	一般	一般	
	外孙	岩温香	7	上小学	熟练	不会	一般	一般	
	外孙女	玉应罕	2	学龄前					
19	户主	岩恩	49	小学	熟练	略懂	一般	一般	
	妻子	玉坦马	48	文盲	熟练	不会	一般	不会	
	长子	岩温罕	27	小学	熟练	不会	一般	一般	
	次子	岩叫	24	小学	熟练	不会	一般	一般	
	次儿媳	玉旺	27	小学	熟练	不会	一般	一般	
	孙女	玉应罕	5	学龄前					
20	户主	岩真	41	小学	熟练	略懂	一般	一般	
21	户主	岩罕勒	46	小学	熟练	熟练	一般	一般	
	妻子	玉旺	45	小学	熟练	略懂	一般	一般	
	长女	玉叫罕勒	26	中专	熟练	不会	熟练	熟练	
22	户主	岩罕胆	57	文盲	熟练	熟练	略懂	不会	
	妻子	玉金	55	文盲	熟练	略懂	略懂	不会	
	次女	玉叫	31	小学	熟练	不会	一般	一般	
	次女婿	岩罕叫	30	小学	熟练	熟练	一般	一般	
	长外孙	岩温龙	8	上小学	熟练	不会	一般	一般	

	次外孙	岩康	4	学龄前					
	母亲	玉罕甩	80	文盲	熟练	不会	不会	不会	
23	户主	岩罕叫	34	小学	熟练	熟练	一般	一般	
	妻子	玉旺	27	小学	熟练	不会	一般	一般	
	长女	玉香叫	8	上小学	熟练	不会	一般	一般	
	次女	玉罕	4	学龄前					
	母亲	玉伦	64	文盲	熟练	不会	略懂	不会	
24	户主	岩宰	41	小学	熟练	略懂	一般	一般	
	妻子	玉晚	39	小学	熟练	略懂	一般	一般	
	长女	玉万香	21	小学	熟练	不会	熟练	一般	
	长子	岩应	18	小学	熟练	不会	熟练	熟练	
25	户主	岩涛	47	文盲	熟练	略懂	一般	不会	
	妻子	玉涛	44	小学	熟练	略懂	一般	一般	
26	户主	岩叫	46	小学	熟练	略懂	一般	一般	
	妻子	玉香	44	小学	熟练	略懂	一般	一般	
	长子	岩罕艳	24	小学	熟练	不会	一般	一般	
	孙子	岩罕	5	学龄前					
27	户主	岩罕晃	47	小学	熟练	略懂	一般	一般	
	妻子	玉坦	46	文盲	熟练	略懂	一般	不会	
	长子	岩旺	22	小学	熟练	熟练	一般	一般	
	长儿媳	玉旺	22	小学	熟练	不会	一般	一般	
	次女	玉应	18	小学	熟练	不会	熟练	熟练	
	孙子	岩温香	4	学龄前					
28	户主	岩温	31	小学	熟练	熟练	一般	一般	
	妻子	玉罕	29	小学	熟练	不会	一般	一般	
	长子	岩温叫	8	上小学	熟练	不会	一般	一般	
	长女	玉应香	4	学龄前					
	母亲	玉喃	49	小学	熟练	略懂	一般	一般	
29	户主	岩吨	41	小学	熟练	熟练	一般	一般	
	妻子	玉章	43	小学	熟练	略懂	一般	一般	
	长女	玉的	22	小学	熟练	不会	一般	一般	
	长子	岩温罕	19	小学	熟练	不会	熟练	一般	
	外孙	岩燕	2	学龄前					
	岳父	岩罕丙	76	文盲	熟练	略懂	不会	不会	
	岳母	玉叫	68	文盲	熟练	不会	不会	不会	

30	户主	岩伦	47	小学	熟练	略懂	一般	一般	
	妻子	玉甩	44	小学	熟练	略懂	一般	一般	
	长子	岩温香	26	小学	熟练	不会	一般	一般	
	次子	岩罕伦	24	小学	熟练	不会	一般	一般	
31	户主	岩叫	55	文盲	熟练	略懂	一般	不会	
	妻子	玉罕	51	文盲	熟练	略懂	一般	不会	
	长女	玉光	33	小学	熟练	不会	一般	一般	
	长女婿	岩温	33	小学	熟练	略懂	一般	一般	
	长外孙女	玉旺叫	13	上小学	熟练	不会	熟练	熟练	
	次外孙女	玉应	12	上小学	熟练	不会	熟练	熟练	
	三外孙女	玉金罕	8	上小学	熟练	不会	一般	一般	
32	户主	岩涛	43	小学	熟练	略懂	一般	一般	
	妻子	玉旺	43	文盲	熟练	略懂	一般	不会	
	次子	岩罕	23	小学	熟练	熟练	一般	一般	
	孙女	玉燕叫	3	学龄前					
33	户主	岩甩	58	小学	熟练	略懂	一般	一般	
	妻子	玉甩	55	文盲	熟练	不会	一般	不会	
	长女	玉南罕	34	小学	熟练	不会	一般	一般	
	长女婿	岩香	35	小学	熟练	熟练	一般	一般	
	外孙女	玉罕	16	上初中	熟练	不会	熟练	熟练	
34	户主	岩燕	65	文盲	熟练	略懂	略懂	不会	
	妻子	玉夯	63	文盲	熟练	不会	略懂	不会	
	长子	岩罕叫	45	文盲	熟练	略懂	一般	不会	
	长儿媳	玉叫	44	小学	熟练	不会	一般	一般	
	孙子	岩温罕	23	小学	熟练	熟练	一般	一般	
	孙媳	玉儿奔	24	小学	熟练	不会	一般	一般	
	孙女	玉应罕	22	小学	熟练	不会	一般	一般	
	重孙	岩在乐	2	学龄前					
35	户主	岩夯	58	小学	熟练	略懂	一般	一般	
	妻子	玉腊	55	文盲	熟练	略懂	略懂	不会	
	长子	岩罕	36	小学	熟练	熟练	一般	一般	
	孙子	岩温罕	16	小学	熟练	不会	熟练	熟练	
36	户主	岩拉	41	小学	熟练	略懂	一般	一般	
	妻子	玉喃温	39	小学	熟练	不会	一般	一般	
	长女	玉喃旺	18	小学	熟练	不会	熟练	熟练	
	次女	玉康叫	16	上初中	熟练	不会	熟练	熟练	

	父亲	岩温香	74	文盲	熟练	略懂	不会	不会	
	母亲	玉传	69	文盲	熟练	不会	不会	不会	
37	户主	岩罕罕	50	文盲	熟练	略懂	一般	不会	
	妻子	玉香	51	文盲	熟练	不会	一般	不会	
38	户主	岩捧	42	小学	熟练	不会	一般	一般	
	妻子	玉波	39	文盲	熟练	不会	一般	不会	
	长子	岩温	18	小学	熟练	不会	熟练	熟练	
	长女	玉旺香	17	小学	熟练	不会	熟练	熟练	
39	户主	岩帕	43	小学	熟练	略懂	一般	一般	
	妻子	玉燕	40	小学	熟练	略懂	一般	一般	
	长子	岩应叫	23	小学	熟练	不会	一般	一般	
	长女	玉万	21	小学	熟练	不会	一般	一般	
	父亲	岩温罕	76	文盲	熟练	略懂	不会	不会	
	母亲	玉约	76	文盲	熟练	不会	不会	不会	
40	户主	岩罕香	64	小学	熟练	不会	一般	一般	
	妻子	玉说	55	小学	熟练	不会	一般	一般	
	次女	玉夯	27	小学	熟练	不会	一般	一般	
	次女婿	岩温叫	31	小学	熟练	不会	一般	一般	
41	户主	岩温	43	小学	熟练	略懂	一般	一般	
	妻子	玉马	42	小学	熟练	略懂	一般	一般	
	长子	岩燕	24	小学	熟练	不会	一般	一般	
	次子	岩叫	22	小学	熟练	熟练	一般	一般	
	父亲	岩宰罗	67	文盲	熟练	熟练	不会	不会	
	母亲	玉夯叫	72	文盲	熟练	不会	不会	不会	
42	户主	岩温香	40	小学	熟练	略懂	一般	一般	
	妻子	玉甩	38	小学	熟练	不会	一般	一般	
	长女	玉旺香	19	初中	熟练	不会	熟练	熟练	
	长子	岩温罕	16	小学	熟练	不会	熟练	熟练	
	母亲	玉香龙	71	文盲	熟练	不会	不会	不会	
43	户主	岩帕	44	小学	熟练	略懂	一般	一般	
	妻子	玉罕	44	小学	熟练	略懂	一般	一般	
	长女	玉香	27	小学	熟练	不会	一般	一般	
	长女婿	岩温叫	25	小学	熟练	熟练	一般	一般	
	次女	玉光	25	小学	熟练	不会	一般	一般	
	外孙	岩温罕	4	学龄前					

44	户主	岩燕	51	小学	熟练	略懂	一般	一般	
	妻子	玉拉	51	小学	熟练	不会	一般	一般	
	长子	岩温	29	小学	熟练	熟练			
45	户主	岩帕	46	小学	熟练	略懂	一般	一般	
	妻子	玉燕	44	小学	熟练	不会			
	长子	岩叫	25	小学	熟练	不会			
46	户主	岩罕叫	49	小学	熟练	熟练	一般	一般	
	妻子	玉留	50	小学	熟练	略懂			
	长子	岩罕夯	32	小学	熟练	不会	一般	一般	
	次子	岩叫	30	小学	熟练	不会	一般	一般	
	孙子	岩旺	12	上小学	熟练	不会	熟练	熟练	
	岳母	玉马	77	文盲	熟练	不会	不会	不会	
47	户主	岩温	50	文盲	熟练	不会	一般	不会	
	妻子	玉庄	58	文盲	熟练	不会	一般	不会	
	长子	岩叫	21	小学	熟练	熟练	一般	一般	
	长女	玉温	19	小学	熟练	不会	熟练	一般	
48	户主	岩海	57	文盲	熟练	略懂	略懂	不会	
	妻子	玉燕	53	文盲	熟练	不会	略懂	不会	
	次女	玉儿	29	小学	熟练	不会	一般	一般	
	次女婿	岩温波	32	小学	熟练	熟练	一般	一般	
	外孙	岩温罕湾	8	上小学	熟练	不会	一般	一般	
49	户主	岩罕	45	小学	熟练	略懂	一般	一般	
	妻子	玉甩	44	小学	熟练	略懂	一般	一般	
	长子	岩丙	27	小学	熟练	不会	一般	一般	
	长女	玉旺	25	小学	熟练	不会	一般	一般	
	孙女	玉应叫	6	上小学	熟练	不会	一般	略懂	
	孙子	岩温罕	1	学龄前					
	母亲	玉书	73	小学	熟练	不会	一般	一般	
50	户主	岩章	56	文盲	熟练	略懂	略懂	不会	
	妻子	玉养	55	文盲	熟练	不会	略懂	不会	
	次子	岩真	34	小学	熟练	熟练	一般	一般	
	次儿媳	玉燕	32	小学	熟练	不会	一般	一般	
	长孙女	玉旺	16	上初中	熟练	不会	熟练	熟练	
	次孙女	玉香约	7	上小学	熟练	不会	一般	一般	

51	户主	岩拉	39	小学	熟练	略懂	一般	一般	
	妻子	玉应香	39	小学	熟练	略懂	一般	一般	
	长女	玉旺	20	小学	熟练	不会	熟练	一般	
	次女	玉罕	18	小学	熟练	不会	熟练	熟练	
	祖母	玉帕	82	文盲	熟练	不会	不会	不会	
52	户主	岩总	49	小学	熟练	不会	一般	一般	
	妻子	玉旺	48	小学	熟练	略懂	一般	一般	
	长子	岩温叫	29	小学	熟练	不会	一般	一般	
	长儿媳	玉儿	29	小学	熟练	不会	一般	一般	
	长女	玉燕	22	小学	熟练	不会	一般	一般	
	长孙女	玉香拉	8	上小学	熟练	不会	一般	一般	
	次孙女	玉光	4	学龄前					
53	户主	岩罕论	49	小学	熟练	不会	一般	一般	
	妻子	玉约	48	小学	熟练	略懂	一般	一般	
	长子	岩温丙	25	小学	熟练	熟练	一般	一般	
	次子	岩轰	23	小学	熟练	不会	一般	一般	
	孙子	岩应罕	5	学龄前					
	祖母	玉种	82	文盲	熟练	不会	不会	不会	
54	户主	岩香	41	小学	熟练	略懂	一般	一般	
	妻子	玉香	38	小学	熟练	略懂	一般	一般	
	长子	岩温香	22	小学	熟练	不会	一般	一般	
	长女	玉应罕	21	小学	熟练	不会	一般	一般	
	母亲	玉喃温	76	文盲	熟练	不会	不会	不会	
55	户主	岩空	38	小学	熟练	略懂	一般	一般	
	妻子	玉香	39	小学	熟练	略懂	一般	一般	
	长子	岩温	29	高中	熟练	熟练	熟练	熟练	
	次子	岩尖	19	小学	熟练	不会	熟练	一般	
	父亲	岩叫龙	62	文盲	熟练	略懂	略懂	不会	
	母亲	玉香	64	文盲	熟练	不会	略懂	不会	
56	户主	岩温叫	34	小学	熟练	略懂	一般	一般	
	妻子	玉总	32	小学	熟练	不会	一般	一般	
	长子	岩旺	12	上小学	熟练	不会	熟练	熟练	
	长女	玉喃艳	5	学龄前					
	父亲	岩宰	55	小学	熟练	略懂	一般	一般	
	母亲	玉光	53	小学	熟练	不会	一般	一般	

57	户主	岩香	43	文盲	熟练	略懂	一般	不会	
	妻子	玉庄	42	文盲	熟练	略懂	一般	不会	
	长女	玉香	22	小学	熟练	不会	一般	一般	
	长子	岩罕	20	初中	熟练	不会	熟练	熟练	
	父亲	岩软	83	文盲	熟练	略懂	不会	不会	
58	户主	岩很	46	小学	熟练	略懂	一般	一般	
	妻子	玉香甩	44	文盲	熟练	略懂	一般	不会	
	长女	玉糯	11	上小学	熟练	不会	熟练	熟练	
59	户主	岩罕三	57	文盲	熟练	熟练	一般	不会	
	妻子	玉应	56	文盲	熟练	不会	一般	不会	
	长女	玉温	36	小学	熟练	略懂	一般	一般	
	长女婿	岩扁	38	小学	熟练	略懂	一般	一般	
	外孙女	玉燕罕	17	小学	熟练	不会	一般	一般	
	外孙	岩温罕	15	小学	熟练	不会	一般	一般	
60	户主	岩嘎	51	小学	熟练	略懂	一般	一般	
	妻子	玉罕	49	文盲	熟练	略懂	一般	不会	
	长女	玉叫嘎	29	小学	熟练	不会	一般	一般	
	长女婿	岩罕	30	小学	熟练	不会	一般	一般	
	长外孙女	玉旺囡	8	上小学	熟练	不会	一般	一般	
	次外孙女	玉光罕	4	学龄前					
61	户主	岩庄香	49	小学	熟练	略懂	一般	一般	
	妻子	玉温	49	小学	熟练	略懂	一般	一般	
	长子	岩旺	28	小学	熟练	不会	一般	一般	
	长儿媳	玉香旺	27	小学	熟练	不会	一般	一般	
	孙子	岩应叫	6	上小学	熟练	不会	一般	一般	
	孙女	玉应香	2	学龄前					
62	户主	岩应	44	小学	熟练	略懂	一般	一般	
	妻子	玉捧	44	小学	熟练	略懂	一般	一般	
	长女	玉旺	27	小学	熟练	不会	一般	一般	
	次女	玉康罕	22	小学	熟练	不会	一般	一般	
	外孙	岩温罕	5	学龄前					
63	户主	岩腊	49	小学	熟练	略懂	一般	一般	
	妻子	玉夯	47	小学	熟练	略懂	一般	一般	
	次女	玉叫	25	小学	熟练	不会	一般	一般	
	长外孙女	玉应罕	6	上小学	熟练	不会	一般	略懂	
	次外孙女	玉金罕	1	学龄前					

	母亲	玉燕	78	文盲	熟练	不会	不会	不会
	妹妹	玉捧	39	文盲	熟练	不会	一般	不会
64	户主	岩罕旺	34	小学	熟练	不会	一般	一般
	妻子	玉儿	32	小学	熟练	不会	一般	一般
	长女	玉应叫	16	上初中	熟练	不会	熟练	熟练
65	户主	岩叫	49	文盲	熟练	略懂	一般	不会
	妻子	玉光	49	小学	熟练	略懂	一般	一般
	长子	岩温罕	29	小学	熟练	熟练	一般	一般
	长儿媳	玉罕	32	小学	熟练	不会	一般	一般
	次子	岩叫	27	小学	熟练	不会	一般	一般
	长孙	岩罕光	9	上小学	熟练	不会	一般	一般
	次孙	岩空罕	5	学龄前				
	母亲	玉喂	70	文盲	熟练	不会	不会	不会
66	户主	岩温叫	59	文盲	熟练	略懂	略懂	不会
	妻子	玉坦	56	文盲	熟练	略懂	一般	不会
	次女	玉光	28	小学	熟练	不会	一般	一般
	次女婿	岩叫	27	小学	熟练	不会	一般	一般
	外孙女	玉应叫	7	上小学	熟练	不会	一般	一般
	岳母	玉么	83	文盲	熟练	不会	不会	不会
	姐姐	玉庄	61	文盲	熟练	不会	略懂	不会
67	户主	岩温甩	35	小学	熟练	不会	一般	一般
	妻子	玉金	34	小学	熟练	不会	一般	一般
	长子	岩温	14	小学	熟练	不会	熟练	熟练
	次子	岩罕恩	10	上小学	熟练	不会	一般	一般
68	户主	岩香	27	小学	熟练	不会	一般	一般
	妻子	玉旺	27	小学	熟练	不会	一般	一般
	长子	岩罕旺	6	上小学	熟练	不会	一般	略懂
69	户主	岩腊	29	小学	熟练	熟练	一般	一般
	妻子	玉儿	29	小学	熟练	不会	一般	一般
	长子	岩罕况	8	上小学	熟练	不会	一般	一般
	祖母	玉喂叫	71	文盲	熟练	不会	不会	不会
70	户主	岩宰龙	55	文盲	熟练	略懂	一般	不会
	妻子	玉甩	51	文盲	熟练	不会	一般	不会
	长女	玉应	32	小学	熟练	不会	一般	一般
	长女婿	岩叫	28	小学	熟练	熟练	一般	一般
	次女	玉罕	29	小学	熟练	不会	一般	一般

	外孙	岩应叫	8	上小学	熟练	不会	一般	一般	
	外孙女	玉应香	4	学龄前					
71	户主	岩轰	57	文盲	熟练	略懂	一般	不会	
	妻子	玉矿	55	文盲	熟练	略懂	一般	不会	
	长女	玉南万	37	小学	熟练	不会	一般	一般	
	长女婿	岩温	39	小学	熟练	一般	一般	一般	
	外孙女	玉应罕	17	小学	熟练	不会	熟练	熟练	
	外孙	岩罕叫	14	小学	熟练	不会	熟练	熟练	
72	户主	岩旺	45	文盲	熟练	略懂	一般	不会	
	妻子	玉吨	44	文盲	熟练	不会	一般	不会	
	长女	玉罕	27	小学	熟练	不会	一般	一般	
	长女婿	岩温	25	小学	熟练	不会	一般	一般	
	外孙	岩温叫	6	上小学	不会	不会	略懂	不会	聋哑人（上聋哑学校）
	母亲	玉温	62	文盲	熟练	不会	略懂	不会	
73	户主	岩温	54	小学	熟练	略懂	一般	不会	
	妻子	玉喂而	49	文盲	熟练	略懂	一般	不会	
	长子	岩罕应	32	初中	熟练	不会	熟练	熟练	
	长儿媳	玉叫涛	27	小学	熟练	不会	一般	一般	
	孙子	岩罕温	7	上小学	熟练	不会	一般	一般	
	母亲	玉丙	79	文盲	熟练	不会	不会	不会	
74	户主	岩扁	44	文盲	熟练	略懂	一般	不会	
	妻子	玉温	44	文盲	熟练	略懂	一般	不会	
	长女	玉燕	23	小学	熟练	不会	一般	一般	
	长子	岩温罕	21	小学	熟练	不会	一般	一般	
75	户主	岩温	58	文盲	熟练	略懂	略懂	不会	
	妻子	玉马	57	文盲	熟练	不会	略懂	不会	
	长女	玉温	34	小学	熟练	不会	一般	一般	
	长外孙	岩温叫	15	小学	熟练	不会	一般	一般	
	次外孙	岩光	6	上小学	熟练	不会	一般	略懂	
76	户主	岩胆	64	小学	熟练	略懂	一般	一般	
	次女	玉光	40	小学	熟练	略懂	一般	一般	
	次女婿	岩叫	43	小学	熟练	略懂	一般	一般	
	外孙	岩温	24	小学	熟练	熟练	一般	一般	
	外孙女	玉罕而	22	小学	熟练	不会	一般	一般	

77	户主	岩章	44	小学	熟练	略懂	一般	一般
	妻子	玉夯	43	小学	熟练	不会	一般	一般
	长女	玉罕	25	小学	熟练	不会	一般	一般
	长子	岩旺	24	小学	熟练	熟练	一般	一般
	孙子	岩温罕	1	学龄前				
	父亲	岩留	71	文盲	熟练	略懂	不会	不会
	母亲	玉罕	74	文盲	熟练	不会	不会	不会
78	户主	岩捧囡	54	文盲	熟练	略懂	一般	不会
	妻子	玉喂	49	小学	熟练	不会	一般	一般
	长子	岩罕乱	31	小学	熟练	不会	一般	一般
	长儿媳	玉香药	31	小学	熟练	不会	一般	一般
	孙女	玉旺	11	上小学	熟练	不会	熟练	熟练
	孙子	岩温香	5	学龄前				

8. 景洪市嘎洒镇曼湾村语言、文字使用情况

(1) 概况

曼湾村属于嘎洒镇曼播村委会，属于坝区，距离曼播村委会4公里，距离嘎洒镇22公里。全村145户，现有总人口725人，其中傣族718人，占总人数的99%，汉族7人。

全村耕地总面积732亩，其中水田728亩、旱地4亩，人均耕地达1亩，主要种植水稻等作物；拥有林地1650亩，主要种植橡胶。曼湾村综合利用水面养殖面积、耕地和林地的分布格局，推出立体式发展模式，扩宽农民增收空间，被誉为"绿色生态村"，成为社会主义新农村的典范。据统计，该村2007年农村经济总收入433万元，其中：种植业收入144万元，占总收入的33.3%；畜牧业收入37.7万元，占总收入的8.7%；渔业收入9万元，占总收入的2.1%；林业收入193.5万元，占总收入的44.7%；第二三产业收入48.9万元，占总收入的11.3%。农民人均纯收入4606元，农民收入以橡胶为主。

至2007年年底，全村145户通自来水、电、有线电视；电视机拥有户数达100%；安装固定电话和拥有移动电话的农户数均为144户，均占总数的99.3%；装有太阳能农户140户，占总户数的96.6%；全村共拥有汽车14辆、农用运输车5辆、拖拉机120辆、摩托车145辆。

此外，建有文化活动室1个、图书室1个。该村设党支部1个，党员总数多达20人，其中男党员16人、女党员4人；同时设有团支部1个，有团员42人。

该村2007年被嘎洒镇评为"遵纪守法模范村"。

(2) 语言使用的基本特点

A. 傣语在曼湾村是最重要的交际工具，属于稳定使用型语言

在曼湾村,村民以傣语作为最主要的交流工具。无论是在农忙时,还是在橡胶园,或是日常的村民交往中都使用傣语。此外,在调查中了解到,7个汉族居民到曼湾村后,为了适应生活环境,也逐渐掌握了傣语,与曼湾村的村民交流时也不再用汉语。他们依次是杨意(户主岩温的妻子,47岁,汉族,傣语一般)、唐时国(户主,43岁,汉族,傣语一般)、李四(户主,41岁,汉族,傣语一般)、林真强(户主,47岁,汉族,傣语一般)、左小芳(户主波卫甩的儿媳,32岁,汉族,傣语略懂)、李秀(户主岩叫的妻子,28岁,汉族,傣语略懂)、伍小斌(户主,40岁,汉族,傣语略懂)。这说明傣族高度聚居的曼湾村,沿袭着使用傣语进行交流的习惯,很好地保留了傣族语言,并对本村的外族居民产生了语言同化的影响。

表29 不同年龄段的人傣语使用情况统计表 （单位:人）

年龄段	总人口	熟练		一般		略懂		不会	
		人口	百分比	人口	百分比	人口	百分比	人口	百分比
6—12岁	64	64	100	0	0	0	0	0	0
13—18岁	65	65	100	0	0	0	0	0	0
19—30岁	159	158	99.4	0	0	1	0.6	0	0
31—39岁	121	120	99.2	0	0	1	0.8	0	0
40—55岁	172	167	97.1	4	2.3	1	0.6	0	0
56岁以上	106	106	100	0	0	0	0	0	0
合计	687	680	99	4	0.6	3	0.4	0	0

B. 与其他村寨相比,曼湾村的傣文掌握程度较高

在表30中,傣文水平属于"熟练"和"一般"等级的村民共有234人,其中熟练掌握傣文的195人,分布在18岁以上的四个年龄段中;傣文水平达到"一般"和"略懂"的人数均为39人。出现这种现象主要有以下几方面的原因:(1)该村18岁以上的四个年龄段,傣文水平达到"熟练"等级的村民,相当一部分是早年受过寺院教育的,认真地学习了傣文;(2)中老年人很多仍然保留日常生活中唱傣歌、读傣报的习惯;(3)少数懂傣文的长辈会在孩子儿童和少年时期有意识地教他们一些简单的傣文,以便对本民族的文字有一定的了解。

表30 不同年龄段的人傣文使用情况统计表 （单位:人）

年龄段	总人口	熟练		一般		略懂		不会	
		人口	百分比	人口	百分比	人口	百分比	人口	百分比
6—12岁	64	0	0	0	0	6	9.4	58	90.6
13—18岁	65	0	0	0	0	2	3.2	63	96.8
19—30岁	159	28	17.6	1	0.6	0	0	130	81.8
31—39岁	121	37	30.6	8	6.6	9	7.4	67	55.4
40—55岁	172	94	54.7	23	13.4	14	8.1	41	23.8
56岁以上	106	36	34	7	6.6	8	7.5	55	51.9
合计	687	195	28.4	39	5.7	39	5.7	414	60.2

C. 曼湾村村民"傣语—汉语"双语交际能力很强

随着该村经济的发展,学校义务教育和普通话的推广,曼湾村越来越多的人学习和掌握了汉语,尤其是青少年和中青年的双语交际能力迅速提高(见表31)。

表31　不同年龄段的人汉语使用情况统计表　　　　　　（单位:人）

年龄段	总人口	熟练		一般		略懂		不会	
		人口	百分比	人口	百分比	人口	百分比	人口	百分比
6—12岁	64	25	39.1	39	60.9	0	0	0	0
13—18岁	65	64	98.5	1	1.5	0	0	0	0
19—30岁	159	54	34	105	66	0	0	0	0
31—39岁	121	2	1.7	119	98.3	0	0	0	0
40—55岁	172	5	2.9	166	96.5	1	0.6	0	0
56岁以上	106	0	0	54	50.9	15	14.2	37	34.9
合计	687	150	21.8	484	70.5	16	2.3	37	5.4

从表31中可以看到,6—12岁、13—18岁和19—30岁、31—39岁这四个年龄段的村民汉语水平都属于"熟练"和"一般"等级,没有"不会"汉语的村民。这是因为,他们主要是接受过汉语言教育的青少年和经常在外的年轻人,他们在村寨和家里都使用傣语,但遇到外族人会用汉语交流,并且傣语和汉语之间转换自如。

40—55岁年龄段的中年人,属于"略懂"等级的只有1人,也没有不会说汉语的。但这一年龄段的村民汉语水平主要集中在"一般"水平,因为绝大多数人都接受过小学教育,能进行一般的汉语交流。56岁以上年龄段中有很大一部分高龄老人没有接受过汉语教育,没有专门学过汉语,同时很少外出,与人交流的机会很少,因此不会汉语的人数与其他年龄段相比有些偏高。

表32　曼湾村家庭语言、文字使用一览表

序号	家庭关系	姓名	年龄(岁)	文化程度	傣语	傣文	汉语	汉文	备注
1	户主	岩康	54	小学	熟练	熟练	一般	一般	
	妻子	玉南夯	52	小学	熟练	略懂	一般	一般	
	长子	岩康罕	22	小学	熟练	熟练	一般	一般	
	长儿媳	玉院	21	初中	熟练	不会	熟练	熟练	
	母亲	玉香叫	75	文盲	熟练	不会	不会	不会	
2	户主	岩香囡	41	小学	熟练	熟练	一般	一般	
	妻子	玉环	42	小学	熟练	熟练	一般	一般	
	次女	玉叫	23	小学	熟练	不会	一般	一般	
	次女婿	岩温叫	25	小学	熟练	熟练	一般	一般	
	外孙	岩温罕	3	学龄前					

3	户主	岩应	36	小学	熟练	熟练	一般	一般	
	妻子	玉叫	34	小学	熟练	不会	一般	一般	
	长女	玉康叫	13	上初中	熟练	不会	熟练	熟练	
	父亲	波康罕	67	小学	熟练	熟练	一般	一般	
	母亲	玉丙	63	小学	熟练	熟练	一般	一般	
4	户主	岩叫	34	小学	熟练	熟练	一般	一般	
	妻子	玉康	32	小学	熟练	不会	一般	一般	
	长子	岩香	11	上初中	熟练	不会	熟练	熟练	
	次子	岩康	11	上初中	熟练	不会	熟练	熟练	
	母亲	玉儿	58	文盲	熟练	不会	略懂	不会	
5	户主	岩叫拉	36	小学	熟练	不会	一般	一般	
	妻子	玉温	36	小学	熟练	不会	一般	一般	
	长女	玉旺叫	15	上初中	熟练	不会	熟练	熟练	
	长子	岩温香	12	上初中	熟练	不会	熟练	熟练	
6	户主	岩香养	41	小学	熟练	熟练	一般	一般	
	妻子	玉香留	41	小学	熟练	一般	一般	一般	
	长子	岩温胆	21	初中	熟练	不会	熟练	熟练	
	长儿媳	玉光罕	22	小学	熟练	不会	一般	一般	
	次子	岩康	19	初中	熟练	不会	熟练	熟练	
	孙子	岩应	2	学龄前					
7	户主	光恩	37	小学	熟练	一般	一般	一般	
	妻子	玉康	34	小学	熟练	不会	一般	一般	
	长子	光燕	15	上初中	熟练	不会	熟练	熟练	
	父亲	光温香	61	小学	熟练	熟练	一般	一般	
	母亲	玉药	59	小学	熟练	不会	一般	一般	
8	户主	岩温	45	小学	熟练	不会	一般	一般	
	妻子	杨意	47	小学	一般	不会	熟练	熟练	汉族
	长女	玉波	12	上小学	熟练	不会	熟练	熟练	
	母亲	咪害	81	文盲	熟练	不会	不会	不会	
9	户主	岩罕温	72	小学	熟练	不会	一般	一般	
	妻子	玉燕帅	71	文盲	熟练	不会	不会	不会	
	孙子	岩温香	11	上小学	熟练	不会	熟练	熟练	
10	户主	岩温香	35	小学	熟练	熟练	一般	一般	
	妻子	玉南儿	35	小学	熟练	不会	一般	一般	
	长女	玉应香	15	上初中	熟练	不会	熟练	熟练	
	长子	岩罕应	11	上小学	熟练	不会	熟练	熟练	

	母亲	玉湾	63	文盲	熟练	一般	略懂	不会	
	姑姑	玉怕	69	文盲	熟练	不会	略懂	不会	
11	户主	岩甩	47	小学	熟练	不会	一般	一般	
	妻子	玉香	45	小学	熟练	不会	一般	一般	
	长子	岩温香	25	小学	熟练	不会	一般	一般	
	长儿媳	玉旺香	26	小学	熟练	不会	一般	一般	
	次子	岩罕	23	初中	熟练	不会	熟练	熟练	
	孙女	玉叫	6	上小学	熟练	不会	一般	略懂	
12	户主	岩甩	43	小学	熟练	熟练	一般	一般	
	妻子	玉燕	41	小学	熟练	熟练	一般	一般	
	长女	玉应香	22	初中	熟练	不会	熟练	熟练	
	次女	玉罕囡	19	初中	熟练	不会	熟练	熟练	
	父亲	波温胆	80	文盲	熟练	一般	不会	不会	
13	户主	岩恩响	54	小学	熟练	熟练	一般	一般	
	长子	岩温	27	小学	熟练	熟练	一般	一般	
	长儿媳	玉儿	25	文盲	熟练	不会	一般	不会	
	次子	岩罕叫	20	小学	熟练	熟练	一般	一般	
	孙子	岩燕	2	学龄前					
14	户主	岩旺	35	小学	熟练	熟练	一般	一般	
	妻子	玉香	31	小学	熟练	不会	一般	一般	
	长子	岩燕罕	10	上小学	熟练	不会	一般	一般	
	次子	岩罕光	5	学龄前					
	父亲	岩罕应	57	小学	熟练	熟练	一般	一般	
	母亲	玉香	57	小学	熟练	略懂	一般	一般	
15	户主	岩胆	39	小学	熟练	一般	一般	一般	
	妻子	玉南罕	39	小学	熟练	一般	一般	一般	
	长子	岩班	19	小学	熟练	不会	熟练	一般	
	长儿媳	玉应香	20	初中	熟练	不会	熟练	熟练	
	长女	玉应香	18	初中	熟练	不会	熟练	熟练	
	母亲	玉湾	71	文盲	熟练	不会	不会	不会	
16	户主	岩拉	45	小学	熟练	一般	一般	一般	
	妻子	玉环	45	小学	熟练	略懂	一般	一般	
	长女	玉应香	25	小学	熟练	不会	一般	一般	
	长女婿	岩应	26	小学	熟练	不会	一般	一般	
	次女	玉康叫	22	初中	熟练	不会	熟练	熟练	
	次女婿	岩恩	22	小学	熟练	熟练	一般	一般	
	外孙	岩叫	5	学龄前					

17	户主	岩香东	44	小学	熟练	一般	一般	一般	
	妻子	玉香甩	47	小学	熟练	一般	一般	一般	
	长女	玉应罕	19	小学	熟练	不会	一般	一般	
	次子	岩金罕	17	初中	熟练	不会	熟练	熟练	
18	户主	岩庄遍	45	小学	熟练	熟练	一般	一般	
	妻子	玉马	41	小学	熟练	熟练	一般	一般	
	长女	玉香旺	22	高中	熟练	不会	熟练	熟练	
	长子	岩应	20	初中	熟练	不会	熟练	熟练	
	母亲	玉总	77	文盲	熟练	不会	不会	不会	
19	户主	玉班	47	小学	熟练	一般	一般	一般	
	长女	玉香班	22	初中	熟练	不会	熟练	熟练	
	长女婿	岩旺	23	小学	熟练	熟练	一般	一般	
	外孙女	玉旺香	4	学龄前					
	姑姑	玉旺	60	小学	熟练	不会	一般	一般	
20	户主	岩香	44	小学	熟练	一般	一般	一般	
	妻子	玉遍	43	小学	熟练	一般	一般	一般	
	长子	岩温叫	24	初中	熟练	不会	熟练	熟练	
	长儿媳	玉旺叫	23	初中	熟练	不会	熟练	熟练	
	次子	岩康	23	小学	熟练	熟练	一般	一般	
	孙子	岩罕燕	4	学龄前					
	父亲	岩温湾	74	小学	熟练	熟练	一般	一般	
	母亲	玉湾	72	文盲	熟练	不会	不会	不会	
21	户主	岩糯	45	小学	熟练	熟练	一般	一般	
	妻子	玉康	44	小学	熟练	熟练	一般	一般	
	长子	岩艳	25	小学	熟练	熟练	一般	一般	
	长儿媳	玉约那	22	小学	熟练	不会	一般	一般	
	长女	玉旺叫	23	初中	熟练	不会	熟练	熟练	
	长女婿	岩温叫	24	初中	熟练	不会	熟练	熟练	
	孙女	玉香	4	学龄前					
	外孙	岩罕艳	4	学龄前					
	母亲	玉尖炳	77	文盲	熟练	不会	不会	不会	
22	户主	岩甩	39	小学	熟练	不会	一般	一般	
	妻子	玉庄	41	小学	熟练	略懂	一般	一般	
	长女	玉院	18	初中	熟练	不会	熟练	熟练	
	长子	岩温香	16	初中	熟练	不会	熟练	熟练	
	父亲	岩香因	63	小学	熟练	一般	一般	一般	
	母亲	玉庄	63	小学	熟练	不会	一般	一般	

23	户主	岩康罕	51	小学	熟练	熟练	一般	一般	
	妻子	玉劳	50	小学	熟练	熟练	一般	一般	
	长女	玉南罕	26	高中	熟练	不会	熟练	熟练	
	次女	玉香胆	23	初中	熟练	不会	熟练	熟练	
24	户主	岩甩	41	小学	熟练	熟练	一般	一般	
	妻子	玉旺种	40	小学	熟练	略懂	一般	一般	
	长女	玉捧	19	初中	熟练	不会	熟练	熟练	
	父亲	岩香比	63	小学	熟练	一般	一般	一般	
	母亲	玉叫	63	小学	熟练	不会	一般	一般	
	妹夫	岩康	23	小学	熟练	熟练	一般	一般	
25	户主	岩院	42	小学	熟练	熟练	一般	一般	
	妻子	玉郎	43	小学	熟练	一般	一般	一般	
	长女	玉应罕	20	初中	熟练	不会	熟练	熟练	
	次女	玉叫	18	高中	熟练	不会	熟练	熟练	
	次女婿	岩罕香	21	初中	熟练	不会	熟练	熟练	
	父亲	岩往	70	文盲	熟练	熟练	不会	不会	
	母亲	玉香叫	69	文盲	熟练	不会	不会	不会	
	妹妹	玉旺	40	文盲	熟练	不会	一般	不会	
26	户主	岩涛	40	小学	熟练	不会	一般	一般	
	妻子	玉涛	40	小学	熟练	一般	一般	一般	
	长子	岩燕	19	小学	熟练	不会	一般	一般	
	长儿媳	玉旺叫	21	初中	熟练	不会	熟练	熟练	
	长女	玉旺香	16	初中	熟练	不会	熟练	熟练	
	母亲	玉光	69	文盲	熟练	不会	略懂	不会	
27	户主	岩坦	40	小学	熟练	不会	一般	一般	
	妻子	玉论	37	小学	熟练	一般	一般	一般	
	长子	岩罕	16	上初中	熟练	不会	熟练	熟练	
	次子	岩温叫	11	上小学	熟练	不会	熟练	熟练	
	母亲	玉香胆	68	文盲	熟练	不会	略懂	不会	
28	户主	岩拉	56	小学	熟练	熟练	一般	一般	
	妻子	玉罕	54	小学	熟练	不会	一般	一般	
	长子	岩应	32	小学	熟练	熟练	一般	一般	
	长儿媳	玉叫	31	小学	熟练	不会	一般	一般	
	长孙	岩温香	9	上小学	熟练	不会	一般	一般	
	次孙	岩应	5	学龄前					

29	户主	岩罕书	61	小学	熟练	熟练	一般	一般
	妻子	玉种	60	小学	熟练	不会	一般	一般
	儿媳	玉旺	34	小学	熟练	不会	一般	一般
	孙女	玉应香	10	上小学	熟练	不会	一般	一般
30	户主	岩怕	35	小学	熟练	不会	一般	一般
	妻子	玉燕金	28	小学	熟练	不会	一般	一般
	长女	玉应罕	1	学龄前				
	父亲	岩罕叫	67	小学	熟练	熟练	一般	一般
	母亲	玉留	66	文盲	熟练	不会	略懂	不会
31	户主	岩叫	53	小学	熟练	熟练	一般	一般
	妻子	玉旺	51	小学	熟练	略懂	一般	一般
	长女	玉应香	34	小学	熟练	不会	一般	一般
	长女婿	岩光	36	小学	熟练	一般	一般	一般
	长外孙女	玉旺叫	14	上初中	熟练	不会	熟练	熟练
	次外孙女	玉光香	11	上小学	熟练	不会	熟练	熟练
32	户主	岩温	60	小学	熟练	熟练	一般	一般
	妻子	玉温	62	小学	熟练	不会	一般	一般
	长女	玉香胆	34	小学	熟练	不会	一般	一般
	长女婿	岩温养	35	小学	熟练	略懂	一般	一般
	孙女	玉香班	14	上初中	熟练	不会	熟练	熟练
	孙子	岩光罕	11	上初中	熟练	不会	熟练	熟练
33	户主	岩康	47	小学	熟练	熟练	一般	一般
	妻子	玉燕	45	小学	熟练	略懂	一般	一般
	长子	岩旺	23	小学	熟练	熟练	一般	一般
	长儿媳	玉旺	23	小学	熟练	不会	一般	一般
	长女	玉罕	21	初中	熟练	不会	熟练	熟练
	孙子	岩燕	4	学龄前				
34	户主	岩勐	42	小学	熟练	熟练	一般	一般
	妻子	玉光	42	小学	熟练	熟练	一般	一般
	长子	岩罕叫	20	小学	熟练	不会	一般	一般
	母亲	咪罕龙	83	文盲	熟练	不会	不会	不会
35	户主	岩罕温	42	小学	熟练	不会	一般	一般
	妻子	玉叫	41	小学	熟练	熟练	一般	一般
	长女	玉旺	21	初中	熟练	不会	熟练	熟练
	长女婿	岩温叫	27	初中	熟练	不会	熟练	熟练
	长子	岩温叫	19	小学	熟练	不会	熟练	一般

36	户主	岩香宰	47	小学	熟练	熟练	一般	一般	
	妻子	玉甩	46	小学	熟练	不会	一般	一般	
	长女	玉叫	22	小学	熟练	不会	一般	一般	
	次女	玉香	19	高中	熟练	不会	熟练	熟练	
	母亲	玉说	87	文盲	熟练	不会	不会	不会	
37	户主	康南腊	79	小学	熟练	熟练	一般	一般	
	妻子	玉种	67	文盲	熟练	不会	略懂	不会	
	长子	岩应	43	小学	熟练	略懂	一般	一般	
	长儿媳	玉应香	37	小学	熟练	不会	一般	一般	
	孙女	玉叫	18	初中	熟练	不会	熟练	熟练	
38	户主	岩康龙	41	小学	熟练	不会	一般	一般	
	妻子	玉旺	40	小学	熟练	熟练	一般	一般	
	长女	玉院	21	初中	熟练	不会	熟练	熟练	
	长子	岩应	21	小学	熟练	不会	一般	一般	
39	户主	波香班	70	小学	熟练	熟练	一般	一般	
	妻子	麦子	70	文盲	熟练	不会	不会	不会	
	长子	岩叫	36	小学	熟练	熟练	一般	一般	
	长儿媳	玉罕	31	小学	熟练	不会	一般	一般	
	长孙女	玉叫	11	上小学	熟练	不会	熟练	熟练	
	次孙女	玉夯叫	5	学龄前					
40	户主	波卫甩	70	小学	熟练	熟练	一般	一般	
	妻子	玉叫甩	68	文盲	熟练	不会	略懂	不会	
	长子	岩罕	40	小学	熟练	不会	一般	一般	
	长儿媳	左小芳	32	小学	略懂	不会	熟练	熟练	汉族
	孙女	玉应香	6	上小学	熟练	不会	一般	略懂	
41	户主	岩宰龙	58	小学	熟练	熟练	一般	一般	
	妻子	玉轰	57	文盲	熟练	不会	略懂	不会	
	长子	岩庄香	33	初中	熟练	不会	熟练	熟练	
	长儿媳	玉儿胆	29	小学	熟练	不会	一般	一般	
	孙女	玉应香	7	上小学	熟练	不会	一般	一般	
42	户主	岩温香	53	小学	熟练	熟练	一般	一般	
	妻子	玉恩	51	小学	熟练	熟练	一般	一般	
	长子	岩院	31	小学	熟练	不会	一般	一般	
	长儿媳	玉叫	34	小学	熟练	不会	一般	一般	
	孙女	玉温	9	上小学	熟练	不会	一般	一般	
	孙子	岩温罕	5	学龄前					

43	户主	岩庄香	45	小学	熟练	熟练	一般	一般
	妻子	玉香班	44	小学	熟练	一般	一般	一般
	长子	岩温叫	27	初中	熟练	不会	熟练	熟练
	长儿媳	玉旺	21	初中	熟练	不会	熟练	熟练
	孙子	岩香	3	学龄前				
44	户主	岩恩	50	小学	熟练	不会	一般	一般
	妻子	玉儿	48	小学	熟练	熟练	一般	一般
	长女	玉旺	26	小学	熟练	一般	一般	一般
	长女婿	岩罕拉	27	小学	熟练	熟练	一般	一般
	次女	玉罕	23	小学	熟练	不会	一般	一般
	次女婿	岩温香	24	小学	熟练	熟练	一般	一般
	外孙女	玉应香	7	上小学	熟练	不会	一般	一般
45	户主	岩温龙	48	小学	熟练	不会	一般	一般
	妻子	玉遍	43	小学	熟练	不会	一般	一般
	长子	岩燕	24	小学	熟练	不会	一般	一般
	长女	玉金	21	小学	熟练	不会	一般	一般
	次子	岩康	20	小学	熟练	不会	熟练	一般
46	户主	波儿海	54	小学	熟练	熟练	一般	一般
	妻子	玉温	55	文盲	熟练	不会	略懂	不会
	长子	岩罕	30	小学	熟练	熟练	一般	一般
47	户主	岩遍囡	53	小学	熟练	熟练	一般	一般
	妻子	玉班	49	小学	熟练	一般	一般	一般
	次子	岩叫	27	小学	熟练	熟练	一般	一般
	次儿媳	玉温	25	小学	熟练	不会	一般	一般
	孙女	玉南艳	4	学龄前				
48	户主	岩宰温	47	小学	熟练	熟练	一般	一般
	妻子	玉光香	45	小学	熟练	不会	一般	一般
	次女	玉旺	23	小学	熟练	不会	一般	一般
	次女婿	岩旺	23	小学	熟练	不会	一般	一般
	长子	岩应	22	初中	熟练	不会	熟练	熟练
	长儿媳	玉应香	25	小学	熟练	不会	一般	一般
	孙子	岩叫	5	学龄前				
49	户主	岩光马	41	小学	熟练	略懂	一般	一般
	妻子	玉南应	37	小学	熟练	不会	一般	一般
	长子	岩院	16	上初中	熟练	不会	熟练	熟练
	次子	岩药	14	上初中	熟练	不会	熟练	熟练
	母亲	玉涛	76	小学	熟练	不会	一般	一般

50	户主	岩罕香	73	小学	熟练	略懂	一般	一般	
	妻子	玉丙	73	文盲	熟练	不会	不会	不会	
	次子	岩总	39	小学	熟练	不会	一般	一般	
	次儿媳	玉儿	27	小学	熟练	不会	一般	一般	
	孙女	玉康罕	4	学龄前					
51	户主	波南罕	66	小学	熟练	熟练	一般	一般	
	次子	岩温	36	小学	熟练	熟练	一般	一般	
	次儿媳	玉药	41	小学	熟练	一般	一般	一般	
	孙子	岩旺	22	小学	熟练	熟练	一般	一般	
	孙媳	玉喃应	19	小学	熟练	不会	一般	一般	
	孙女	玉儿	18	初中	熟练	不会	熟练	熟练	
52	户主	岩胆	47	小学	熟练	熟练	一般	一般	
	妻子	玉旺	46	小学	熟练	不会	一般	一般	
	次子	岩温叫	22	小学	熟练	熟练	一般	一般	
53	户主	岩空	53	小学	熟练	熟练	一般	一般	
	妻子	玉丙	53	小学	熟练	一般	一般	一般	
	长子	岩旺	32	小学	熟练	熟练	一般	一般	
	长儿媳	玉旺	31	小学	熟练	不会	一般	一般	
	孙女	玉应香	10	上小学	熟练	略懂	一般	一般	
	孙子	岩温香	5	学龄前					
54	户主	岩香	54	小学	熟练	一般	一般	一般	
	妻子	玉总	58	小学	熟练	一般	一般	一般	
	长女	玉燕	31	小学	熟练	不会	一般	一般	
	长女婿	岩旺	33	小学	熟练	不会	一般	一般	
	外孙女	玉叫	11	上小学	熟练	略懂	熟练	熟练	
	外孙	岩温香	10	上小学	熟练	略懂	一般	一般	
55	户主	岩罕论	47	小学	熟练	熟练	一般	一般	
	妻子	玉利	45	小学	熟练	熟练	一般	一般	
	长子	岩温香	24	小学	熟练	熟练	一般	一般	
	长儿媳	玉罕	23	小学	熟练	不会	一般	一般	
	次女	玉院	23	大专	熟练	不会	熟练	熟练	
	孙子	岩燕	4	学龄前					
56	户主	岩康药	55	小学	熟练	熟练	一般	一般	
	妻子	玉应	48	小学	熟练	一般	一般	一般	
	长子	岩温	27	小学	熟练	熟练	一般	一般	
	长儿媳	玉温	26	小学	熟练	不会	一般	一般	

	孙子	岩罕	7	上小学	熟练	不会	一般	一般	
	孙女	玉应罕	3	学龄前					
57	户主	岩旺遍	49	小学	熟练	熟练	一般	一般	
	妻子	玉旺	46	小学	熟练	一般	一般	一般	
	长女	玉康	27	小学	熟练	不会	一般	一般	
	长女婿	岩罕院	34	小学	熟练	熟练	一般	一般	
	三女	玉药那	22	小学	熟练	不会	一般	一般	
	三女婿	岩燕	25	小学	熟练	熟练	一般	一般	
	长外孙女	玉应罕	7	上小学	熟练	不会	一般	一般	
	次外孙女	玉应香	4	学龄前					
58	户主	岩怕	48	小学	熟练	熟练	一般	一般	
	妻子	玉儿	47	小学	熟练	一般	一般	一般	
	长女	玉香应	25	小学	熟练	不会	一般	一般	
	长女婿	岩温香	26	小学	熟练	不会	一般	一般	
	长子	岩罕燕	23	大专	熟练	不会	熟练	熟练	
	外孙	岩香	5	学龄前					
59	户主	岩甩播	54	小学	熟练	熟练	一般	一般	
	妻子	玉勐	51	小学	熟练	熟练	一般	一般	
	次子	岩罕香	29	小学	熟练	不会	一般	一般	
	三女	玉燕	23	小学	熟练	不会	一般	一般	
60	户主	岩燕	47	小学	熟练	熟练	一般	一般	
	妻子	玉光香	49	小学	熟练	一般	一般	一般	
	长女	玉旺	24	初中	熟练	不会	熟练	熟练	
	次女	玉罕亮	22	小学	熟练	不会	一般	一般	
61	户主	岩香宰	42	小学	熟练	不会	一般	一般	
	妻子	玉温胆	42	小学	熟练	一般	一般	一般	
	长子	岩温罕	24	小学	熟练	熟练	一般	一般	
	长儿媳	玉应罕	21	初中	熟练	不会	熟练	熟练	
	次女	玉南应	19	初中	熟练	不会	一般	一般	
	孙女	玉燕罕	3	学龄前					
62	户主	岩香囡	49	小学	熟练	熟练	一般	一般	
	妻子	玉庄遍	47	小学	熟练	熟练	一般	一般	
	长女	玉旺	24	小学	熟练	不会	一般	一般	
	长女婿	岩叫	28	小学	熟练	熟练	一般	一般	
	次女	玉光罕	22	小学	熟练	不会	一般	一般	

63	户主	玉罕恩	52	小学	熟练	不会	一般	一般	
	长女	玉叫	16	初中	熟练	不会	熟练	熟练	
64	户主	玉应香	11	上小学	熟练	略懂	熟练	熟练	
65	户主	波外	58	小学	熟练	熟练	一般	一般	
	妻子	玉马	57	小学	熟练	一般	一般	一般	
	长子	岩温香	37	小学	熟练	熟练	一般	一般	
	长儿媳	玉温	35	小学	熟练	一般	一般	一般	
	长孙	岩应罕	14	上初中	熟练	略懂	熟练	熟练	
	次孙	岩罕养	11	上小学	熟练	略懂	熟练	熟练	
66	户主	岩胆	58	小学	熟练	一般	一般	一般	
	妻子	玉香叫	58	小学	熟练	不会	一般	一般	
	长子	岩香	33	小学	熟练	不会	一般	一般	
	长儿媳	玉应香	36	小学	熟练	一般	一般	一般	
	孙女	玉夯	13	上初中	熟练	略懂	熟练	熟练	
	孙子	岩温香	11	上小学	熟练	略懂	熟练	熟练	
67	户主	波应康	56	小学	熟练	一般	一般	一般	
	妻子	玉郎	56	小学	熟练	不会	一般	一般	
	长子	岩罕燕	30	小学	熟练	不会	一般	一般	
	长儿媳	玉叫	31	小学	熟练	不会	一般	一般	
	孙女	玉旺	8	上小学	熟练	不会	一般	一般	
68	户主	岩光	55	小学	熟练	熟练	一般	一般	
	妻子	玉香应	53	小学	熟练	一般	一般	一般	
	长子	岩燕	34	小学	熟练	不会	一般	一般	
	长儿媳	玉甩	34	小学	熟练	不会	一般	一般	
	孙子	岩温香	13	上初中	熟练	不会	熟练	熟练	
	孙女	玉应罕	10	上小学	熟练	不会	一般	一般	
69	户主	波叫总	51	小学	熟练	熟练	一般	一般	
	妻子	玉遍	49	小学	熟练	一般	一般	一般	
	长女	玉光香	28	小学	熟练	不会	一般	一般	
	长女婿	岩康	28	小学	熟练	不会	一般	一般	
	长外孙女	玉燕	8	上小学	熟练	不会	一般	一般	
	次外孙女	玉儿	4	学龄前					
70	户主	岩院领	47	小学	熟练	熟练	一般	一般	
	妻子	玉甩	48	小学	熟练	一般	一般	一般	
	长子	岩罕	27	小学	熟练	不会	一般	一般	
	长儿媳	玉旺	26	小学	熟练	不会	一般	一般	

	次子	岩恩	22	小学	熟练	不会	一般	一般
	孙子	岩温叫	7	上小学	熟练	不会	一般	一般
71	户主	岩万	46	小学	熟练	熟练	一般	一般
	妻子	玉涛罕	43	小学	熟练	一般	一般	一般
	长子	岩罕应	24	小学	熟练	不会	一般	一般
	长儿媳	玉艳参	24	小学	熟练	不会	一般	一般
	次女	玉旺	23	小学	熟练	不会	一般	一般
	孙女	玉罕班	5	学龄前				
72	户主	岩怀	56	小学	熟练	熟练	一般	一般
	妻子	玉甩	50	小学	熟练	熟练	一般	一般
	长子	岩旺	30	小学	熟练	不会	一般	一般
	长儿媳	玉外	25	小学	熟练	不会	一般	一般
	次子	岩罕叫	22	小学	熟练	不会	一般	一般
	孙子	岩温罕	6	上小学	熟练	不会	一般	略懂
73	户主	岩罕领	44	小学	熟练	熟练	一般	一般
	妻子	玉万	44	小学	熟练	熟练	一般	一般
	长女	玉香	20	初中	熟练	不会	熟练	熟练
	次女	玉温	17	上初中	熟练	不会	熟练	熟练
74	户主	波香温	47	小学	熟练	熟练	一般	一般
	妻子	玉章	47	小学	熟练	熟练	一般	一般
	次女	玉光叫	22	小学	熟练	不会	一般	一般
75	户主	岩论	47	小学	熟练	熟练	一般	一般
	妻子	玉庄遍	46	小学	熟练	熟练	一般	一般
	长子	岩温	25	小学	熟练	不会	一般	一般
	长女	玉南旺	22	小学	熟练	不会	一般	一般
76	户主	岩旺	49	小学	熟练	熟练	一般	一般
	妻子	玉光	47	小学	熟练	熟练	一般	一般
	长女	玉应香	26	小学	熟练	不会	一般	一般
	长女婿	岩燕	27	小学	熟练	熟练	一般	一般
	次子	岩温罕	24	小学	熟练	不会	一般	一般
	长外孙	岩温香	9	上小学	熟练	不会	一般	一般
	次外孙	岩夯	4	学龄前				
77	户主	岩温香	63	小学	熟练	熟练	一般	一般
	妻子	玉甩	64	小学	熟练	不会	一般	一般
	长子	岩恩	34	小学	熟练	不会	一般	一般
	长儿媳	玉康	32	小学	熟练	不会	一般	一般
	孙子	岩温罕	10	上小学	熟练	不会	一般	一般

78	户主	岩院	55	小学	熟练	熟练	一般	一般	
	妻子	玉金	54	小学	熟练	熟练	一般	一般	
	长女	玉光	34	小学	熟练	不会	一般	一般	
	长女婿	岩光	35	小学	熟练	熟练	一般	一般	
	外孙女	玉香旺	13	上初中	熟练	不会	熟练	熟练	
	外孙	岩燕	10	上小学	熟练	不会	一般	一般	
79	户主	岩恩	33	小学	熟练	不会	一般	一般	
	妻子	玉院龙	32	小学	熟练	不会	一般	一般	
	长子	岩温香	11	上小学	熟练	不会	熟练	熟练	
	长女	玉应香	5	学龄前					
80	户主	岩康	45	小学	熟练	熟练	一般	一般	
	妻子	玉叫用	44	小学	熟练	不会	一般	一般	
	次女	玉香应	20	初中	熟练	不会	熟练	熟练	
81	户主	岩香宰	65	小学	熟练	略懂	一般	一般	
	妻子	玉药	63	文盲	熟练	不会	略懂	不会	
	长女	玉罕	34	小学	熟练	不会	一般	一般	
	长女婿	岩光	39	小学	熟练	不会	一般	一般	
	外孙	岩温叫	12	上小学	熟练	不会	熟练	熟练	
82	户主	岩院	34	小学	熟练	熟练	一般	一般	
	妻子	玉香	33	小学	熟练	不会	一般	一般	
	长子	岩温罕	10	上小学	熟练	不会	一般	一般	
83	户主	岩温涛	54	小学	熟练	熟练	一般	一般	
	妻子	玉叫算	56	小学	熟练	略懂	一般	一般	
	长女	玉罕	35	小学	熟练	熟练	一般	一般	
	次女	玉温罕	34	小学	熟练	不会	一般	一般	
	长外孙	岩温罕	13	上初中	熟练	不会	熟练	熟练	
	次外孙	岩叫	10	上小学	熟练	不会	一般	一般	
84	户主	岩班	38	小学	熟练	熟练	一般	一般	
	妻子	玉种	37	小学	熟练	略懂	一般	一般	
	长女	玉院	15	上初中	熟练	不会	熟练	熟练	
	次女	玉罕	11	上小学	熟练	不会	熟练	熟练	
	母亲	玉论	75	文盲	熟练	不会	不会	不会	
85	户主	岩反	37	小学	熟练	不会	一般	一般	
	妻子	玉光	33	小学	熟练	不会	一般	一般	
	长女	玉罕	11	上小学	熟练	不会	熟练	熟练	
	次女	玉温香	7	上小学	熟练	不会	一般	一般	

	父亲	波儿院	68	文盲	熟练	熟练	不会	不会	
	母亲	玉吨	69	文盲	熟练	不会	不会	不会	
86	户主	岩遍	36	小学	熟练	不会	一般	一般	
	妻子	玉甩	34	小学	熟练	不会	一般	一般	
	长子	岩温香	14	上初中	熟练	不会	熟练	熟练	
87	户主	岩留	49	小学	熟练	熟练	一般	一般	
	妻子	玉光	50	小学	熟练	熟练	一般	一般	
	长子	岩罕	22	小学	熟练	熟练	一般	一般	
	长儿媳	玉罕	21	小学	熟练	不会	一般	一般	
	孙女	玉罕	3	学龄前					
	父亲	波罕亮	84	文盲	熟练	略懂	不会	不会	
88	户主	岩叫	34	小学	熟练	不会	一般	一般	
	妻子	玉旺	31	小学	熟练	不会	一般	一般	
	长子	岩温叫	13	上小学	熟练	不会	一般	一般	
	次子	岩罕恩	11	上小学	熟练	不会	熟练	熟练	
	母亲	玉罕恩	76	文盲	熟练	熟练	不会	不会	
89	户主	岩况	43	小学	熟练	不会	一般	一般	
	妻子	玉香种	45	小学	熟练	不会	一般	一般	
	长子	岩罕香	19	小学	熟练	不会	熟练	熟练	
	母亲	玉香	68	文盲	熟练	不会	不会	不会	
90	户主	岩应	45	小学	熟练	熟练	一般	一般	
	妻子	玉香	43	小学	熟练	熟练	一般	一般	
	长女	玉罕	26	小学	熟练	不会	一般	一般	
	长女婿	岩温香	25	小学	熟练	不会	一般	一般	
	次女	玉旺	21	小学	熟练	不会	一般	一般	
	长外孙女	玉叫	6	上小学	熟练	不会	一般	略懂	
	次外孙女	玉康罕	1	学龄前					
91	户主	岩很	43	小学	熟练	熟练	一般	一般	
	妻子	玉章	44	小学	熟练	略懂	一般	一般	
	长女	玉旺章	24	小学	熟练	不会	一般	一般	
	长女婿	岩叫	26	小学	熟练	熟练	一般	一般	
	次子	岩罕	22	小学	熟练	熟练	一般	一般	
	外孙	岩温罕	4	学龄前					
	母亲	玉养	72	文盲	熟练	一般	不会	不会	
92	户主	岩罕种	33	小学	熟练	熟练	一般	一般	
	妻子	玉叫	32	小学	熟练	不会	一般	一般	

	长女	玉应叫	9	上小学	熟练	不会	一般	一般	
	次女	玉光香	5	学龄前					
	父亲	波旺种	59	小学	熟练	熟练	一般	一般	
	母亲	玉罕恩	58	小学	熟练	略懂	一般	一般	
	祖母	玉叫	90	文盲	熟练	不会	不会	不会	
	姐姐	玉康	36	小学	熟练	不会	一般	一般	
	外甥女	玉罕	16	上初中	熟练	不会	熟练	熟练	
93	户主	波旺恩	66	小学	熟练	熟练	一般	一般	
	妻子	玉康	57	小学	熟练	熟练	一般	一般	
	长子	岩光	32	小学	熟练	不会	一般	一般	
94	户主	岩庄	41	小学	熟练	熟练	一般	一般	
	妻子	玉坚	42	小学	熟练	不会	一般	一般	
	长女	玉叫	22	中专	熟练	熟练	熟练	熟练	
	长子	岩温叫	19	初中	熟练	不会	熟练	熟练	
95	户主	岩叫	37	小学	熟练	熟练	一般	一般	
	妻子	玉康	34	小学	熟练	略懂	一般	一般	
	长子	岩温香	18	初中	熟练	不会	熟练	熟练	
	长女	玉香旺	16	上初中	熟练	不会	熟练	熟练	
	父亲	岩应	61	小学	熟练	熟练	一般	一般	
	母亲	玉康	62	文盲	熟练	不会	略懂	不会	
96	户主	岩罕说	41	小学	熟练	熟练	一般	一般	
	妻子	玉院	38	小学	熟练	熟练	一般	一般	
	长女	玉应罕	21	初中	熟练	不会	熟练	熟练	
	长女婿	岩温罕	24	小学	熟练	不会	一般	一般	
	长子	岩温叫	19	初中	熟练	不会	熟练	熟练	
	父亲	波院说	73	文盲	熟练	不会	不会	不会	
	母亲	玉喃恩	71	文盲	熟练	不会	不会	不会	
97	户主	岩香	41	小学	熟练	不会	一般	一般	
	妻子	玉应叫	41	小学	熟练	熟练	一般	一般	
	长女	玉香应	22	初中	熟练	不会	熟练	熟练	
	次女	玉光叫	20	初中	熟练	不会	熟练	熟练	
98	户主	岩珍	42	小学	熟练	熟练	一般	一般	
	妻子	玉金	43	小学	熟练	熟练	一般	一般	
	长子	岩罕	20	小学	熟练	不会	一般	一般	
	次子	岩尖	19	小学	熟练	不会	一般	一般	

99	户主	岩罕	41	小学	熟练	不会	一般	一般	
	妻子	玉旺	41	小学	熟练	熟练	一般	一般	
	长子	岩温	19	初中	熟练	不会	熟练	熟练	
100	户主	波温格	46	小学	熟练	不会	一般	一般	
	妻子	玉罕恩	45	小学	熟练	略懂	一般	一般	
	长子	岩温香	22	小学	熟练	熟练	一般	一般	
	长女	玉南旺	20	小学	熟练	不会	一般	一般	
101	户主	岩罕尖	34	小学	熟练	熟练	一般	一般	
	妻子	玉叫	34	小学	熟练	不会	一般	一般	
	长子	岩温罕	13	上初中	熟练	不会	熟练	熟练	
	长女	玉香旺	10	上小学	熟练	不会	一般	一般	
	母亲	玉院罕	59	文盲	熟练	不会	略懂	不会	
102	户主	岩罕温	35	小学	熟练	熟练	一般	一般	
	妻子	玉药	32	小学	熟练	不会	一般	一般	
	长女	玉香叫	12	上小学	熟练	不会	熟练	熟练	
	父亲	岩吨	56	文盲	熟练	熟练	一般	不会	
	母亲	玉旺	56	文盲	熟练	略懂	一般	不会	
103	户主	岩温叫	41	小学	熟练	不会	一般	一般	
	妻子	玉光叫	41	小学	熟练	不会	一般	一般	
	长女	玉罕龙	19	初中	熟练	不会	熟练	熟练	
104	户主	岩院说	46	小学	熟练	熟练	一般	一般	
	妻子	玉光	49	小学	熟练	熟练	一般	一般	
	长子	岩香	23	小学	熟练	不会	一般	一般	
	长儿媳	玉艳	27	小学	熟练	不会	一般	一般	
	孙女	玉旺叫	7	上小学	熟练	不会	一般	一般	
105	户主	岩药因	49	小学	熟练	熟练	一般	一般	
	妻子	玉罕	47	小学	熟练	熟练	一般	一般	
	长女	玉艳	25	小学	熟练	不会	一般	一般	
	长女婿	岩药	27	小学	熟练	不会	一般	一般	
	长外孙	岩温叫	8	上小学	熟练	不会	一般	一般	
	次外孙	岩罕恩	2	学龄前					
106	户主	波院药	56	小学	熟练	熟练	一般	一般	
	妻子	玉并	55	小学	熟练	不会	一般	一般	
	长子	岩香	31	小学	熟练	不会	一般	一般	
	长儿媳	玉罕	31	小学	熟练	不会	一般	一般	
	孙女	玉儿	10	上小学	熟练	不会	一般	一般	

107	户主	岩养	55	小学	熟练	熟练	一般	一般	
	妻子	玉占	53	小学	熟练	熟练	一般	一般	
	长子	岩温香	31	小学	熟练	熟练	一般	一般	
	长儿媳	玉叫章	30	小学	熟练	不会	一般	一般	
	次子	岩香说	27	小学	熟练	不会	一般	一般	
	孙子	岩旺	8	上小学	熟练	不会	一般	一般	
108	户主	岩胆因	51	小学	熟练	熟练	一般	一般	
	妻子	玉招	48	小学	熟练	不会	一般	一般	
	长女	玉温超	25	小学	熟练	不会	一般	一般	
	长女婿	岩温叫	26	小学	熟练	不会	一般	一般	
	次女	玉乱	24	中专	熟练	不会	熟练	熟练	
	外孙	岩艳	6	上小学	熟练	不会	一般	略懂	
109	户主	波旺马	57	小学	熟练	熟练	一般	一般	
	妻子	玉马	57	文盲	熟练	熟练	一般	不会	
	长子	岩恩	34	小学	熟练	熟练	一般	一般	
	长儿媳	玉院	33	小学	熟练	不会	一般	一般	
	长孙	岩温叫	14	上初中	熟练	不会	熟练	熟练	
	次孙	岩罕因	10	上小学	熟练	不会	一般	一般	
110	户主	岩甩	38	小学	熟练	不会	一般	一般	
	妻子	玉香	39	小学	熟练	略懂	一般	一般	
	长子	岩院	17	初中	熟练	不会	熟练	熟练	
	长女	玉应罕	15	上初中	熟练	不会	熟练	熟练	
	父亲	岩旺	84	文盲	熟练	不会	不会	不会	
	哥哥	岩说	47	小学	熟练	不会	一般	一般	
111	户主	岩香应	54	小学	熟练	熟练	一般	一般	
	妻子	玉涛	53	小学	熟练	熟练	一般	一般	
	长子	岩院	33	小学	熟练	熟练	一般	一般	
	长儿媳	玉旺光	32	小学	熟练	不会	一般	一般	
	孙女	玉香旺	11	上小学	熟练	不会	熟练	熟练	
	孙子	岩温香	6	上小学	熟练	不会	一般	略懂	
	母亲	玉香	86	文盲	熟练	不会	不会	不会	
112	户主	岩甩	41	小学	熟练	略懂	一般	一般	
	妻子	玉喃	38	小学	熟练	不会	一般	一般	
	长子	岩温香	13	上初中	熟练	不会	熟练	熟练	
	次子	岩罕光	11	上小学	熟练	不会	一般	一般	
	母亲	玉论	75	文盲	熟练	不会	不会	不会	

113	户主	岩养	51	小学	熟练	熟练	一般	一般	
	妻子	玉金	47	小学	熟练	略懂	一般	一般	
	长子	岩温香	25	小学	熟练	不会	一般	一般	
	长儿媳	玉叫班	24	小学	熟练	不会	一般	一般	
	孙子	岩应	5	学龄前					
	母亲	玉涛	92	文盲	熟练	不会	不会	不会	
114	户主	岩香留	59	小学	熟练	熟练	一般	一般	
	妻子	玉留	57	小学	熟练	不会	一般	一般	
	长子	岩郎	32	小学	熟练	不会	一般	一般	
	长儿媳	玉燕叫	31	小学	熟练	不会	一般	一般	
	孙女	玉儿	9	上小学	熟练	不会	一般	一般	
	孙子	岩温香	4	学龄前					
115	户主	岩万	48	小学	熟练	熟练	一般	一般	
	妻子	玉坦	43	小学	熟练	略懂	一般	一般	
	长子	岩温叫	21	初中	熟练	不会	熟练	熟练	
116	户主	岩康	38	小学	熟练	不会	一般	一般	
	妻子	玉康	39	小学	熟练	略懂	一般	一般	
	长女	玉应香	20	小学	熟练	不会	一般	一般	
	长子	岩温叫	17	初中	熟练	不会	熟练	熟练	
	父亲	波玉应	75	文盲	熟练	熟练	不会	不会	
	母亲	玉罕温	64	文盲	熟练	不会	不会	不会	
	哥哥	岩罕旺	40	小学	熟练	不会	一般	一般	
117	户主	岩论	41	小学	熟练	熟练	一般	一般	
	妻子	玉罕	40	小学	熟练	不会	一般	一般	
	长子	岩院	19	小学	熟练	不会	一般	一般	
	次子	岩光叫	18	初中	熟练	不会	熟练	熟练	
118	户主	岩罕香	42	小学	熟练	熟练	一般	一般	
	妻子	玉并	38	小学	熟练	不会	一般	一般	
	长女	玉应叫	14	上初中	熟练	不会	熟练	熟练	
	母亲	咪玉传	76	文盲	熟练	不会	不会	不会	
119	户主	岩郎	42	小学	熟练	熟练	一般	一般	
	妻子	玉南论	41	小学	熟练	不会	一般	一般	
	长子	岩罕叫	16	初中	熟练	不会	熟练	熟练	
	母亲	玉涛	76	文盲	熟练	不会	不会	不会	
120	户主	岩光保	41	小学	熟练	不会	一般	一般	
	妻子	玉光	41	小学	熟练	略懂	一般	一般	

	长女	玉院	22	初中	熟练	不会	熟练	熟练	
	次女	玉罕	20	初中	熟练	不会	熟练	熟练	
	三女	玉用	17	初中	熟练	不会	熟练	熟练	
	母亲	玉药	77	文盲	熟练	不会	不会	不会	
121	户主	岩班	34	小学	熟练	不会	一般	一般	
	妻子	玉儿	34	小学	熟练	不会	一般	一般	
	长子	岩罕班	11	上小学	熟练	不会	熟练	熟练	
	次子	岩应遍	5	学龄前					
	父亲	康南香	63	文盲	熟练	熟练	略懂	不会	
	母亲	玉腊	58	文盲	熟练	不会	略懂	不会	
122	户主	岩庄香	57	小学	熟练	熟练	一般	一般	
	妻子	玉叫	56	小学	熟练	略懂	一般	一般	
	次子	岩叫	31	小学	熟练	不会	一般	一般	
	次儿媳	玉燕罕	30	小学	熟练	不会	一般	一般	
	孙子	岩温叫	8	上小学	熟练	不会	一般	一般	
	母亲	玉康罕	76	文盲	熟练	不会	不会	不会	
123	户主	岩温香	36	小学	熟练	略懂	一般	一般	
	妻子	玉叫	36	小学	熟练	略懂	一般	一般	
	长女	玉旺	14	上初中	熟练	不会	熟练	熟练	
	长子	岩艳叫	11	上小学	熟练	不会	熟练	熟练	
	父亲	波香应	72	文盲	熟练	不会	不会	不会	
	母亲	玉传	69	文盲	熟练	不会	不会	不会	
124	户主	岩旺	38	小学	熟练	熟练	一般	一般	
	妻子	玉当	38	小学	熟练	略懂	一般	一般	
	长女	玉香	16	上初中	熟练	不会	熟练	熟练	
125	户主	岩温叫	39	小学	熟练	熟练	一般	一般	
	妻子	玉并	39	小学	熟练	不会	一般	一般	
	长女	玉罕	16	初中	熟练	不会	熟练	熟练	
	次女	玉庄	14	上初中	熟练	不会	熟练	熟练	
126	户主	岩温	39	小学	熟练	熟练	一般	一般	
	妻子	玉外	38	小学	熟练	熟练	一般	一般	
	长女	玉香旺	17	初中	熟练	不会	熟练	熟练	
	次女	玉夯罕	14	上初中	熟练	不会	熟练	熟练	
127	户主	唐时国	43	初中	一般	不会	熟练	熟练	汉族
	妻子	玉况	41	小学	熟练	不会	一般	一般	
	长女	玉香	20	初中	熟练	不会	熟练	熟练	
	次女	玉叫	17	初中	熟练	不会	熟练	熟练	

128	户主	岩香环	41	小学	熟练	熟练	一般	一般	
	妻子	玉捧	41	小学	熟练	熟练	一般	一般	
	长子	岩叫	16	初中	熟练	不会	熟练	熟练	
129	户主	岩应	39	小学	熟练	熟练	一般	一般	
	妻子	玉当	39	小学	熟练	熟练	一般	一般	
	长女	玉院	14	上初中	熟练	不会	熟练	熟练	
	长子	岩温香	12	上小学	熟练	不会	熟练	熟练	
130	户主	岩温	40	小学	熟练	熟练	一般	一般	
	妻子	玉怕	38	小学	熟练	熟练	一般	一般	
	长女	玉应香	17	初中	熟练	不会	熟练	熟练	
	次女	玉金	15	上初中	熟练	不会	熟练	熟练	
131	户主	李四	41	小学	一般	不会	熟练	熟练	汉族
	妻子	玉拉	40	小学	熟练	不会	一般	一般	
	长女	玉香	12	上小学	熟练	不会	熟练	熟练	
132	户主	林真强	47	小学	一般	不会	熟练	熟练	汉族
	妻子	玉院	43	小学	熟练	不会	一般	一般	
	长子	岩康	18	初中	熟练	不会	熟练	熟练	
	长女	玉甩	16	上初中	熟练	不会	熟练	熟练	
133	户主	岩罕香	37	小学	熟练	不会	一般	一般	
	妻子	玉捧	38	小学	熟练	不会	一般	一般	
	长女	玉院	18	初中	熟练	不会	熟练	熟练	
	次女	玉光香	16	小学	熟练	不会	熟练	熟练	
134	户主	岩院	37	小学	熟练	熟练	一般	一般	
	妻子	玉南旺	37	小学	熟练	不会	一般	一般	
	长女	玉应罕	18	初中	熟练	不会	熟练	熟练	
	长子	岩温胆	15	上初中	熟练	不会	熟练	熟练	
	父亲	岩宰龙	58	小学	熟练	熟练	一般	一般	
	母亲	玉轰	57	小学	熟练	不会	一般	一般	
135	户主	岩庄香	44	小学	熟练	熟练	一般	一般	
	妻子	玉旺叫	37	小学	熟练	熟练	一般	一般	
	长子	岩温	14	上初中	熟练	不会	熟练	熟练	
	母亲	玉香胆	73	文盲	熟练	不会	不会	不会	
136	户主	岩香论	42	小学	熟练	熟练	一般	一般	
	妻子	玉院	40	小学	熟练	不会	一般	一般	
	长女	玉叫	18	初中	熟练	不会	熟练	熟练	
	长子	岩旺	16	初中	熟练	不会	熟练	熟练	

137	户主	岩罕叫	36	小学	熟练	熟练	一般	一般	
	妻子	玉占	37	小学	熟练	不会	一般	一般	
	长女	玉旺	18	初中	熟练	不会	熟练	熟练	
	次女	玉罕	14	上初中	熟练	不会	熟练	熟练	
138	户主	岩恩	39	小学	熟练	熟练	一般	一般	
	妻子	玉旺香	37	小学	熟练	熟练	一般	一般	
	长女	玉香	13	上初中	熟练	不会	熟练	熟练	
	长子	岩院	10	上小学	熟练	不会	一般	一般	
139	户主	岩叫	40	小学	熟练	熟练	一般	一般	
	妻子	李秀	28	小学	略懂	不会	熟练	熟练	汉族
	长女	玉外	7	上小学	熟练	不会	一般	一般	
140	户主	岩院	41	小学	熟练	熟练	一般	一般	
	妻子	玉康叫	40	小学	熟练	熟练	一般	一般	
	长女	玉旺	19	初中	熟练	不会	熟练	熟练	
	次女	玉光香	16	初中	熟练	不会	熟练	熟练	
141	户主	岩温叫	38	小学	熟练	不会	一般	一般	
	妻子	玉院龙	28	小学	熟练	熟练	一般	一般	
	长女	玉外	9	上小学	熟练	不会	一般	一般	
	母亲	玉捧	58	文盲	熟练	不会	略懂	不会	
142	户主	伍小斌	40	初中	略懂	不会	熟练	熟练	汉族
	妻子	玉南恩	35	小学	熟练	熟练	一般	一般	
	长女	玉香旺	16	初中	熟练	不会	熟练	熟练	
143	户主	岩康	38	小学	熟练	熟练	一般	一般	
144	户主	岩论	33	小学	熟练	熟练	一般	一般	
	妻子	玉光香	24	小学	熟练	不会	一般	一般	
	长子	岩燕	2	学龄前					
145	户主	岩温	35	小学	熟练	一般	一般	一般	
	妻子	玉香	39	小学	熟练	略懂	一般	一般	
	长女	玉庄扁	3	学龄前					

9. 景洪市嘎洒镇曼回东村语言、文字使用情况

(1) 概况

曼回东村属于嘎洒镇南帕村委会，属于山区，距离南帕村委会3公里，距离嘎洒镇25公里。据统计，曼回东村共有居民99户，总人口460人，其中傣族458人、汉族2人。

全村耕地总面积430亩，人均耕地0.9亩，主要种植水稻、玉米等作物；拥有林地1031亩，

主要种植橡胶等经济林。根据2007年统计数据,种植业收入27万元,占总收入的15.7%;畜牧业收入4万元,占总收入的2.3%;渔业收入1万元,占总收入的0.6%;橡胶收入137万元,占农村经济总收入的79.9%;第二三产业收入2万元,占总收入的1.2%。农村经济总收入171.5万元,农民人均纯收入2900元,农民收入以林业为主。

该村在2007年99户全部实现通水、电、路、电视、电话,其中,拥有移动电话农户数36户,占总户数的36.4%。全村共拥有汽车5辆、拖拉机25辆、摩托车142辆。此外,25户住上了砖混结构住房,45户装有太阳能。

(2) 语言使用的基本特点

A. 全村村民普遍使用傣语

入户调查的443人中,441名村民能熟练地使用傣语,只有2人傣语属于"不会"等级,他们是陈建斌(户主烟叶的长子,15岁,汉族)和陈建南(户主烟叶的长女,19岁,汉族)。

B. 傣文水平与傣语水平的差异基本上呈反比,差异表现明显

99.5%的村民把傣语作为日常生活最重要的交际工具,而不懂傣文的人数达426人之多,占调查总人数的96.2%。熟练使用傣语的人数为441人,占调查总人数的99.5%;而熟练使用傣文的人数仅有10人,占调查总人数的2.3%。此外,懂傣文的人均分布在40岁(含40岁)以上的中老年人中,由于早年对傣语和傣文均有一定的学习,随着年龄的增长,也一直保留着说傣语、看傣文报的习惯。39岁年龄段以下的中青年和少年,随着与外界交流的增加,绝大多数人意识到汉语的重要性,反而忽视了傣文的学习。同时,值得注意的是,曼回东村是调查的10个村寨中"不会"傣文人口比例最多的一个村寨,也是所调查的10个村寨中唯一一个没有佛寺,不信仰小乘佛教的村寨,这是该村傣文掌握人数少的重要原因。

表33 不同年龄段的人傣语使用情况统计表 （单位:人）

年龄段	总人口	熟练		一般		略懂		不会	
		人口	百分比	人口	百分比	人口	百分比	人口	百分比
6—12岁	47	47	100	0	0	0	0	0	0
13—18岁	72	71	98.6	0	0	0	0	1	1.4
19—30岁	97	96	99.4	0	0	0	0	1	0.6
31—39岁	89	89	100	0	0	0	0	0	0
40—55岁	93	93	100	0	0	0	0	0	0
56岁以上	45	45	100	0	0	0	0	0	0
合计	443	441	99.5	0	0	0	0	2	0.5

表 34　不同年龄段的人傣文使用情况统计表　　　　　　　　　　　　（单位：人）

年龄段	总人口	熟练		一般		略懂		不会	
		人口	百分比	人口	百分比	人口	百分比	人口	百分比
6—12 岁	47	0	0	0	0	0	0	47	100
13—18 岁	72	0	0	0	0	0	0	72	100
19—30 岁	97	0	0	0	0	0	0	97	100
31—39 岁	89	0	0	0	0	0	0	89	100
40—55 岁	93	7	7.5	4	4.3	1	1.1	81	87.1
56 岁以上	45	3	6.7	2	4.4	0	0	40	88.9
合计	443	10	2.3	6	1.3	1	0.2	426	96.2

表 35　不同年龄段的人汉语使用情况统计表　　　　　　　　　　　　（单位：人）

年龄段	总人口	熟练		一般		略懂		不会	
		人口	百分比	人口	百分比	人口	百分比	人口	百分比
6—12 岁	47	14	29.8	33	70.2	0	0	0	0
13—18 岁	72	65	90.3	7	9.7	0	0	0	0
19—30 岁	97	22	22.7	75	77.3	0	0	0	0
31—39 岁	89	5	5.6	84	94.4	0	0	0	0
40—55 岁	93	2	2.2	80	86	9	9.6	2	2.2
56 岁以上	45	0	0	4	8.9	12	26.7	29	64.4
合计	443	108	24.4	283	63.9	21	4.7	31	7

从表 33 和表 35 的数据统计的比较中可以看出，曼回东村虽远离城镇，但属于偏远村寨中典型的"傣语—汉语"双语村寨。在调查的 443 人中，不会汉语的仅占 7%，391 人能够使用汉语与人交流。从表 35 可以看出，6—12 岁、13—18 岁、19—30 岁、31—39 岁这四个年龄段的人，汉语水平都集中在"熟练"和"一般"等级上；40—55 岁和 56 岁以上这两个年龄段的人，汉语水平各等级都有分布，而 56 岁以上年龄段的人，汉语水平依次向不会倾斜，"熟练"等级的人数越来越少，"不会"等级的人数比例不断上升。这与老年人与外界交往少有直接关系。

表 36　曼回东村家庭语言、文字使用一览表

序号	家庭关系	姓名	年龄（岁）	文化程度	傣语	傣文	汉语	汉文	备注
1	户主	晒香	43	小学	熟练	不会	一般	一般	
	妻子	唤宝	39	文盲	熟练	不会	一般	不会	
	长女	叶罕宝	18	初中	熟练	不会	熟练	熟练	
	长子	岩罕香	17	上初中	熟练	不会	熟练	熟练	

2	户主	老六	38	小学	熟练	不会	一般	一般
	妻子	娥香	36	文盲	熟练	不会	一般	不会
	长子	岩玉	19	小学	熟练	不会	一般	一般
	长女	玉香	16	上初中	熟练	不会	熟练	熟练
3	户主	岩尖	44	文盲	熟练	不会	一般	不会
	妻子	玉腊	40	文盲	熟练	不会	一般	不会
	长子	岩温	19	小学	熟练	不会	一般	一般
	次子	二尖	17	小学	熟练	不会	熟练	熟练
	父亲	岩罕香	69	文盲	熟练	不会	不会	不会
4	户主	三尖	45	小学	熟练	不会	一般	一般
	妻子	也尖	44	文盲	熟练	不会	一般	不会
	长子	岩胆	20	小学	熟练	不会	一般	一般
5	户主	岩香	73	文盲	熟练	一般	不会	不会
	长子	岩保	44	小学	熟练	不会	一般	一般
	长儿媳	玉温	40	文盲	熟练	不会	一般	不会
	长孙	二尖	21	小学	熟练	不会	一般	一般
	次孙	赛罕	17	小学	熟练	不会	熟练	熟练
6	户主	三叫	39	小学	熟练	不会	一般	一般
	妻子	玉罕	41	文盲	熟练	不会	一般	不会
	长女	玉叫	18	小学	熟练	不会	熟练	熟练
	次女	玉朗	16	小学	熟练	不会	熟练	熟练
7	户主	二香	33	小学	熟练	不会	一般	一般
	妻子	哎保	35	小学	熟练	不会	一般	一般
	长女	叶旺	11	上小学	熟练	不会	熟练	熟练
	次子	二罕	7	上小学	熟练	不会	一般	一般
8	户主	玉香	40	文盲	熟练	不会	一般	不会
	长子	邹玉湘	20	小学	熟练	不会	一般	一般
	次子	邹玉放	17	初中	熟练	不会	熟练	熟练
9	户主	岩尖	45	小学	熟练	一般	一般	一般
	妻子	月叫	44	文盲	熟练	不会	一般	不会
	长女	也保	28	小学	熟练	不会	一般	一般
	长女婿	三章	27	小学	熟练	不会	一般	一般
	次女	玉打	22	小学	熟练	不会	一般	一般
	三女	烟保	19	小学	熟练	不会	一般	一般
	长外孙女	也尖	6	上小学	熟练	不会	一般	略懂
	次外孙女	玉保	3	学龄前				

10	户主	叁温	38	小学	熟练	不会	一般	一般	
	妻子	玉宝	36	文盲	熟练	不会	一般	不会	
	长子	岩书	18	初中	熟练	不会	熟练	熟练	
	次子	二尖	15	小学	熟练	不会	熟练	熟练	
11	户主	晒叫	51	文盲	熟练	熟练	一般	不会	
	妻子	玉罕香	51	文盲	熟练	不会	一般	不会	
	长子	岩尖	33	小学	熟练	不会	一般	一般	
	长儿媳	爱保	34	小学	熟练	不会	一般	一般	
	长女	玉罕	26	小学	熟练	不会	一般	一般	
12	户主	二软	37	文盲	熟练	不会	一般	不会	
	妻子	娘少	46	文盲	熟练	不会	一般	不会	
	长女	玉罕少	16	初中	熟练	不会	熟练	熟练	
	长子	二叫	13	上小学	熟练	不会	熟练	熟练	
13	户主	洒叫	35	小学	熟练	不会	一般	一般	
	妻子	玉依	35	文盲	熟练	不会	一般	不会	
14	户主	岩罕叫	40	小学	熟练	不会	一般	一般	
	妻子	燕香万	38	文盲	熟练	不会	一般	不会	
	长子	岩香	21	小学	熟练	不会	一般	一般	
	次子	二罕	16	上初中	熟练	不会	熟练	熟练	
15	户主	岩扁	47	文盲	熟练	不会	一般	不会	
	妻子	玉香	48	文盲	熟练	不会	一般	不会	
	长女	玉香扁	21	小学	熟练	不会	一般	一般	
16	户主	三腊	54	文盲	熟练	不会	略懂	不会	
	妻子	玉罕	67	文盲	熟练	不会	略懂	不会	
	长子	三夯罕	33	小学	熟练	不会	一般	一般	
	长儿媳	玉腊	33	小学	熟练	不会	一般	一般	
	孙女	玉罕叫	12	小学	熟练	不会	熟练	熟练	
	孙子	岩温叫	10	上小学	熟练	不会	一般	一般	
17	户主	刀勇兵	40	小学	熟练	不会	一般	一般	
	妻子	玉药	41	小学	熟练	不会	一般	一般	
	长女	叶旺	20	小学	熟练	不会	一般	一般	
	长子	岩宝信	17	小学	熟练	不会	熟练	熟练	
18	户主	三尖	40	小学	熟练	不会	一般	一般	
	妻子	玉白	40	文盲	熟练	不会	一般	不会	
	长女	也罕香	18	小学	熟练	不会	熟练	熟练	
	次女	玉叫	17	小学	熟练	不会	熟练	熟练	
	母亲	也香旺	77	文盲	熟练	不会	不会	不会	

19	户主	老五	70	文盲	熟练	不会	不会	不会
	长女	也香书	42	文盲	熟练	不会	一般	不会
	长女婿	老六	44	小学	熟练	一般	一般	一般
	外孙女	玉叫	29	小学	熟练	不会	一般	一般
	外孙	岩张	20	小学	熟练	不会	一般	一般
20	户主	岩少	42	小学	熟练	不会	一般	一般
	妻子	玉香	40	文盲	熟练	不会	一般	不会
	长女	叶少	21	小学	熟练	不会	一般	一般
	次女	玉外	20	小学	熟练	不会	一般	一般
21	户主	岩温罕	62	文盲	熟练	不会	略懂	不会
	儿媳	也叫	41	小学	熟练	不会	一般	一般
	长孙女	也罕弯	20	小学	熟练	不会	熟练	一般
	次孙女	玉香	17	小学	熟练	不会	熟练	熟练
	三孙女	烟香	15	小学	熟练	不会	熟练	熟练
22	户主	老五	45	文盲	熟练	熟练	不会	不会
	长女	刀新华	30	小学	熟练	不会	一般	一般
	长女婿	老五	30	小学	熟练	不会	一般	一般
	次女	玉叫	26	小学	熟练	不会	一般	一般
	外孙	岩温腊	14	小学	熟练	不会	一般	一般
	外孙女	也保	11	上小学	熟练	不会	熟练	熟练
23	户主	洒叫	38	小学	熟练	不会	一般	一般
	妻子	叶少	37	小学	熟练	不会	一般	一般
	长女	叶温	18	小学	熟练	不会	一般	一般
	长子	岩坎温	17	上初中	熟练	不会	熟练	熟练
24	户主	玉尖	65	文盲	熟练	不会	略懂	不会
	长子	二香温	48	小学	熟练	不会	一般	一般
	长儿媳	燕内	47	文盲	熟练	不会	一般	不会
	长女	玉罕温	22	小学	熟练	不会	一般	一般
	长女婿	二树	24	小学	熟练	不会	一般	一般
	次女	玉香湾	20	小学	熟练	不会	一般	一般
	三女	燕温	18	初中	熟练	不会	熟练	熟练
	四女	艾汉	16	小学	熟练	不会	熟练	熟练
	孙子	岩温罕	2	学龄前				
25	户主	岩尖扁	36	小学	熟练	不会	一般	一般
	妻子	玉香	34	小学	熟练	不会	一般	一般
	长女	叶星	16	上初中	熟练	不会	熟练	熟练
	次女	刀丽	14	上初中	熟练	不会	熟练	熟练

26	户主	岩罕温	55	小学	熟练	熟练	一般	一般	
	妻子	腊甩	43	文盲	熟练	不会	一般	不会	
	次子	岩香保	18	小学	熟练	不会	熟练	熟练	
27	户主	岩温叫	46	文盲	熟练	不会	一般	不会	
	妻子	玉湾	44	文盲	熟练	不会	一般	不会	
	长女	玉罕湾	20	小学	熟练	不会	一般	一般	
	长子	岩万	18	小学	熟练	不会	熟练	熟练	
28	户主	老六	53	文盲	熟练	熟练	略懂	不会	
	妻子	也罕尖	53	文盲	熟练	不会	略懂	不会	
	长女	叶温叫	36	文盲	熟练	不会	一般	不会	
	长女婿	三叫	38	小学	熟练	不会	一般	一般	
	次女	燕书	28	中专	熟练	不会	熟练	熟练	
	三女	艾罕	25	中专	熟练	不会	熟练	熟练	
	外孙女	也香书	16	中专	熟练	不会	熟练	熟练	
	外祖父	岩温胆	77	文盲	熟练	不会	不会	不会	
29	户主	二旺	43	文盲	熟练	不会	一般	不会	
	妻子	玉罕温	42	小学	熟练	不会	一般	一般	
	长子	岩保	17	小学	熟练	不会	熟练	熟练	
	次子	二温	15	小学	熟练	不会	熟练	熟练	
30	户主	老伍	58	文盲	熟练	不会	略懂	不会	
	妻子	燕内	55	文盲	熟练	不会	略懂	不会	
	长子	晒叫	28	小学	熟练	不会	一般	一般	
	长儿媳	叶叫	30	小学	熟练	不会	一般	一般	
	孙子	岩叫	10	上小学	熟练	不会	一般	一般	
	孙女	玉叫	6	上小学	熟练	不会	一般	略懂	
31	户主	晒普	73	文盲	熟练	不会	不会	不会	
	次子	二保	43	小学	熟练	不会	一般	一般	
	次儿媳	燕罕	42	小学	熟练	不会	一般	一般	
	孙子	岩保	21	小学	熟练	不会	一般	一般	
	孙女	玉尖	17	小学	熟练	不会	熟练	熟练	
32	户主	二软	42	小学	熟练	不会	一般	一般	
	妻子	燕香	41	小学	熟练	不会	一般	一般	
	长女	玉香	21	初中	熟练	不会	熟练	熟练	
	长子	岩胆	19	小学	熟练	不会	一般	一般	
	外孙	岩罕旺	2	学龄前					

33	户主	三超	69	文盲	熟练	不会	不会	不会
	长子	三张	39	小学	熟练	不会	一般	一般
	长儿媳	咪玉罕	37	小学	熟练	不会	一般	一般
	长孙女	玉温	17	初中	熟练	不会	熟练	熟练
	次孙女	玉罕外	15	上高中	熟练	不会	熟练	熟练
34	户主	二香	40	初中	熟练	不会	熟练	熟练
	妻子	媛超	37	文盲	熟练	不会	一般	不会
	长子	岩香	18	小学	熟练	不会	一般	一般
	长女	玉叫	17	小学	熟练	不会	一般	一般
35	户主	老七	59	文盲	熟练	不会	略懂	不会
	妻子	玉软	50	小学	熟练	不会	一般	一般
	长子	岩香	26	小学	熟练	不会	一般	一般
	长儿媳	安叫	22	小学	熟练	不会	一般	一般
	孙女	也张	1	学龄前				
36	户主	岩香歪	44	小学	熟练	熟练	一般	一般
	妻子	也超	43	文盲	熟练	不会	一般	不会
	长子	岩温胆	24	小学	熟练	不会	一般	一般
	次子	二叫	23	初中	熟练	不会	熟练	熟练
	长女	玉罕香	18	小学	熟练	不会	熟练	熟练
	孙女	也胆	6	上小学	熟练	不会	一般	略懂
	孙子	岩罕书	4	学龄前				
37	户主	晒胆	72	文盲	熟练	一般	不会	不会
	妻子	也叫	65	文盲	熟练	不会	不会	不会
	长子	三叫	41	文盲	熟练	不会	一般	不会
	长儿媳	玉叫	38	文盲	熟练	不会	一般	不会
	长孙	岩温香	18	小学	熟练	不会	熟练	熟练
	次孙	二香保	16	小学	熟练	不会	熟练	熟练
38	户主	岩才	49	小学	熟练	不会	一般	一般
	妻子	玉罕	44	小学	熟练	不会	一般	一般
	长女	也香叫	16	小学	熟练	不会	熟练	熟练
	长子	二罕	13	小学	熟练	不会	熟练	熟练
39	户主	岩温叫	45	小学	熟练	不会	一般	一般
	妻子	也罕香	45	小学	熟练	不会	一般	一般
	长子	岩罕温	24	小学	熟练	不会	一般	一般
	长儿媳	玉罕苏	28	小学	熟练	不会	一般	一般
	长女	也罕叫	21	小学	熟练	不会	一般	一般
	孙女	也香宝	5	学龄前				

40	户主	玉罕	34	小学	熟练	不会	一般	一般	
	丈夫	岩伍	36	文盲	熟练	不会	一般	不会	
	长子	岩保	12	上小学	熟练	不会	熟练	熟练	
	长女	叶尖	10	上小学	熟练	不会	一般	一般	
41	户主	二叫	45	小学	熟练	熟练	一般	一般	
	妻子	玉香万	46	文盲	熟练	不会	一般	不会	
	长女	也罕旺	27	小学	熟练	不会	一般	一般	
	长子	岩温香	21	小学	熟练	不会	一般	一般	
42	户主	岩温香	48	文盲	熟练	不会	一般	不会	
	妻子	也超	48	文盲	熟练	不会	一般	不会	
	长子	岩温尖	32	小学	熟练	不会	一般	一般	
	孙子	岩抄	8	小学	熟练	不会	一般	一般	
	父亲	三屋	76	文盲	熟练	不会	不会	不会	
	母亲	玉香	72	文盲	熟练	不会	不会	不会	
43	户主	老七	33	文盲	熟练	不会	一般	不会	
	妻子	艾香	33	小学	熟练	不会	一般	一般	
	长子	二香	12	小学	熟练	不会	熟练	熟练	
44	户主	二香	49	文盲	熟练	熟练	一般	不会	
	妻子	腊香	47	文盲	熟练	不会	一般	不会	
	长子	岩少	32	小学	熟练	不会	一般	一般	
	长儿媳	也罕书	33	小学	熟练	不会	一般	一般	
	次子	二树	24	小学	熟练	不会	一般	一般	
	孙女	也喃	8	小学	熟练	不会	一般	一般	
	孙子	岩喃	7	上小学	熟练	不会	一般	一般	
45	户主	岩旺	71	文盲	熟练	不会	不会	不会	
	妻子	玉光	61	文盲	熟练	不会	不会	不会	
	长女	玉书	33	小学	熟练	不会	一般	一般	
	三子	老伍	31	初中	熟练	不会	熟练	熟练	
46	户主	艾保	37	文盲	熟练	不会	一般	不会	
	妻子	沙腊	42	文盲	熟练	不会	不会	不会	
	长女	也罕补	15	上初中	熟练	不会	熟练	熟练	
	次女	玉香叫	14	上初中	熟练	不会	熟练	熟练	
47	户主	三叫	44	文盲	熟练	不会	一般	不会	
	妻子	玉叫	44	小学	熟练	不会	一般	一般	
	长子	岩香叫	24	小学	熟练	不会	一般	一般	
	长儿媳	玉香叫	23	初中	熟练	不会	熟练	熟练	

	长女	燕少	23	小学	熟练	不会	一般	一般
	长孙女	也少	3	学龄前				
	次孙女	玉香叫	1	学龄前				
48	户主	二少	42	小学	熟练	不会	一般	一般
	妻子	也罕尖	37	文盲	熟练	不会	一般	不会
	长女	也罕叫	18	初中	熟练	不会	熟练	熟练
	次女	玉罕少	16	上初中	熟练	不会	熟练	熟练
	母亲	玉叫	75	文盲	熟练	不会	不会	不会
49	户主	尧八	30	小学	熟练	不会	一般	一般
50	户主	二温	36	文盲	熟练	不会	一般	不会
	妻子	艾香万	36	文盲	熟练	不会	一般	不会
	长子	岩温罕	15	上初中	熟练	不会	熟练	熟练
	长女	叶香	11	上小学	熟练	不会	一般	一般
51	户主	岩三叫	58	文盲	熟练	熟练	略懂	不会
	妻子	也尖	55	文盲	熟练	不会	略懂	不会
	长子	岩温叫	35	文盲	熟练	不会	一般	不会
	长儿媳	艾罕	36	文盲	熟练	不会	一般	不会
	三女	玉香	26	中专	熟练	不会	熟练	熟练
	孙女	叶叫	16	上初中	熟练	不会	熟练	熟练
	外孙女	玉香种	15	上高中	熟练	不会	熟练	熟练
52	户主	二保	55	文盲	熟练	不会	一般	不会
	妻子	俄教	52	文盲	熟练	不会	一般	不会
	长子	岩少	29	文盲	熟练	不会	一般	不会
	长儿媳	烟少	31	小学	熟练	不会	一般	一般
	次女	烟叶	23	小学	熟练	不会	一般	一般
	孙子	艾宝	10	上小学	熟练	不会	一般	一般
53	户主	二保	56	文盲	熟练	不会	略懂	不会
	妻子	玉叫	54	文盲	熟练	不会	略懂	不会
	长子	岩尖	35	小学	熟练	不会	一般	一般
	长儿媳	娥香	34	小学	熟练	不会	一般	一般
	长女	玉保	33	文盲	熟练	不会	一般	不会
	三女	杨罕	24	小学	熟练	不会	一般	一般
	孙女	玉香罕	15	上初中	熟练	不会	熟练	熟练
	孙子	岩香叫	14	上初中	熟练	不会	熟练	熟练

54	户主	老六	40	小学	熟练	一般	一般	一般	
	妻子	燕叫	41	小学	熟练	不会	一般	一般	
	长女	玉涨	19	初中	熟练	不会	熟练	熟练	
	次女	玉波	17	初中	熟练	不会	熟练	熟练	
	三女	远胆	15	上初中	熟练	不会	熟练	熟练	
	父亲	岩扁	71	文盲	熟练	不会	不会	不会	
	母亲	玉波	73	文盲	熟练	不会	不会	不会	
55	户主	岩光	58	文盲	熟练	不会	一般	不会	
	三子	三保	32	文盲	熟练	不会	一般	不会	
	三儿媳	叶布	31	小学	熟练	不会	一般	一般	
	孙子	岩罕	9	上小学	熟练	不会	一般	一般	
	孙女	也香	7	上小学	熟练	不会	一般	一般	
56	户主	二罕	34	小学	熟练	不会	一般	一般	
	妻子	叶香温	33	小学	熟练	不会	一般	一般	
	长女	玉香温	11	上小学	熟练	不会	熟练	熟练	
57	户主	岩温	39	小学	熟练	不会	一般	一般	
	妻子	娥温	37	小学	熟练	不会	一般	一般	
	长女	玉旺叫	17	小学	熟练	不会	熟练	熟练	
	长子	岩旺	15	小学	熟练	不会	熟练	熟练	
58	户主	老玉香	37	文盲	熟练	不会	一般	不会	
	妻子	玉喃	38	文盲	熟练	不会	一般	不会	
	长子	岩少	18	小学	熟练	不会	熟练	熟练	
	次子	二罕少	10	上小学	熟练	不会	一般	一般	
59	户主	三尖	37	小学	熟练	不会	一般	一般	
	妻子	玉宝	36	小学	熟练	不会	一般	一般	
	长子	岩保	16	小学	熟练	不会	一般	一般	
	长女	夜娟	14	小学	熟练	不会	一般	一般	
60	户主	三保叫	59	文盲	熟练	熟练	略懂	不会	
	妻子	俄么	51	文盲	熟练	不会	略懂	不会	
	长子	岩温罕	38	文盲	熟练	不会	一般	不会	
	长儿媳	玉温	36	小学	熟练	不会	一般	一般	
	长孙	岩罕温	13	上小学	熟练	不会	熟练	熟练	
	次孙	二温	11	上小学	熟练	不会	熟练	熟练	
	母亲	玉香	81	文盲	熟练	不会	不会	不会	

61	户主	老六	61	文盲	熟练	不会	不会	不会	
	长子	岩南	27	小学	熟练	不会	一般	一般	
	长儿媳	俄么	26	小学	熟练	不会	一般	一般	
	长女	玉腊	23	小学	熟练	不会	一般	一般	
	次孙女	玉叫	8	上小学	熟练	不会	一般	一般	
62	户主	岩香	41	文盲	熟练	不会	一般	不会	
	妻子	也罕	41	小学	熟练	不会	一般	一般	
	长女	玉罕叫	16	上初中	熟练	不会	熟练	熟练	
	次女	玉罕	14	上初中	熟练	不会	熟练	熟练	
	母亲	安香	58	文盲	熟练	不会	略懂	不会	
63	户主	岩播	47	文盲	熟练	不会	一般	不会	
	妻子	也香尖	48	文盲	熟练	不会	一般	不会	
	长女	玉香尖	25	小学	熟练	不会	一般	一般	
	次女	玉罕	23	小学	熟练	不会	一般	一般	
	长子	岩叫	16	上初中	熟练	不会	熟练	熟练	
64	户主	四宝	34	文盲	熟练	不会	一般	不会	
	妻子	玉报	33	文盲	熟练	不会	一般	不会	
	长子	岩叫	12	上小学	熟练	不会	熟练	熟练	
	次子	二夯	10	上小学	熟练	不会	一般	一般	
65	户主	晒教	37	小学	熟练	不会	一般	一般	
	妻子	玉香	38	文盲	熟练	不会	一般	不会	
	长女	玉香叫	16	小学	熟练	不会	一般	一般	
	长子	岩胆	14	上初中	熟练	不会	熟练	熟练	
	父亲	岩胆	76	文盲	熟练	不会	不会	不会	
	母亲	燕保	65	文盲	熟练	不会	不会	不会	
	妹妹	腊湾	27	高中	熟练	不会	熟练	熟练	
66	户主	二甩	58	文盲	熟练	不会	略懂	不会	
	妻子	月保	53	文盲	熟练	不会	略懂	不会	
	长子	岩温罕	34	小学	熟练	不会	一般	一般	
	长孙女	也保	12	上初中	熟练	不会	熟练	熟练	
	次孙女	玉罕	9	上小学	熟练	不会	一般	一般	
	三孙女	同保叫	2	学龄前					
67	户主	周说中	49	文盲	熟练	不会	一般	不会	
	妻子	玉罕	41	小学	熟练	不会	一般	一般	
	长女	玉香叫	16	小学	熟练	不会	熟练	熟练	
	长子	周新明	13	上初中	熟练	不会	熟练	熟练	

68	户主	二叔	32	小学	熟练	不会	一般	一般	
	妻子	俄校	39	文盲	熟练	不会	一般	不会	
	长子	岩温罕	11	上小学	熟练	不会	熟练	熟练	
69	户主	玉香	41	小学	熟练	不会	一般	一般	
	丈夫	三胆	42	小学	熟练	一般	一般	一般	
	长女	玉香罕	26	初中	熟练	不会	熟练	熟练	
	长子	岩香胆	20	初中	熟练	不会	熟练	熟练	
70	户主	二尖	49	文盲	熟练	略懂	一般	不会	
	妻子	燕香	47	文盲	熟练	不会	一般	不会	
	长女	玉香温	29	小学	熟练	不会	一般	一般	
	长女婿	三汉	31	小学	熟练	不会	一般	一般	
	次女	玉香章	27	小学	熟练	不会	一般	一般	
	三女	衣朗	25	小学	熟练	不会	一般	一般	
	四女	爱罕	24	初中	熟练	不会	熟练	熟练	
	外孙女	也罕抄	8	上小学	熟练	不会	一般	一般	
71	户主	老伍	65	文盲	熟练	不会	略懂	不会	
	妻子	玉无	66	小学	熟练	不会	一般	一般	
	长子	小二罕	33	小学	熟练	不会	一般	一般	
72	户主	二南	58	小学	熟练	熟练	一般	一般	
	妻子	安香	55	小学	熟练	不会	一般	一般	
	长子	岩罕温	33	小学	熟练	不会	一般	一般	
	长儿媳	安稍	33	小学	熟练	不会	一般	一般	
	孙女	也尖	13	上初中	熟练	不会	熟练	熟练	
	孙子	岩温尖	10	上小学	熟练	不会	一般	一般	
73	户主	晒叫	35	小学	熟练	不会	一般	一般	
	妻子	烟香	36	小学	熟练	不会	一般	一般	
	长女	也香	15	上初中	熟练	不会	熟练	熟练	
	次女	玉叫	15	上初中	熟练	不会	熟练	熟练	
74	户主	老六	38	小学	熟练	不会	一般	一般	
	妻子	也保	43	小学	熟练	不会	一般	一般	
	长子	岩温罕	18	小学	熟练	不会	熟练	熟练	
	次子	二宝叫	16	小学	熟练	不会	熟练	熟练	
75	户主	岩普	68	小学	熟练	不会	一般	一般	
	妻子	腊龙	49	小学	熟练	不会	一般	一般	
	长女	玉旺	34	小学	熟练	不会	一般	一般	
	长子	岩罕书	32	小学	熟练	不会	一般	一般	

	长儿媳	爱罕响	31	小学	熟练	不会	一般	一般
	外孙	李桂民	11	上小学	熟练	不会	熟练	熟练
	孙女	叶罕书	10	上小学	熟练	不会	一般	一般
	孙子	岩罕叫	8	上小学	熟练	不会	一般	一般
76	户主	二叫	33	初中	熟练	不会	熟练	熟练
	妻子	二少	31	小学	熟练	不会	一般	一般
	长女	也抄叫	12	上初中	熟练	不会	熟练	熟练
	次女	玉香罕	10	上小学	熟练	不会	一般	一般
77	户主	岩三养	69	文盲	熟练	不会	不会	不会
	长女	也少	27	小学	熟练	不会	一般	一般
	长女婿	三保叫	27	小学	熟练	不会	一般	一般
	外孙	岩胆	8	上小学	熟练	不会	一般	一般
78	户主	岩三	39	文盲	熟练	不会	一般	不会
	妻子	玉香保	38	小学	熟练	不会	一般	一般
	长女	也叫	15	小学	熟练	不会	熟练	熟练
	长子	岩温叫	12	上小学	熟练	不会	熟练	熟练
79	户主	玉棒	47	文盲	熟练	不会	一般	不会
	长女	玉胆	27	高中	熟练	不会	熟练	熟练
	长女婿	周加武	28	本科	熟练	不会	一般	一般
80	户主	安白	44	初中	熟练	不会	熟练	熟练
	长女	玉罕尖	24	小学	熟练	不会	一般	一般
	外孙	岩保书	3	学龄前				
81	户主	三温	40	小学	熟练	不会	一般	一般
	妻子	叫尖	39	文盲	熟练	不会	一般	不会
	长女	也罕树	23	高中	熟练	不会	熟练	熟练
	次女	玉娟	21	小学	熟练	不会	一般	一般
	长子	岩温香	19	高中	熟练	不会	熟练	熟练
	父亲	三保	67	文盲	熟练	不会	不会	不会
	母亲	燕保旺	65	文盲	熟练	不会	不会	不会
82	户主	岩普	48	小学	熟练	不会	一般	一般
	妻子	玉白	51	小学	熟练	不会	一般	一般
	长女	玉香罕	29	小学	熟练	不会	一般	一般
	次女	也香保	28	小学	熟练	不会	一般	一般
	三女	燕保叫	27	小学	熟练	不会	一般	一般
	长子	岩扫	26	小学	熟练	不会	一般	一般
	孙子	岩肖温	3	学龄前				
	父亲	岩坦	75	文盲	熟练	不会	不会	不会

83	户主	岩九	29	小学	熟练	不会	一般	一般	
	妻子	玉香胆	28	小学	熟练	不会	一般	一般	
	长子	二普	5	学龄前					
84	户主	二保	30	小学	熟练	不会	一般	一般	
	妻子	叶香树	26	小学	熟练	不会	一般	一般	
	长子	岩香	7	上小学	熟练	不会	一般	一般	
	长女	也香书	3	学龄前					
85	户主	老伍尖	25	初中	熟练	不会	熟练	熟练	
	妻子	玉罕叫	24	初中	熟练	不会	熟练	熟练	
	长子	岩尖	6	上小学	熟练	不会	一般	略懂	
86	户主	三稍	25	小学	熟练	不会	一般	一般	
	妻子	爱香	31	初中	熟练	不会	熟练	熟练	
	长女	也香	7	上小学	熟练	不会	一般	一般	
	次女	玉布	2	学龄前					
87	户主	晒南	30	小学	熟练	不会	一般	一般	
	妻子	爱香叫	33	小学	熟练	不会	一般	一般	
	长女	也南	7	上小学	熟练	不会	一般	一般	
88	户主	二叫	30	小学	熟练	不会	一般	一般	
	妻子	俄温	33	小学	熟练	不会	一般	一般	
	长女	也肖叫	3	学龄前					
89	户主	俄温	26	小学	熟练	不会	一般	一般	
	丈夫	岩温香	28	小学	熟练	不会	一般	一般	
	长子	岩香尖	7	上小学	熟练	不会	一般	一般	
90	户主	岩腊	58	文盲	熟练	不会	略懂	不会	
	妻子	二燕	52	文盲	熟练	不会	略懂	不会	
	长子	岩温罕	39	初中	熟练	不会	熟练	熟练	
	长儿媳	媛少	35	小学	熟练	不会	一般	一般	
	长女	玉罕香	22	小学	熟练	不会	一般	一般	
	孙子	岩温罕	15	小学	熟练	不会	熟练	熟练	
	母亲	余心宝	85	文盲	熟练	不会	不会	不会	
91	户主	晒香	43	小学	熟练	不会	一般	一般	
	妻子	也强	47	小学	熟练	不会	一般	一般	
	长女	玉香	22	初中	熟练	不会	熟练	熟练	
	长子	岩温香	20	小学	熟练	不会	一般	一般	
92	户主	岩坦	45	文盲	熟练	不会	一般	不会	
	妻子	玉叫	47	文盲	熟练	不会	一般	不会	

	长子	岩罕	27	小学	熟练	不会	一般	一般	
	次子	二罕	24	初中	熟练	不会	熟练	熟练	
	长女	也罕超	22	初中	熟练	不会	熟练	熟练	
	孙子	岩罕温	6	上小学	熟练	不会	一般	略懂	
	孙女	也罕坦	2	学龄前					
	父亲	二超	75	文盲	熟练	不会	不会	不会	
	母亲	也温	79	文盲	熟练	不会	不会	不会	
93	户主	晒龙	63	文盲	熟练	不会	不会	不会	
	妻子	玉主	68	文盲	熟练	不会	不会	不会	
94	户主	岩九	37	初中	熟练	不会	熟练	熟练	
	妻子	燕尖	28	小学	熟练	不会	一般	一般	
	长女	叶罕	8	上小学	熟练	不会	一般	一般	
	次女	叶罕香	6	上小学	熟练	不会	一般	略懂	
95	户主	三保	26	小学	熟练	不会	一般	一般	
	妻子	叶尖	22	初中	熟练	不会	熟练	熟练	
	长女	叶香婉	3	学龄前					
96	户主	二叫	37	文盲	熟练	不会	一般	不会	
	妻子	爱少	37	文盲	熟练	不会	一般	不会	
	长女	也抄	11	上小学	熟练	不会	熟练	熟练	
	次女	玉叫	8	上小学	熟练	不会	一般	一般	
97	户主	烟叶	37	小学	熟练	不会	一般	一般	
	长女	陈建南	19	高中	不会	不会	熟练	熟练	汉族
	长子	陈建斌	15	小学	不会	不会	熟练	熟练	汉族
98	户主	三香	32	小学	熟练	不会	一般	一般	
99	户主	二南	30	小学	熟练	不会	一般	一般	

10. 景洪市嘎洒镇纳板村傣族语言、文字使用情况

(1) 概况

纳板村隶属于嘎洒镇纳板村委会,属于山区,距离村委会0.1公里,距嘎洒镇35公里,是村委会所在地。全村42户182人,其中,傣族173人,哈尼族1人,拉祜族7人,汉族1人。

该村经济以林业和种植业为主要产业,据统计,2007年橡胶主产业全村销售总收入为43万元,占农村经济总收入的48.3%;种植业收入34.1万元,占总收入的38.3%。2007年全村经济总收入89万元,农民人均纯收入2865元。

该村至2007年年底,42户通自来水、通电、拥有电视机,安装固定电话、拥有移动电话的农户数也达到100%,全村有农用运输车2辆、拖拉机31辆、摩托车50辆。

全村建有沼气池的农户有37户,装有太阳能的农户有30户,已完成"一池三改"(改厨、改厕、改厩)的农户12户。该村到乡镇的道路和进村的道路均为砂石路,村内主干道均为土路。

该村建有文化活动室1个,设党支部和团支部各1个。

(2) 语言使用的基本特点

A. 傣语是纳板村村民日常生活中最重要的交际用语

傣语在纳板村具有很强的生命力,无论是家庭成员之间,还是村民之间;无论是日常生活时,还是在橡胶园劳作时,村民都普遍使用傣语进行交流。

表37　不同年龄段的人傣语使用情况统计表　　　　　　　（单位:人）

年龄段	总人口	熟练		一般		略懂		不会	
		人口	百分比	人口	百分比	人口	百分比	人口	百分比
6—12岁	13	12	92.3	0	0	1	7.7	0	0
13—18岁	21	21	100	0	0	0	0	0	0
19—30岁	42	39	92.8	1	2.4	2	4.8	0	0
31—39岁	30	28	93.4	1	3.3	1	3.3	0	0
40—55岁	37	35	94.6	0	0	2	5.4	0	0
56岁以上	31	31	100	0	0	0	0	0	0
合计	174	166	95.4	2	1.2	6	3.4	0	0

从表37可以看出,不同年龄段的村民熟练使用傣语的比例都很高,属于"一般"等级的2人,是本村的非傣族村民,他们是李英(户主岩糯的儿媳,29岁,拉祜族)和张文强(户主,38岁,汉族),由于生活在族际婚姻家庭中,又长期生活在傣族村寨,对傣族语言有了认同感,所以学会了傣语,能用傣语与人交流。还有6位在纳板村生活的其他民族的居民,也能听懂一些简单的傣语,但不会说,他们分别是:扎妥(户主,49岁,拉祜族)、小米(户主扎妥的妻子,40岁,拉祜族)、小三(户主扎妥的三女,21岁,拉祜族)、娜迫也(户主,23岁,拉祜族)、杨海文(户主娜迫也的丈夫,37岁,哈尼族)、杨聪(户主娜迫也的长子,8岁,拉祜族)。

表38　不同年龄段的人傣文使用情况统计表　　　　　　　（单位:人）

年龄段	总人口	熟练		一般		略懂		不会	
		人口	百分比	人口	百分比	人口	百分比	人口	百分比
6—12岁	13	0	0	0	0	0	0	13	100
13—18岁	21	5	23.8	0	0	0	0	16	76.2
19—30岁	42	20	47.7	0	0	0	0	22	52.3
31—39岁	30	5	16.7	0	0	0	0	25	83.3
40—55岁	37	1	2.7	2	5.4	3	8.1	31	83.8

56岁以上	31	4	12.9	1	3.2	0	0	26	83.9
合计	174	35	20.1	3	1.7	3	1.7	133	76.5

B. 纳板村村民掌握傣文的情况在年龄段上存在着明显的差异(见表38)

从调查结果来看,熟练掌握傣文的只有35人,占调查总人数的20.1%,主要集中在13—18岁、19—30岁、31—39岁、56岁以上这四个年龄段上,其中,13—18岁5人,占调查总人数的23.8%;19—30岁20人,占调查总人数的47.7%;31—39岁5人,占调查总人数的16.7%;56岁以上4人,占调查总人数的12.9%;而不懂傣文的人数为133人,占调查总人数的76.5%。据调查统计,在熟练使用傣文的35人中,100%的人都在青少年时期经历了严格的寺院教育和傣文学习,不仅能读老傣文的经文,还能书写傣文。傣文水平处于"一般"和"略懂"的人很少,仅占总人数的3.4%。

表39 不同年龄段的人汉语使用情况统计表 (单位:人)

年龄段	总人口	熟练		一般		略懂		不会	
		人口	百分比	人口	百分比	人口	百分比	人口	百分比
6—12岁	13	2	15.4	11	84.6	0	0	0	0
13—18岁	21	19	90.5	2	9.5	0	0	0	0
19—30岁	42	22	52.4	20	47.6	0	0	0	0
31—39岁	30	2	6.7	28	93.3	0	0	0	0
40—55岁	37	1	2.7	34	91.9	1	2.7	1	2.7
56岁以上	31	0	0	4	12.9	15	48.4	12	38.7
合计	174	46	26.4	99	56.9	16	9.2	13	7.5

C. 纳板村绝大多数村民兼用"傣语—汉语"双语

从表39可以看到,纳板村的居民83.3%的人都会汉语,都能用汉语作为一般的交际工具,他们多是受过教育的人或外出打工者,除老年人外,各年龄段的人都有;而那些受教育少和很少外出的老年人,都不能熟练使用汉语,在"略懂"和"不会"等级的人中所占的比例却很大。

表40 纳板村家庭语言、文字使用一览表

序号	家庭关系	姓名	年龄(岁)	文化程度	傣语	傣文	汉语	汉文	备注
1	户主	岩罕涛	39	小学	熟练	不会	一般	一般	
	妻子	玉香单	38	文盲	熟练	不会	一般	不会	
	长子	岩罕应	16	初中	熟练	熟练	熟练	熟练	
	次子	岩罕叫	14	小学	熟练	不会	熟练	熟练	
2	户主	岩甩	39	小学	熟练	不会	一般	一般	
	妻子	玉香郎	35	小学	熟练	不会	一般	一般	
	长子	岩温甩	17	初中	熟练	不会	熟练	熟练	
	长女	玉香叫	15	上高中	熟练	不会	熟练	熟练	

3	户主	岩温	45	文盲	熟练	不会	一般	不会	
	妻子	玉广香	44	文盲	熟练	不会	一般	不会	
	长子	岩扁	24	初中	熟练	熟练	熟练	熟练	
	次子	岩胆	22	初中	熟练	熟练	熟练	熟练	
4	户主	岩温	77	文盲	熟练	不会	不会	不会	
	长女	玉娜罕	45	文盲	熟练	不会	一般	不会	
	长女婿	岩拉	45	文盲	熟练	不会	一般	不会	
	外孙女	玉约	22	初中	熟练	不会	熟练	熟练	
	外孙	岩罕拉	20	小学	熟练	熟练	一般	一般	
5	户主	岩说	67	文盲	熟练	不会	略懂	不会	
	妻子	玉香	65	文盲	熟练	不会	略懂	不会	
	长子	岩宰广	41	文盲	熟练	不会	一般	不会	
	长儿媳	玉波	43	小学	熟练	不会	一般	一般	
	孙子	岩罕为	23	小学	熟练	熟练	一般	一般	
	孙女	玉旺香	22	小学	熟练	不会	一般	一般	
6	户主	岩拉哈咬	60	文盲	熟练	不会	略懂	不会	
	妻子	玉罕	54	文盲	熟练	不会	略懂	不会	
	长子	岩罕拉	28	小学	熟练	不会	一般	一般	
	长儿媳	刀展秀	32	小学	熟练	不会	一般	一般	
	孙子	岩温罕	12	上小学	熟练	不会	熟练	熟练	
	孙女	玉香艳	6	上小学	熟练	不会	一般	略懂	
7	户主	岩香	49	小学	熟练	不会	一般	一般	
	妻子	玉艺	47	文盲	熟练	不会	不会	不会	
	长子	岩温香	26	初中	熟练	熟练	熟练	熟练	
	长女	玉艺叫	24	初中	熟练	不会	熟练	熟练	
	岳母	玉涛	75	文盲	熟练	不会	不会	不会	
8	户主	岩糯	56	文盲	熟练	一般	一般	不会	
	妻子	玉丙	51	文盲	熟练	不会	一般	不会	
	长子	岩温罕	31	小学	熟练	熟练	一般	一般	
	长儿媳	李英	29	小学	一般	不会	一般	一般	拉祜族
	孙女	玉旺叫	9	上小学	熟练	不会	一般	一般	
	孙子	岩旺	4	学龄前					
9	户主	岩低	51	文盲	熟练	略懂	一般	不会	
	妻子	玉喃	49	文盲	熟练	不会	一般	不会	
	长子	岩罕应	29	小学	熟练	熟练	一般	一般	
	长儿媳	玉尖	25	小学	熟练	不会	一般	一般	

	孙女	玉喃应	4	学龄前					
	孙子	岩温尖	1	学龄前					
10	户主	玉香	71	文盲	熟练	不会	不会	不会	
	三女	玉郎	41	文盲	熟练	略懂	一般	不会	
	三女婿	岩吨	35	文盲	熟练	熟练	一般	不会	
	外孙	岩罕燕	14	上初中	熟练	熟练	熟练	熟练	
11	户主	岩建	39	小学	熟练	熟练	一般	一般	
	长子	岩敌	11	小学	熟练	不会	熟练	熟练	
	母亲	玉香	60	文盲	熟练	不会	略懂	不会	
12	户主	岩旺	68	文盲	熟练	不会	略懂	不会	
	妻子	玉嫩	60	文盲	熟练	不会	略懂	不会	
	长子	岩温扁	42	文盲	熟练	不会	一般	不会	
	长儿媳	玉应	37	小学	熟练	不会	一般	一般	
	三子	岩罕仑	33	文盲	熟练	熟练	一般	不会	
	孙子	岩温罕	14	上初中	熟练	不会	熟练	熟练	
13	户主	岩宰龙	79	文盲	熟练	熟练	不会	不会	
	妻子	玉温儿	60	文盲	熟练	不会	略懂	不会	
	长子	岩香宰	29	初中	熟练	熟练	熟练	熟练	
14	户主	岩罕尖	40	小学	熟练	不会	一般	一般	
	妻子	玉罕帕	32	文盲	熟练	不会	一般	不会	
	长女	玉清香	13	上初中	熟练	不会	熟练	熟练	
	次女	玉尖	10	上小学	熟练	不会	一般	一般	
	岳母	玉应	57	文盲	熟练	不会	一般	不会	
15	户主	玉章	75	文盲	熟练	不会	不会	不会	
	四子	岩帕	41	小学	熟练	不会	一般	一般	
	四儿媳	玉罕甩	29	小学	熟练	不会	一般	一般	
	长孙女	玉旺	9	上小学	熟练	不会	一般	一般	
	次孙女	玉丙	7	上小学	熟练	不会	一般	一般	
16	户主	玉香	59	文盲	熟练	不会	一般	不会	
	长子	岩温帕	26	小学	熟练	熟练	一般	一般	
17	户主	玉敌	41	文盲	熟练	不会	一般	不会	
	长女	玉耕罕	23	初中	熟练	不会	熟练	熟练	
	长女婿	岩三	24	初中	熟练	不会	熟练	熟练	
	外孙	岩温罕	3	学龄前					
	母亲	玉喃罕	80	文盲	熟练	不会	不会	不会	

18	户主	玉罕	63	文盲	熟练	不会	略懂	不会	
	长女	玉香	37	小学	熟练	不会	一般	一般	
	长女婿	岩温	36	小学	熟练	不会	一般	一般	
	外孙	岩罕恩	15	小学	熟练	熟练	熟练	熟练	
19	户主	玉渊	39	小学	熟练	不会	一般	一般	
	丈夫	岩温	37	小学	熟练	不会	一般	一般	
	次子	岩罕落	19	小学	熟练	熟练	一般	一般	
20	户主	岩扁	47	初中	熟练	一般	熟练	熟练	
	妻子	玉丙	44	小学	熟练	一般	一般	一般	
	长子	岩温因	24	大专	熟练	熟练	熟练	熟练	
	长女	玉香罕	21	大专	熟练	不会	熟练	熟练	
21	户主	岩三	76	文盲	熟练	不会	不会	不会	
	妻子	玉应叫	71	文盲	熟练	不会	不会	不会	
	三女	玉说	38	小学	熟练	不会	一般	一般	
	三女婿	岩涛	43	文盲	熟练	熟练	一般	不会	
	外孙	岩蚌	18	初中	熟练	不会	熟练	熟练	
	外孙女	玉叫胆	15	上初中	熟练	不会	熟练	熟练	
22	户主	康朗胆	76	文盲	熟练	熟练	不会	不会	
	妻子	玉勐	76	文盲	熟练	不会	不会	不会	
	长子	岩香	39	小学	熟练	不会	一般	一般	
	长儿媳	玉夯	36	小学	熟练	不会	一般	一般	
	长孙女	玉旺香	18	上大专	熟练	不会	熟练	熟练	
	次孙女	玉香丙	16	初中	熟练	不会	熟练	熟练	
23	户主	岩亮	40	文盲	熟练	不会	一般	不会	
	妻子	玉约香	41	文盲	熟练	不会	一般	不会	
	长子	岩温叫	19	初中	熟练	熟练	熟练	熟练	
	长女	玉光香	16	初中	熟练	不会	熟练	熟练	
24	户主	岩宰龙	46	文盲	熟练	不会	一般	不会	
	妻子	玉章	39	小学	熟练	不会	一般	一般	
	长子	岩温香	19	初中	熟练	不会	熟练	熟练	
	次子	岩罕尖	17	小学	熟练	不会	一般	一般	
25	户主	岩诉	57	小学	熟练	熟练	一般	一般	
	妻子	玉金	32	文盲	熟练	不会	一般	不会	
	长女	玉应叫	16	初中	熟练	不会	熟练	熟练	
	长子	岩罕万	14	上初中	熟练	不会	熟练	熟练	

26	户主	岩万	37	小学	熟练	熟练	一般	一般	
	妻子	玉应甩	32	小学	熟练	不会	一般	一般	
	长子	岩温叫	15	小学	熟练	熟练	熟练	熟练	
	长女	玉涛香	13	小学	熟练	不会	熟练	熟练	
	母亲	玉罕儿	63	文盲	熟练	不会	不会	不会	
	岳父	岩香	55	小学	熟练	不会	一般	一般	
	岳母	玉庄	60	文盲	熟练	不会	略懂	不会	
27	户主	岩胆	49	文盲	熟练	不会	一般	不会	
	妻子	玉广香	46	文盲	熟练	不会	一般	不会	
	长子	岩温罕	28	初中	熟练	熟练	熟练	熟练	
	次子	岩罕	26	小学	熟练	熟练	一般	一般	
	岳母	玉香	75	文盲	熟练	不会	不会	不会	
28	户主	玉香	44	文盲	熟练	不会	一般	不会	
	长女	玉万叫	27	小学	熟练	不会	一般	一般	
	长女婿	岩恩	31	小学	熟练	不会	一般	一般	
	次女	玉尖香	24	初中	熟练	不会	熟练	熟练	
	孙女	玉罕香	7	上小学	熟练	不会	一般	一般	
	孙子	岩温养	4	学龄前					
29	户主	岩阮	41	文盲	熟练	不会	一般	不会	
30	户主	岩罕应	49	文盲	熟练	不会	一般	不会	
	妻子	玉软龙	49	文盲	熟练	不会	一般	不会	
	长子	岩温罕	26	初中	熟练	不会	熟练	熟练	
31	户主	康朗三	64	文盲	熟练	熟练	略懂	不会	
	妻子	玉嫩	67	文盲	熟练	不会	略懂	不会	
	四子	岩罕捧	45	小学	熟练	不会	一般	一般	
	四儿媳	玉老	45	小学	熟练	不会	一般	一般	
	孙子	岩罕温	21	小学	熟练	不会	一般	一般	
	孙女	玉香万	19	初中	熟练	不会	熟练	熟练	
32	户主	玉怀	60	文盲	熟练	不会	略懂	不会	
	长女	玉万	39	小学	熟练	不会	一般	一般	
	长女婿	岩罕恩	44	小学	熟练	略懂	一般	一般	
	长外孙	岩温	22	初中	熟练	不会	熟练	熟练	
	长外孙媳	玉波罕	22	小学	熟练	不会	一般	一般	
	次外孙	岩罕尖	21	大专	熟练	熟练	熟练	熟练	

33	户主	岩应	65	文盲	熟练	不会	略懂	不会	
	长女	玉喃囡	27	小学	熟练	不会	一般	一般	
	外孙	岩温罕	7	上小学	熟练	不会	一般	一般	
34	户主	岩温	61	文盲	熟练	不会	略懂	不会	
	妻子	玉香囡	63	文盲	熟练	不会	略懂	不会	
	次子	岩罕香	30	初中	熟练	熟练	熟练	熟练	
	次儿媳	玉香旺	28	初中	熟练	不会	熟练	熟练	
	孙女	玉香应	6	上小学	熟练	不会	一般	略懂	
	孙子	岩空香	2	学龄前					
35	户主	扎妥	49	文盲	略懂	不会	一般	不会	拉祜族
	妻子	小米	40	文盲	略懂	不会	一般	不会	拉祜族
	三女	小三	21	小学	略懂	不会	一般	一般	拉祜族
36	户主	罗妹	19	初中	熟练	不会	熟练	熟练	
37	户主	岩温罕	30	小学	熟练	熟练	一般	一般	
	妻子	玉耕	29	小学	熟练	不会	一般	一般	
	长女	玉金罕	9	上小学	熟练	不会	一般	一般	
	次女	玉庄香	5	学龄前					
38	户主	岩三	37	文盲	熟练	不会	一般	不会	
	妻子	玉广	35	文盲	熟练	不会	一般	不会	
	长子	岩叫	13	小学	熟练	熟练	熟练	熟练	
39	户主	岩叫	46	小学	熟练	不会	一般	一般	
	妻子	玉喊嫩	43	小学	熟练	不会	一般	一般	
	长子	岩列	19	小学	熟练	不会	一般	一般	
40	户主	张文强	38	初中	一般	不会	熟练	熟练	汉族
	妻子	玉香章	37	小学	熟练	不会	一般	一般	
	长子	岩温香	15	小学	熟练	不会	一般	一般	
	长女	玉香罕	8	上小学	熟练	不会	一般	一般	
41	户主	玉万叫	38	小学	熟练	不会	一般	一般	
	长子	岩罕功	19	小学	熟练	熟练	熟练	一般	
	长女	玉香叫	16	上中专	熟练	不会	熟练	熟练	
42	户主	娜迫也	23	小学	略懂	不会	一般	一般	拉祜族
	丈夫	杨海文	37	初中	略懂	不会	熟练	熟练	哈尼族
	长子	杨聪	8	上小学	略懂	不会	一般	一般	拉祜族
	长女	杨开妹	3	学龄前					拉祜族

表 41　嘎洒镇 10 个机关单位傣族语言、文字使用情况

单位	序号	家庭关系	姓名	年龄(岁)	文化程度	傣语、傣文水平		备注
						傣语	傣文	
土地所	1	户主	岩罕叫	35	初中	熟练	一般	
		妻子	王美秀	29	中专	不会	不会	汉族
		长子	刀晶	5	学龄前			
	2	户主	李智刚	39	高中	不会	不会	哈尼族
		妻子	龙秀芬	35	中专	不会	不会	汉族
		长子	李镇	9	上小学	不会	不会	哈尼族
	3	户主	岩硬	47	大专	熟练	熟练	
		妻子	普菊珍	44	大专	熟练	不会	汉族
		长子	刀林	22	初中	熟练	不会	
	4	户主	刀爱华	38	大专	熟练	不会	
		长女	刀蕊波	11	上小学	不会	不会	
		长子	刀子荣	6	上小学	不会	不会	
	5	户主	王明	33	大专	不会	不会	彝族
		妻子	马桂芳	29	本科	不会	不会	汉族
	6	户主	玉喃	34	高中	熟练	一般	
	7	户主	刘春松	30	大专	不会	不会	哈尼族
水管站	1	户主	张庭光	55	初中	不会	不会	哈尼族
		妻子	罗凤仙	46	初中	不会	不会	哈尼族
		长子	张锐	22	大专	不会	不会	哈尼族
		次子	张超	16	初中	不会	不会	哈尼族
	2	户主	张大勇	58	初中	不会	不会	汉族
	3	户主	刀建平	45	初中	熟练	一般	
		妻子	王燕	37	初中	不会	不会	汉族
		长女	刀莹	16	初中	不会	不会	
	4	户主	卢云生	43	初中	熟练	不会	汉族
		妻子	玉的	33	小学	熟练	不会	
		长子	卢伟	15	上初中	不会	不会	
	5	户主	岩温	45	初中	熟练	熟练	
		妻子	杨从仙	50	小学	一般	不会	汉族
		长女	吴克美	28	高中	不会	不会	
		次女	玉罕凤妓	19	初中	不会	不会	
		外孙	岩糯香	2	学龄前			

财政所	1	户主	李顺仙	32	本科	不会	不会	汉族
	2	户主	黄有明	68	本科	一般	不会	汉族
		妻子	罗加芝	66	小学	不会	不会	彝族
		长子	黄树春	38	本科	一般	不会	彝族
		长儿媳	陈湘莲	36	初中	不会	不会	汉族
		次子	黄树凡	35	初中	不会	不会	彝族
		次儿媳	王娟	36	大专	不会	不会	汉族
		长孙	黄忠琪	12	上初中	不会	不会	彝族
		次孙	黄忠贤	4	学龄前			彝族
	3	户主	岩香	34	大专	熟练	一般	
		妻子	刀佳丽	31	大专	熟练	不会	
	4	户主	岩香	79	小学	熟练	一般	
	5	户主	王文书	25	中专	不会	不会	
十三道班	1	户主	尹志先	52	小学	不会	不会	汉族
		妻子	黄成会	51	初中	不会	不会	汉族
		长子	尹继纬	23	小学	不会	不会	汉族
	2	户主	赵国清	69	初小	不会	不会	彝族
		妻子	罗芝凤	61	初中	不会	不会	汉族
		长女	赵志玲	32	初中	不会	不会	彝族
		长子	赵志刚	31	初中	不会	不会	彝族
		次子	赵志明	30	初中	不会	不会	彝族
	3	户主	毕朝林	74	初小	不会	不会	汉族
		妻子	黄玉玲	70	小学	不会	不会	汉族
		次子	毕庭校	38	初中	不会	不会	汉族
	4	户主	则莫	69	文盲	不会	不会	哈尼族
		长女	李琼春	42	初中	不会	不会	汉族
		外孙	李世成	10	上小学	不会	不会	哈尼族
	5	户主	李启详	51	小学	不会	不会	哈尼族
		妻子	黄成仙	51	小学	不会	不会	汉族
		长女	李燕	24	初中	不会	不会	哈尼族
	6	户主	张文兴	67	文盲	不会	不会	汉族
		妻子	陈启莲	58	文盲	不会	不会	汉族
		次女	张学兰	30	初中	不会	不会	汉族
		次子	张学林	28	初中	不会	不会	汉族
	7	户主	胡益	69	初小	不会	不会	汉族
		长子	胡桂强	36	高中	不会	不会	汉族
		次子	胡桂忠	32	初中	不会	不会	汉族

	8	户主	岩文光	53	小学	熟练	不会	
		妻子	玉章	48	小学	熟练	不会	
		长女	刀丽萍	27	小学	熟练	不会	
		次子	刀光友	21	初中	熟练	不会	
	9	户主	咪结	67	小学	不会	不会	哈尼族
		长女	罗田芬	37	初中	不会	不会	汉族
		次女	罗田秀	33	小学	不会	不会	汉族
		外孙女	丁欣玉容	6	上小学	不会	不会	哈尼族
	10	户主	李付华	72	小学	不会	不会	汉族
		妻子	李从秀	40	小学	不会	不会	彝族
		长女	李美珍	18	初中	不会	不会	彝族
	11	户主	黄琼	38	小学	不会	不会	汉族
		丈夫	张学雁	39	初小	不会	不会	汉族
		长子	张涛	18	初中	不会	不会	汉族
	12	户主	李从芳	68	小学	不会	不会	彝族
		妻子	自美云	68	小学	不会	不会	汉族
		长子	李海建	41	小学	不会	不会	彝族
		长儿媳	付开珍	33	小学	不会	不会	汉族
		长孙	李东	11	上小学	不会	不会	彝族
	13	户主	柴存英	64	文盲	不会	不会	彝族
		孙子	李亚鹏	3	学龄前			汉族
	14	户主	李永明	58	文盲	不会	不会	哈尼族
		长子	卢自强	28	小学	不会	不会	彝族
	15	户主	你炳	55	小学	熟练	不会	布朗族
	16	户主	刘永平	47	初中	不会	不会	汉族
		妻子	孙英	48	初中	不会	不会	基诺族
	17	户主	岩宰亚	66	小学	熟练	不会	
	18	户主	普学兰	56	小学	不会	不会	汉族
	19	户主	周会珍	44	初中	不会	不会	汉族
	20	户主	杨开发	55	小学	不会	不会	哈尼族
		妻子	杨书	55	初中	不会	不会	汉族
		长子	杨吉	30	高中	不会	不会	汉族
		长女	杨萍	30	小学	不会	不会	哈尼族
		次子	杨涛	20	初中	不会	不会	哈尼族

	21	户主	赵家明	54	小学	不会	不会	汉族
		妻子	王从秀	43	小学	不会	不会	拉祜族
		长子	赵青	21	初中	不会	不会	汉族
	22	户主	岩伦	59	文盲	熟练	一般	
		长子	刀俊	21	小学	熟练	不会	
	23	户主	陈英辉	54	小学	不会	不会	汉族
		妻子	康孝芳	54	小学	不会	不会	汉族
		长子	陈远刚	31	小学	不会	不会	汉族
		长女	陈远春	27	初中	不会	不会	汉族
		孙女	陈诗诗	4	学龄前			汉族
	24	户主	杰泽	53	小学	不会	不会	基诺族
		妻子	刘开	47	小学	不会	不会	基诺族
		长子	杰国华	28	初中	不会	不会	基诺族
		长女	杰国英	27	初中	不会	不会	基诺族
	25	户主	普中明	44	小学	不会	不会	彝族
税务所	1	户主	杨运芳	65	高中	一般	不会	汉族
		女婿	陆华明	35	高中	不会	不会	壮族
		侄子	李勇	35	初中	不会	不会	汉族
	2	户主	黄勇	33	中专	不会	不会	哈尼族
		妻子	玉旺娇	33	中专	熟练	不会	
		长子	洪智凯	9	上小学	略懂	不会	
	3	户主	周骥	29	中专	不会	不会	汉族
	4	户主	岩伦	64	小学	熟练	熟练	
	5	户主	黄建江	41	中专	不会	不会	汉族
	6	户主	岩恩	72	小学	熟练	一般	
		长子	岩宰龙	35	小学	熟练	不会	
		次子	岩香	32	小学	熟练	一般	
	7	户主	岩应因	57	小学	熟练	一般	
		长女	玉金	35	初中	熟练	不会	
		长子	岩罕叫	30	初中	熟练	不会	
	8	户主	杨绍群	46	中专	不会	不会	哈尼族
		弟弟	杨少伟	35	初中	不会	不会	哈尼族
		弟弟	杨绍学	34	初中	不会	不会	哈尼族
		侄子	杨威	8	上小学	不会	不会	哈尼族

工商所	1	户主	岩班	58	初中	熟练	一般	
	2	户主	段冬梅	36	中专(中技)	不会	不会	基诺族
	3	户主	赵海应	43	大专	不会	不会	汉族
		妻子	郭晓华	42	高中	不会	不会	白族
		长女	赵婕	11	上小学	不会	不会	白族
	4	户主	岩温龙	30	初中	熟练	一般	
	5	户主	熊云伟	29	中专(中技)	不会	不会	哈尼族
		长子	熊珉宇	2	学龄前			哈尼族
供销社	1	户主	江建华	46	初中	一般	不会	
		长女	江莎	24	初中	不会	不会	
		长子	江宇	20	高中	不会	不会	
		外孙	江家豪	2	学龄前			
	2	户主	张爱华	36	初中	不会	不会	汉族
		丈夫	石怀林	40	中专	不会	不会	彝族
		长女	石佳欣	12	上小学	不会	不会	彝族
	3	户主	阿歌	58	小学	不会	不会	哈尼族
	4	户主	何勐祥	44	初中	一般	不会	汉族
		妻子	郭继莲	42	小学	不会	不会	汉族
		长子	何云龙	19	小学	不会	不会	汉族
		妹妹	何美玉	38	高中	不会	不会	汉族
	5	户主	马琼仙	70	文盲	不会	不会	回族
		儿媳	玉拉	30	小学	熟练	不会	
	6	户主	玉金	55	初中	熟练	一般	
		长子	岩温罕	37	高中	熟练	不会	
		长女	玉应罕	32	初中	熟练	不会	
		孙女	玉波罕	4	学龄前			
	7	户主	石转仙	69	初中	不会	不会	汉族
		四子	者跃彬	42	初中	一般	不会	瑶族
		孙子	者明辉	16	初中	不会	不会	瑶族
	8	户主	杨春波	46	初中	一般	不会	汉族
		妻子	欧美英	45	初中	熟练	不会	
		长女	杨丽	24	中专	一般	不会	
	9	户主	玉香	72	小学	熟练	不会	
		长子	刀洪彬	40	初中	熟练	不会	
		次子	刀洪卫	37	初中	熟练	不会	
		长孙	易星星	21	初中	不会	不会	
		次孙	刀俊杰	9	上小学	不会	不会	

10	户主	卢李荣	75	中专(中技)	不会	不会	汉族
	妻子	覃健贞	71	初中	不会	不会	汉族
11	户主	刀新华	65	初中	熟练	一般	
	妻子	玉康罕	52	文盲	熟练	一般	
	长女	刀兰英	27	中专(中技)	熟练	一般	
12	户主	岩扁	64	小学	熟练	不会	
	次子	岩罕涛	30	初中	熟练	不会	
	次女	玉喃温	15	初中	熟练	不会	
13	户主	者跃玲	40	初中	一般	不会	瑶族
	丈夫	罗昆华	42	初中	一般	不会	彝族
	长子	罗超	17	上初中	不会	不会	彝族
14	户主	李朝庭	70	高中	不会	不会	汉族
	妻子	杜菊芳	65	小学	不会	不会	基诺族
	三女	李美兰	35	高中	不会	不会	基诺族
	三女婿	刘开明	34	小学	不会	不会	汉族
	外孙	刘晓玉	10	上小学	不会	不会	基诺族
15	户主	苏莎	53	小学	不会	不会	哈尼族
	长子	苏志强	34	高中	不会	不会	哈尼族
	孙女	苏雨婷	8	上小学	不会	不会	哈尼族
16	户主	田萍南	42	初中	不会	不会	汉族
17	户主	林玉生	71	小学	不会	不会	汉族
	妻子	罗春桃	65	小学	不会	不会	汉族
	三子	林建辉	36	高中	不会	不会	汉族
	长女	林清华	34	高中	不会	不会	汉族
18	户主	岩坦	60	小学	熟练	不会	
	长子	岩温扁	31	小学	熟练	不会	
	孙子	岩温叫	8	上小学	一般	不会	
19	户主	李玫	32	中专(中技)	不会	不会	汉族
20	户主	者跃美	49	初中	一般	不会	瑶族
	妻子	杨玉萍	48	中师	一般	不会	汉族
	长女	者明慧	21	大专	不会	不会	瑶族
	长子	者明洋	15	上初中	不会	不会	瑶族
21	户主	徐小龙	42	中专	不会	不会	哈尼族
	妻子	李仕琼	44	初中	不会	不会	彝族
	长女	徐娜	19	小学	不会	不会	哈尼族

22	户主	周晓玲	39	初中	不会	不会	汉族
	长女	邹温筠	9	上小学	不会	不会	汉族
23	户主	刘传瑞	69	初中	不会	不会	白族
	妻子	李晴英	69	高中	不会	不会	白族
24	户主	江开才	71	小学	不会	不会	汉族
	妻子	玉庄	56	小学	熟练	一般	
25	户主	岩炳	65	小学	熟练	一般	
26	户主	林建华	51	初中	不会	不会	汉族
	妻子	乔白兵	49	初中	不会	不会	汉族
	长女	林艳	30	高中	不会	不会	汉族
27	户主	江洪波	39	中专	一般	不会	汉族
28	户主	江晓明	45	初中	一般	不会	汉族
	长女	江媛	14	上初中	不会	不会	汉族
29	户主	董国庆	34	小学	不会	不会	汉族
	长女	杨燕	4	学龄前			汉族
30	户主	岩罕尖	59	文盲	熟练	一般	
	妻子	玉用叫	59	小学	熟练	不会	
	长子	岩燕	34	高中	熟练	不会	
	孙子	刀俊	1	学龄前			
31	户主	最书	54	小学	不会	不会	哈尼族
32	户主	何春平	34	中专(中技)	不会	不会	基诺族
33	户主	岩罕	74	文盲	熟练	不会	
34	户主	刀永良	77	小学	熟练	不会	
35	户主	老四	57	小学	一般	不会	哈尼族
	妻子	玉扁	70	小学	熟练	一般	
	长女	王利萍	32	小学	不会	不会	
	长子	王金荣	31	小学	不会	不会	
	孙女	王欣雨	2	学龄前			
36	户主	玉些	46	初中	熟练	不会	
	丈夫	岩吨	57	小学	熟练	不会	
	长女	刀娜	20	初中	熟练	不会	
	次女	刀婕	7	上小学	不会	不会	
37	户主	谢红秀	41	中专(中技)	不会	不会	汉族
	长女	江雪娇	16	小学	不会	不会	汉族

信用社	1	户主	岩伦	45	中专	熟练	一般	
		长女	玉温而	17	初中	熟练	不会	
		次女	玉金罕	15	上初中	熟练	不会	
	2	户主	高跃进	49	小学	不会	不会	哈尼族
	3	户主	岩坦	47	初中	熟练	一般	
		妻子	玉康	42	小学	熟练	一般	
		长子	岩应叫	17	初中	熟练	不会	
		次子	岩叫罕	15	初中	熟练	不会	
	4	户主	王立群	33	大专	一般	不会	汉族
		丈夫	廖超	34	本科	不会	不会	汉族
卫生院	1	户主	岩叫	55	中专	熟练	不会	
		妻子	玉粘	53	本科	熟练	熟练	
		长女	刀丽丽	26	中专	熟练	不会	
	2	户主	张明	43	初中	不会	不会	汉族
		妻子	李玲	43	大专	不会	不会	彝族
	3	户主	李学芬	31	大专	不会	不会	彝族
	4	户主	蒋淑莲	51	中专	不会	不会	汉族
		长子	木文君	23	本科	不会	不会	彝族
	5	户主	付天兰	43	初中	不会	不会	彝族
		丈夫	梁其东	47	初中	不会	不会	彝族
		长子	梁军勇	24	大专	不会	不会	哈尼族
		长女	梁春叶	22	本科	不会	不会	汉族
		次女	梁娜	20	大专	不会	不会	哈尼族
	6	户主	张志军	34	大专	不会	不会	哈尼族
		妻子	赖建兰	26	中专	不会	不会	哈尼族
		长子	张博	2	学龄前			哈尼族
	7	户主	李红才	39	中专	不会	不会	哈尼族
		妻子	范红	37	大专	不会	不会	哈尼族
		长子	李仁杰	10	上小学	不会	不会	哈尼族
	8	户主	刀慧	35	大专	一般	不会	
		长女	张颖	7	上小学	不会	不会	汉族
	9	户主	王淑梅	36	大专	不会	不会	彝族
		丈夫	付庭良	37	高中	不会	不会	汉族
		长女	付桐菲	7	上小学	不会	不会	彝族
	10	户主	郭庭开	32	本科	不会	不会	哈尼族
		妻子	车静	25	大专	不会	不会	哈尼族

			长女	郭欣然	1	学龄前			哈尼族
	11	户主	李华	34	大专	不会	不会	哈尼族
			长子	刘超	5	学龄前			基诺族
	12	户主	依公丙	30	中专	熟练	不会	
			长女	玉波香	1	学龄前			
	13	户主	秋萍	30	大专	不会	不会	哈尼族
	14	户主	高建云	49	高中	不会	不会	汉族
	15	户主	沙建美	33	本科	不会	不会	汉族
			长女	刀禹	8	上小学	不会	不会	汉族
	16	户主	李天霞	36	大专	不会	不会	汉族
			丈夫	杨培生	42	高中	不会	不会	汉族
			长女	杨巧	10	上小学	不会	不会	汉族
	17	户主	玉康罕	31	大专	熟练	一般	
	18	户主	邓仁勇	28	大专	不会	不会	彝族
	19	户主	李洪	41	小学	不会	不会	汉族
			妻子	龚秀琴	34	初中	不会	不会	汉族
			长女	钟丝丝	12	上小学	不会	不会	汉族
	20	户主	周颐熙	74	初中	一般	不会	汉族
			妻子	刀凤兰	69	初中	熟练	不会	
	21	户主	白文珍	61	初中	熟练	不会	
			长女	石建丽	35	高中	熟练		
			外孙	喻春波	10	小学	不会	不会	汉族
	22	户主	胡留刚	36	大专	不会	不会	汉族
	23	户主	沙除	33	中专	不会	不会	汉族
			长子	李纪龙	7	上小学	不会	不会	汉族
	24	户主	杨萍	32	初中	不会	不会	汉族
			长子	钟阳林	2	学龄前			汉族
	25	户主	梁铭芬	26	中专	不会	不会	汉族
			长子	张桓	6	上小学	不会	不会	汉族
	26	户主	刘崇刚	24	大专	不会	不会	汉族
镇中心小学	1	户主	晓明	36	中专(中技)	不会	不会	哈尼族
	2	户主	刘潮智	38	中专(中技)	不会	不会	汉族
			长子	刘桓	5	学龄前			哈尼族
	3	户主	张海芳	35	中专(中技)	不会	不会	汉族
			长女	王秀英	5	学龄前			哈尼族
	4	户主	江红英	35	中专(中技)	不会	不会	哈尼族

5	户主	岩艳罕	30	中专（中技）	熟练	一般	
6	户主	岩罕夯	33	中专（中技）	熟练	一般	
	妻子	玉罕再	28	中专（中技）	熟练	一般	
	长子	岩罕团	3	学龄前			
7	户主	岩庄香	29	中专（中技）	熟练	一般	
8	户主	杨卫荣	28	中专（中技）	不会	不会	哈尼族
9	户主	李梅	29	中专（中技）	不会	不会	拉祜族
10	户主	曾建惠	30	大专	不会	不会	
	长子	刘航辰	2	学龄前			
11	户主	李慧英	33	大专	不会	不会	彝族
12	户主	陈红艳	28	中专（中技）	不会	不会	
13	户主	岩温叫	28	大专	熟练	一般	
14	户主	玉罕	28	大专	熟练	一般	
15	户主	庞达	30	大专	不会	不会	哈尼族
16	户主	肖建红	29	中专（中技）	不会	不会	哈尼族
	长子	邹依洋	1	学龄前			哈尼族
17	户主	玉金开	28	中专（中技）	熟练	一般	
18	户主	李芳杰	29	大专	不会	不会	哈尼族
19	户主	岩恩	29	大专	熟练	一般	
20	户主	谢琼	39	中专	不会	不会	
	丈夫	李林原	40	初中	不会	不会	哈尼族
21	户主	岩举	52	中师	熟练	一般	
22	户主	岩嫩	64	初中	熟练	一般	
23	户主	刘丽红	42	中师	不会	不会	汉族
	丈夫	周海妥军	41	初中	不会	不会	汉族
24	户主	杨祥林	37	中师	不会	不会	汉族
	妻子	罗琼波	37	中专	不会	不会	
	长子	杨振宇	7	上小学	不会	不会	
25	户主	岩罕	35	中专	熟练	一般	
	妻子	黄照兰	33	中专（中技）	不会	不会	拉祜族
	长子	刀世龙	7	上小学	一般	不会	
26	户主	岩香	44	中师	熟练	一般	
27	户主	刘云宏	31	大专	不会	不会	汉族
28	户主	丁湘滇	41	大专	不会	不会	
	长女	孙婷婷	18	上初中	不会	不会	

29	户主	马飞	43	大专	不会	不会	回族
	妻子	董家海	40	大专	不会	不会	彝族
	长子	马疆宏	15	上小学	不会	不会	回族
30	户主	贺元尧	64	初中	不会	不会	汉族
31	户主	玉罕	42	中师	熟练	一般	
32	户主	岩纳	57	高小	熟练	不会	
	妻子	玉轰	53	中师	熟练	一般	
33	户主	李云英	49	中师	不会	不会	哈尼族
	长女	才飘	27	初中	不会	不会	哈尼族
	次女	查青	25	初中	不会	不会	哈尼族
34	户主	李红斌	37	大专	不会	不会	彝族
35	户主	罗晓	42	中师	不会	不会	哈尼族
	长子	马晓东	18	初中	不会	不会	哈尼族
36	户主	岩三	51	初中	熟练	一般	
37	户主	付开仙	45	中师	不会	不会	汉族
	长女	廖玲	17	初中	不会	不会	汉族
38	户主	杨秀琼	44	中师	不会	不会	汉族
39	户主	岩宰	58	高小	熟练	一般	
40	户主	玉罕么	36	高中	熟练	一般	
	长子	刀杰	12	上小学	一般	不会	
41	户主	岩罕叫	58	小学	熟练	一般	
42	户主	庄普洪	42	大专	不会	不会	汉族
	妻子	吕叫华	42	中专	不会	不会	汉族
	长子	庄超	18	初中	不会	不会	汉族
43	户主	玉亮	45	中专	熟练	一般	
44	户主	杨美兰	42	大专	熟练	不会	
45	户主	保振英	40	大专	不会	不会	汉族
46	户主	王华庭	46	大专	不会	不会	汉族
47	户主	岩况	54	中师	熟练	一般	
48	户主	刘运泽	51	中师	不会	不会	汉族
49	户主	张仕贤	67	小学	不会	不会	汉族
	次女	张芳	37	高中	不会	不会	汉族
50	户主	李亚萍	40	大专	不会	不会	哈尼族
51	户主	徐增芝	43	中师	不会	不会	哈尼族
	长子	蔡俊	14	上初中	不会	不会	哈尼族

52	户主	江舟	41	大专	不会	不会	汉族
	长女	杨菁菁	4	学龄前			汉族
53	户主	李萍	33	中师	不会	不会	彝族
54	户主	陈风芳	31	大专	不会	不会	彝族
	长女	肖金蕾	4	学龄前			彝族
55	户主	李建霞	35	中专	不会	不会	汉族
	长女	王佳美	7	上小学	不会	不会	汉族
56	户主	黄志辉	42	大专	不会	不会	彝族
	表妹	罗志萍	32	小学	不会	不会	汉族
	侄子	杨意坤	4	学龄前			汉族
57	户主	董锦玲	38	中师	不会	不会	汉族
	长子	邹瑞	12	上小学	不会	不会	汉族
58	户主	高永树	35	高中	不会	不会	哈尼族
	妻子	玉涛	35	大专	熟练	一般	
	长子	高翔	9	上小学	不会	不会	
59	户主	杨素清	49	中专	不会	不会	瑶族
	妻子	李秀红	44	中师	不会	不会	汉族
	长子	杨帆	19	初中	不会	不会	瑶族
60	户主	徐会芬	39	中专	不会	不会	汉族
61	户主	罗廷奎	61	中师	不会	不会	汉族
	妻子	唐莲英	57	初中	不会	不会	
	次女	罗梅	30	高中	不会	不会	
62	户主	何丽萍	37	大专	一般	不会	
	长子	杨年	14	上初中	不会	不会	哈尼族
63	户主	李米珠	38	大专	不会	不会	汉族
	长女	宗黎	16	上初中	不会	不会	哈尼族
64	户主	岩温龙	31	大专	熟练	一般	
65	户主	玉利	31	大专	熟练	一般	
	长子	刀耀伟	5	学龄前			
66	户主	马美英	40	中师	不会	不会	汉族
	丈夫	朱金林	40	高中	不会	不会	汉族
	长女	朱敏	11	上小学	不会	不会	汉族
67	户主	杨桂英	31	中专	不会	不会	
	长子	谢照旭	2	学龄前			
68	户主	岩罕兴	27	中专	熟练	一般	

69	户主	玉旺香	27	中专	熟练	不会	
	长子	赵国平	2	学龄前			
70	户主	玉川	27	中专	熟练	一般	
71	户主	岩罕温	26	中专	熟练	一般	
72	户主	岩甩	25	中专	熟练	一般	
73	户主	左黑	29	中专	不会	不会	哈尼族
74	户主	岩三甩	28	中专	熟练	一般	
75	户主	王冬娜	20	小学	不会	不会	彝族
76	户主	玉应叫	26	大专	熟练	一般	
77	户主	李卫芬	27	中专	不会	不会	哈尼族
78	户主	门嘎	27	中专	不会	不会	哈尼族
79	户主	岩扁	63	文盲	熟练	一般	
80	户主	董建云	32	大专	不会	不会	汉族
	妻子	周德珍	31	中专	不会	不会	汉族
	长子	董天意	2	学龄前			汉族
81	户主	魏学良	44	大专	不会	不会	汉族
	妻子	陶全慧	44	大专	不会	不会	
82	户主	刀金艳	73	初中	熟练	一般	
	长女	刀维珍	54	高中	熟练	不会	
	次子	岩腊	37	高中	熟练		
	外孙女	玉波罕	29	初中	熟练		
83	户主	王国才	35	高中	不会	不会	汉族
84	户主	李跃军	24	高中	不会	不会	白族
85	户主	古云新	44	中专	不会	不会	汉族
86	户主	付庭敏	33	中专	不会	不会	汉族
	长子	胡正康	7	上小学	不会	不会	汉族
87	户主	黄建才	25	初中	不会	不会	汉族
88	户主	岩宰龙	51	中专	熟练	一般	
89	户主	陈志刚	38	中专	不会	不会	汉族
90	户主	张红	35	中专	不会	不会	汉族
91	户主	岩罕因	39	中专	熟练	一般	
92	户主	熙丽婉纳	28	高中	熟练	一般	
93	户主	范灵虹	23	大专	不会	不会	彝族
94	户主	汤云生	42	大专	不会	不会	汉族
	妻子	申月华	38	高中	不会	不会	汉族
	长女	汤琳	11	上小学	不会	不会	汉族

表 42　嘎洒镇 10 个机关单位 47 户傣族家庭双语双文使用情况一览表

序号	家庭关系	姓名	年龄(岁)	文化程度	傣语	傣文	汉语	汉文	备注
1	户主	岩罕叫	35	初中	熟练	一般	熟练	熟练	
	妻子	王美秀	29	中专	不会	不会	熟练	熟练	汉族
	长子	刀晶	5	学龄前					
2	户主	岩硬	47	大专	熟练	熟练	熟练	熟练	
	妻子	普菊珍	44	大专	熟练	不会	熟练	熟练	汉族
	长子	刀林	22	初中	熟练	不会	熟练	熟练	
3	户主	刀爱华	38	大专	熟练	不会	熟练	熟练	
	长女	刀蕊波	11	上小学	不会	不会	熟练	熟练	
	长子	刀子荣	6	上小学	不会	不会	一般	略懂	
4	户主	刀建平	45	初中	熟练	一般	熟练	熟练	
	妻子	王燕	37	初中	不会	不会	熟练	熟练	汉族
	长女	刀莹	16	初中	不会	不会	熟练	熟练	
5	户主	卢云生	43	初中	熟练	不会	熟练	熟练	汉族
	妻子	玉的	33	小学	熟练	不会	熟练	一般	
	长子	卢伟	15	上初中	不会	不会	熟练	熟练	
6	户主	岩温	45	初中	熟练	熟练	熟练	熟练	
	妻子	杨从仙	50	小学	一般	不会	熟练	一般	汉族
	长女	吴克美	28	高中	不会	不会	熟练	熟练	
	次女	玉罕凤妓	19	初中	不会	不会	熟练	熟练	
	外孙	岩糯香	2	学龄前					
7	户主	岩香	34	大专	熟练	一般	熟练	熟练	
	妻子	刀佳丽	31	大专	熟练	不会	熟练	熟练	
8	户主	岩文光	53	小学	熟练	不会	熟练	一般	
	妻子	玉章	48	小学	熟练	不会	熟练	一般	
	长女	刀丽萍	27	小学	熟练	不会	熟练	一般	
	次子	刀光友	21	初中	熟练	不会	熟练	熟练	
9	户主	岩伦	59	文盲	熟练	一般	略懂	不会	
	长子	刀俊	21	小学	熟练	不会	熟练	一般	
10	户主	黄勇	33	中专	不会	不会	熟练	熟练	哈尼族
	妻子	玉旺娇	33	中专	熟练	不会	熟练	熟练	
	长子	洪智凯	9	上小学	略懂	不会	一般	一般	
11	户主	岩恩	72	小学	熟练	一般	一般	一般	
	长子	岩宰龙	35	小学	熟练	不会	一般	一般	
	次子	岩香	32	小学	熟练	一般	一般	一般	

12	户主	岩应囡	57	小学	熟练	一般	一般	一般	
	长女	玉金	35	初中	熟练	不会	熟练	熟练	
	长子	岩罕叫	30	初中	熟练	不会	熟练	熟练	
13	户主	江建华	46	初中	一般	不会	熟练	熟练	
	长女	江莎	24	初中	不会	不会	熟练	熟练	
	长子	江宇	20	高中	不会	不会	熟练	熟练	
	外孙	江家豪	2	学龄前					
14	户主	马琼仙	70	文盲	不会	不会	略懂	不会	回族
	儿媳	玉拉	30	小学	熟练	不会	一般	一般	
15	户主	玉金	55	初中	熟练	一般	熟练	熟练	
	长子	岩温罕	37	高中	熟练	不会	熟练	熟练	
	长女	玉应罕	32	初中	熟练	不会	熟练	熟练	
	孙女	玉波罕	4	学龄前					
16	户主	杨春波	46	初中	一般	不会	熟练	熟练	汉族
	妻子	欧美英	45	初中	熟练	不会	熟练	熟练	
	长女	杨丽	24	中专	一般	不会	熟练	熟练	
17	户主	玉香	72	小学	熟练	不会	一般	一般	
	长子	刀洪彬	40	初中	熟练	不会	熟练	熟练	
	次子	刀洪卫	37	初中	熟练	不会	熟练	熟练	
	长孙	易星星	21	初中	不会	不会	熟练	熟练	
	次孙	刀俊杰	9	上小学	不会	不会	一般	一般	
18	户主	刀新华	65	初中	熟练	一般	熟练	熟练	
	妻子	玉康罕	52	文盲	熟练	一般	略懂	不会	
	长女	刀兰英	27	中专(中技)	熟练	一般	熟练	熟练	
19	户主	岩扁	64	小学	熟练	不会	一般	一般	
	次子	岩罕涛	30	初中	熟练	不会	熟练	熟练	
	次女	玉喃温	15	初中	熟练	不会	熟练	熟练	
20	户主	岩坦	60	小学	熟练	不会	一般	一般	
	长子	岩温扁	31	小学	熟练	不会	一般	一般	
	孙子	岩温叫	8	上小学	一般	不会	一般	一般	
21	户主	江开才	71	小学	不会	不会	一般	一般	汉族
	妻子	玉庄	56	小学	熟练	一般	一般	一般	
22	户主	岩罕尖	59	文盲	熟练	一般	略懂	不会	
	妻子	玉用叫	59	小学	熟练	一般	一般	一般	
	长子	岩燕	34	高中	熟练	不会	熟练	熟练	
	孙子	刀俊	1	学龄前					

23	户主	老四	57	小学	一般	不会	一般	一般	哈尼族
	妻子	玉扁	70	小学	熟练	一般	一般	一般	
	长女	王利萍	32	小学	不会	不会	一般	一般	
	长子	王金荣	31	小学	不会	不会	一般	一般	
	孙女	王欣雨	2	学龄前					
24	户主	玉些	46	初中	熟练	不会	熟练	熟练	
	丈夫	岩吨	57	小学	熟练	不会	一般	一般	
	长女	刀娜	20	初中	熟练	不会	熟练	熟练	
	次女	刀婕	7	上小学	不会	不会	一般	一般	
25	户主	岩伦	45	中专	熟练	一般	熟练	熟练	
	长女	玉温而	17	初中	熟练	不会	熟练	熟练	
	次女	玉金罕	15	上初中	熟练	不会	熟练	熟练	
26	户主	岩坦	47	初中	熟练	一般	熟练	熟练	
	妻子	玉康	42	小学	熟练	一般	熟练	一般	
	长子	岩应叫	17	初中	熟练	不会	熟练	熟练	
	次子	岩叫罕	15	初中	熟练	不会	熟练	熟练	
27	户主	岩叫	55	中专	熟练	不会	熟练	熟练	
	妻子	玉粘	53	本科	熟练	熟练	熟练	熟练	
	长女	刀丽丽	26	中专	熟练	不会	熟练	熟练	
28	户主	刀慧	35	大专	一般	不会	熟练	熟练	
	长女	张颖	7	上小学	不会	不会	一般	一般	汉族
29	户主	依公丙	30	中专	熟练	不会	熟练	熟练	
	长女	玉波香	1	学龄前					
30	户主	周颐熙	74	初中	一般	不会	熟练	熟练	汉族
	妻子	刀风兰	69	初中	熟练	不会	熟练	熟练	
31	户主	白文珍	61	初中	熟练	不会	熟练	熟练	
	长女	石建丽	35	高中	熟练	不会	熟练	熟练	
	外孙	喻春波	10	小学	不会	不会	一般	一般	汉族
32	户主	岩罕夯	33	中专(中技)	熟练	一般	熟练	熟练	
	妻子	玉罕再	28	中专(中技)	熟练	一般	熟练	熟练	
	长子	岩罕团	3	学龄前					
33	户主	曾建惠	30	大专	不会	不会	熟练	熟练	
	长子	刘航辰	2	学龄前					
34	户主	谢琼	39	中专	不会	不会	熟练	熟练	
	丈夫	李林原	40	初中	不会	不会	熟练	熟练	哈尼族

					傣语听	傣文读写	汉语听说	汉文读写	
35	户主	杨祥林	37	中师	不会	不会	熟练	熟练	汉族
	妻子	罗琼波	37	中专	不会	不会	熟练	熟练	
	长子	杨振宇	7	上小学	不会	不会	一般	一般	
36	户主	岩罕	35	中专	熟练	一般	熟练	熟练	
	妻子	黄照兰	33	中专(中技)	不会	不会	熟练	熟练	拉祜族
	长子	刀世龙	7	上小学	一般	不会	一般	一般	
37	户主	丁湘滇	41	大专	不会	不会	熟练	熟练	
	长女	孙婷婷	18	初中	不会	不会	熟练	熟练	
38	户主	岩纳	57	小学	熟练	不会	一般	一般	
	妻子	玉轰	53	中师	熟练	一般	熟练	熟练	
39	户主	玉罕么	36	高中	熟练	一般	熟练	熟练	
	长子	刀杰	12	上小学	一般	不会	熟练	熟练	
40	户主	高永树	35	高中	不会	不会	熟练	熟练	哈尼族
	妻子	玉涛	35	大专	熟练	一般	熟练	熟练	
	长子	高翔	9	上小学	不会	不会	一般	一般	
41	户主	罗廷奎	61	中师	不会	不会	熟练	熟练	汉族
	妻子	唐莲英	57	初中	不会	不会	熟练	熟练	
	次女	罗梅	30	高中	不会	不会	熟练	熟练	
42	户主	何丽萍	37	大专	一般	不会	熟练	熟练	
	长子	杨年	14	上初中	不会	不会	熟练	熟练	哈尼族
43	户主	玉利	31	大专	熟练	一般	熟练	熟练	
	长子	刀耀伟	5	学龄前					
44	户主	杨桂英	31	中专	不会	不会	熟练	熟练	
	长子	谢照旭	2	学龄前					
45	户主	玉旺香	27	中专	熟练	不会	熟练	熟练	
	长子	赵国平	2	学龄前					
46	户主	魏学良	44	大专	不会	不会	熟练	熟练	汉族
	妻子	陶全慧	44	大专	不会	不会	熟练	熟练	
47	户主	刀金艳	73	初中	熟练	一般	熟练	熟练	
	长女	刀维珍	54	高中	熟练	不会	熟练	熟练	
	次子	岩腊	37	高中	熟练	不会	熟练	熟练	
	外孙女	玉波罕	29	初中	熟练	不会	熟练	熟练	

五　调查日志

2009 年 1 月 6 日

　　上午 8 点 40 分由首都机场乘机前往昆明，12 点 30 分抵达昆明，在昆明机场短暂停留之后，乘机前往西双版纳，下午 3 点抵达西双版纳的景洪机场。

　　下午，向有关部门了解了调查点的情况，很快整理出了调查的线索，并作了下一步的调查计划。

2009 年 1 月 7 日

　　上午 8 点出发乘车前往嘎洒镇农业服务中心。我们对陶建伟主任、蒋玉玲老师、岩光同志作了访谈。

　　中午，我们走访了嘎洒镇集贸市场，在这里与当地的生意人进行了交流，有很多人接受了采访。做生意的有 3/4 是傣族人，在交易时，他们选择语言主要是看交际对象：当对方说傣语时，他们就以傣语与之交流；当对方说汉语时，他们也说汉语。大部分生意人都说当地汉语方言，有的也说普通话。生意人彼此交谈时使用傣语或当地汉语方言。

2009 年 1 月 8 日

　　收集整理资料。

2009 年 1 月 9 日

　　上午 8 点从景洪市出发前往嘎洒镇派出所。在那里我们向刀娟副所长、李露露同志了解该镇村寨的相关情况。同时，有多人接受访谈。

2009 年 1 月 10 日

　　上午 8 点由景洪市出发前往嘎洒镇派出所，向唐永琼同志了解该镇村寨的相关信息，并与李志远队长、李永红同志进行了交谈。

　　晚上，我们参加了曼掌宰村寨的一年一度的赕塔活动（又叫赕佛或赕，傣族的一种宗教祭祀活动），欣赏了傣族动人的歌舞表演，参观了该村独特的寺院建筑。该建筑相传是释迦牟尼游历到西双版纳时的休息之所，因此该村寨每年都要举行赕塔活动，这是该村寨的一大特色活动。

　　晚餐时与多位村民交谈，了解他们语言文字使用现状，并对该村的村民岩温、岩扁进行了长时间的、深入的访谈,了解他们对傣族语言文字的掌握与使用情况。晚餐结束后,我们对一些村民进行了傣语常用词汇测试。

2009 年 1 月 11 日

由景洪市出发来到嘎洒镇派出所,继续在这里了解相关的信息情况。与该单位的李宁等同志进行了交谈。

2009 年 1 月 12 日

上午走访了西双版纳州少数民族研究所、西双版纳州贝叶文化研究中心、西双版纳州少数民族语文指导工作委员会、西双版纳州民族古籍研究所,在那里我们见到了西双版纳州少数民族研究所所长岩香、西双版纳州贝叶文化研究中心副译审岩贯同志,并与他们进行了交谈,了解到了贝叶经翻译的情况。所长还亲自帮我们在电脑上安装了新傣文、老傣文的输入软件。我们感受到了他们为保存贝叶经和传承傣族的语言文化所付出的巨大努力,他们所作出的贡献不可低估。

副译审岩贯同志还向我们展示、介绍了贝叶经。贝叶经有两种:一种是用笔(特制的一种笔,笔杆是木制的,一端用刀子削成笔头的样子,在这一端嵌入一颗钉子作为笔尖)刻到贝叶上的,这种贝叶经要求刻到贝叶上面的经文内容必须是叙述佛祖转世轮回的经历;一种是用棉纸记录的经文,写在棉纸上的内容既可以是叙述佛祖转世轮回的经历,又可以是其他的一些内容,如诗歌、民间故事等。

中午,景洪市拆迁办主任岩丙及其单位工作人员接待了我们。两桌共有 18 人,彼此亲切、自然地交流着。我们特别珍惜这个难得的机会,了解了许多与调查有关的问题,并作了录音。

晚上,西双版纳州人大主席杨建民一家和西双版纳州对外宣传办公室主任黄臻、黎明派出所所长丁烨,在美食城接待了我们。其间欣赏了傣族村寨美丽的姑娘们的歌舞,她们还把我们请到舞台上教我们跳傣族舞蹈,使我们感受到傣族人的热情,体会到民族和谐发展所带来的友好氛围。大家欢聚一堂。

晚餐后,黄臻主任带我们来到茶社边品茶边给我们介绍茶文化。着重向我们介绍了傣族近些年来的发展情况,各村寨的特色以及当前宣传工作的重点,即创立以傣文为载体的网络信息平台。这个信息平台创立的价值和目的就是向世界推广傣文。他还指出当前傣文所面临的一大困难就是新、老傣文的冲突。他建议如果要学习傣文,最好是新、老傣文都要学。因为在国际上,老傣文用得很广泛,而另一方面,在傣族聚居的地区,普遍使用新傣文。所以他说,新时期语言规范工作是十分必要的。

2009 年 1 月 13 日

上午 7 点 30 分由景洪市出发前往嘎洒镇政府,计生办主任玉温同志接待了我们。我们向嘎洒镇统计办公室主任刀国强、档案室工作人员玉香约了解相关信息。

拜访了嘎洒镇农业服务中心,并与单位的工作人员进行了交谈。

之后,在岩光同志陪同下,到嘎洒镇卫生院作了访谈,院长接待了我们,对该院的护士玉罕(傣族)、医生依公丙(傣族)作了访谈,并对该院的医生、护士进行了语言文字使用情况调查。

最后来到了嘎洒镇粮管所,对蒋玉波同志(傣族)作了访谈。

2009年1月14日

整理所收集的信息和访谈记录。

2009年1月15日

整理所收集的信息和访谈记录。

晚上,在景洪市金地酒店参加了一场婚礼,婚礼场面热闹非凡,帅气的新郎是一位傣族小伙儿,漂亮的新娘子是一位汉族姑娘,婚礼基本上已经没有了传统傣族婚礼的特色,仅喜宴是各色的傣族风味美食佳肴,从婚礼仪式上看,完全是地道的汉族式婚礼。来参加婚礼的傣族的亲戚朋友很多,新郎、新娘向他们答礼敬酒时都使用当地汉语方言,基本上不说傣话。请来的主持婚礼的司仪是西双版纳电视台的播音员,用一口标准流利的普通话向大家介绍了新郎、新娘。餐桌上地道的傣族美食与汉族化的婚礼仪式形成了鲜明的对比。

2009年1月16日

上午整理资料。

下午,我们来到了少数民族研究所,与岩贯副译审讨论了傣语词汇中的借词的相关问题,其间与欧老师、应老师、玉香老师、岩温香老师、老艺术家刀正明老人进行了交谈。

2009年1月17日—1月18日

利用周末时间整理所收集的资料。

2009年1月19日

上午8点从景洪市出发前往曼掌宰村委会曼景保村,随行的除课题组成员外还有发音合作人岩丙和玉旺娇。在村党员活动室,村保管员、治保岩明,个体户岩光,老龄协会理事岩伦,调解员岩罕良等同志接待了我们。我们对村民进行了语言文字使用情况调查,并对岩扁、玉腊、岩伦作了访谈。

下午,我们来到了曼掌宰村委会曼凹村,村会计玉旺一家人接待了我们,并对男主人岩香作了访谈。我们对村民进行了语言文字使用情况调查,并对一些村民进行了傣语常用词汇测试。

2009 年 1 月 20 日

上午 9 点，西双版纳州委对外宣传办公室主任黄臻在西双版纳州傣文报报社接待了我们，并由其主持在报社四楼会议室举行了专家座谈会。出席座谈会的专家有西双版纳州报社傣文编辑部主任玉康龙和民族宗教局的专家代表、贝叶经翻译的副译审岩贯等。座谈内容主要包括目前报社正在进行的项目——新老傣文计算机主板系统，主要包含两个部分：一是针对报纸编辑的操作排版系统；二是针对书籍编辑的操作系统（书林排版系统）。玉康龙主任还谈到报社一直致力于傣文计算机输入的研究，并与北大青鸟合作研发了傣文输入软件，并准备在全社会范围内征集傣文字体以确立标准傣文字体。玉主任还谈到傣语正在经受着考验，希望为弘扬傣族语言文化尽自己的微薄之力。最后，玉主任对课题组的调查提出了宝贵的建议。

副译审岩贯向我们介绍了贝叶经翻译完成后下一步的工作计划：编辑傣汉双语大字典。基于贝叶经翻译过程中所掌握的第一手资料，希望丰富完善以前的傣汉字典，并对字典的傣文配以国际音标，同时计划将英语翻译加入其中。

另外，岩贯副译审还介绍了西双版纳州正在重新启动的双语教学项目，西双版纳州委拨款 50 万元编辑从小学到初中的傣文教材。同时委托云南民族大学培养高素质的双语教师，去年委托培养教师 12 人，今年将要增加到 20 人左右。最后，副译审岩贯对我们的调查给予了极大的肯定，同时也提出了宝贵的意见。

中午，西双版纳州傣文报报社刀社长等在佛光园接待我们，席间与贝叶经出版商郎云川、西双版纳州委宣传部副部长段金华等进行了交谈。

下午，由景洪市出发前往嘎洒镇曼掌宰村委会曼真村，入户调查该村的语言文字使用情况，同行的人有发音合作人岩丙、玉旺娇。与该村妇女主任玉庄进行了交谈，并对一些村民作了傣语常用词汇测试。

其后，由合作人岩丙、玉旺娇陪同来到了曼勉村委会曼贺回村进行入户语言文字使用情况调查，并与该村的妇女主任玉香进行了交谈，还对一些村民进行了傣语常用词汇测试。

2009 年 1 月 21 日

上午 8 点，从景洪市出发前往南帕村委会曼回东村调查该村语言文字使用情况，其间与该村的农业技术辅导员岩罕和岩腊老人一家进行了交谈，并对岩腊老人、二燕老人作了访谈，同时对岩腊老人及一些村民进行了傣语常用词词汇测试。

恰逢岩腊家杀年猪，他挽留我们在他家吃午饭。席间与岩腊儿子的同学——现任云南中青国际旅行社有限公司海外分公司业务副经理的岩温进行了交谈，并作了访谈记录。

下午，来到了曼景罕村，村长岩香哩和村妇女主任玉拉一家人接待了我们，调查该村语言文字使用情况，并对村寺庙管理员岩罕论等人进行了傣语常用词词汇测试。

2009年1月22日

　　上午,由景洪市出发前往曼播村委会立体生态农业示范村曼湾村,村书记岩甩、村妇女主任玉外、村会计岩温叫、村治保岩温香、还俗的大佛爷岩温香老人等接待了我们。对岩温香老人、岩甩、岩胆、岩恩等人进行了傣语常用词词汇测试之后,入户调查了该村的语言文字使用情况。

2009年1月23日

　　上午8点30分,课题组成员由嘎洒镇农业服务中心主任陶建伟陪伴从景洪市出发前往纳板村委会纳板村。村长岩罕接待了我们,之后入户调查该村语言文字使用的情况,并对该村还俗的年轻的大佛爷岩罕温及一些村民作了傣语常用词词汇测试。

2009年1月24日

　　上午8点30分,课题组成员由景洪市出发前往曼播村委会曼播村,村长岩帕、村会计岩香龙接待我们。之后进行了入户语言文字使用情况调查,其间对岩帕作了访谈,并对岩丙、岩帕等村民进行了傣语常用词词汇测试。

　　下午,来到了曼达村委会曼达一村,村妇女主任玉香应一家接待了我们,之后调查了该村语言文字使用情况,其间对玉为、岩扁康等一些村民进行了傣语常用词词汇测试。并对岩罕兰作了访谈。

2009年1月25日—1月31日

　　整理调查材料,整理录音。

2009年2月1日

　　课题组成员来到了民族宗教所,副局长奚云华接待了我们。我们向奚副局长了解了嘎洒镇傣族佛寺的相关情况。随后课题组成员来到了西双版纳傣族自治州教育局,调研员杨海洋、岩香偏接待了我们,我们向两位调研员了解了嘎洒镇学校教育的相关信息。经调研员杨海洋老师引荐,我们拜访了傣族自治州傣文教材编辑室岩香温主编等,向岩香温了解了嘎洒镇双语(傣语、汉语)教育的相关情况。

2009年2月2日—2月4日

　　整理调查材料,补充、落实相关情况。

2009年2月5日

　　离开西双版纳州,于当晚12点抵京,结束第一次调查之旅。

2009 年 4 月 3 日

　　早离京,晚到达西双版纳,进行第二次调查。

2009 年 4 月 4 日

　　上午到西双版纳教育局走访。

　　下午到西双版纳州报社,与玉康龙编辑讨论傣语汉语借词。

2009 年 4 月 5 日

　　上午,又一次到西双版纳报社核对汉语借词。

　　下午,到嘎洒镇中心小学与杨老师(数学老师)、张静老师(语文老师)探讨学校教育及双语教育问题;之后又到曼播小学,与乔老师(语文教师)交谈学校教育及汉语、傣语教学问题。

2009 年 4 月 6 日

　　上午,再一次到西双版纳州报社,与玉康龙编辑讨论傣语汉语借词,傣语汉语借词部分定稿。

2009 年 4 月 7 日

　　上午,到曼迈小学,在校长岩养、教导主任玉儿、教师岩丙和玉扁腊等协助下,我们进班听课,作问卷调查(一至六年级双语实验班),对学生进行傣族词语测试,访谈双语教师。了解到双语实验班的学生,一至六年级都开设傣、汉双语课。

　　下午,到嘎洒镇职业中学作问卷调查,进班听课,作傣语常用词汇测试,与杨副校长、罗海雄老师交谈。了解到学校教育基本跟内地教学方式一样。

2009 年 4 月 8 日

　　上午,再一次到嘎洒镇中心小学,杨益林校长接待我们,岩罕老师全程陪同,我们对各年级的学生作问卷调查,进班听课,作傣语常用词汇测试。了解到该校一至二年级的学生开设傣、汉双语课。

　　下午,在岩罕等几位老师的陪同下,再一次到曼播小学,对各年级的学生作问卷调查,作傣语常用词汇测试,进班听课,访谈教师。了解到全校学生学前班都开设傣文课。

　　夜 24 点抵京。

六　照片

1. 昔日傣族民居

2. 今日傣族村寨

3. 村寨集市上的傣族人

4. 曼掌宰村赕塔活动中的傣族歌舞表演

5. 曼回东村傣族老人在织布

6. 曼达一村村民在池塘捞鱼

7. 在曼贺回村傣族青年的婚礼上,傣族老人为新人拴线祝福

8. 西双版纳州贝叶文化研究中心副译审岩贯同志向课题组成员展示贝叶经

9. 调查曼湾村傣语使用情况

10. 测试傣族中学生的傣语能力

11. 对玉旺娇、岩丙进行傣文词汇测试

12. 西双版纳州报社傣文编辑部主任玉康龙认真校对傣语六百词测试表

13. 向"和尚生"调查傣文词汇

14. 在刀新芳老师的帮助下，对曼迈小学的傣族学生进行傣文词汇测试

参 考 文 献

1. 景洪市嘎洒镇人民政府网 《2007年度嘎洒镇基本情况》。(http://www.jhs.gov.cn/home/bn_53280120001/Default.aspx)
2. 景洪市嘎洒镇新农村建设信息网 《2007年嘎洒镇村委会情况》。(http://www.ynszxc.cn/szxc/model/index4.aspx? departmentid = 1064)
3. 戴庆厦主编 《基诺族语言使用现状及其演变》,商务印书馆,2007。
4. 何星亮 《关于如何进行田野调查的若干问题》,田野调查与21世纪的人类学和民族学学术研讨会,2002。
5. 戴庆厦主编 《语言学基础教程》,商务印书馆,2006。
6. 张公瑾著 《傣族文化》,吉林教育出版社,1986。
7. 刘岩著 《南传佛教与傣族文化》,云南民族出版社,1993。
8. 宋兆鳞著 《巫与巫术》,四川民族出版社,1989。
9. 云南省编辑委员会编 《傣族社会历史调查》(西双版纳之九),云南民族出版社,1988。
10. 曹成章著 《傣族社会研究》,云南人民出版社,1998。
11. 《民族问题五种丛书》,云南省编辑委员会编 《傣族社会历史调查》(西双版纳之一),云南民族出版社,1983。
12. 湖南林业信息网 《西双版纳胶价14年暴涨10倍,毁林种胶引发生态恶化》,2008年7月11日。(http://www.hnforestry.gov.cn/)
13. 云南交通信息网 《嘎洒镇傣族群众利用农闲时间修筑乡村公路》,2008年3月14日。(http://www.ynjtt.com/Article/ShowArticle.asp? ArticleID = 6549)
14. 西双版纳傣族自治州教育委员会编 《西双版纳傣族自治州教育志》(送审稿),1997。
15. (西双版纳)州教育信息网 《改革开放30年——傣乡教育谱新篇》,2008年9月12日。(http://www.xsbnedu.cn/school/root-root/site/)
16. 《民族问题五种丛书》,云南省编辑委员会编 《傣族社会历史调查》(西双版纳之二),云南民族出版社,1983。
17. 龚锐 《西双版纳傣族宗教生活的世俗化倾向——以嘎洒、勐罕、大勐龙三镇为例》,《民族研究》,2003年第2期。
18. 吴振南 《橡胶经济与傣泐社会——西双版纳曼村傣泐人的土地利用转换与社会文化变迁》,云南大学贝叶文化研究中心、西双版纳贝叶文化研究中心编《贝叶文化与傣族和谐社会建设(第3届全国贝叶文化研讨会论文集)》,云南大学出版社,2008。
19. 马世雯 《义务教育与宗教传承的并存及调适》,《民族教育研究》,2005年第6期。
20. 戴庆厦主编 《阿昌族语言使用现状及其演变》,商务印书馆,2008。
21. 岩峰主编 《傣族文化大观》,云南民族出版社,1999。

后　　记

　　1985年春节，我带着美好的憧憬第一次踏上西双版纳这块神奇的土地。如画的风景，如歌的语言，纯朴的民风，热情善良的傣族人，一下子把我吸引住了。那种感受和心情难以用语言表达，至今记忆犹新。

　　1986年我大学毕业，毅然决然地来到了春城昆明，开始了全新的生活。在云南昆明市委党校任教，一干就是9年。9年间，每年至少去西双版纳一次，或是寒假，或是暑假。我对西双版纳有很多感性的认识，也有一些理性的思考，尤其是对西双版纳的傣族怀有一种特殊的感情。西双版纳州的嘎洒镇是傣族的根，有一定的代表性，是傣族和谐文化、和谐社会的真实写照。傣族人与人的和谐、人与社会的和谐、人与自然的和谐都达到了一个新的境界。这里是傣族经济发展的缩影和示范窗口。所以，这次语言调查点就选择在嘎洒镇。

　　2008年初我们就开始着手进行前期的准备工作，西双版纳州民族研究所副译审岩贯从2007年全年的傣族周报中收集了傣语中的汉语借词，西双版纳州报社傣文报编辑部编辑玉康龙对汉语借词进行了归类整理。

　　2009年1月初，我带着两名学生前往西双版纳州嘎洒镇，对嘎洒镇傣族语言文字使用情况进行调查。我们抵达西双版纳的第二天就开始了调查工作。首先我们走访了镇政府的信息办、计生办、档案室、农业服务中心等部门，他们给我们提供了大量的信息。其次我们得到了嘎洒镇派出所的大力支持，使信息、数据更为翔实。所到之处，都得到热情的帮助和支持，使我们深受感动，也使我们的调查工作得以顺利进行。最后我们对选定的10个村寨逐寨调查，不仅调查语言文字使用的情况，还详细了解了人口、民族、家庭成员情况、文化程度、语言态度等各方面的情况，收集第一手资料。我们每天早出晚归，在发音合作人（翻译）岩丙、玉旺娇等的陪同下，与村民访谈，搞词汇测试，做调查问卷，通过各种方式了解村民的语言文字使用情况。在村寨一待就是一天，我们几个人分头工作，工作效率非常高，几天下来，我们的发音合作人不仅仅给我们当翻译，还开始配合我们工作，做了大量的工作。

　　晚上回到住处，无论多晚，我们都把当天的录音、笔记、收集的材料等整理完毕，并作好第二天的计划。虽然很辛苦，但很有乐趣。整理材料时，村民的音容笑貌经常浮现在我们眼前，慢慢有一种融入他们生活的感觉。两名学生都是北方人，刚来的时候对当地汉语方言还有些听不懂，没过几天就能自如交流了，甚至学会了几句简单的傣语，如"谢谢""吃饭""再见"等。

　　我们这次调查的目的是从微观上获取傣族语言文字使用的第一手材料，为我国少数民族语言使用的国情调查增添一份真实的、有用的文献材料。调查任务繁重，工作量大，调查组人员少，时间短暂，要完成这一任务，困难是可想而知的。我们调查组的成员，无论是学生，还是当地的一些合作人，都是本着工作第一的态度，以饱满的热情积极投入到工作中。满负荷的工作，使得我们无暇观赏美丽的热带风景，甚至没有闲暇看电视。

在调查期间，我们得到了各界人士的大力支持和帮助。我们衷心感谢嘎洒镇父老乡亲热情、无私的帮助。无论在嘎洒镇还是到各村寨，无论是拜访领导还是走访群众，都得到热情、友好的帮助与配合，几乎有求必应。他们对我们调查的协助与支持，使我们从始至终充满着感动。我们下决心，再苦再累也一定要把这次调查任务完成好，给善良、纯朴、热情的傣族人一个交代。帮助我们工作的人都是毫无所求，他们说能为自己的民族做点儿事，非常高兴。越是这样，越是难以抑制我们的感激之情。我们还是由衷地致谢协助我们调查工作的各界朋友，如西双版纳州宣传部宣传科科长黄臻，教育局岩香偏、杨海祥等，民族宗教局局长岩香宰、副局长奚云华，少数民族研究所所长岩香等；景洪市公安局副局长白勇等；嘎洒镇派出所所长谢家乔、副所长刀娟以及工作人员李志远、李永红、李宁、唐永琼等，政府统计办的刀国强、计生办的玉温、档案室的玉香约，农业服务中心主任陶建伟、副主任岩光以及工作人员岩丙、玉旺娇、蒋开勤、安梅等；嘎洒镇中心小学校长杨益林及岩罕老师等，嘎洒镇职业中学杨副校长及罗海雄老师等。另外还有机关单位的一些工作人员、各村寨的干部，以及接受我们调查、采访的各界人士，我们在这里都一并表示衷心的感谢。

这次田野调查，我们不仅得到了傣族语言文字使用情况的大量的第一手材料，还丰富了我们的人生感悟。傣族平和的良好心态与处世哲学，纯朴的民风民俗与田园般的生活，使我们浮躁的心态受到一次洗礼。我们了解了语言，懂得了语言，更懂得了人生的真谛，真是受益匪浅。

本书的傣文词汇由岩贯和玉康龙提供，第四章由赵海艳撰写，附录的部分内容由张景岷整理。前言、第一章、第二章、第三章、第五章等由笔者执笔，笔者执笔部分字数为 20 余万。

赵凤珠

2009 年 8 月 15 日于北京